D1749744

Pagenberg   Lizenzverträge

Lizenzverträge

Kommentierte Vertragsmuster

Von Dr. jur. Jochen Pagenberg
Rechtsanwalt in München

Carl Heymanns Verlag KG · Köln · Berlin · Bonn · München

CIP-Kurztitelaufnahme der Deutschen Bibiliothek

Pagenberg, Jochen:
Lizenzverträge: Kommentierte Vertragsmuster /
von Jochen Pagenberg. – Köln; Berlin; Bonn;
München: Heymann, 1985.
    ISBN 3 452-20243-7

Das Werk ist urheberrechtlich geschützt. Die dadurch begründeten Rechte, insbesondere die der Übersetzung, des Nachdruckes, der Entnahme von Abbildungen, der Funksendung, der Wiedergabe auf photomechanischem oder ähnlichem Wege und der Speicherung in Datenverarbeitungsanlagen, bleiben, auch bei nur auszugsweiser Verwertung, vorbehalten.

© Carl Heymanns Verlag KG, Köln, Berlin, Bonn, München 1985

ISBN 3-452-20243-7

Gedruckt von Grafik + Druck, München

Vorwort

Weitergabe von Know-how oder Geheimhaltung zur eigenen Auswertung? Diese Frage stellt sich auch dem Anwalt oder dem Lizenzberater in Patent- und Rechtsabteilungen von Firmen, der sich einen Fundus von Vertragsmustern erarbeitet hat, auf die er je nach Sachverhalt zurückgreifen kann. Die Frage, ob man solche Muster als Betriebsgeheimnis behandeln oder sie Dritten zugänglich machen soll, wird durchaus unterschiedlich beantwortet.

Die Praxis zeigt, daß der optimale Lizenzvertrag derjenige ist, bei dem *beide* Parteien mit den ausgehandelten Regelungen zufrieden sind. Die beste Voraussetzung dafür ist eine möglichst klare Definition des vertraglichen Regelungsinhalts sowie umfassende Kenntnisse der juristischen Möglichkeiten auf beiden Seiten des Verhandlungstisches. Von einer Weitergabe dieses Know-how können daher auch in diesem Bereich beide Seiten profitieren.

Standardmuster bei Verträgen sind selten unmittelbar zur Übernahme geeignet. Obwohl sämtlichen abgedruckten Vertragsmustern Fälle aus der Praxis zugrunde liegen, stimmen Tatsachen – und Interessenkonstellationen meist nicht derart überein, daß beide Partner sämtlichen Regelungen eines Musters ohne weiteres zustimmen werden. Hinzu kommt, daß gerade im Patentlizenzvertragsrecht noch aus anderen Gründen vor einer Übernahme von Vertragsklauseln gewarnt werden muß, wenn deren rechtliche Bedeutung und Auswirkung dem Benutzer nicht bekannt sind. Da eine aus patentrechtlichen Erwägungen sachgerechte Regelung nicht immer auch kartellrechtlich zulässig ist, geben die Anmerkungen insbesondere auch Hinweise, welche Klauseln ohne eine Vorlage bei deutschen oder europäischen Kartellbehörden als Rechtsverstoß gewertet werden können. Die Muster sollten daher nicht ohne Beachtung der Anmerkungen verwendet werden.

Meinem Partner, Herrn Rechtsanwalt Bernhard *Frohwitter,* danke ich für die Hilfe bei der Zusammenstellung der Vertragsmuster, dem Verlag für die Geduld und Mühe bei der mehrfachen Überarbeitung von Druckfahnen und Umbruch, die durch die während der Bearbeitungszeit wiederholt geänderten beiden Gruppenfreistellungsverordnungen der EG-Kommission notwendig wurde.

München, im April 1985   Jochen Pagenberg

Inhalt

Allgemeine Einleitung 1
1. Ausschließlicher Lizenzvertrag 5
2. Geheimhaltungsverpflichtung 57
3. Vorabvertrag über geheimes technisches Wissen (Know-how) 59
4. Einfache Lizenz 65
5. Gebrauchsmusterlizenzvertrag. 89
6. Optionsvertrag mit Geheimhaltungspflicht 99
7. Produktions- und Liefervertrag über patentgeschützte Gegenstände. 105
8. Zusammenarbeitsvertrag. 115
9. Entwicklungsvertrag 127
10. Forschungsauftrag mit ausführlicher Regelung der Behandlung von Erfindungen 137
11. Vergleichsvertrag nach Schutzrechtsverletzung 159
12. Patentkaufvertrag. 169
13. Auskunftsersuchen wegen Patentberühmung 179
14. Erklärung der Lizenzbereitschaft 183
15. Antrag auf Eintragung einer ausschließlichen Lizenz 187
16. Umschreibungsantrag für Patent- oder Gebrauchsmuster 191

Anhang 1 Verordnung (EWG) Nr. 4349/84 der Kommission vom 23. Juli 1984 über die Anwendung von Art. 85 Abs. 3 des Vertrages auf Gruppen von Patentlizenzvereinbarungen. 195
Anhang 2 Verordnung (EWG) Nr. 418/85 der Kommission vom 19. Dezember 1984 über die Anwendung von Artikel 85 Absatz 3 des Vertrages auf Gruppen von Vereinbarungen über Forschung und Entwicklung . . . 211
Anhang 3 Auszug aus EWG-Vertrag 225
Anhang 4 Auszug aus GWB. 227
Anhang 5 Auszug aus dem Patentgesetz 231
Stichwortverzeichnis 233

Abkürzungen

a.a.O.	am angegebenen Ort
a.A.	anderer Ansicht
Abl. EG	Amtsblatt der Europäischen Gemeinschaften
Anm.	Anmerkung
ArbErfG	Arbeitnehmererfindergesetz
Art.	Artikel
Az.	Aktenzeichen
BGB	Bürgerliches Gesetzbuch
BGH	Bundesgerichtshof
BGHZ	Entscheidungen des Bundesgerichtshofs in Zivilsachen
BKA	Bundeskartellamt
Bl.	Blatt für Patent-, Muster- und Zeichenwesen
BPatG	Bundespatentgericht
EG	Europäische Gemeinschaften
EWG	Europäische Wirtschaftsgemeinschaft
EuGH	Gerichtshof der Europäischen Gemeinschaften
EWGV	EWG-Vertrag
EPA	Europäisches Patentamt
EPÜ	Europäisches Patentübereinkommen
FN	Fußnote
GPÜ	Gemeinschaftspatentübereinkommen
GRUR	Gewerblicher Rechtschutz und Urheberrecht
GRUR Int.	Gewerblicher Rechtschutz und Urheberrecht (Internationaler Teil)
GWB	Gesetz gegen Wettbewerbsbeschränkungen
h.M.	herrschende Meinung
IIC	International Review of Industrial Property and Copyright Law
IPR	Internationales Privatrecht
i.V.m.	in Verbindung mit
JZ	Juristen Zeitung
KO	Konkursordnung
LG	Landgericht
LPÜ	Luxemburger Patentübereinkommen (Gemeinschaftspatentübereinkommen)
m. Anm.	mit Anmerkung
m.w.N.	mit weiteren Nachweisen
Mitt.	Mitteilungen der deutschen Patentanwälte
MPÜ	Münchner Patentübereinkommen (Europäisches Patentübereinkommen)
NJW	Neue Juristische Wochenschrift
OLG	Oberlandesgericht
PatG	Patentgesetz

Abkürzungen

PVÜ	Pariser Verbandsübereinkunft
RdNr.	Randnummer
RIW/AWD	Recht der internationalen Wirtschaft/Außenwirtschaftsdienst des Betriebsberaters
UWG	Gesetz gegen unlauteren Wettbewerb
VO	Verordnung
WRP	Wettbewerb in Recht und Praxis
WZG	Warenzeichengesetz

Literatur

Albrechtskirchinger, Die Gruppenfreistellung Patentlizenzverträge, GRUR Int. 1984, 565

Andriessen, The Commission's Proposed Block Exemption Regulation for R & D Cooperation, International Business Lawyer 1984, 317

Axster, Die Maissaatgut-Entscheidung des EuGH, GRUR Int. 1982, 646

–, Gemeinschaftskommentar, 3. Aufl. Köln 1978

Bartenbach, Gesetz über Arbeitnehmererfindungen, Köln 1984

Beier, Das auf internationale Markenlizenzverträge anwendbare Recht, GRUR Int. 1981, 299 = 13 IIC 162 (1982)

Beier/Deutsch/Fikentscher, Die Warenzeichenlizenz, Rechtsvergleichende Untersuchung über gemeinschaftliche Benutzung von Warenzeichen, München 1963

Benkard, Patentgesetz, Gebrauchsmustergesetz, bearbeitet von *Ballhaus, Bruchhausen, Rogge, Ullmann*, 7. Aufl., München 1981

Boeck, Zum Gebietsschutz des Entwurfs einer Gruppenfreistellungs-Verordnung für Patentlizenzverträge der EG-Kommission, RIW/AWD 1979, 603

Brandi-Dohrn, Sukzessionsschutz bei der Veräußerung von Schutzrechten, GRUR 1983, 146

–, Meistbegünstigungsklausel in Lizenzverträgen, BB 1982, 1083

Deringer, Internationale Lizenzverträge und Antitrustrecht, GRUR Int. 1968, 179

Dreiss, Die Anwendbarkeit von § 20 GWB auf Lizenzverträge über nicht geschütztes „Know-how", Mitarbeiterfestschrift für Ulmer, München 1973, S. 399

Finger, Die Offenkundigkeit des mitgeteilten Fachwissens bei Know-how-Verträgen, GRUR 1970, 3

Fischer, Verwertungsrechte bei Patentgemeinschaften, GRUR 1977, 313

Frankfurter Kommentar, Kommentar zum Gesetz gegen Wettbewerbsbeschränkungen, Loseblatt-Ausgabe, Köln

Fritze, Nichtangriffsabrede für die Zeit nach Beendigung des Schutzrechts, GRUR 1969, 218

Gaul/Bartenbach, Der Einfluß des neuen Patenterteilungsverfahrens auf die Vergütungsregelung nach § 12 Abs. 3 ArbEG, GRUR 1983, 14

Gaul/Bartenbach, Arbeitnehmererfindung und Verbesserungsvorschlag, 2. Aufl., Düsseldorf 1972

Gaul/Bartenbach, Handbuch des gewerblichen Rechtsschutzes (Loseblattsammlung), Köln-Marienburg

Gemeinschaftskommentar, Gesetz gegen Wettbewerbsbeschränkungen und Europäisches Kartellrecht, herausgegeben von Hans *Müller-Henneberg* und Gustav *Schwartz*, 3./4. Aufl., Köln, Berlin, München 1979/81

Gleiss/Hirsch, Kommentar zum EWG-Kartellrecht, 3. völlig neubearbeitete Aufl., Heidelberg 1978

Glossner, Das Schiedsgericht in der Praxis, 2. Aufl., Heidelberg 1980

Grabitz, Kommentar zum EWG-Vertrag, München 1984

von der Groeben/Boeckh/Thiesing/Ehlermann, Kommentar zum EWG-Vertrag, 3. Auflage, 1983

Hauser, Der Patentlizenzvertrag im franz. Recht im Vergleich zum deutschen Recht, München 1984

Henkels, Die Betriebsgeheimnisse in § 21 des Gesetzes gegen Wettbewerbsbeschränkungen, Heidelberg 1967

Henn, Problematik und Systematik des internationalen Patent-Lizenzvertrages, München, Berlin 1967

Hepp, Handbuch des Lizenzgeschäfts, Wil/Schweiz 1978

Hoffmann, Die offene ausschließliche Lizenz – Tragweite und Konsequenzen, RIW 1984, 93

Immenga/Mestmäcker, Kommentar zum GWB, München 1981

Johannes, Gewerblicher Rechtsschutz und Urheberrecht im Europäischen Gemeinschaftsrecht, Heidelberg, 1973

Knaak, Die Begriffe des markenmäßigen und firmenmäßigen Gebrauchs im Zeichenrecht, GRUR 1982, 67

Koch, Patentlizenzen der öffentlichen Hand aus Entwicklungsverträgen, BB 1984, 757

Körner, Zur vertraglichen Verdinglichung einfacher Lizenzen, Mitt. 1983, 230

Körner, Der Bestand bzw. Fortbestand von Schutzrechten und Know-how als Voraussetzung der Lizenzgebühren – bzw. Schadensersatzpflicht, GRUR 1982, 341

Kraßer, Grundlagen des zivilrechtlichen Schutzes von Geschäfts- und Betriebsgeheimnissen sowie von Know-how, GRUR 1977, 177

Kraßer, Der Schutz des Know-how nach deutschem Recht, GRUR 1970, 587

Kraßer, Die Wirkung der einfachen Patentlizenz, GRUR Int. 1983, 537

Kraßer/Schmid, Der Lizenzvertrag über technische Schutzrechte aus der Sicht des deutschen Zivilrechts, GRUR Int. 1982, 324

Kroitzsch, Die höchstrichterliche Rechtsprechung zu Lizenzverträgen und die Rechtssicherheit, GRUR 1975, 162

Langen/Niederleithinger/Ritter/Schmidt, Kommentar zum Kartellgesetz, 6. Aufl. 1982

Lichtenstein, Der Lizenzvertrag mit dem Ausland, NJW 1964, 1345

–, Der Lizenzvertrag im engeren Sinne, NJW 1965, 1839

Literatur

–, Der gewerbliche Rechtsschutz im internationalen Privatrecht, NJW 1964, 1208

Lieberknecht, Patente, Lizenzverträge und Verbote von Wettbewerbsbeschränkungen. Eine vergleichende Darstellung der Rechtslage in Deutschland, Großbritannien und den Vereinigten Staaten, Frankfurt, 1953

Loewenheim, Gewerbliche Schutzrechte, freier Warenverkehr und Lizenzverträge, GRUR 1982, 461

–, Landesbericht für die FIDE, Dublin 1980

Lüdecke, Welchen Einfluß hat die Veräußerung des Patents auf bestehende Lizenzverträge? GRUR 1964, 470

Lüdecke/Fischer, Lizenzverträge, 1957

Lutz, Lizenzverträge und sachlich notwendige Wettbewerbsbeschränkungen nach EG-Kartellrecht, RIW 1983, 485

Malzer, Zur Haftung für die Ausführbarkeit der technischen Lehre bei der Übertragung von Rechten aus dem Patentgesetz, GRUR 1970, 107

Martin/Grützmacher, Der Lizenzverkehr mit dem Ausland, 6. Aufl., Heidelberg 1977

Mes, Warenzeichenlizenz und Lizenzgeberhaftung für Produktmängel, GRUR 1982, 74

Moecke, Vertragsgestaltung bei anlagebegleitenden Lizenzverträgen, RIW 1983, 488

Nastelski, Wettbewerbsrechtlicher Schutz technischer und ästhetischer Arbeitsergebnisse, GRUR 1957, 1

Nirk, Die Einordnung der Gewährleistungsansprüche und Leistungsstörungen bei Verträgen über Patente in das BGB, GRUR 1970, 329

Pagenberg, Ausstellen und Anbieten auf internationalen Messen – eine Verletzung inländischer gewerblicher Schutzrechte? GRUR Int. 1983, 560

–, Die amerikanische Schadensersatzpraxis im gewerblichen Rechtsschutz und Urheberrecht – mehrfacher Schadensersatz für Patentverletzungen als Modell für Europa?, GRUR Int. 1980, 286

Pfaff, Der Know-how-Vertrag im bürgerlichen Recht, BB 1974, 567

–, Conflicts of Laws Aspects of License Contracts in Germany and the Socialist Countries, 8 IIC 28, 123 (1977)

Preu, Richtlinien für die Bemessung von Schadensersatz bei Verletzung von Patenten, GRUR 1979, 753

Piltz, Der Gerichtsstand des Erfüllungsortes nach dem EuGVÜ, NJW 1981, 1876

–, Die Zuständigkeitsordnung nach dem EWG-Gerichtsstands- und Vollstreckungsübereinkommen, NJW 1979, 1071

Reimer/Schade/Schippel, Das Recht der Arbeitnehmererfindung, 5. Aufl., Berlin 1975

Reithmann, Internationales Vertragsrecht: Das internationale Privatrecht der Schuldverträge, 3. Aufl., Köln 1980

Repenn, Die Umschreibung von Schutzrechten, MA 1983, 448

Rosenberger, Kaufverträge mit lizenztypischen Abreden in kartellrechtlicher Sicht, GRUR 1980, 150

Schade, Die Ausübungspflicht bei Lizenzen, Köln, Berlin, Bonn, München 1967

Schlosser, Das Recht der internationalen privaten Schiedsgerichtsbarkeit, Tübingen 1975

Schulte, Patentgesetz, 3. Aufl. 1981

Schultz, Gebührenbemessung bei internationalen Lizenz- und Know-how-Vverträgen, St. Gallen 1980

Schricker, Kartellrechtliche Beurteilung von Zeichenbenutzungsvereinbarungen in Patentlizenzverträgen, WRP 1980, 121

Schwab, Schiedsgerichtsbarkeit (Kommentar), 3. Aufl., München 1979

Skaupy, Know-how-Vereinbarungen und Kartellrecht, GRUR 1964, 539

Spengler, Ist das Verschuldensprinzip nicht mehr zeitgemäß? – Wandel der Schadensersatzvoraussetzungen im gewerblichen Rechtsschutz, GRUR 1958, 212

Strohm, Wettbewerbsbeschränkungen in Patentlizenzverträgen, Köln 1971

Stumpf, Der Know-how-Vertrag, 3. Aufl., Heidelberg 1977

Stumpf, Der Lizenzvertrag, 5. Aufl., Heidelberg 1984

Stumpf/Lindstaedt, Vereinbarungen über das anzuwendende Recht und das zuständige Schiedsgericht in Handelsverträgen mit osteuropäischen Ländern, RIW 1972, 228

Tetzner, Die erfinderische Zutat bei widerrechtlicher Entnahme, GRUR 1963, 550

Theune, Die Beurteilung ausschließlicher Patentlizenzverträge nach Art. 85 EWG-Vertrag, GRUR-Int. 1977, 63, 111

Troller, Europäisierung des Patentrechts und Gerichtsstand, GRUR Int. 1955, 529

Ubertazzi, Die Maissaatgutentscheidung und die Patentlizenzen, RIW 1983, 924

Ullrich, Ausschließliche Patentlizenzen in der EG, ZHR 137, 1973, 134

–, Die wettbewerbspolitische Behandlung gewerblicher Schutzrechte in der EWG, GRUR Int. 1984, 89

Ulmer, Die Immaterialgüterrechte im internationalen Privatrecht, Köln 1975

Vollrath, Zur Berücksichtigung der Entwicklungs- und Schutzrechtskosten bei der Bemessung der Schadensersatz-Lizenzgebühr für Patentverletzung, GRUR 1983, 52

Westrick/Loewenheim, Gesetz gegen Wettbewerbsbeschränkungen (Loseblattkommentar), Herne, Berlin

Wirth, Gerichtsstandsvereinbarungen im internationalen Handelsverkehr, NJW 1978, 460

Zschucke, Die Unterschriftsbeglaubigung und Vertretungsbescheinigung im In- und Ausland, GRUR 1953, 71

Allgemeine Einleitung

Das vorliegende Werk in Form eines Formularkommentars für Patent- und Gebrauchsmusterlizenzverträge enthält eine Übersicht über die in der Praxis am häufigsten vorkommenden Arten der Patentverwertung mit Vorschlägen typischer Vertragsmuster. Bei der Auswahl der Vertragsmuster wurde jeweils von einem Fall in der Praxis ausgegangen, was die deutliche Herausarbeitung der Interessen beider Parteien erleichtert. Abweichende Sachverhaltskonstellationen und Parteiinteressen sind jeweils in den Anmerkungen dargestellt.

Bei der Zusammenstellung der Vertragsmuster wurde von bestimmten Standardsituationen der Schutzrechtsverwertung ausgegangen. Dabei wurde im Muster 1 (Ausschließlicher Lizenzvertrag) eine Zusammenstellung aller wichtigen Vertragsgestaltungen gewählt, die für die Parteien von Interesse sein können. In den übrigen Verträgen wurde dagegen nur das Grundgerüst eines Lizenzvertrages dargestellt, verbunden mit Spezialregelungen für die besondere Vertragssituation, so daß es sich empfiehlt, jeweils zusätzlich Muster 1 daraufhin durchzusehen, ob dort abgehandelte Regelungen auch für den Spezialfall Anwendung finden sollen.

Die Anmerkungen gehen, wie bereits deren Umfang deutlich macht, über bloße Erläuterungen für die Vertragsklauseln hinaus und enthalten weiterführende Hinweise auf Rechtsprechung und Literatur zu den angesprochenen Rechtsfragen. Dies erlaubt es dem Benutzer einerseits, die rechtlichen Möglichkeiten einer abweichenden Vertragsgestaltung abzuwägen, zum anderen wird hinsichtlich bestimmter Vertragsklauseln, deren rechtliche Wirksamkeit z. B. nach deutschem und europäischem Kartellrecht unterschiedlich beurteilt wird, der Benutzer in die Lage versetzt, eine Regelung vorzusehen, die die praktischen Bedürfnisse der Vertragsparteien mit eventuellen Risiken der Rechtssicherheit in Einklang bringt. Bei der Kommentierung wurde in der Weise vorgegangen, daß in den Fällen, wo der Europäische Gerichtshof (EuGH) zu bestimmten Rechtsfragen bereits abschließend Stellung genommen hat, ausschließlich dessen Rechtsauffassung zitiert wird, auch wenn die frühere deutsche Praxis abweichend gewesen sein sollte. Dort, wo die deutsche höchstrichterliche Rechtsprechung im Gegensatz zur Auffassung der EG-Kommission steht, entweder wie sie sich in der Fallpraxis darstellt oder wie sie ihren Niederschlag in der Gruppenfreistellungsverordnung für Patentlizenzverträge (EWG Verordnung Nr. 2349/84 vom 23. Juli 1984 über die Anwendung von Art. 85 Absatz 3 des Vertrages auf Gruppen von Patentlizenzvereinbarungen im folgenden *Gruppenfreistellungsverordnung*) findet, wird die deutsche Rechtsprechung zur Grundlage der Vertragsmuster gemacht, falls dies aus praktischen Bedürfnissen für notwendig erachtet wird (z. B. Nicht-Angriffsklausel), wobei in der Kommentierung auf die abweichende Meinung der EG-Kommission hingewiesen wird.

Mit der neuen Fassung des Patentgesetzes vom 1. 1. 1982 hat die Möglichkeit der Lizenzierung von Patenten erstmals eine gesetzliche Regelung im § 15 Abs. 2 PatG. gefunden. Die Vorschrift, die sich nur auf angemeldete Erfindungen bezieht, hat lediglich klarstellende Bedeutung (vgl. *Benkard/Ullmann* zu § 15 PatG. RdNr. 33). Nicht angemeldete Erfindungen sind nach §§ 20, 21 GWB zu beurteilen, vgl. hierzu im einzelnen Muster 1 Anmerkung 6.

Aufgrund der Verzahnung europarechtlicher Fragen im Patentrecht einerseits und im Kartellrecht andererseits wurde statt einer strengen Trennung deutscher und europarechtlicher Rechtsfragen eine gemeinsame Darstellung gewählt, wo sich dies aus praktischen Gründen anbot. Insoweit gelten die vorgeschlagenen Vertragsmuster nicht nur für die Lizenzierung eines deutschen Patents oder Gebrauchsmusters, sondern auch für die Lizenzierung des deutschen Teils eines Europapatents oder für die Lizenzierung eines Gemeinschaftspatents, falls dafür die Anwendung deutschen Rechts vereinbart wird. Nicht dargestellt sind allerdings die rechtlichen Auswirkungen, die im Falle einer europaweiten Lizenz aufgrund der Besonderheiten der verschiedenen nationalen Vorschriften anderer Länder zu beachten sind.

Die Kommentierungen beschränken sich auf den Bereich des Lizenzvertrages und setzen insoweit Kenntnisse über das Wesen des Patents und das Erteilungsverfahren voraus. Dennoch sind der vorliegende Kommentar und insbesondere die vorgeschlagenen Muster nicht nur von Patentanwälten, im gewerblichen Rechtsschutz tätigen Rechtsanwälten und Patentsachbearbeitern der Industrie zu benutzen, sondern auch von mit dem Patentrecht nur gelegentlich befaßten Anwälten und in der Wirtschaft tätigen Juristen, die für eine bestimmte vertragliche Konstellation ein passendes Vertragsmuster suchen.

Beim Aufbau der Anmerkungen wurde zu diesem Zweck für jedes Vertragsmuster ein allgemeiner Anmerkungsteil vorangestellt, der den zugrundeliegenden vertraglichen Sachverhalt darstellt und Hinweise zur Wahl des Formulars und zur Beachtung eventueller Besonderheiten gibt. Dort finden sich zugleich weiterführende Hinweise auf andere Vertragsformulare, die eventuell der zu regelnden Fallkonstellation eher entsprechen.

An den Anfang der Vertragsmuster wurden die zwei Grundtypen der Lizenzverträge gestellt, der ausschließliche Lizenzvertrag (Muster 1) und der einfache Lizenzvertrag (Muster 4). Sämtliche Besonderheiten, die den Umfang der übertragenen Nutzungsbefugnis betreffen, sind in diesen Verträgen und deren Anmerkungen behandelt, auf sie wird bei den übrigen Vertragsmustern verwiesen. In den Anmerkungen des ausschließlichen Lizenzvertragsrechts sind darüber hinaus die wichtigsten Fragen des Lizenzvertragsrechts am

Allgemeine Einleitung

ausführlichsten behandelt, auf sie wird aus Platzgründen bei den übrigen Mustern verwiesen.

Unmittelbar nach dem Muster 1 sind zwei unterschiedliche Geheimhaltungsvereinbarungen eingefügt, die im zeitlichen Zusammenhang mit den Lizenzverhandlungen insbesondere vom Lizenzgeber in Betracht gezogen werden sollten, falls neben einem Patent oder Gebrauchsmuster auch geheimes Wissen lizenziert wird.

Die übrigen Vertragsmuster regeln besondere Vertragsgestaltungen, die sich entweder aus der Qualität des lizenzierten Schutzrechts ergeben (Gebrauchsmuster) oder aus der gegenüber einem normalen Lizenzvertrag minderen Rechtseinräumung (Produktions- und Liefervertrag – Muster 7 bzw. Optionsvertrag – Muster 6) oder aus der intensiveren und damit über einen Lizenzvertrag hinausgehenden Zusammenarbeit der Parteien. Da die letztere Situation für die Praxis von immer größerer Bedeutung ist, wurden derartige Zusammenarbeits- und Entwicklungsverträge mit unterschiedlichen Sachverhalten und Vertragszielen aufgenommen, die von einem Zusammenarbeitsvertrag zwischen gleichberechtigten Partnern (Muster 8) über einen Entwicklungsvertrag in Form eines Werkvertrages (Muster 9) bis hin zu einem Forschungsauftrag (Muster 10) reichen. Sonderfälle sind der Vergleichsvertrag, der zwischen den Parteien eines Patentverletzungsprozesses abgeschlossen wird (Muster 11) und der Patentkaufvertrag (Muster 12), bei dem ebenfalls lizenzvertragliche Bestimmungen zu beachten sind. Es folgen schließlich 4 Muster, die im Zusammenhang mit der Patentverwertung oder einer Schutzrechtsübertragung von Interesse sind, wie das Auskunftsersuchen wegen Patentberühmung, das auch gegenüber dem Lizenznehmer geltend gemacht werden kann (Muster 13), die Erklärung der Lizenzbereitschaft (Muster 14), der Antrag auf Eintragung einer ausschließlichen Lizenz in der Patentrolle (Muster 15) sowie der Umschreibungsantrag bei Übertragung eines Gebrauchsmusters oder Patents (Muster 16).

Der Anhang enthält die wichtigsten Rechtsvorschriften, die für die konkrete Vertragsgestaltung von Lizenzverträgen zu beachten sind, und auf die in den Anmerkungen wiederholt verwiesen wird. Es handelt sich aus dem europäischen Recht um die Verordnung der EG-Kommission über die Anwendung von Art. 85 Abs. 3 EWG-Vertrag auf Gruppen von Patentlizenzvereinbarungen (zitiert als Gruppenfreistellungsverordnung) sowie die Verordnung der EG-Kommission über die Anwendung von Art. 85 Abs. 3 auf Gruppen von Vereinbarungen über Forschung und Entwicklung (zitiert als EG-Verordnung [Forschung]). Die erste Verordnung war in den beteiligten Kreisen seit Jahren diskutiert und in einer früheren Fassung von den beteiligten Kreisen zum Teil heftig bekämpft worden. Die nunmehr von der Kommission angenommene Fassung vom Juli 1984 ist nach Erlaß des Urteils des Europäischen Gerichtshofs im sogenannten »Maissaatgut-Fall« insbesondere in bezug auf Exklusivlizenzen weitgehend geändert worden und enthält darüber hinaus gegenüber früheren Fassungen praxisgerechtere Regelungen für die Lizenzierung von geheimem Know-how in gemischten Patent- und Know-how-Verträgen. Die Verordnung zu Forschungsvereinbarungen ist im Amtsblatt der Europäischen Gemeinschaften vom 22. 2. 1985 veröffentlicht worden. Da die Verordnungen die derzeitige Praxis und die Rechtsauffassung der Kommission widerspiegeln, wird ihr Abdruck als nützlich angesehen (Anhang 1 und 2). Für das deutsche Recht sind aus Gründen der Bequemlichkeit die §§ 1, 15, 18, 20 und 21 des Gesetzes gegen Wettbewerbsbeschränkung (GWB) abgedruckt, die für die Beurteilung von Lizenzverträgen in Frage kommen. Ihre Bedeutung dürfte nach Erlaß der Gruppenfreistellungsverordnung der EG-Kommission allerdings sehr beschränkt sein, da für die meisten Lizenzverträge etwa bezüglich Preisabsprachen, Nichtangriffsklausel, Höchstmengenbeschränkung usw. die strengeren Regeln des EG-Rechts Anwendung finden werden.

Das Literaturverzeichnis enthält eine Auswahl von praxisorientierten Werken und Beiträgen sowohl aus dem Bereich des Patentrechts als auch des Kartellrechts.

1 Ausschließlicher Lizenzvertrag

Vorbemerkungen

a) Sachverhalt

Der Patentinhaber besitzt in mehreren Ländern Patente für eine neue Art von Aluminium-Schalungsträgern für den Betonbau. Er besitzt ein weltweites Vertriebssystem, über das er vor allem Großabnehmer beliefert. Daneben vergibt er in jedem Land an einen inländischen Lizenznehmer eine Vertriebs- und Herstellungslizenz in Form einer ausschließlichen Lizenz. Das Patent ist bereits rechtskräftig erteilt.

Zusätzlich zu der Patentlizenz werden dem Lizenznehmer geheime Kenntnisse bezüglich der Herstellung, u. a. der Zusammensetzung der Legierung, sowie für die Verwendung der Träger im Schalungsbau, insbesondere hinsichtlich der statischen Belastbarkeit übermittelt.

b) Hinweise zur Benutzung des Vertragsmusters

Gegenstand von Lizenzverträgen über technische Schutzrechte für den Geltungsbereich des deutschen Patentgesetzes können deutsche und europäische Patente sowie Gebrauchsmuster sein sowie deren Vorstufen, also bloß zum Patent oder Gebrauchsmuster angemeldete Erfindungen oder sogar eine für eine Schutzrechtsanmeldung erst vorgesehene Erfindung. Im letzteren Fall muß die Erfindung allerdings zur Anmeldung kommen, da es sich andernfalls um einen reinen Know-how-Vertrag handeln würde, vgl. für dessen Besonderheiten unten Anm. 6. Das Muster 1 geht von einem bereits erteilten Patent aus, an dem der Patentinhaber eine ausschließliche Lizenz erteilt, wobei er sich eigene Auswertungsrechte im Lizenzgebiet vorbehält (sogenannte Alleinlizenzklausel), vgl. zur Definition unten Anm. 3 (1). Verspricht der Patentinhaber, sich selbst jedweder Auswertung im Lizenzgebiet zu enthalten (Alleinbenutzungsklausel) so ist das nachfolgende Muster mit der Maßgabe anwendbar, daß § 1 Abs. 2 zu streichen ist.

Grundsätzlich sind sämtliche Formulare für Patentlizenzverträge auch für die Lizenzierung von Gebrauchsmustern benutzbar. Allerdings können sich aus der Tatsache, daß das Gebrauchsmuster ein ungeprüftes Schutzrecht darstellt, unterschiedliche Interessen hinsichtlich der Gültigkeitsgarantie oder der Änderung von Lizenzsätzen im Falle des Angriffs durch Dritte ergeben.

Deshalb ist als Muster 5 ein Vorschlag für einen speziellen Gebrauchsmusterlizenzvertrag abgedruckt.

c) Zur besonderen Beachtung

(1) Formvorschriften

Für alle Lizenzverträge gilt, daß diese grundsätzlich formfrei abgeschlossen werden können und daß je nach Sachverhalt z. B. im Verkauf einer Vorrichtung oder Maschine sogar eine stillschweigende Lizenzvereinbarung angenommen wird, falls damit ein patentiertes Verfahren ausgeübt werden soll (vgl. für eine abweichende Auslegung BGH GRUR 1980, 38 – Fullplastverfahren).

Eine Einschränkung gilt für Verträge mit wettbewerbsbeschränkenden Klauseln, für die die Schriftform gemäß § 34 GWB zwingendes Erfordernis ist (vgl. dazu näher unten 4 (4); BGH GRUR 1979, 768, 770 – Mineralwolle). Gleichgültig, ob einem Schutzrechtslizenzvertrag ein inländisches oder ausländisches Schutzrecht zugrunde liegt, ist gemäß § 98 Abs. 2 GWB deutsches Kartellrecht anwendbar im Falle von Beschränkungen, die im Inland Auswirkungen haben. Danach findet § 34 GWB bereits Anwendung, wenn auch nur einer der Vertragsparteien Beschränkungen im Wirtschaftsverkehr auferlegt werden, selbst wenn diese nicht über den Inhalt des Schutzrechts hinausgehen (BGH GRUR 1975, 498, 499 – Werkstück-Verbindungsmaschine; BGH 1979, 767, 770 – Mineralwolle; zum Erfordernis einer einheitlichen Urkunde für § 34 GWB vgl. BGH v. 10. 4. 1984 KZR 6/83).

Ist ein Lizenzvertrag nach § 34 GWB schriftlich abzuschließen, so kann der Berufung auf den Formmangel der Einwand unzulässiger Rechtsausübung nicht entgegengesetzt werden (vgl. BGH GRUR 1978, 320, 321 – Belüftungsgitter mit Anm. *Axster/Weber*) Das Schriftformerfordernis des § 34 GWB wird auch durch sich kreuzende Bestätigungsschreiben gewahrt, OLG Stuttgart WuW Rspr OLG II, 1216, 1218.

Das Europäische Patentrecht stellt für die Übertragung von Patenten oder Patentanmeldungen das Schriftformerfordernis auf, Artikel 72 EPÜ, Artikel 40 in GPÜ, nicht aber für den Abschluß eines Lizenzvertrages.

(2) Kartellrechtliche Genehmigung von Lizenzverträgen

Eine Reihe von Klauseln dieses Vertragsmusters sowie der übrigen Muster sind kartellrechtlich als Wettbewerbsbeschränkungen zu qualifizieren. Zum Teil gehen diese Wettbewerbsbeschränkungen nicht über den Inhalt des Schutzrechts hinaus (§ 20 Abs. 1 GWB) oder sie werden als kartellrechtlich unbedenklich beurteilt (§ 20 Abs. 2 GWB); vgl. für das EG-Recht die Regelungen der Gruppenfreistellungsverordnung (Verordnung [EWG] Nr. 2349/84 der Kommission über die Anwendung Art. 85 Abs. 3 des Vertrages auf Gruppen von Patentlizenzvereinbarungen) abgedruckt im Anhang dieses Werkes.

Häufig folgt die kartellrechtliche Zulässigkeit aber nicht aus der Formulierung einer einzelnen Klausel, sondern aus dem Zusammenwirken mehrerer

Vereinbarungen und deren rechtlicher und wirtschaftlicher Folgen. Es empfiehlt sich daher, gerade bei bedeutenden und langfristig abgeschlossenen Lizenzverträgen von den Möglichkeiten des kartellamtlichen Erlaubnisverfahrens gem. § 20 Abs. 3 GWB und/oder dem Anmeldeverfahren bei der EG-Kommission gem. Verordnung Nr. 17 Gebrauch zu machen. Ein Anmeldeverfahren bei der EG-Kommission kann sich auch dann empfehlen, wenn der Lizenzvertrag nur das Gebiet eines einzigen Mitgliedsstaates betrifft und auch die Parteien lediglich einem einzigen Mitgliedsstaat angehören. Nach der Praxis der EG-Kommission kann nämlich eine Auswirkung auf den Wettbewerb zwischen den Mitgliedsstaaten auch dann angenommen werden, wenn durch den Lizenzvertrag die theoretisch bestehende Möglichkeit des Warenbezugs aus anderen Mitgliedsstaaten verhindert wird. Zur Systematik und inhaltlichen Reichweite der Gruppenfreistellung zuletzt *Ullrich,* GRUR Int. 1984, 89, 97 f.

Art. 3 der Gruppenfreistellungsverordnung enthält diejenigen Klauseln, die nach Auffassung der Kommission unter Art. 85 (1) zu subsumieren sind. Enthält ein Lizenzvertrag Klauseln, die unter Art. 3 fallen, so bedeutet dies, (1) daß der Lizenzvertrag nicht freigestellt ist, (2) daß kein beschleunigtes Widerspruchsverfahren nach Art. 4 möglich ist, (3) daß gegebenenfalls von der Kommission ein Bußgeld wegen Kartellverstoßes verhängt werden kann (vgl. dazu zuletzt, z. B. für die Einfügung einer Nichtangriffsklausel in einen Lizenzvertrag, die Entscheidung der EG-Kommission in Sachen Windsurfing International, GRUR Int. 1984, 171).

Alle Lizenzverträge, die nur Klauseln der Art. 1 und 2, aber keine Klauseln des Art. 3 der Gruppenfreistellungsverordnung enthalten, gelten nach der Verordnung als automatisch freigestellt. Darüber hinaus können Lizenzverträge mit anderen, jedoch nicht unter Art. 3 fallende Klauseln gemäß Art. 4 der Gruppenfreistellungsverordnung eine Freistellung erhalten, wenn sie bei der EG-Kommission angemeldet werden. Die EG-Kommission hat dafür ein verkürztes Widerspruchsverfahren entwickelt, nach dem sämtliche angemeldeten Verträge nach Ablauf von 6 Monaten als freigestellt gelten, bei denen die Kommission keinen Widerspruch erhebt. Sind mehr als zwei Parteien an dem Lizenzvertrag beteiligt, so bleibt es bei der bisherigen Anmeldeverpflichtung gemäß Art. 4 der Verordnung Nr. 17. Kartellverstöße, also z. B. Verstöße gegen 85 Abs. 1 EWG-Vertrag, können von der EG-Kommission mit erheblichen Geldbußen geahndet werden, die bis zu 1. Mio. europäischer Rechnungseinheiten oder darüberhinaus bis zu 10 % des letztjährigen Gesamtumsatzes des Unternehmens betragen können (Art. 15 Abs. 2 der Verordnung Nr. 17). Dasselbe gilt gem. § 38 Abs. 1 Ziff. 1 GWB für das deutsche Recht.

Hinsichtlich der Abgrenzung der Kompetenz zwischen BKartA einerseits und EG-Kommission andererseits ist darauf hinzuweisen, daß gem. Art. 9 Abs. 3 der VO Nr. 17, das BKartA aufgrund Art. 88 EWG-V solange für die Anwendung des Art. 85 Abs. 1 EWG-V zuständig ist, als die EG-Kommission selbst noch kein Verfahren eingeleitet hat. In der Praxis pflegt das BKartA, wenn es einen Verstoß gegen Art. 85 Abs. 1 für gegeben ansieht, die Parteien aufzufordern, entweder die beanstandeten Teile des Vertrages zu ändern oder den Nachweis zu erbringen, daß der Vertrag zur Prüfung bei der EG-Kommission eingereicht worden ist.

Eine eindeutige kartellrechtliche Klärung liegt im Interesse beider Vertragspartner, da im Falle von Unstimmigkeiten jede Partei die Möglichkeit hat, durch Vorlage des Vertrages bei den deutschen oder europäischen Kartellbehörden dessen weitere Durchführung untersagen zu lassen.

Dabei ist zu unterscheiden zwischen einem Negativattest und einer Freistellungserklärung. Bei einem *Negativattest* erhält der Antragsteller Gewißheit darüber, daß der vorgelegte Vertrag nicht unter das Verbot des Art. 85 (1) EWG-Vertrag fällt. Dabei ist allerdings darauf hinzuweisen, daß die Kommission gemäß Art. 2 der VO 17/62 nicht verpflichtet ist, ein Negativattest zu erteilen. Sie wird dies zum Beispiel dann nicht tun, wenn kein Bedürfnis für einen solchen Antrag besteht, weil z. B. der Vertrag offensichtlich nicht unter Art. 85 Abs. 1 fällt oder wenn er aufgrund einer Gruppenfreistellung gemäß Art. 85 Abs. 3 freigestellt ist.

Eine *Freistellung* nach Art. 85 (3) EWG-Vertrag ist dann erforderlich, wenn der Vertrag grundsätzlich unter Art. 85 (1) fällt, d. h. grundsätzlich verboten wäre *und* auch keine der Gruppenfreistellungsverordnungen auf ihn anwendbar ist. Dies trifft für alle diejenigen Fälle zu, die von der Kommission als »verbotene« Klauseln angesehene Bestimmungen enthalten, z. B. eine Nichtangriffsklausel in einem Patentlizenzvertrag. Diese Unterschiede geben zugleich Hinweise für die Begründung eines Antrags in der einen oder anderen Richtung: für die Begründung eines *Negativattestantrags* muß dargelegt werden, aus welchen Gründen eine Anwendbarkeit von Art. 85 (1) EWG-Vertrag ausscheidet (weil z. B. keine spürbare Verhinderung oder Einschränkung des Wettbewerbs bezweckt oder bewirkt wird oder weil der Handel zwischen Mitgliedsstaaten nicht spürbar beeinträchtigt wird). Für einen *Freistellungsantrag* nach Art. 85 (3) ist erforderlich darzulegen, daß der Lizenzvertrag eine Verbesserung bei der Erzeugung oder Verteilung von Gütern oder eine Förderung des technischen Fortschritts bewirkt, die Verbraucher angemessen an der Verbesserung beteiligt werden, die wettbewerbsbeschränkende Absprache zu diesem Zweck unerläßlich ist und der Vertrag nicht den Wettbewerb für einen wesentlichen Teil der betroffenen Waren oder Dienstleistungen ausschaltet. Die EG-Kommission hat ein Antragsformular entwickelt, mit dem gleichzeitig ein Negativattest und, falls die Kommission sich zur Erteilung dieses Negativattests nicht in der Lage sehen sollte, eine Freistellung beantragt werden kann.

Zwei der für die hier behandelten Verträge wichtigsten Gruppenfreistellungsverordnungen der EG-Kommission sind im Anhang dieses Buches abgedruckt. Es handelt sich hierbei um die vorzitierte Gruppenfreistellungsverordnung sowie die »Verordnung über die Anwendung von Art. 85 Abs. 3 des Vertrages auf Gruppen von Vereinbarungen über Forschung und Entwicklung«, letztere im folgenden zitiert als EG-Verordnung (Forschung).

Diese Gruppenfreistellungsverordnungen sollen den Beteiligten selbst ein Urteil darüber erlauben, ob eine bestimmte Absprache Zweifelsfragen aufwirft. Anlaß für einen Antrag auf ein Negativattest oder eine Freistellung besteht daher dann nicht, wenn ein Vertrag sich innerhalb der Grenzen einer Freistellungsverordnung hält.

Enthält ein Lizenzvertrag Klauseln, die nicht ausdrücklich unter die Artikel 1 oder 2 der Gruppenfreistellungsverordnung fallen, den dort genannten Vereinbarungen aber in der Wirkung gleichkommen, so kann der Lizenzvertrag bei der Kommission in einem vereinfachten Verfahren angemeldet werden, und die Freistellung gilt als erteilt, falls die Kommission nicht binnen 6 Monaten Widerspruch einlegt. (Vgl. Art. 4 (1) der Gruppenfreistellungsverordnung.)

(3) Sonstiges

Aus praktischen Gründen und zur Vereinfachung der Vertragsverhandlungen zwischen den Parteien empfiehlt es sich, jede Klausel des gewählten Vertragsmusters zwischen den Parteien auf ihre Einbeziehung in den Vertrag zu diskutieren, was verhindert, daß wichtige Regelungen vergessen oder überflüssige in den Vertrag aufgenommen werden.

Besondere Sorgfalt ist dabei auf die Umschreibung des technischen Anwendungsgebietes zu verwenden, die Beschreibung von Umfang und Art der vom Lizenzgeber zu stellenden Unterlagen über technisches Wissen, das Vertragsgebiet sowie die Frage der Vergabe von Unterlizenzen, da sich an diesen Punkten entscheidet, ob beide Parteien übereinstimmende Vorstellungen über die Grundsätze der Vertragsgestaltung haben.

Beide Parteien sollten bei ihren vertraglichen Dispositionen daran denken, daß die Durchführung von Lizenzverträgen, die technische Sachverhalte betreffen, von behördlichen Genehmigungen abhängig sein kann. Dies gilt für das deutsche Recht z. B. bei der Arzneimittelzulassung, bei der Zulassung für Baustoffe, bei umweltbeeinflussenden Immissionen usw. Da der Erhalt derartiger Genehmigungen nicht vom Willen einer der Vertragspartner abhängt, sollte die Erteilung der Genehmigung, falls deren Notwendigkeit bekannt ist, als aufschiebende Bedingung in den Lizenzvertrag aufgenommen werden. Regelungsbedürftig ist in solchen Fällen die Zuständigkeit für die Durchführung des Genehmigungsverfahrens, was zweckmäßiger Weise der Partei mit dem größten Interesse an der schnellen Erteilung überlassen werden sollte, wobei sich die andere Partei zu fachlicher Unterstützung verpflichtet.

Noch weniger vorhersehbar ist die Genehmigungspflicht bei Lizenzverträgen für ausländische Schutzrechte, weil in vielen ausländischen Staaten die

1 *Ausschließlicher Lizenzvertrag*

Genehmigungspflicht nicht nur aus technischen und Umweltschutzgründen, sondern auch zum Zwecke der Devisenkontrolle besteht. Weiterhin verlangen eine Vielzahl von Ländern, insbesondere Entwicklungsländer, einen Verzicht auf wettbewerbsbeschränkende Klauseln oder die bedingungslose Offenbarung geheimen Know-hows an inländische Unternehmen, so daß sich in Einzelfällen eher ein Verzicht auf die Auswertung bereits angemeldeter Schutzrechte oder auf die Anmeldung überhaupt empfiehlt, um nachteilige Auswirkungen auf die Auswertung in den übrigen Lizenzländern zu vermeiden. Es empfiehlt sich daher in solchen Fällen unbedingt Rechtsrat in jedem der Länder einzuholen, für die eine Lizenz erteilt werden soll.

Besitzt der Lizenznehmer bisher keinerlei Erfahrung auf dem technischen Gebiet der Lizenz und möchte er daher die technische Brauchbarkeit des Lizenzgegenstandes in der Praxis testen oder sich vorab über den rechtlichen Umfang der gewährten Nutzungsbefugnis vergewissern, so bietet sich der Abschluß eines Optionsvertrages an, der dem Lizenznehmer, meist gegen Zahlung eines Entgelts, das Recht einräumt, den in den Einzelheiten bereits ausgehandelten Lizenzvertrag anzunehmen. Für den Lizenzgeber bedeutet dies eine zeitliche Bindung und zugleich die Möglichkeit einer vertraglichen Absicherung gegen die unberechtigte Verwendung von Betriebsgeheimnissen oder Know-how, in das der Lizenznehmer vor Vertragsabschluß Einsicht erhält. Zu den Einzelheiten des Optionsvertrages vergleiche Muster 6.

Als Alternative zu einem Optionsvertrag bietet sich der Abschluß einer Geheimhaltungsverpflichtung in Form eines vorgeschalteten separaten Vertrages an. Vgl. dazu Muster 3.

Wird ein Rechtsanwalt mit der Ausarbeitung eines Lizenzvertrages beauftragt oder wirkt er in den Verhandlungen beratend mit, so ergibt sich das dafür zu berechnende Honorar aus § 118 Abs. 1 Nr. 1 BRAGO (Geschäftsgebühr), wobei der Geschäftswert sich nach § 25 Abs. 1 KostO bestimmen läßt, der für Lizenzverträge analog Anwendung findet. Der Geschäftswert errechnet sich daher aus den erwarteten Lizenzeinnahmen des Lizenzgebers; bei Verträgen über eine bestimmte Zeitdauer sind dies die gesamten Lizenzeinnahmen, bei einem Vertrag von unbestimmter Dauer die Lizenzeinnahmen von 3 Jahren; höchstens ist jedoch der 25fache Jahresbetrag anzusetzen, was bei Gebrauchsmuster- und Patentlizenzverträgen allerdings wegen der niedrigeren Laufzeit niemals der Fall sein wird. In der Praxis werden überwiegend Honorarvereinbarungen abgeschlossen, da die Lizenzeinnahmen häufig nur annäherungsweise bestimmbar sind.

Vgl. zum Antrag auf Eintragung einer ausschließlichen Lizenz in die Patentrolle Muster 15. Vergleiche zur besonderen Form eines Lizenzverhältnisses durch Abgabe einer Lizenzbereitschaftserklärung Muster 14.

Muster 1
Ausschließlicher Lizenzvertrag

zwischen der Firma
Sitz:
vertreten durch: ihren Vorstand
    – nachstehend Lizenzgeber genannt –
und der Firma
Sitz:
vertreten durch: ihren Geschäftsführer
    – nachstehend Lizenznehmer genannt –

Präambel[1) 2)]

Die Vertragsparteien gehen von folgendem aus:
1. Der Lizenzgeber ist Inhaber und Verfügungsberechtigter über das Patent:
angemeldet beim Deutschen Patentamt, am
offengelegt am
erteilt am
betreffend einen Aluminiumschalungsträger

    Der Lizenzgeber hat noch keine Lizenz für das genannte Patent erteilt.

2. Der Lizenzgeber verfügt darüber hinaus über Fabrikationsgeheimnisse und technisches Know-how auf dem Vertragsgebiet für die Herstellung und Verwendung des Trägers.
Die genannten Patente und Fabrikationsgeheimnisse sind bereits Gegenstand einer industriellen Auswertung durch den Lizenzgeber gewesen. Dieser hat mit der industriellen Fertigung der Träger bereits begonnen und auch praktische Erfahrungen für den Einsatz in der Wand- und Deckenschalung erworben.

Auf dieser Grundlage wird folgendes vereinbart:

§ 1   Art der Lizenz[3]

(1) Der Lizenzgeber erteilt dem Lizenznehmer eine ausschließliche Lizenz für die Herstellung, den Gebrauch und den Vertrieb des Lizenzgegenstandes.

(2) Der Lizenzgeber behält sich jedoch das Recht vor, die unter die Lizenz fallenden Gegenstände selbst im Vertragsgebiet herzustellen, zu gebrauchen und zu verkaufen.

§ 2   Vertragsgebiet[3]

(1) Die Lizenz wird für die Bundesrepublik Deutschland einschließlich West-Berlin erteilt. Ein Vertrieb nach Frankreich ist so lange gestattet, bis dort vom Lizenzge-

ber eine Lizenz vergeben worden ist und dies dem Lizenznehmer durch eingeschriebenen Brief mit Rückschein mitgeteilt wird. In diesem Fall sind zur Erfüllung bereits abgeschlossener Verträge Lieferungen noch binnen 6 Monaten ab Kenntnisnahme gestattet.

(2) Dem Lizenznehmer ist ein Vertrieb der unter dem Patent hergestellten Erzeugnisse in andere Länder nicht gestattet. Für jeden Fall der Zuwiderhandlung ist der Lizenznehmer verpflichtet, die dreifache Lizenzgebühr an den Lizenzgeber zu bezahlen. In bezug auf den Gemeinsamen Markt endet diese Verpflichtung mit dem Ablauf von 5 Jahren.

§ 3   Sachlicher Lizenzbereich[4]

Die Lizenz erstreckt sich auf den gesamten Anwendungsbereich der Erfindung, wie sie in der Einleitung umschrieben ist, einschließlich technischer Weiterentwicklungen, soweit sie das vertragsgegenständliche technische Gebiet betreffen.

§ 4   Übertragbarkeit[5]

Die Übertragung der Lizenz oder ihre Einbringung in eine Gesellschaft ist nur mit schriftlicher Zustimmung des Lizenzgebers gestattet.

§ 5   Unterlizenzen[5]

Der Lizenznehmer ist berechtigt, Unterlizenzen zu erteilen. Der Lizenznehmer haftet für diesen Fall auch für die Lizenzgebühren der Unterlizenznehmer.

§ 6   Eintragung der Lizenz[3]

Jede Partei ist berechtigt, die Eintragung der Lizenz auf ihre Kosten in die Patentrolle zu beantragen. Der Lizenzgeber verpflichtet sich, dem Lizenznehmer alle hierfür erforderlichen Vollmachten und Unterschriften zu erteilen.

§ 7   Lizenzierung von Know-how[6]

(1) Der Lizenzgeber stellt dem Lizenznehmer geheime technische Kenntnisse und Know-how bezüglich der Fertigung des Lizenzgegenstandes im Umfang der in der Anlage 1 aufgeführten Unterlagen und Zeichnungen zwecks Nutzung im Lizenzgebiet zur Verfügung.

(2) Die Übersendung dieser Unterlagen erfolgt innerhalb einer Frist von 3 Wochen nach Zahlung der in § 12 (2) genannten Beträge. Sind für die Gültigkeit des Vertrages Genehmigungen erforderlich, so rechnet die Frist ab Erteilung sämtlicher Genehmigungen.

(3) Der Lizenznehmer hat die Unterlagen geheimzuhalten und darf diese nur mit ausdrücklicher schriftlicher Genehmigung des Lizenzgebers an Zulieferer weitergeben.
Der Lizenznehmer verpflichtet sich, Angestellte und Zulieferer eine Verpflichtungserklärung gemäß dem in der Anlage 2 beiliegenden Muster unterschreiben zu lassen. Kopien dieser Verpflichtungen sind an den Lizenzgeber zu senden.

(4) Nach Ablauf des Lizenzvertrages sind sämtliche Unterlagen an den Lizenzgeber zurückzugeben, der Lizenznehmer verpflichtet sich, die darin enthaltenen Kenntnisse auch weiterhin geheimzuhalten. Er wird diese Verpflichtung auch den Angehörigen seines Betriebes und Zulieferern auferlegen. Diese Verpflichtung gilt, solange das Know-how nicht offenkundig ist.

(5) Hinsichtlich des Umfangs der Geheimhaltungsverpflichtung trägt der Lizenznehmer die Beweislast dafür, daß technisches Wissen, das ihm aufgrund dieses Vertrages mitgeteilt wurde, bereits offenkundig war.

§ 8 Technische Hilfe[7]

(1) Der Lizenzgeber verpflichtet sich, dem Lizenznehmer für die Dauer von vier Wochen Fachpersonal zur Verfügung zu stellen, das die Fertigung einrichtet und deren Beginn überwacht.

(2) Für die Dauer der Einarbeitung bezahlt der Lizenznehmer pro Tag und Angestellten einen Tagessatz von 300 DM.
Er trägt darüber hinaus Fahrtspesen und die steuerlich anerkannten Tages- und Übernachtungssätze.

§ 9 Anlernung von Arbeitskräften des Lizenznehmers[7]

(1) Der Lizenzgeber erklärt sich bereit, Arbeitnehmer des Lizenznehmers in seinem Betrieb zu unterweisen und in die Verwertung des Lizenzgegenstandes einzuführen.

(2) Der Lizenznehmer übernimmt die Zahlung der Gehälter und sämtlicher Kosten für die Unterbringung, Tagessätze, Fahrtkosten, usw., seiner Arbeitnehmer. Er bezahlt darüber hinaus pro Tag und Arbeitnehmer an den Lizenzgeber einen Pauschalbetrag von 50 DM. Die Einweisung ist auf 10 Arbeitnehmer und 14 Tage pro Arbeitnehmer beschränkt.

§ 10 Garantieklausel[2]

(1) Der Lizenzgeber versichert, daß ihm Rechtsmängel am Vertragsschutzrecht, insbesondere Vorbenutzungsrechte oder eine Abhängigkeit von Schutzrechten Dritter, sowie Sachmängel der diesem Patent zugrundeliegenden Erfindung nicht bekannt sind. Eine Haftung für Freiheit von Mängeln wird nicht übernommen.

1 *Ausschließlicher Lizenzvertrag*

(2) Der Lizenzgeber haftet für die Herstellbarkeit der Legierung gemäß der Angaben in Anlage 1 sowie die statischen Eigenschaften des Trägers.

(3) Der Lizenzgeber haftet nicht für die Patentfähigkeit und Rechtsgültigkeit der lizenzierten Schutzrechte sowie für die kaufmännische Verwertbarkeit und/oder die Fabrikationsreife der Erfindung.

§ 11   Ausübungspflicht[8]

Der Lizenznehmer ist verpflichtet, die Lizenz auszuüben. Die jährliche herzustellende Mindestmenge beträgt 10 000 Träger à 6 m.

§ 12   Lizenzgebühr[9]

(1) Der Lizenznehmer zahlt dem Lizenzgeber eine Lizenzgebühr in Höhe von 10 % der seinen Abnehmern in Rechnung gestellten Netto-Rechnungsbeträge ohne Mehrwertsteuer und Frachtkosten und ohne Händler- und Barzahlungsrabatte. Die Fälligkeit der Lizenzgebühren ist der Tag der Rechnungsstellung des Lizenznehmers, wobei Zahlungsausfälle die Höhe der Lizenzgebühren nicht beeinflussen. Die Mindestlizenzgebühr beträgt[10]

im ersten Jahr	DM 100 000,–
im zweiten Jahr	DM 150 000,–
im dritten und den folgenden Jahren	DM 200 000,–

Die Mindestlizenzgebühr wird auf die umsatzbezogene Gebühr angerechnet.

(2) Binnen drei Wochen nach Unterschrift dieses Vertrages zahlt der Lizenznehmer an den Lizenzgeber für die Überlassung der technischen Unterlagen und die Übertragung des beschriebenen Know-how einen Betrag von DM 150 000,–.[11]

(3) Der Pauschalbetrag kann nicht zurückgefordert werden, auch falls der Vertrag aus irgendeinem Grund vorzeitig endet.[11]
Die Bestimmungen in §§ 8 und 9 bleiben unberührt.

§ 13   Buchführungspflicht[12]

(1) Der Lizenznehmer ist verpflichtet, über die Herstellung von Lizenzgegenständen gesondert Buch zu führen, und zwar in der Weise, daß die genaue Anzahl der von ihm aufgrund dieses Vertrages hergestellten Gegenstände, die Empfänger und Lieferdaten, sowie sonstige wesentlichen Umstände ersichtlich sind.

(2) Der Lizenzgeber ist berechtigt, die Richtigkeit der Buchführung und ihre Übereinstimmung mit der allgemeinen Buchführung des Lizenznehmers durch einen zur Verschwiegenheit verpflichteten Buchprüfer prüfen zu lassen. Die Kosten der Überprüfung trägt der Lizenzgeber, bei der Aufdeckung von Unrichtigkeiten trägt die Kosten der Lizenznehmer.

§ 14 Abrechnung und Zahlung[12]

(1) Der Lizenznehmer hat über die Lizenzgebühr vierteljährlich abzurechnen und zwar jeweils binnen eines Monats nach jeder Abrechnungsfrist. Binnen der gleichen Frist hat er die fällige Lizenzgebühr auf das Konto des Lizenzgebers zu überweisen. Die Überweisung erfolgt in der Währung des Sitzlandes des Lizenzgebers, sämtliche Überweisungskosten gehen zu Lasten des Lizenznehmers. Als Wechselkurs gilt der letzte Tag der jeweiligen Abrechnungsperiode.

(2) Ab dem Fälligkeitstag werden Verzugszinsen in Höhe von 6 Prozent über dem jeweiligen Diskontsatz berechnet, ohne daß es einer Mahnung bedarf. Höhere Zinsen können bei Nachweis berechnet werden.

§ 15 Steuern und Abgaben[12]

Sämtliche Umsatzsteuern und indirekte Steuern, die auf die Lizenzzahlungen entfallen, gehen zu Lasten des Lizenznehmers. Gegebenenfalls sind derartige, auf den Lizenzgeber entfallende Steuern, vom Lizenznehmer im Namen des Lizenzgebers zu bezahlen.
   Sämtliche direkte Steuern gehen zu Lasten des Lizenzgebers.

§ 16 Kennzeichnungspflicht[13]

Der Lizenznehmer verpflichtet sich, sämtliche Lizenzgegenstände wie folgt zu kennzeichnen:
— mit dem deutlich sichtbaren Hinweis »hergestellt unter Lizenz der Firma Aluminium Werke AG«
— mit einer dauerhaft lesbaren, fortlaufenden Nummer auf jedem Vertragsgegenstand.
   Der Lizenznehmer ist berechtigt, auf den Lizenzgegenständen das Warenzeichen des Lizenzgebers sowie seine eigene Firma oder sein Warenzeichen anzubringen.

§ 17 Qualitätskontrolle und Produkthaftpflicht[14]

(1) Der Lizenznehmer hat den Lizenzgegenstand in der gleichen Qualität wie der Lizenzgeber herzustellen. Der Lizenzgeber hat das Recht, die vereinbarte Qualität zu überwachen und den Vertrieb minderwertiger Produkte zu untersagen. Sein Kontrollrecht kann der Lizenzgeber durch persönliche Kontrolle der Produktion ausüben.

(2) Gegenüber Ansprüchen Dritter aus Produkthaftung stellt der Lizenznehmer den Lizenzgeber frei. Dasselbe gilt für Werbebehauptungen des Lizenznehmers über das lizenzierte Produkt.

1 *Ausschließlicher Lizenzvertrag*

§ 18 Veränderungen und Verbesserungen durch den Lizenznehmer[15]

(1) Konstruktive Veränderungen des Lizenzgegenstandes sind nur nach schriftlicher Genehmigung des Lizenzgebers gestattet.

(2) Sämtliche Verbesserungen des Lizenzgegenstandes sind dem Lizenzgeber zu melden. Dieser ist berechtigt, je nach eigener Beteiligung an der Verbesserung als Miterfinder genannt zu werden bzw. die Verbesserung durch Lizenznahme zu nutzen. Die Bedingungen sind von den Parteien auszuhandeln.

§ 19 Verbesserungen und Änderungen des Lizenzgegenstandes durch den Lizenzgeber[16]

Der Lizenzgeber verpflichtet sich, Verbesserungen des Lizenzgegenstandes dem Lizenznehmer kostenlos mitzuteilen. Dies gilt auch für Verbesserungen, die zu einer Patentanmeldung führen. Der Lizenznehmer kann hierfür eine Lizenz nach den Bedingungen dieses Vertrages erwerben.

§ 20 Bezugspflicht[17]

Der Lizenznehmer ist verpflichtet, vom Lizenzgeber Schalungsstützen und zugehörige Verriegelungselemente zu beziehen. Hierfür gelten die in der Anlage 3 aufgeführten Lieferbedingungen und -Preise.

§ 21 Wettbewerbsverbot[18]

Jeder Nachbau, Gebrauch oder Vertrieb von Erzeugnissen der lizenzierten, geschützten Art, stellt eine Ausübung der Lizenzrechte dar, sofern nicht der Lizenznehmer den Nachweis führt, daß er die Lizenzschutzrechte nicht benutzt hat. Dem Lizenznehmer ist es untersagt, das aufgrund des Lizenzvertrages erworbene Wissen bei der Herstellung, der Montage oder dem Vertrieb von Wettbewerbserzeugnissen einzusetzen.

§ 22 Aufrechterhaltung des Patents[2]

Der Lizenzgeber ist verpflichtet, die Patente, die Gegenstand des Vertrages sind, während der Dauer des Lizenzvertrages aufrechtzuerhalten. Die Kosten trägt der Lizenznehmer.

§ 23 Verteidigung der Schutzrechte[19]

(1) Die Vertragsparteien werden einander von sämtlichen Verletzungen der Vertragsschutzrechte im Vertragsgebiet unterrichten. Der Lizenzgeber ist verpflichtet,

das Vertragsschutzrecht gegen Angriffe Dritter (Nichtigkeitsklage und Löschungsantrag) zu verteidigen. Der Lizenznehmer ist verpflichtet, gegen Patentverletzer vorzugehen.

(2) Die Kosten für die Durchführung eines Verletzungsverfahrens trägt der Lizenznehmer, die Kosten für ein eventuelles Nichtigkeitsverfahren trägt der Lizenzgeber. Der Lizenzgeber kann auf Seiten des Lizenznehmers einem Verletzungsstreit beitreten. Die Kosten des Beitritts trägt der Lizenzgeber.

(3) Führt der Lizenznehmer den Verletzungsstreit allein und fließen ihm Schadenersatzbeträge wegen entgangenen Gewinns oder als fiktive Lizenzgebühr zu, so erhält der Lizenzgeber hiervon 25 % der vertragsgemäßen Lizenzgebühr gem. § 12.

§ 24 Pflichten bei Ansprüchen Dritter[19]

Wird der Lizenznehmer aufgrund der Benutzung der Vertragsschutzrechte wegen Patentverletzung in Anspruch genommen, so hat er den Lizenzgeber hiervon unverzüglich zu unterrichten. Der Lizenzgeber ist berechtigt, einem eventuellen Rechtsstreit beizutreten. Die Kosten für die Durchführung des Rechtsstreits trägt jede Partei allein.

§ 25 Nichtangriffspflicht[20]

Der Lizenznehmer verpflichtet sich, das Vertragsschutzrecht während der Dauer des Lizenzvertrages nicht anzugreifen oder Dritte bei einem Angriff auf das Schutzrecht zu unterstützen.

§ 26 Nichtigerklärung und Beschränkung des Schutzrechts[2,9,19,21]

(1) Wird das lizenzierte Schutzrecht rechtskräftig für nichtig erklärt, so wird die Gültigkeit des Vertrages hiervon nicht berührt. Der Lizenznehmer hat jedoch das Recht, binnen drei Monaten den Vertrag zu kündigen oder hinsichtlich des lizenzierten Know-how eine Anpassung der Lizenzgebühren zu verlangen.

(2) Bezahlte Lizenzgebühren können nicht zurückgefordert werden. Bis zur rechtskräftigen Nichtigerklärung fällige, aber noch nicht bezahlte Lizenzgebühren sind vom Lizenznehmer zu zahlen. Dies gilt nicht, wenn der Lizenznehmer den Lizenzgeber durch eingeschriebenen Brief davon unterrichtet hat, daß Wettbewerber Verletzungshandlungen begehen und es abgelehnt haben, eine mit Abmahnungsschreiben übersandte Unterwerfungserklärung zu unterschreiben. Unterläßt es der Lizenznehmer, innerhalb angemessener Frist eine Verletzungsklage zu erheben, so bleibt er zur Zahlung der Lizenzgebühren verpflichtet.

(3) Wird das Schutzrecht durch teilweise Nichtigerklärung beschränkt oder stellt sich eine Abhängigkeit des Schutzrechts von einem älteren Patent heraus, so kann der Lizenznehmer eine Anpassung an die veränderten Verhältnisse verlangen. Dies

gilt im Falle der Abhängigkeit dann nicht, wenn der Lizenzgeber, z. B. durch Zahlung von Lizenzgebühren an den älteren Schutzrechtsinhaber, den Lizenznehmer von Beeinträchtigungen frei stellt.

§ 27 Vertragsdauer[21]

Der Vertrag tritt mit Unterzeichnung und nach Erteilung sämtlicher für seine Durchführung erforderlichen Genehmigungen in Kraft.
Der Vertrag endet am ...

§ 28 Kündigung[21]

(1) Bei Vertragsverletzung steht beiden Parteien ein Recht zur außerordentlichen Kündigung zu, das binnen vier Wochen ausgeübt werden muß. Hinsichtlich des Lizenzgebers sind wichtige Gründe hierfür z. B. die Nichteinhaltung des Lizenzgebietes[3] durch den Lizenznehmer, die Nichteinhaltung der Rechnungslegungs- und Zahlungsfristen für die Lizenzgebühren[12], sowie der Konkurs des Lizenznehmers.

(2) Für den Lizenznehmer sind wichtige Kündigungsgründe z. B. die Nichtigerklärung des Schutzrechts[19] und die wirtschaftliche Unmöglichkeit[2] des Absatzes der lizenzierten Produkte.

(3) Darüber hinaus ist der Lizenzgeber 5 Jahre nach Abschluß des Vertrages berechtigt, den Vertrag zu kündigen, wenn die vereinbarten Mindestlizenzgebühren in den zwei vorangegangenen Jahren nicht überschritten worden sind oder wenn der Lizenznehmer seiner Ausübungsverpflichtung nicht im vereinbarten Umfang nachkommt. Nach Ablauf des 5. Jahres steht dem Lizenzgeber dieses Kündigungsrecht unter den genannten Bedingungen jährlich zu.

§ 29 Auslaufklausel[21]

Der Lizenznehmer ist berechtigt, alle im Zeitpunkt der Beendigung des Vertrages noch vorhandenen Lizenzgegenstände innerhalb von 6 Monaten zu den vereinbarten Bedingungen zu verkaufen bzw. sämtliche vor Beendigung des Lizenzvertrages abgeschlossenen Geschäfte auszuführen.

§ 30 Gerichtsstand und anzuwendendes Recht[22]

(1) Erfüllungsort ist München. Für alle Streitigkeiten aus diesem Vertrag wird die Zuständigkeit des Landgerichts München I vereinbart.

(2) Auf das Vertragsverhältnis findet deutsches Recht Anwendung.

§ 31 Salvatorische Klausel

Sollte eine Bestimmung dieses Vertrages unwirksam sein oder werden oder der Vertrag eine Lücke enthalten, so bleibt die Rechtswirksamkeit der übrigen Bestimmungen hiervon unberührt. Anstelle der unwirksamen Bestimmung gilt eine wirksame Bestimmung als vereinbart, die der von den Parteien gewollten wirtschaftlich am nächsten kommt; das gleiche gilt im Falle einer Lücke.

§ 32 Formvorschriften[23]

(1) Der vorliegende Vertrag wurde in deutscher Sprache in vier Exemplaren erstellt.

(2) Es wurden keine Nebenabreden getroffen, Änderungen des Vertrages bedürfen der Schriftform.

§ 33 Zustelladresse

Jede Zustellung oder Mitteilung aufgrund dieses Vertrages hat an die am Anfang des Vertrages angegebenen Adressen der Parteien zu erfolgen.

Ort, Datum   Unterschriften

Anmerkungen

1. Vertragsgrundlage, Schutzrechtslage

(1) Vertragsgrundlage

Es hat sich in der Praxis bewährt, Lizenzverträgen eine Präambel voranzustellen, in der der Vertragszweck sowie die Vorstellungen der Parteien skizziert sind. Darüberhinaus sollte dort die Schutzrechtslage, d. h. der Stand des Anmeldeverfahrens mit den relevanten Daten von Offenlegung und gegebenenfalls Erteilung, weiterhin der Entwicklungsstand des Lizenzgegenstandes beschrieben werden. Dazu gehört das Aktenzeichen der Anmeldung, der Stand eines eventuellen Einspruchsverfahrens, Parallelanmeldungen, Prioritätsanmeldungen, fallengelassene Anmeldungen aufgrund der Inanspruchnahme einer inneren Priorität usw.

Hinsichtlich des Entwicklungsstandes der Erfindung ist festzuhalten, ob ein Prototyp des Lizenzgegenstandes bereits existiert, ob die Vorserie bereits produziert ist, und es können sich Hinweise auf die wesentlichen technischen Eigenschaften, eventuell einschließlich bereits entdeckter Mängel oder erforderlicher Verbesserungen empfehlen. (Hinsichtlich der Beurteilung von Zusicherungen vgl. unten Anm. 2)

Anzugeben sind auch gegebenenfalls Vorbenutzungsrechte Dritter, Erklärung einer Lizenzbereitschaft und Abhängigkeitsverhältnisse gegenüber früheren eigenen Anmeldungen oder Anmeldungen Dritter.

Bei mehreren Schutzrechten wird es sich empfehlen, hinsichtlich der Zahl der Patente und der Lizenzgegenstände auf eine Anlage zu verweisen.

1 Ausschließlicher Lizenzvertrag

Die in der Präambel enthaltenen Feststellungen und Erklärungen sind für den *Rechtserwerb* des Lizenznehmers ohne Belang, da ein gutgläubiger Erwerb von Rechten nach deutschem Recht nicht besteht. Der Lizenznehmer muß sich daher insoweit selbst Gewißheit über die Schutzrechtslage und die Berechtigung des Lizenzgebers verschaffen. Andererseits sind die genannten Feststellungen als Zusicherungen des Lizenzgebers zu verstehen und lösen für den Fall der Unrichtigkeit Schadenersatzansprüche aus, vgl. im einzelnen dazu Anm. 2.

Durchaus nicht selten ist auch die Situation, daß ein Exklusivlizenznehmer einem Unterlizenznehmer ebenfalls eine Exklusivlizenz erteilt. In einem solchen Fall ist es angebracht, wenn der Lizenzgeber, insbesondere wenn er nicht in der Rolle eingetragen ist, die Garantie für die Exklusivität übernimmt ebenso wie für sein Recht zur Vergabe von Unterlizenzen und die Wirksamkeit des Vertrages gegenüber dem Patentinhaber. Die genaue vertragliche Konstellation sollte in einem solchen Fall in der Präambel des Vertrages dargelegt werden.

(2) Anmeldeverfahren und Kosten

Werden lediglich offengelegte Patentanmeldungen lizenziert, kann es sich empfehlen, eine Absprache darüber zu treffen, wer die Entscheidungsbefugnis über die Art der Führung des Anmeldeverfahrens hat. Eine Nebenintervention auch des ausschließlichen Lizenznehmers im Erteilungsverfahren wird von der Rechtsprechung abgelehnt (vgl. BGH GRUR 1969, 439 – Bausteine). Bestehen für einzelne Länder noch keine Schutzrechtsanmeldungen und sind diese unter Beanspruchung der Unionspriorität noch möglich, so sollte dem Lizenznehmer die Verpflichtung zur Anmeldung auferlegt werden, falls der Lizenzgeber die Anmeldungen nicht selbst vornehmen will. Die bloße Erlaubnis, Anmeldungen zu tätigen ohne eine *Verpflichtung* birgt die Gefahr, daß der Lizenznehmer es in der Hand hätte, sich von den vertraglichen Verpflichtungen loszusagen, soweit in bestimmten Ländern keine Schutzrechte bestehen (vgl. LG Düsseldorf, GRUR Int. 1969, 204 – Kunststoffrohre).

Ein Vertrag über Schutzrechte, die noch nicht angemeldet sind, ist allerdings nicht etwa wegen Verstoßes gegen § 20 GWB nichtig, falls die Anmeldung der Schutzrechte ernstlich beabsichtigt ist und demnächst erfolgt. Insofern gehen Vereinbarungen über zu zahlende Lizenzgebühren nicht über das »Schutzrecht« hinaus (vgl. BGH GRUR 1969, 493 m. Anm. *Fischer* – Silobehälter; zuletzt BGH GRUR 1980, 38, 39 – Fullplastverfahren; Urteil vom 13. 7. 1982, X ZR 50/81; Gruppenfreistellungsverordnung, Einl. Ziff. 4).

Soll der Lizenzgeber die Anmeldekosten tragen, so kann man vorsehen, daß der Lizenznehmer gegenüber den Lizenzgebühren aufrechnen kann, nachdem er entsprechende Anmeldungen getätigt und den Kostennachweis geführt hat.

Der ausschließliche Lizenznehmer sollte sich im übrigen eine Art Vorkaufsrecht für den Fall sichern, daß der Patentinhaber eins von mehreren Patenten fallen läßt oder bei der Möglichkeit von Auslandsanmeldungen innerhalb der Unionsprioritätsfrist auf Anmeldungen verzichten will. Hierfür empfiehlt sich folgende Klausel:

Beabsichtigt der Lizenzgeber eines der vertragsgegenständlichen Schutzrechte fallen zu lassen oder auf die Inanspruchnahme einer Unionspriorität zu verzichten, so teilt er dies dem Lizenznehmer rechtzeitig mit. Der Lizenznehmer ist berechtigt, das Schutzrecht kostenlos zu übernehmen bzw. die Auslandsanmeldung im eigenen Namen und auf eigene Kosten durchzuführen.

2. Garantien des Lizenzgebers

(1) Allgemeines

Die Rechtsnatur des Lizenzvertrages ist gesetzlich nicht geregelt, die Rechtsprechung hat daher bestimmte Institute des BGB analog angewendet, und zwar die Vorschriften der Rechtspacht und des Mietrechts (vgl. *Benkard/Ullmann* zu § 15 PatG RdNr. 49). Dies ist insbesondere von Bedeutung für die Regelung der Leistungsstörungen, bei denen folgendes gilt.

a) Grundsätzlich finden die Vorschriften der §§ 320 ff BGB Anwendung, wobei allerdings das Rücktrittsrecht gemäß §§ 325, 326 BGB nur dann zur Anwendung kommt, wenn der Lizenzvertrag noch nicht zur Durchführung gelangt ist. Daneben wird auch ein Kündigungsrecht nach § 723 BGB gewährt (vgl. die Nachweise bei *Benkard/ Ullmann* zu § 15 PatG RdNr. 89).

b) Nach Durchführung des Lizenzvertrages finden die Vorschriften der §§ 581 ff BGB Anwendung, so daß aufgrund des Dauerschuldverhältnisses grundsätzlich statt des Rücktrittsrechts die Kündigung des Vertrages tritt. Der BGH läßt die Anwendung der Normen häufig offen und stellt neben die Vorschriften der Rechtspacht kaufrechtliche Vorschriften für die Fälle der Sachmängel- sowie Rechtsmängelhaftung.

Eine rückwirkende Auflösung des Lizenzvertrages ist nach der Rechtsprechung selbst bei einer Anfechtung z. B. wegen Irrtums oder arglistiger Täuschung ausgeschlossen (BGH vom 13. 7. 1982 XZR 50/81 – Skiliegesitz). Allerdings bleibt es den Parteien unbenommen, eine solcher Rückwirkung beim Eintreten oder Nichteintreten bestimmter Bedingungen vertraglich zu vereinbaren.

Je nachdem ob erteilte Patente, lediglich angemeldete bzw. offengelegte Erfindungen oder noch nicht angemeldete Erfindungen lizenziert werden, unterscheiden sich die Verpflichtungen des Lizenzgebers einerseits und die berechtigten Erfüllungsansprüche des Lizenznehmers andererseits, falls vertragliche Vereinbarungen, insbesondere Zusicherungen im Lizenzvertrag nicht getroffen worden sind. Die wichtigsten Grundsätze für den Lizenzvertrag werden im folgenden erläutert.

(2) Bestehen des Schutzrechts

Der Lizenzgeber hat im Sinne einer *Rechtsmängelhaftung* dafür einzustehen, daß das lizenzierte Schutzrecht bei Vertragsabschluß in Kraft ist bzw. sich in dem Zustand befindet, wie es im Vertrag bezeichnet ist (»angemeldet«, »offengelegt«, »erteilt«), daß ihm die uneingeschränkte Verfügungsbefugnis zusteht und daher auch Pfand- oder Nießbrauchsrechte Dritter nicht bestehen. Darüber hinaus haftet der Lizenzgeber dafür, daß das Schutzrecht nicht von einem älteren, noch in Kraft befindlichen Patent oder Gebrauchsmuster abhängig ist, da hierin eine Beeinträchtigung der Ausübungsbefugnis liegen würde, vgl. BGH GRUR 1962, 370, 374 – Schallplatteneinblendung. Diese Haftung ist abdingbar oder, wie im Vertragsmuster vorgeschlagen, auf den Fall einer dem Patentinhaber bekannten Abhängigkeit beschränkbar. Im Einzelfall wird von der Rechtsprechung sogar ohne ausdrückliche vertragliche Regelung ein stillschweigender Ausschluß der Haftung für unerwartete Abhängigkeit angenommen (vgl. *Benkard/ Ullmann* zu § 15 PatG RdNr. 92). Dies wird aus dem Charakter des Lizenzvertrages als gewagtem Geschäft abgeleitet. Ähnliches gilt für den Fall eines dem Lizenzgeber unbekannten Vorbenutzungsrechtes. In beiden Fällen kann aber nach § 242 eine

Anpassung des Vertrages nach den Grundsätzen über den Wegfall der Geschäftsgrundlage erfolgen. Dies kann insbesondere dann von Bedeutung sein, wenn der Lizenznehmer, dem im allgemeinen ein größeres Risiko hinsichtlich der Auswertungsmöglichkeiten auferlegt wird, sich zu einer Mindestlizenz verpflichtet hat, deren Einhaltung ihm durch die Beeinträchtigung der Auswertung erschwert oder unmöglich gemacht wird.

Bei einem Vertretenmüssen gravierender Rechtsmängel, die ein Rücktrittsrecht gemäß §§ 325, 326 BGB für den Lizenznehmer eröffnen, stehen diesem auch Schadensersatzansprüche gemäß §§ 437, 440 Abs. 1 zu (vgl. BGH GRUR 1970, 547 – Kleinfilter mit Anm. *Fischer*).

Keine Haftung des Lizenzgebers besteht grundsätzlich für die zukünftige Rechtsbeständigkeit, so daß bei nachträglicher Vernichtung des Schutzrechts zwar eine Auflösung des Lizenzvertrages in Frage kommt, irgendwelche Schadensersatzansprüche gegen den Lizenzgeber aber ausscheiden (vgl. *Kraßer/Schmid*, GRUR Int. 1982, 324, 330, insbesondere Nachweise in FN 142). Der Lizenzvertrag bleibt grundsätzlich solange durchführbar, d. h. der Lizenznehmer schuldet die Lizenzgebühren, bis das Vertragsschutzrecht rechtskräftig vernichtet ist, die bloße Vernichtbarkeit verleiht kein Kündigungsrecht (BGH GRUR 1969, 409, 410 – Metallrahmen mit Anm. *Moser v. Filseck;* BGH GRUR 1977, 107 – Werbespiegel).

Eine Verpflichtung, das Schutzrecht nicht fallen zu lassen, ergibt sich nach herrschender Meinung bereits aus allgemeinen lizenzvertraglichen Regeln (vgl. *Benkard/Ullmann* zu § 15 RdNr. 81; *Kraßer/Schmid*, GRUR Int. 1982, 324, 330 r.Sp., insbesondere die Nachweise in FN 61).

Die herrschende Meinung geht davon aus, daß die Kosten für die Aufrechterhaltung des Schutzrechts bei einer ausschließlichen Lizenz, falls keine vertragliche Regelung besteht, der Lizenznehmer zu tragen hat (vgl. *Klauer/Möhring/Nirk*, zu § 9 PatG RdNr. 79; *Lüdecke/Fischer*, Anm. C 85; *Reimer/Reimer*, zu § 9 PatG RdNr. 59; *Kraßer/Schmid* GRUR Int. 1982, 329 f.). Eine entsprechende vertragliche Regelung ist in jedem Fall sachgerecht und verhindert insbesondere bei der zusätzlichen Vergabe von Auslandsschutzrechten Unklarheiten. Im Einzelfall kann es sachgerecht sein, daß der Lizenzgeber die Jahresgebührenüberwachung durchführt und für die rechtzeitige Zahlung sorgt und der Lizenznehmer die Auslagen erstattet.

(3) Technische Brauchbarkeit

Der einzige *Sachmangel*, für den die Rechtsprechung ein Einstehenmüssen des Patentinhabers ohne entgegenstehende Parteiabrede bejaht, ist die technische Brauchbarkeit der Erfindung. Bei der Abwägung der Interessen der Vertragsparteien falle diese in den Haftungsbereich des Lizenzgebers (BGH GRUR 1955, 338 – beschlagfreie Brillengläser). Insofern entspricht die in § 10 des Muster vorgeschlagene Regelung einer ausgewogenen Vertragsgestaltung, insbesondere wenn der technische Bereich des Schutzrechts dem Lizenznehmer fremd ist. Die technische Brauchbarkeit betrifft die Ausführbarkeit der Erfindung als solche, nicht dagegen deren Eignung für bestimmte Einsatzgebiete, falls diese Eignung nicht vertraglich zugesichert ist.

Die Rechtsprechung wendet auch hier die kauf- und pachtrechtlichen Vorschriften über die Sachmängelhaftung an (§§ 463, 581 Abs. 2, 538 BGB), aus denen sich Schadensersatzansprüche zugunsten des Lizenznehmers ergeben (vgl. BGH GRUR 1970, 547, 549 – Kleinfilter, m. Anm. *Fischer*, sowie GRUR 1979, 768, 769 – Mineralwolle, m. Anm. *Pietzcker;* ausführlich dazu *Kraßer/Schmid*, GRUR Int. 1982,

324, 335 f., die aber entgegen der Rechtsprechung eine stillschweigende Zusicherung der technischen Ausführbarkeit und Brauchbarkeit ablehnen und lediglich eine Haftung unter den Voraussetzungen des § 463 BGB befürworten, wie diese auch bei *Kaufverträgen* über gewerbliche Schutzrechte besteht. Wegen des Dauerschuldcharakters des Lizenzvertrages wird die Anwendung der kurzen Verjährungsfrist des § 477 BGB verneint.)

Abweichende Regelungen hinsichtlich der technischen Brauchbarkeit sind angebracht, wenn der Lizenzgeber ein Einzelerfinder, die Lizenznehmerin dagegen eine fachkundige Firma des betreffenden technischen Gebietes ist. Für einen solchen Fall wird die Lizenznehmerin auch die Schutzrechtslage besser überblicken können als der Erfinder selbst, so daß ein umfassender Ausschluß für Rechts- und Sachmängel zugunsten des Einzelerfinders angebracht sein kann. Für eine solche Konstellation kann sich folgende Vertragsklausel empfehlen:

»Mängelhaftung.
Der Lizenzgeber versichert, daß ihm Rechtsmängel an dem Vertragsschutzrecht und Sachmängel der diesem zugrundeliegenden Erfindung nicht bekannt sind. Eine Haftung für Freiheit von Mängeln jeder Art wird jedoch nicht übernommen.«

Sollte es die Interessenlage erfordern, daß der Lizenzgeber bestimmte Zusicherungen übernimmt, so sollten diese nicht allgemein, sondern in ihrer bestimmten technischen Funktion umschrieben werden, also z. B. bestimmte statische Eigenschaften der hier lizenzierten Träger oder die Herstellbarkeit der Legierung. Die Vorspiegelung einer technischen Erprobung führt zu einer Haftung des Lizenzgebers aus positiver Vertragsverletzung (vgl. BGH GRUR 1961, 494 – Hubroller).

Hat der Lizenzgeber die Garantie für die technische Brauchbarkeit übernommen und stellt sich die Erfindung als technisch nicht ausführbar oder unbrauchbar heraus, so steht dem Lizenznehmer ein Rücktrittsrecht zu, falls der Vertrag noch nicht zur Durchführung gelangt ist (BGH GRUR 1965, 298 – Reaktions-Meßgerät m. Anm. v. *Falck*). Ist der Vertrag bereits zur Durchführung gelangt und stellen sich Mängel erst später heraus, so ist eine Auflösung nur für die Zukunft möglich (BGH GRUR 1959, 616, 617 – Metallabsatz; BGH vom 13. 7. 1982, Az. X ZR 50/81). Es finden insoweit die Kündigungsvorschriften Anwendung, gegebenenfalls ist auch eine Anpassung gemäß § 242 BGB wegen Wegfalls der Geschäftsgrundlage angezeigt.

Nach hier vertretener Auffassung gehören die Ausführbarkeit und die technische Brauchbarkeit als Unterfälle der gewerblichen Anwendbarkeit zu den Erfordernissen der *Patentfähigkeit*. Da eine gesicherte Rechtspraxis hierzu bisher allerdings nicht besteht, ist Vorsicht geboten hinsichtlich eines Haftungsausschlusses, der allgemein für »die Patentfähigkeit der Erfindung« lautet. Soll der Haftungsausschluß gerade nicht für die technische Brauchbarkeit gelten, so wäre eine entsprechende Klarstellung zu empfehlen. Bei einem dem Lizenznehmer bekannten Entwicklungsstand der Erfindung, die noch zur Produktreife gebracht werden soll, sind Spezialregelungen hinsichtlich der Haftung des Erfinders sachdienlich (vgl. dazu *Benkard/Ullmann* zu § 15 PatG, RdNr. 96; *Hepp*, Handbuch des Lizenzgeschäfts, S. 70 ff.).

Ähnliche Rechtsgrundsätze wie bei der technischen Ausführbarkeit wendet die Rechtsprechung auch bei anderen Sachmängeln an, die die Auswertung des Patents unmöglich machen, z. B. weil das betreffende Produkt oder Verfahren gesundheitsschädlich ist (vgl. *Benkard/Ullmann* zu § 15 RdNr. 99).

Zu unterscheiden ist die Gewährleistung bei Lizenzverträgen von derjenigen bei

1 *Ausschließlicher Lizenzvertrag*

Anlagen-Lieferverträgen mit begleitenden Lizenzabreden. Hierfür gelten grundsätzlich die Regeln des Kaufrechts und die sich aus der Praxis entwickelten Besonderheiten in diesem Gebiet (vgl. dazu *Moecke,* RIW 1983, 488, 491 ff.).

(4) Wirtschaftliche Verwertbarkeit

Das Risiko für den wirtschaftlichen Erfolg bei der Auswertung eines Patents liegt nach Auffassung der Rechtsprechung grundsätzlich beim Lizenznehmer (BGH GRUR 1955, 338, 340 f. – Brillengläser; GRUR 1965, 298, 301 – Reaktions-Meßgerät). Dies gilt insbesondere auch bei der Vereinbarung einer Mindestlizenzklausel (vgl. BGH GRUR 1974, 40, 43 – Bremsrolle, m. Anm. *Fischer*).

Ist eine abweichende Regelung gewollt, so empfiehlt sich die folgende Klausel im Lizenzvertrag:

»Der Lizenzgeber steht dafür ein, daß die Erfindung gemäß der Patentanmeldung fabrikmäßig herstellbar ist und kaufmännisch en gros vertrieben werden kann«.

Ein Kündigungsrecht des Lizenznehmers ist lediglich in besonderen Ausnahmefällen zu bejahen, und zwar wenn nach Treu und Glauben sich die Fortsetzung des Vertrages als nicht zumutbar darstellt, weil die Herstellung oder Entwicklung der Erfindung zur Marktreife mit unzumutbaren Kosten verbunden ist oder weil die industrielle Fertigung sich als wirtschaftlich unvernünftig oder undurchführbar erweist (vgl. BGH GRUR 1978, 166 – Banddüngerstreuer). Es kann im Einzelfall empfehlenswert sein, ein entsprechendes Kündigungsrecht bereits vertraglich vorzusehen, wobei auch die Regeln über die Auswertungsverpflichtung und/oder einer Mindestlizenz einer entsprechenden Anpassung bedürfen (vgl. §§ 11, 12 sowie 28 des Vertragsmusters). Umgekehrt kann sich der Lizenzgeber ein Kündigungsrecht für den Fall vorbehalten, daß die industrielle Verwertung bis zu einem betreffenden Zeitpunkt über die Mindestlizenz nicht hinausgeht.

Ein Sonderfall der Rechtsmängelhaftung betrifft die Unmöglichkeit des Vertriebs aufgrund eines Verstoßes gegen öffentlich-rechtliche Vorschriften. Da diese Tatsache zu einem Augenblick offenkundig wird, wo die Ausübung der Lizenz in wirtschaftlichem Sinn noch nicht begonnen hat, dürfte dem Lizenznehmer ein Rücktrittsrecht zustehen (vgl. dazu *Benkard/Ullmann* zu § 15 PatG Rdn. 99). Eine abweichende vertragliche Regelung kann stattdessen auch ein Kündigungsrecht vorsehen. Dies wird insbesondere dann angebracht sein, wenn der LG Ausländer ist und daher die inländischen Bestimmungen weniger zu überschauen in der Lage ist als der Lizenznehmer. Insoweit wird häufig auch dem Lizenznehmer zugemutet, sich selbst um die Durchführung eines behördlichen Genehmigungsverfahrens zu kümmern.

(5) Schutzumfang des Schutzrechts

Vereinbarungen der Lizenzparteien über den Schutzumfang werden gewöhnlich im Zusammenhang mit der Lizenzgebührenpflicht getroffen (vgl. dazu Anm. 9 (7)). Von nicht geringer Bedeutung kann allerdings für den Lizenznehmer auch die Frage sein, wer gegen Wettbewerber auf dem Markt vorgehen kann, die das Schutzrecht verletzen. Sind derartige Verletzer bereits bekannt, so wird es sich empfehlen, eine Regelung über die Verpflichtung, gegen den Verletzer vorzugehen, in den Vertrag aufzunehmen oder festzustellen, daß die Produkte des betreffenden Wettbewerbers nicht als Eingriff in das Schutzrecht angesehen werden. Eine Garantie des Lizenzgebers für theoretische Verletzungsfälle wird sich nicht empfehlen, da die Verletzungsrechtsprechung, insbesondere hinsichtlich der Definition von »Äquivalenten« selbst bei Kenntnis des Verletzungsgegenstandes häufig keine verläßlichen Vorhersagen erlaubt. Kartellrechtlich ist zu beachten, daß es den Parteien verwehrt ist, die Lizenzpflicht auf Ausführungsformen zu erstrecken, die ersichtlich nicht vom Patentschutz gedeckt sind (BGH GRUR 1979, 308 – Auspuffkanal für Schaltgase; BKartA GRUR 1981, 919 – Rigg für ein Segelbrett). Wirksam ist dagegen eine – schuldrechtlich wirksame – Vereinbarung zwischen den Parteien, eine bestimmte Ausführungsform nicht als vom Schutzrecht erfaßt anzusehen oder eine aus objektiver Sicht gerechtfertigte, z. B. im Vergleichswege erzielte Abgrenzung von verletzenden und nicht verletzenden Ausführungsformen. (Vgl. *Benkard/ Ullmann* zu § 15 PatG. Rndr. 145 m.w.N.)

3. Ausschließliche Lizenz
(Territorialer Bereich der Lizenz)

(1) Definition

Als ausschließliche Lizenz wird sowohl die Vereinbarung verstanden, daß der Lizenzgeber sich verpflichtet, im Lizenzgebiet keine weiteren Lizenzen zu erteilen (Alleinlizenzklausel) als auch die darüber hinausgehende Beschränkung des Lizenzgebers, sich jeder Benutzung der Erfindung im Lizenzgebiet zu enthalten (Alleinbenutzungsklausel); vgl. zur Definition *Ullrich*, ZHR 137 (1937), 134, 136; *Theune*, GRUR Int. 1977, 61, 67 li.Sp.; *Lutz*, RIW 1983, 485. Welche Regelung gewollt ist, sollte daher eindeutig festgelegt werden. Enthält der Vertrag keinen Vorbehalt von Ausübungsrechten des Lizenzgebers, so ist bei der Erteilung einer »ausschließlichen Lizenz« davon auszugehen, daß dem Lizenzgeber kein Recht zur eigenen Weiternutzung verbleibt (*Schulte*, PatG. 3. Auflage zu § 15 RdNr. 18).

Die Einräumung einer ausschließlichen Lizenz schließt das Bestehen von Vorbenutzungsrechten, Zwangslizenzen oder die Einräumung sonstiger einfacher Lizenzen aus. Falls für ein bestimmtes Anwendungsgebiet bereits eine nicht exklusive Lizenz erteilt worden ist, kann eventuell für die übrigen Anwendungsarten die Lizenz exklusiv, für das ausgenommene Gebiet nicht exklusiv erteilt werden. In diesem Fall empfiehlt es sich, auf den betreffenden zweiten Lizenzvertrag ausdrücklich Bezug zu nehmen.

Es ist darauf zu achten, daß Einschränkungen der ausschließlichen Lizenz zugunsten des Patentinhabers als dingliche vereinbart werden; der BGH hat die Bestellung des Lizenzgebers als Generalvertreter des Lizenznehmers nicht als patentrechtliche, sondern als schuldrechtliche Vereinbarung angesehen, da der Lizenzgeber Verkäufe im Namen des Lizenznehmers tätigen sollte (BGH GRUR 1951, 449, 452 – Tauchpumpensatz).

Die Begrenzung auf ein bestimmtes Lizenzgebiet, die § 15 Abs. 2 Satz 1 PatG ausdrücklich vorsieht, bedeutet für den Lizenznehmer zugleich das Verbot einer Benutzung der Erfindung außerhalb des Vertragsgebietes. Vgl. dazu auch Artikel 73 EPÜ sowie Artikel 43 Abs. 1 GPÜ. Ein Verstoß kann vom Patentinhaber mit der Patentverletzungsklage verfolgt werden.

(2) Umfang der Ausschließlichkeit

Hat sich der Lizenzgeber lediglich für einen bestimmten Anwendungsbereich der Weiterbenutzung des Patents vorbehalten und verstößt er gegen diese Beschränkung, so kann der Lizenznehmer gegen den Patentinhaber eine Patentverletzungsklage führen (vgl. BGH GRUR 1962, 580 m. Anm. *Heine* – Laux-Kupplung II; *Lüdecke/Fischer,* a.a.O., S. 317, C 127; *Theune,* GRUR Int. 1977, 66). Zur Patentverletzungsklage Lizenznehmer gegen Lizenzgeber auch BGH GRUR 1980, 784, 785 r.Sp. – Laminiermaschine; jetzt ausdrücklich gesetzlich geregelt in § 15 Abs. 2 Satz 2 sowie in Artikel 43 Abs. 2 GPÜ.

(3) Rechtscharakter der ausschließlichen Lizenz
Die ausschließliche Lizenz unterscheidet sich von der nicht ausschließlichen nicht nur hinsichtlich der Verschaffung von Monopolrechten, sondern sie ist in ihrem Rechtscharakter als dingliche Verfügung (vgl. *Kraßer/Schmid,* GRUR Int. 1982, 324, 328 f.) in ihren Rechtswirkungen und -folgen ein aliud. Der ausschließliche Lizenznehmer hat eigene Verbietungsrechte, daher ein eigenes Klagerecht gegen Verletzer und, im Falle einer Alleinlizenz, auch gegen den Lizenzgeber (vgl. OLG Karlsruhe, GRUR 1980, 784 – Laminiermaschine I und GRUR 1981, 904 – Laminiermaschine II).

Der Charakter als dingliches Recht hat zur Folge, daß jede weitere Verfügung des Lizenzgebers über das Schutzrecht absolut unwirksam ist, weil ihm hierfür die Verfügungsmacht fehlt (vgl. *Kraßer/Schmid,* GRUR Int. 1982, 324, 330). Falls dies angebracht erscheint, kann für den Fall der Verletzung des Ausschließlichkeitsrechts, auch durch den Lizenzgeber selbst, eine Vertragsstrafe vereinbart werden, die z. B. im Vielfachen der vereinbarten Mindestlizenzgebühr bestehen kann.

Zu den Besonderheiten sogenannter Anlagenlieferverträge (vgl. *Moecke,* RIW 1983, 488, 493 f.).

(4) Kartellrecht

a) Deutsches Kartellrecht
Hinsichtlich sämtlicher Wettbewerbsbeschränkungen sind die §§ 20, 21 GWB zu beachten, die allerdings nur für Verträge mit Austauschcharakter gelten; Verträge mit einem »gemeinsamen Zweck« fallen unter §§ 1 ff. GWB. (Vgl. dazu die einschlägigen Kommentare, z. B. *Axster,* Gemeinschaftskommentar zu §§ 20, 21 Rdnr. 3, m.w.N.; zuletzt BGH v. 29. 5. 1984 Az. KZR 28/83).

Zu beachten ist auch, daß §§ 20, 21 GWB nur auf Beschränkungen des Lizenz*nehmers* bzw. Erwerbers des Patents anwendbar sind; Beschränkungen des Lizenzgebers richten sich nach den allgemeinen Vorschriften des GWB (vgl. *Loewenheim,* GRUR 1982, 461, 468). Im übrigen sind Wettbewerbsbeschränkungen nach Auffassung des Bundeskartellamts dann unwirksam, wenn sie sich auf schwache, d. h. technisch überholte und wirtschaftlich unverwertbare Patente beziehen (vgl. den Nachweis bei *Loewenheim,* GRUR 1982, 469, li.Sp.).

Exportverbote sind nach deutschem Kartellrecht gemäß § 20 Abs. 2 Nr. 5 GWB zulässig, wenn sie für Märkte außerhalb des Geltungsbereichs des GWB vereinbart werden und keine Rückwirkungen auf den deutschen Markt haben.

Weitere Beschränkungen des Lizenznehmers, die kartellrechtlich zulässig sind, ergeben sich aus § 20 Abs. 1 GWB. Danach gelten Beschränkungen hinsichtlich eines bestimmten technischen Gebiets, örtliche sowie mengenmäßige Beschränkungen sowie eine zeitliche Begrenzung der Ausübung nicht als über das Schutzrecht hinausgehend. Vgl. dazu auch Anmerkungen 4, 6 und 21. Die in der § 20 Abs. 1 GWB für zulässig erklärte Beschränkung nach der »Art« der Ausübung des Schutzrechts bezieht sich auf die verschiedenen Benutzungsarten, wie sie in § 9 PatG aufgeführt sind, nämlich die Herstellung, das Anbieten, das Inverkehrbringen und den Gebrauch. Zur Vermeidung von Auslegungsstreitigkeiten sollten die Benutzungsarten, die dem Lizenznehmer zur Ausübung eingeräumt werden, eindeutig im Vertragstext genannt werden, wobei das »Anbieten« und »Inverkehrbringen« meist unter dem Begriff des »Vertriebs« zusammengefaßt wird. Zu erwähnen ist, daß sämtliche Beschränkungen nur im Verhältnis Lizenzgeber-Lizenznehmer zulässig sind, da sich mit dem vom Lizenzgeber erlaubten Vertrieb das Patentrecht erschöpft und daher eine Bindung nachgeschalteter Abnehmer nicht möglich ist. Etwas anderes gilt für eine Bindung von Unterlizenznehmern, denen vom Lizenznehmer Herstellungs- und/oder Vertriebsrechte eingeräumt werden; ihnen gegenüber können wiederum Wettbewerbsbeschränkungen durchgesetzt werden. (Vgl. aus der Rechtsprechung BGH GRUR 1973, 331 – Nahtverlegung; BGH GRUR 1967, 676 – Gymnastiksandale; BGH GRUR 1980, 38 – Fullplastverfahren; BGH GRUR 1974, 40 – Bremsrolle). Insoweit stehen kartellrechtliche Verbote und Patentverletzungstatbestände in einem Wechselverhältnis: Handlungen, die als Patentverletzung verfolgbar sind, können als Beschränkungen dem Lizenznehmer auferlegt werden, umgekehrt stellt eine nicht unter den Patentschutz fallende Benutzungshandlung auch für den Lizenznehmer keine lizenzpflichtige und damit erlaubnispflichtige Beschränkung dar (vgl. dazu BKartA GRUR 1981, 919 – Rigg für ein Segelbrett; zur Beurteilung internationaler Verletzungstatbestände *Pagenberg*, GRUR Int. 1983, 560; zur Wechselbeziehung Umfang des Schutzrechts und vertraglichen Benutzungsbeschränkungen *Ullrich*, GRUR Int. 1984, 89, 91).

Im Falle der Vereinbarung von Wettbewerbsbeschränkungen gilt im übrigen das Schriftformerfordernis des § 34 GWB. Diese Formvorschrift gilt auch dann, wenn die auferlegten Beschränkungen nicht über den Inhalt des Schutzrechts hinausgehen oder nach § 20 II GWB zulässig sind (BGH GRUR 1975, 498 – Werkstück-Verbindungsmaschine).

Zur Auslegung von § 20 Abs. 2 allgemein sowie den kartellrechtlichen Grenzen von Wettbewerbsbeschränkungen vgl. *Loewenheim*, GRUR 1982, 461, 469 r.Sp. m.w.N.

Werden zwei wirtschaftlich verbundene Verträge in zwei getrennte Vertragstexte gefaßt, von denen nur einer wettbewerbsbeschränkende Vereinbarungen enthält, so ist die Schriftform nicht gewahrt, wenn in der wettbewerbsbeschränkenden Vereinbarung kein Hinweis auf den zweiten Vertrag enthalten ist (BGH vom 29. 6. 1982, K ZR 19/81 – Laterne). Soweit sich wettbewerbsbeschränkende Abreden nicht erst aufgrund Vereinbarung, sondern aus Treu und Glauben ergeben, bedürfen sie nicht der Schriftform. Als solche »Nebenpflicht« (vgl. BGH GRUR 1970, 482 – Diskothek; GRUR 1979, 488 – Püff II) hat der BGH jedoch eine Verwendungsbeschränkung gelieferten Adressenmaterials nicht angesehen, BGH GRUR 1982, 635 – Vertragszweck, m. Anm. *Kicker*).

Die Schriftform ist auch gewahrt durch sich kreuzende Bestätigungsschreiben, vgl. OLG Stuttgart WuW Rspr OLG II 1216, 1218. Vgl. dazu auch *Benkard/Ullmann* zu § 15 RdNr. 45 f.

(b) Europäisches Kartellrecht
Nach Auffassung der EG-Kommission sind die Vorschriften des EWG-Vertrages und damit europäisches Kartellrecht auch für einen Vertrag anwendbar, der sich nur auf ein Mitgliedsland bezieht, falls durch Exportverkäufe oder Importe von einer der beiden Parteien eine nicht unerhebliche Beeinträchtigung des Wettbewerbs erwartet werden

kann (vgl. EG-Kommission GRUR Int. 1976, 182 – AOIP/Beyrard; vgl. zur Begründung *Ullrich,* GRUR Int. 1984, 89, 95).

Die Gruppenfreistellungsverordnung weist in der Begründung in Ziff. 11 darauf hin, daß Exklusivlizenzen von der EG-Kommission nicht mehr als unter Art. 85 Abs. 1 fallend angesehen werden, wenn eine solche Verpflichtung notwendig ist, um eine neue Technologie im Lizenzgebiet einzuführen und zu schützen. Die EG-Kommission hat damit die Kriterien des EuGH im Maissaatgut-Urteil übernommen. Auch einige weitere Abgrenzungsfragen sind vom EuGH im genannten Urteil angesprochen und z. T. entschieden worden.

Von besonderer praktischer Bedeutung ist hier die Frage der Absicherung der Exklusivlizenz, auch gegenüber Lizenznehmern in anderen Lizenzgebieten, d. h. die Zulässigkeit und Durchsetzbarkeit eines Exportverbotes außerhalb des eigenen Lizenzgebietes.

Nach der Entscheidung des EuGH – Maissaatgut – vom 8. Juni 1982 (GRUR Int. 1982, 530) ist in Zukunft zu unterscheiden zwischen sog. »offenen ausschließlichen Lizenzen«, bei der sich die Ausschließlichkeit der Lizenz nur auf das Vertragsverhältnis zwischen dem Rechtsinhaber und dem Lizenznehmer bezieht und sich der Lizenzgeber lediglich verpflichtet, keine weiteren Lizenzen für dasselbe Gebiet zu erteilen bzw. dem Lizenznehmer in diesem Gebiet keine Konkurrenz zu machen, und einer ausschließlichen Lizenz »mit absolutem Gebietsschutz«, mit der die Vertragspartner für die betreffenden Erzeugnisse und das betreffende Gebiet jeden Wettbewerb Dritter, etwa von Parallel-Importeuren oder Lizenznehmern von anderen Gebieten ausschalten wollen. Den ersten Fall hält der EuGH für mit Art. 85 Abs. 1 EWG-Vertrag vereinbar, falls dadurch die Verbreitung einer neuen Technologie gefördert wird. Dagegen führe die Gewährung absoluten Gebietsschutzes mit einer Verhinderung von Parallel-Einfuhren zu einer künstlichen Aufrechterhaltung getrennter nationaler Märkte, die mit dem EWG-Vertrag unvereinbar sei (vgl. Ziff. 53 ff. der Urteilsgründe. Zu den wirtschaftlichen Gründen für die Vergabe einer ausschließlichen Lizenz vgl. *Lutz,* RIW 1983, 485, 486).

Damit ist jede Maßnahme zur Verhinderung von Parallelimporten unzulässig. Nicht eindeutig geklärt war zunächst die Frage, ob Lizenznehmern ein Exportverbot für die Märkte anderer Lizenznehmer auferlegt werden kann, da sich in den Gründen des EuGH-Urteils dazu widersprechende Aussagen finden (vgl. dazu *Axster,* GRUR Int. 1982, 646, 649; *Pietzke,* Anm. GRUR Int. 1982, 537, 538. Einen Überblick über die Entscheidungspraxis der EG-Kommission zu den ausschließlichen Lizenzverträgen gibt *Theune,* GRUR Int. 1977, 61, 111. Gegen Exklusivlizenzen und die Vereinbarung eines Exportverbotes vgl. EG-Kommission GRUR Int. 1972, 371 – Davidson Rubber; GRUR Int. 1972, 374 – Raymond Nagoya.) Es ist zu beachten, daß für die Anwendbarkeit der Regeln des EWG-Vertrages nach Auffassung des EuGH nicht der Nachweis einer tatsächlichen Beeinträchtigung des Handels innerhalb der Gemeinschaft durch einen bestimmten Vertrag erforderlich ist, sondern lediglich, daß der Vertrag geeignet ist, den innerstaatlichen Handel spürbar zu beeinträchtigen (vgl. EuGH GRUR Int. 1978, 260 – Miller International).

Die EG-Kommission hat ihre Interpretation des EuGH-Urteils in der bereits zitierten Gruppenfreistellungsverordnung von 1984 niedergelegt, die im Anhang dieses Buches abgedruckt ist. Bei dieser Verordnung handelt es sich um eine seit Jahren heftig umstrittene Regelung der Lizenzpraxis der EG-Kommission. Urteile des Europäischen

Gerichtshofs (EuGH) sind nur für einen geringen Teil der angesprochenen Lizenzklauseln bisher ergangen.

Danach stellt sich die Rechtslage wie folgt dar:

(a) Der Lizenzgeber kann die Verpflichtung eingehen, im Lizenzgebiet oder einem Teil desselben selbst auf die Benutzung des patentierten Erzeugnisses oder Verfahrens zu verzichten, vgl. Gruppenfreistellungsverordnung Artikel 1 (1) 2 (Alleinbenutzungsklausel).

(b) Der Lizenznehmer kann sich verpflichten, außerhalb des Lizenzgebiets die Herstellung oder Benutzung des patentierten Erzeugnisses oder Verfahren zu unterlassen, (Artikel 1 (1) 3 + 4 Gruppenfreistellungsverordnung) (A.A. OLG Stuttgart GRUR Int. 1980, 48 – Regalsysteme).

(c) Der Lizenznehmer kann sich auch verpflichten, in Lizenzgebieten anderer Lizenznehmer keine aktive Verkaufspolitik, insbesondere keine spezielle Werbung zu treiben, keine Niederlassung einzurichten usw., vgl. Art. 1 (1) 5 Gruppenfreistellungsverordnung.

(d) Schließlich kann der Lizenznehmer, allerdings begrenzt auf 5 Jahre, die Verpflichtung eingehen, keine Direktlieferungen in die Gebiete anderer Lizenznehmer vorzunehmen, Art. 1 (1) 6 Gruppenfreistellungsverordnung.

(e) Verboten nach der Entscheidung des EuGH in Sachen Maissaatgut ist dagegen die dem Lizenznehmer auferlegte Verpflichtung, auch seinen Abnehmern ein Exportverbot in andere Länder des gemeinsamen Marktes aufzuerlegen, da hierin ein Verstoß gegen Artikel 85 Abs. 1 EWG-Vertrag zu sehen ist. Vgl. die Begründung des EG-Verordnungsentwurfs Nr. 15 und Art. 3 Ziff. 10 und 11. (Zur Auslegung des Maissaatgut-Urteils *Ullrich*, GRUR Int. 1984, 95 f.; zur Frage des »dinglichen« Charakters einer solchen Lizenz vgl. *Brandi-Dohrn*, GRUR 1983, 146; *Ubertazzi*, RIW 1983, 924). Nach Auffassung der EG-Kommission stellt die vertragliche Verhinderung von Parallelimporten (absoluter Gebietsschutz) eine „ernste Verletzung" des EWG-Vertrages dar, die regelmäßig mit Bußgeld zu ahnden ist (vgl. zuletzt EG-Kommission in Sachen Polistil u. a., Presse-Mitteilung IP (84) 181).

Als Voraussetzung für die Freistellung einer Exklusivklausel gilt, daß in den für den Lizenznehmer ausgenommenen Gebieten parallele Patente bestehen und daß Beschränkungen des Lizenzgebers »notwendig sind«, um eine neue Technologie im Lizenzgebiet einzuführen oder zu schützen (vgl. die Begründung der Gruppenfreistellungsverordnung Ziff. 11). Auch dürfen die wettbewerbsbeschränkenden Klauseln nicht über die Laufzeit der lizenzierten Patente hinausgehen, es sei denn, zusätzlich lizenziertes geheimes Know-how ist bis dahin noch nicht offenkundig geworden. Vgl. Art. 3 Ziff. 2 der Gruppenfreistellungsverordnung.

(5) Erschöpfung des Patentrechts nach deutschem und europäischem Recht

Die Konsequenz der Maissaatgut-Entscheidung bedeutet für das Gebiet der EG, daß trotz der Vergabe territorial unterschiedlicher Lizenzen Paralleleinfuhren nicht unter Berufung auf den Ausschließlichkeitscharakter der Lizenz verhindert werden können. Insoweit wird das Inverkehrbringen durch Lizenznehmer dem Patentinhaber zugerechnet, so daß eine EG-weite Erschöpfung eintritt. Etwas anderes gilt lediglich für Paralleleinfuhren aus Drittländern, gegen die der Patentinhaber aus dem Patentrecht vorgehen kann (vgl. zu der gesamten Problematik *Loewenheim,* Landesbericht für die FIDE, Dublin 1980).

Eine Erschöpfung des Patentrechts tritt also nur dann nicht ein, wenn das erste Inverkehrbringen außerhalb des gemeinsamen Marktes erfolgt ist (vgl. BGH GRUR 1976, 579 – Tylosin); dagegen wird vom EuGH eine Erschöpfung selbst dann angenommen, wenn das erste Inverkehrbringen eines patentierten Erzeugnisses in einem Land der EG erfolgt ist, in dem kein Patentschutz besteht (EuGH GRUR Int. 1981, 47 – Moduretik (Fall Merck); a.A. noch BGH GRUR K1976, 579 – Tylosin. Zur Tylosin-Entscheidung vgl. auch *Loewenheim* GRUR 1982, 461, 462).

In der Tylosin-Entscheidung hatte der BGH ein Untersagungsrecht des Patentinhabers angenommen, weil im Land des ersten Inverkehrbringens, Italien, ein Patentschutz für pharmazeutische Produkte nicht bestand und daher eine »Erschöpfung« des Patentrechts nicht eintreten konnte. Die spätere Merck/Stepha-Entscheidung des EuGH stellt aber auch in einer solchen Fallkonstellation allein darauf ab, ob in dem betreffenden Land der EG das Inverkehrbringen mit *Zustimmung* des Patentinhabers erfolgt ist, unabhängig davon, ob dort Patentschutz bestand oder nicht (EuGH Rechtssache 187/80 – Merck/ Stepha); aus Art. 81 des Luxemburger Übereinkommens, das noch nicht in Kraft ist, wird geschlossen, daß es sich bei der Zustimmung des Patentinhabers um eine *ausdrückliche* Zustimmung handeln muß (vgl. den Überblick zur derzeitigen Rechtslage bei *Loewenheim,* GRUR 1982, 461, insbesondere 463 ff.). Lediglich für Parallelimporte aus Drittländern wird eine Erschöpfung des Patentrechts, selbst wenn sie mit Zustimmung des Patentinhaber erfolgt ist (anders beim Warenzeichen), nicht angenommen.

Eine Erschöpfung tritt auch dann nicht ein, wenn Gegenstände, die unter das Patent fallen, von einem Patentverletzer oder von einem Lizenznehmer unter Überschreitung seiner Nutzungsbefugnis in Verkehr gebracht worden sind, zum letzteren Fall vgl. oben Ziffer (2) sowie unten Anmerkung 4 Ziffer (2).

Eine Ausnahme hinsichtlich der Erschöpfung durch den mit Zustimmung des Patentinhabers erfolgten Vertrieb von patentierten Gegenständen ist dann gegeben, wenn der Patentinhaber neben einem Produkt- oder Vorrichtungspatent zugleich Inhaber eines Verfahrenspatents ist. In einem solchen Fall bedarf die Durchführung des Verfahrens einer gesonderten Erlaubnis durch den Patentinhaber, falls mit dem Verkauf der Vorrichtung nicht konkludent eine Benutzungslizenz erteilt worden ist (vgl. BGH GRUR 1980, 38 – Fullplastverfahren).

(6) Sanktionen

Eine Vereinbarung über Kündigungsrechte und Schadenersatzverpflichtungen bei Überschreiten des Lizenzgebiets dürfte zulässig sein, eine Spruchpraxis der EG-Kommission besteht hierzu bisher nicht.

(7) Eintragung in die Patentrolle

Eine Eintragung der ausschließlichen Lizenz ist gemäß § 34 Abs. 1 PatG möglich. Die Eintragung verhindert eine spätere Lizenzbereitschaftserklärung gemäß § 23 Abs. 2 PatG, vgl. Muster 15; für die Geltendmachung von Rechten gegenüber Dritten (oder auch gegenüber dem Lizenzgeber) ist die Eintragung nicht erforderlich (vgl. *Benkard/ Ballhaus,* PatG, 7. Aufl. zu § 34 Rdnr. 4).

Auf die Eintragung des Namens des Lizenznehmers in der Rolle kann verzichtet werden, falls dies den Interessen des Lizenznehmers entspricht.

4. Sachlicher Lizenzbereich

(1) Nutzungsbeschränkung

Falls Einschränkungen auf einen bestimmten technischen Anwendungsbereich gewollt sind, sollten die Benutzungsarten (vgl. § 9 PatG) genau bezeichnet werden, wobei es sich empfiehlt, die als ausgeschlossen gewollten Verwendungsarten zusätzlich negativ aufzuführen, um spätere Abgrenzungen zu erleichtern.

Nach der Gruppenfreistellungsverordnung ist eine Nutzungsbeschränkung auf bestimmte technische Anwendungsgebiete zulässig, Art. 2 (1) 3; allerdings nur, falls sich dadurch keine Aufteilung der Abnehmer ergibt (Art. 3 Ziff. 7 Gruppenfreistellungsverordnung).

(2) Überschreitung der Lizenz

Bei der Überschreitung der eingeräumten Nutzungsrechte ebenso wie bei der Überschreitung des Lizenzgebiets steht dem Lizenzgeber die Patentverletzungsklage gegen den Lizenznehmer zur Verfügung, § 15 Abs. 2 Ziffer 2 PatG. Dies trifft für jede Art einer dinglichen Nutzungsbeschränkung zu, auch die zeitliche und mengenmäßige Beschränkung, die Art der Benutzung oder die Verletzung der Betriebsbezogenheit der Lizenz. Die Verstöße gegen diese Nutzungsbeschränkungen führen dazu, daß die in Verkehr gebrachten Gegenstände nicht patentfrei werden, d. h. keine Erschöpfung eintritt. Der Patentinhaber kann daher auch gegen Abnehmer mit der Patentverletzungsklage vorgehen. Darüber hinaus steht ihm ein Schadenersatzanspruch gegen den Lizenznehmer zu. Falls dieser auf entgangenen Gewinn gestützt wird, hat der Lizenzgeber im Einzelnen nachzuweisen, daß die erzielten Umsätze tatsächlich dem Lizenzgeber bzw. einem anderweitig berechtigten Lizenznehmer zugeflossen wären (BGH GRUR 1962, 580 – Laux-Kupplung II mit Anmerkung *Heine*). Ein Schadenersatzanspruch besteht zu Gunsten des Lizenzgebers auch bei einem Verstoß gegen schuldrechtliche Verpflichtungen des Lizenznehmers, z. B. bei Verstößen gegen die Abrechnungsvereinbarungen oder bei einem Verstoß gegen Bezugsverpflichtungen. Bei schuldrechtlichen Verpflichtungen ist eine Patentverletzungsklage allerdings ausgeschlossen, und die vom Lizenznehmer vertriebenen Lizenzgegenstände werden patentfrei.

Der bloße Verkauf einer patentierten Maschine berechtigt noch nicht zur Verwendung der Maschine, falls diese Verwendung ebenfalls patentiert ist; der Patentinhaber kann dafür eine gesonderte Lizenzgebühr fordern (BGH GRUR 1980, 38 – Fullplastverfahren).

5. Übertragung und Unterlizenzen

(1) Genehmigung der Übertragung

Diese Beschränkung führt zu einer Betriebslizenz (vgl. dazu *Benkard/Ullmann* zu § 15 RdNr. 39) bzw. einer persönlichen Lizenz (*Lüdecke/Fischer* D 44 S. 396).

Die Genehmigungspflicht bezieht sich auch auf die Übertragung auf konzernmäßig verbundene Unternehmen. Nicht zustimmungsbedürftig ist dagegen ein Fall der Gesamtrechtsnachfolge, also Erbfall oder Fusion, da dort der Übergang kraft Gesetzes erfolgt. Ein berechtigtes Interesse des Lizenzgebers an der Genehmigungspflicht wird dann zu bejahen sein, wenn bei einer gesellschaftsrechtlichen Kooperation des Lizenznehmers plötzlich ein bedeutender Wettbewerber Nutzungsberechtigter wird.

Bei der Einräumung einer ausschließlichen und erst recht bei einer alleinigen Lizenz (vgl. Anm. 4 (1)) wird allerdings häufig das Interesse des Lizenzgebers zu verneinen sein, die Zustimmung für eine Einbringung zu verweigern, da Kooperationen andernfalls unnötig erschwert würden. Die Verpflichtung, die Lizenz nicht weiter zu übertragen, ist auch nach europäischem Kartellrecht durchsetzbar (vgl. Gruppenfreistellungsverordnung Art. 2 (1) Ziff. 5).

Grundsätzlich in der Übertragbarkeit frei ist der Lizenzgeber, da durch eine Veräußerung die Rechtsstellung des ausschließlichen Lizenznehmers nicht beeinträchtigt wird (vgl. *Lüdecke*, GRUR 1964, 470, 473; *Benkard/Ullmann*, Patentgesetz zu § 15 Rdnr. 60; anders bei nicht ausschließlichen Lizenzen, vgl. Muster 4).

(2) Unterlizenzen

Der ausschließliche Lizenznehmer ist grundsätzlich zur Übertragung seines Rechts und damit auch zur Unterlizenzierung berechtigt (vgl. *Kraßer/Schmid*, GRUR Int. 1982, 324, 332, re.Sp. m.w.N.); ein Ausschluß dieses Rechts müßte daher vertraglich vereinbart werden. Zweckmäßig ist die Übernahme der Verpflichtung des Lizenznehmers, auch für die Lizenzgebühren der Unterlizenznehmer zu haften. Ferner sollte der Hauptlizenznehmer in die Unterlizenzverträge die Vereinbarung aufnehmen, daß die Unterlizenzen vom Bestand der Hauptlizenz abhängig sind; dies schließt Streitigkeiten aus.

Auch nach europäischem Kartellrecht ist die Verpflichtung, keine Unterlizenzen zu erteilen, zulässig (vgl. Gruppenfreistellungsverordnung Art. 2 (1) Ziff. 5).

6. Lizenzierung von Know-how

(1) Definition

Als Know-how werden allgemein geheime und nicht geheime Kenntnisse technischer und nicht-technischer Art bezeichnet (vgl. dazu *Skaupy*, GRUR 1964, 53; *Finger*, GRUR 1970, 3; *Kraßer*, GRUR 1970, 587; *Nastelsky*, GRUR 1957, 1; *Benkard/Ullmann* zu § 15 PatG RdNr. 128 ff. m.w.N.; dazu auch Gruppenfreistellungsverordnung, Begründung Ziff. 9).

Die Vergabe von begleitendem Know-how wird als Nebenpflicht qualifiziert, wenn sie lediglich dazu dient, die Auswertung der Erfindung zu ermöglichen. Bei gleichem technischem Gewicht wie das Patent kann die Lizenzierung von Know-how allerdings auch Hauptpflicht werden (*Kraßer/Schmid*, GRUR 1982, 324, 329, re.Sp.).

(2) Nichtgeheimes Know-how

Auch nichtgeheimes Know-how kann Gegenstand vertraglicher Lizenzvereinbarungen sein. Die kartellrechtliche Beurteilung ergibt sich dabei aus §§ 1, 18 GWB (vgl. dazu *Kraßer*, GRUR 1970, 587, 596). Derartige Verträge unterliegen der Mißbrauchsaufsicht. Streitig ist, ob auch die Lizenzzahlungspflicht eine Wettbewerbsbeschränkung darstellt, so daß ein Entgelt für die Übertragung nicht geheimer Kenntnisse nicht wirksam vereinbart werden könnte, was nach hier vertretener Auffassung zu verneinen ist (ebenso OLG München, WuW/E OLG 327 – Schreibmaschine; *Dreiß*, Festschrift für Ulmer, S. 399; *Axster*, Gemeinschaftskommentar zu §§ 20, 21 GWB, Rdnr. 104; a.A. BGH GRUR 1975, 206 – Kunststoffbahnen). Die Lizenzzahlung bedeutet keine

Beschränkung der Handlungsfreiheit, nach anderer Ansicht handelt es sich um eine Gegenleistungsverpflichtung (vgl. auch *Strohm*, Wettbewerbsbeschränkungen, S. 313 ff.; Frankfurter Kommentar, Tz. 73 zu § 20 GWB).

Die rechtliche Behandlung bei irrtümlicher Annahme, es handele sich um ein Geheimnis, ergibt sich aus allgemeinen zivilrechtlichen Überlegungen, nämlich aus den Vorschriften zum Wegfall der Geschäftsgrundlage, zur Nichterfüllung bzw. Haftung für zugesicherte Eigenschaften. (Für die Zulässigkeit von Vereinbarungen über nicht geheimes Know-how auch *Finger*, GRUR 1970, 3, 5 mit Hinweis auf die Regelungen der §§ 15 ff. GWB).

Wegen der unterschiedlichen kartellrechtlichen Behandlung von geheimem und nicht geheimem Know-how empfiehlt es sich allerdings, in Patentlizenzverträgen nur die Übertragung geheimen Know-hows zu regeln, weil dafür dieselben Wettbewerbsbeschränkungen zulässig sind, § 21 GWB. Soll auch nicht geheimes Know-how übertragen werden, sollte ein separater Vertrag geschlossen werden, der dann gemäß § 18 GWB den Kartellbehörden zur Genehmigung vorgelegt wird (vgl. dazu *Skaupy*, GRUR 1964, 539, 542 f.; vgl. auch Gruppenfreistellungsverordnung Begründung Ziff. 9, sowie zuletzt BGH GRUR 1984, 753 – Heizkessel – Nachbau).

(3) Abgrenzung von geheimem Know-how und Patentlizenz

Es sollte eine klare Definition dahingehend erfolgen, was patentierte Vorrichtung und patentiertes Verfahren und was geheimhaltungspflichtiges Know-how ist. Dies vermeidet nicht nur Streitigkeiten über den Umfang der Geheimhaltungsverpflichtung und eventuelle Schadenersatzansprüche im Falle der Verletzung, sondern auch Mißverständnisse hinsichtlich der Benutzungsbefugnis nach Ablauf der Schutzrechte.

So werden Erfindungen nach Ablauf der Patentschutzdauer grundsätzlich für jede Benutzungsart frei, es sei denn, eine bestimmte Benutzungsart falle unter Geheimnisschutz.

Eine derartige Abgrenzung ist bereits bei noch rechtsbeständigem Patent erforderlich, weil der Patentinhaber z. B. nach dem Inverkehrbringen einer geschützten Vorrichtung keine Zahlung von Lizenzgebühren fordern kann für die Benutzung zu einem allseits bekannten und jedermann zugänglichen Fabrikationsverfahren. Aufgrund der Erschöpfung des Patentrechts durch Inverkehrbringen würde eine solche Vereinbarung gegen § 1 i. V. m. § 20 Abs. 4 GWB verstoßen (vgl. BGH vom 10. 10. 1974, K ZR 1/74).

Wettbewerbsbeschränkende Vereinbarungen sind für Know-how durch die Verweisung des § 21 GWB auf § 20 im selben Umfang wirksam wie für Patente, z. B. Bezugspflichten und Erfahrungsaustausch (vgl. dazu auch *Deringer*, GRUR Int. 1968, 179, 190). Nach EG-Recht gelten Vereinbarungen über die Lizenzierung von Know-how nur dann als freigestellt, wenn sie sich in einem Patentlizenzvertrag befinden und das Know-how zu einer besseren Nutzung des Patents erforderlich ist (Begründung der Gruppenfreistellungsverordnung Ziff. 9).

Wird Know-how offenkundig, so enden gemäß § 21 GWB sämtliche Wettbewerbsbeschränkungen (zur Definition des Geheimnischarakters vgl. BGH GRUR 1961, 40 – Wurftaubenpresse; GRUR 1963, 207 – Kieselsäure; dazu *Axster*, Gemeinschaftskommentar zu §§ 20, 21 GWB Rdnr. 48 ff.). Wird Know-how lizenziert, das später in einer Patentanmeldung offenbart wird, hat der Lizenznehmer zwar eine Kündigungsmöglichkeit, wenn er aber dennoch weiterbenutzt, bleibt er lizenzpflichtig (BGH GRUR 1976, 14 – Polyurethan, m. Anm. *Fischer*). Ebenso kann ein Lizenzvertrag über geheimes Know-how in einen Patentlizenzvertrag umgewandelt werden, wenn durch Umstände, die die Voraussetzungen für die Neuheitsschonfrist erfüllen, das Geheimnis offenbar wird und rechtzeitig eine Patentanmeldung erfolgt ist (vgl. für das frühere Recht OLG Düsseldorf, BB 1971, 756).

Wichtig ist eine genaue Beschreibung des Lizenzgegenstandes auch wegen § 34 GWB, da nach der Rechtsprechung des BGH dem Erfordernis der Schriftlichkeit nur dann genügt ist, wenn Inhalt und Umfang von Beschränkungen (und damit auch der Erlaubnis) aus dem Vertragstext selbst ermittelbar sind, selbst wenn die vertraglichen Vereinbarungen nicht über den Inhalt des Schutzrechts hinausgehen oder nach § 20 Abs. 2 GWB zulässig sind (vgl. BGH GRUR 1975, 498 – Werkstück-Verbindungsmaschinen; GRUR 1974, 742 – Großkücheneinrichtung).

Ein Betriebsgeheimnis kann auch darin liegen, daß die Verwendung eines bestimmten Verfahrens, das an sich zum Stand der Technik gehört, geheimgehalten wird (vgl. BGH GRUR 1955, 424). Beschränkungen hinsichtlich der Verwendung geheimer Verfahren, die über die Laufzeit des Patents hinausgehen, sind wirksam, falls die übertragenen Geheimnisse weiterhin Betriebsgeheimnisse sind (BGH NJW 1955, 829; BGH GRUR 1975, 206 – Kunststoffschaumbahnen).

Ist mit dem Patent auch geheimes Know-how übertragen worden und erlischt das Patent oder wird es für nichtig erklärt, so hat auch bei fehlender vertraglicher Vereinbarung eine Anpassung der Lizenzgebühren zu erfolgen. Dabei ist nach Auffassung des BGH auch eine zeitlich unbeschränkte Lizenzvereinbarung über geheimes Wissen zulässig (BGH GRUR 1980, 750 – Pankreaplex II).

Ähnlich wie bei der Lizenzierung von Patenten kann sich auch bei der Lizenzierung von Know-how eine Rechtsmängelhaftung des Lizenzgebers ergeben. Dies betrifft einmal den Fall, daß angeblich geheimes Wissen in Wirklichkeit offenkundig war oder wird, oder daß Dritte Unterlassungsansprüche gemäß § 17 UWG geltend machen können, weil das lizenzierte Know-how ihnen entnommen worden ist. Im ersteren Fall müßte von einer Unwirksamkeit des Vertrages wegen eines Verstoßes gegen §§ 21, 20 Abs. 1 GWB ausgegangen werden, weil nur geheimes Know-how Gegenstand von wettbewerbs-beschränkenden Vereinbarungen sein kann, zu dem die Rechtsprechung auch die Lizenzzahlungspflicht rechnet (BGH GRUR 1966 – Zimcofot mit Anmerkung *Lutz*). Bei Unterlassungsansprüchen Dritter aus § 17 UWG gelten die Überlegungen in Anm. 2 (2)).

(4) Vorabvertrag

Beim Abschluß eines Lizenzvertrages über eine Vorrichtungserfindung, wo die Einsatzmöglichkeiten der Vorrichtung zusätzliche Kenntnisse voraussetzen, die der Erfinder geheimgehalten hat (»nachahmungsempfindliches Know-how«), empfiehlt es sich, durch einen Vorabvertrag den Lizenznehmer zu einer unwiderruflichen Erklärung zu verpflichten, daß er die Erfinderrechte des Lizenzgebers an der geschützten Vorrichtung und deren Einsatzmöglichkeiten und Weiterentwicklungen als dessen geistiges Eigentum anerkennt und diese Schutzrechte und geheim Fabrikationsverfahren weder selbst noch durch beauftragte Dritte angreifen wird. Darüber hinaus empfiehlt sich die Verpflichtung, daß etwaige eigene, auf den geschützten Konstruktionsprinzipien aufbauende Erfindungen des Lizenznehmers von diesem nur nach vorheriger Information des Lizenzgebers auf den Namen des Lizenznehmers zum Patent oder Gebrauchsmuster angemeldet werden dürfen. Ein solcher Vertrag ist vom Bundeskartellamt als mit §§ 20 Abs. 1 erster Halbsatz, 21 Abs. 1 GWB vereinbar angesehen worden (vgl. BGR Blatt 78/76 re.Sp.).

(5) Technische Unterlagen

Es ist ratsam, die Aufzählung der Unterlagen in eine separate Anlage aufzunehmen und diese genau zu bezeichnen und zu umschreiben. Hierauf beschränkt sich dann die Erfüllung des Lizenzgebers.

Bei sehr umfangreichen Unterlagen kann statt einer Verweisung auf eine Anlage die Haftung des Lizenzgebers für die Vollständigkeit und Richtigkeit der Unterlagen dadurch begrenzt werden, daß eine Lieferung auf die im Betrieb des Lizenzgebers verwendeten Unterlagen beschränkt wird (vgl. *Schultz*, Gebührenbemessung, S. 174). Die Haftung für fehlende oder fehlerhafte Unterlagen kann dann auf die Nachlieferung beschränkt werden, wobei ein Kündigungsrecht ausgeschlossen wird.

(6) Geheimhaltungsverpflichtung

Selbst wenn der Patentlizenzvertrag mit Ablauf des Patents endet, können weiterreichende Geheimhaltungsverpflichtungen durchsetzbar bleiben, falls die lizenzierten Betriebs- und Fertigungsgeheimnisse noch bestehen, d. h. nicht offenkundig oder nur durch Fahrlässigkeit oder Vorsatz des Lizenznehmers offenkundig geworden sind (*Fritze*, GRUR 1969, 218).

Dies gilt auch nach europäischem Kartellrecht, vgl. Gruppenfreistellungsverordnung Art. 2 (1) 7. Da eine Untersagung des Verwendungsverbots des technischen Wissens nach Vertragsablauf in der angenommenen Fassung der Gruppenfreistellungsverordnung nicht mehr enthalten ist, gilt lediglich die Einschränkung gem. der Begründung der Gruppenfreistellungsverordnung in Ziff. 9, wonach sich die Freistellung auf Vereinbarungen über geheimes technisches Wissen nur insoweit erstreckt, als lizenzierte Patente noch in Kraft sind und das technische Wissen für die Verwirklichung des Erfindungsgegenstandes notwendig ist. (Zum deutschen Recht vgl. *Benkard/Ullmann* zu § 15 Patentgesetz Rd Nr. 111).

Wird nach Vertragsbeginn Know-how offenkundig oder stellt sich heraus, daß es bei Vertragsbeginn nicht geheim war, so werden etwaige Beschränkungen nach § 20 GWB unwirksam (vgl. BGH GRUR 1955, 469 – Kokillen-Gießverfahren; dazu näher *Kraßer*, GRUR 1970, 587, 596).

Nach Auffassung des BKartA ist die Vereinbarung einer absoluten Geheimhaltungszeit, z. B. von 15 Jahren, bedenklich. Es sollte daher auf die Zeitdauer des tatsächlichen Fortbestehens der lizenzierten Betriebsgeheimnisse abgestellt werden. Dem Lizenznehmer obliegt dabei die Beweislast dafür, daß die übertragenen Kenntnisse zum Vertragsschluß bereits offenkundig waren oder im Verlauf der Vertragszeit ohne vertragswidrige Mitwirkung des Lizenznehmers offenkundig geworden sind (BKartA GRUR 1964, 499); z. B. durch Veröffentlichungen Dritter (vgl. dazu *Finger*, GRUR 1970, 3, 8 m.w.N.; BKartA TB 1977, 94; *Kraßer* GRUR 1970, 590).

Es kann empfehlenswert sein, diejenigen Unterlieferer, an die Zeichnungen und Unterlagen befugtermaßen gegeben werden sollen, namensmäßig im Vertrag zu nennen.

(7) Rückgabe von Unterlagen

Es empfiehlt sich auch, bei Übergabe von Modellen und Werkzeugen deren Rückgabe nach Vertragsablauf zu vereinbaren. Der Lizenzgeber sollte zur Absicherung der

Geheimhaltungsverpflichtung die übergebenen Unterlagen eindeutig kennzeichnen und mit einem Vertraulichkeitsvermerk versehen. Insbesondere auch die zweckfremde Verwendung sollte ausgeschlossen werden; insofern ist folgender Text zweckmäßig:

Wir behalten uns Eigentums- und Urheberrechte an sämtlichen Zeichnungen, Modellen usw. vor. Diese werden nur zur Verwendung ... anvertraut. Jede Weitergabe an Dritte oder eine nicht vertragsgemäße Verwendung ist unzulässig.

Eine solche Formulierung erleichtert den Beweis für Ansprüche nach § 17 f. UWG und ist vom Bundespatentgericht (BPatG) auch als ausreichender Nachweis angesehen worden, daß für derartige Unterlagen die Offenkundigkeit zu verneinen ist, wenn sie an bestimmte Geschäftspartner ausgehändigt worden sind (vgl. BPatG Mitt. 1982, 151. Zur strafrechtlichen Seite des Geheimnisverrats vgl. OLG Stuttgart, JZ 1973, 739).

Eine Rückgabepflicht von Unterlagen und weiterreichende Geheimhaltungspflichten gilt nur dann, wenn dem Lizenznehmer lediglich eine Nutzungserlaubnis am Know-how erteilt wurde und ihm nicht das Eigentum daran übertragen werden sollte. Im vorliegenden Fall wird von einer bloßen Lizenzierung, d. h. einer Nutzungserlaubnis und Rückübertragungspflicht ausgegangen. Enthält der Vertrag keine eindeutige Regelung, so wird eine hohe Pauschalgebühr häufig für eine Eigentumsübertragung sprechen (vgl. dazu *Hepp*, Handbuch des Lizenzgeschäfts Band 2 S. 30). In jedem Fall sind die Kündigungsbestimmungen und Auslaufklauseln entsprechend zu fassen (vgl. Anm. 21). Gerade bei Lizenzverträgen, die erhebliche Investitionen in Maschinen erfordern, muß von Seiten des Lizenznehmers in Betracht gezogen werden, daß er eventuell trotz Patentablaufs das übertragene Know-how nicht weiter benutzen darf. Aus demselben Grund sollte er auch den Kündigungsmöglichkeiten durch den Lizenzgeber besondere Beachtung schenken. Vgl. dazu auch unten Anm. 21 (1).

7. Technische Hilfe

(1) Einweisung

Aus allgemeinen vertragsrechtlichen Überlegungen wird angenommen, daß eine Förderungspflicht des Lizenzgebers und damit eine Verpflichtung zur Einweisung des Lizenznehmers auch ohne ausdrückliche Vereinbarung bestehen kann. Nicht erwartet wird dies, falls es sich um eine sehr einfache Vorrichtung handelt oder der Lizenznehmer bereits die Produktion begonnen hatte (z. B. als Verletzer) und der Lizenzvertrag lediglich eine Genehmigung darstellt. Anders, falls der Vertrag die Neuaufnahme einer Produktion durch den Lizenznehmer zum Ziel hat; dann kann allerdings das Bestehen des Lizenznehmers auf Einweisungsverpflichtungen zu einer zusätzlichen Vergütungspflicht des Lizenznehmers führen, falls diese nicht von Anfang an vereinbart ist.

Ein großes Risiko birgt die Garantie für einen Einweisungserfolg. Falls daher die Begrenzung der Einweisung auf einen bestimmten Zeitraum nicht möglich ist, sollte ein Kostenersatz durch den Lizenznehmer vorgesehen werden (vgl. zu den besonderen Problemen des Anlagenliefervertrages *Moecke*, RIW 1983, 488, 490).

(2) Anlernen von Personal des Lizenznehmers

Ob Einzelheiten über die Zahl und Qualifikation des anzulernenden Personals getroffen werden sollen, hängt von den Umständen und Bedingungen bezüglich der Kostenverteilung ab. Regelungen über Kranken- und Haftpflichtversicherungen, Zahlungsmodalitäten, Reise- und Unterbringungskosten, sollten allerdings in jedem Fall getroffen werden. Hier empfiehlt sich eine separate Anlage zum Lizenzvertrag.

8. Ausübungspflicht

Die Ausübungspflicht folgt für den ausschließlichen Lizenznehmer bereits aus allgemeinen vertragsrechtlichen Gründen (wobei diese Verpflichtung unterschiedlich begründet wird, vgl. *Kraßer/Schmid*, GRUR Int. 1982, 324, 333 f.), insbesondere wenn die Lizenzgebühr als Stücklizenz berechnet wird (vgl. die Nachweise bei *Benkard/ Ullmann* zu § 15 PatG RdNr. 73). Eine ausdrückliche Vereinbarung einer Ausübungspflicht kann sich auch in anderen Fällen empfehlen, insbesondere wenn auf die Vereinbarung einer Mindestlizenzgebühr verzichtet oder diese sehr gering bemessen wird. Im letzteren Fall kann sich auch die Vereinbarung eines Kündigungsrechts empfehlen, falls innerhalb eines bestimmten Zeitraums die Mindestlizenzgebühr nicht überschritten wird. Die Ausübungsverpflichtung im Zusammenhang mit der Vereinbarung einer Mindestlizenzgebühr hat die Bedeutung zu verhindern, daß Unternehmen Patente als Defensivrechte erwerben, um auf preiswerte Art Konkurrenz zu verhindern und zugleich fortschrittliche Weiterentwicklungen, deren Einführung eventuell kostspielig ist, zu blockieren.

Nach Auffassung der Rechtsprechung geht die Vereinbarung einer Ausübungspflicht des Lizenznehmers nicht über den Inhalt des Schutzrechts im Sinne von § 20 GWB hinaus (vgl. BGH Z 52, 55, 58 – Frischhaltegefäß). Die Beweislast für die Unzumutbarkeit der Ausübungspflicht trägt der Lizenznehmer (vgl. die Nachweise bei *Benkard/ Ullmann* zu § 15 PatG RdNr. 76).

Allerdings können derartige Verpflichtungen für Lizenznehmer zivilrechtlich eine sittenwidrige Knebelung darstellen, falls der Lizenznehmer auf dem betreffenden technischen Gebiet keine eigene Erfahrung besitzt und sich herausstellt, daß eine Auswertung wirtschaftlich nicht durchführbar ist. Ob darin auch eine Wettbewerbsbeschränkung liegt, hat die Rechtsprechung bisher offen gelassen (BGH GRUR 1969, 560 – Frischhaltegefäß; verneinend *Axster*, a.a.O. Rdnr. 113). Eine Wettbewerbsbeschränkung dürfte dann zu bejahen sein, wenn durch die lizenzpflichtige Produktion die gesamte Kapazität des Lizenznehmers ausgelastet wird. Nicht zulässig nach europäischem Kartellrecht ist die Vereinbarung einer Höchstmenge bei der Produktion, vgl. Art. 3 Ziff. 5 der Gruppenfreistellungsverordnung.

9. Lizenzgebühren

(1) Umsatzlizenz

Die Berechnung der Lizenzgebühr kann als Umsatzlizenz, Stücklizenz oder Pauschallizenz erfolgen. Die hier vorgeschlagene Umsatzlizenz sollte hinsichtlich der Berechnungsgrundlage genau definiert sein, was dadurch geschieht, daß die berücksichtigungsfähigen Abzüge wie Frachtkosten, Mehrwertsteuer, Versicherungskosten, Zölle und Verpackung im Vertrag aufgeführt sind. Eine Berechnung »x % vom Umsatz« ist zu unbestimmt.

In besonders gelagerten Fällen kann die umsatzbezogene Lizenzgebühr auch vom Herstellungspreis berechnet werden, so z. B. wenn der Lizenznehmer Zulieferer für eine Reihe von Firmen, u. a. eventuell auch den Lizenzgeber selbst, ist. Wie sich der Herstellungspreis zusammensetzt, sollte dann ebenfalls genau definiert werden.

1 Ausschließlicher Lizenzvertrag

Der Unterfall einer prozentualen Lizenzgebührenberechnung, nämlich die Gewinnlizenz, ist in der Praxis selten, wird sich auch wegen der möglichen Streitigkeiten über die jeweilige Gewinnermittlungsmethode kaum empfehlen (vgl. dazu *Benkard/Ullmann* zu § 15 PatG RdNr. 67).

(2) Pauschallizenz

Die Pauschallizenz bietet sich dann an, wenn Kontrollmöglichkeiten hinsichtlich der Verkäufe der Lizenzartikel nicht vorhanden sind oder zu aufwendig erscheinen. Auch in Fällen eines Vergleichs zwischen angeblichem Verletzer und Patentinhaber bietet sich die Vereinbarung einer jährlichen Pauschallizenz bei Verzicht des Patentinhabers auf Durchsetzung seines Patents an.

Ein Sonderfall einer Pauschallizenz ist die sogen. „paid up licence". Hier wird von einer umsatzbezogenen Lizenz ausgegangen, bei der jedoch die Zahlungspflichten des Lizenznehmers enden, wenn ein bestimmter Betrag erreicht ist. Es handelt sich daher um die Vereinbarung einer Höchstsumme für die gesamte Vertragslaufzeit.

(3) Stücklizenz

Stücklizenz ist ein feststehender Geldbetrag, der pro Stück einer Verkaufseinheit gezahlt wird. Der Vorteil dieser Berechnungsmethode ist die Unabhängigkeit von Preisschwankungen bzw. Gewinnmargen des Lizenznehmers. Auch bedarf es zur Nachprüfung der geschuldeten Lizenzgebühren nicht einer umfangreichen Überprüfung der Buchführung, vielmehr ist die Kontrolle bereits anhand der produzierten Stückzahlen möglich.

(4) Zeitliche Staffelung

Bei bloßen Anmeldungen, eventuell auch bei noch im Einspruchsverfahren befindlichen Patenten wird häufig eine Staffelung der Lizenzsätze für die Zeit bis zur rechtskräftigen Erteilung vorgesehen oder eine teilweise Rückzahlungsverpflichtung, falls das Patent rechtskräftig versagt wird. Dies ist dann gerechtfertigt, wenn keine Fabrikations- oder Betriebsgeheimnisse zusätzlich lizenziert worden sind, regelmäßig z. B. bei Lizenzverträgen zwischen Wettbewerbern zur Vermeidung von Patentverletzungsstreitigkeiten.

Bei einer Staffelung verzichtet der Patentinhaber von Anfang an auf eine Nachforderung, was aufgrund der schwächeren Rechtsposition bei einer bloßen Offenlegungsschrift gerechtfertigt ist. Befindet sich das Patent dagegen im Einspruchsverfahren und ist der Lizenznehmer einer der Einsprechenden, so hätte er es durch eine Verzögerung des Verfahrens in der Hand, seine Lizenzgebühren auf Dauer niedriger zu halten. In einem solchen Fall empfiehlt sich daher die Vereinbarung eines festen Lizenzsatzes für die gesamte Benutzungsdauer und eine teilweise Rückzahlungspflicht des Lizenzgebers für den Fall der Patentversagung. Zur Absicherung der Rückzahlungsverpflichtung kann dieser Teil der Lizenzgebühren auf ein Treuhandkonto eingezahlt werden.

(5) Wegfall des Schutzrechts

Die in § 26 vorgeschlagene Regelung stellt den Normalfall dar, nämlich daß der Lizenznehmer während der Laufzeit des Vertrages eine Vorzugsstellung auf dem Markt aufgrund des Schutzrechts besessen hat, weil Wettbewerber das Schutzrecht respektiert haben. Durch die rückwirkende Nichtigerklärung des Patents können ihm diese Vorteile nicht mehr genommen werden.

Auch ohne eine derartige Klausel nimmt die Rechtsprechung die Verpflichtung zur Zahlung von Lizenzgebühren an, solange das Schutzrecht in Kraft war. Selbst die Aufdeckung einer offenkundigen Vorbenutzung mit der zu erwartenden Folge einer totalen Vernichtung des Patents, entbindet den Lizenznehmer nicht von der Zahlungspflicht (vgl. BGH GRUR 1969, 409 m. Anm. *Moser v. Filseck* – Metallrahmen; zuletzt BGH vom 13. 7. 1982, X ZR 50/81 m.w.N.). Bei einer Vernichtung des Schutzrechts während der Laufzeit des Vertrages wird die Leistung des Lizenzgebers nachträglich unmöglich, er verliert daher – für die Zukunft – auch den Anspruch auf die Gegenleistung; eine Haftung auf Schadensersatz tritt allerdings nur bei Verschulden ein (*Kraßer/ Schmid*, GRUR Int. 1982, 324, 339; vgl. insoweit auch die Regelung in Art. 35 Abs. 2 (b) GPÜ). Ebenso sind fällige, aber noch nicht bezahlte Lizenzgebühren bis zur Nichtigerklärung an den Lizenzgeber zu bezahlen.

Bei einer teilweisen Vernichtung oder einer Beschränkung des Patents gemäß § 64 PatG bleibt der Lizenznehmer zu einer – eventuell geminderten – Gegenleistung verpflichtet, es sei denn, ihm ist ein Festhalten am Vertrag nicht mehr zumutbar (vgl. BGH GRUR 1957, 595, 596 – Verwandlungstisch, m. Anm. *Beil;* GRUR 1958, 231, 232 – Rundstuhlwirkware, m. Anm. *Heine*). Anders ggf. bei Vereinbarung einer einmaligen Zahlung wegen des spekulativen Charakters eines solchen Vertrages, bei dem das Risiko beim Lizenznehmer ähnlich wie im Fall des Patentkaufs liegt (vgl. BGH vom 23. 3. 1982, X ZR 76/80 – Hartmetallkopfbohrer; *Körner*, GRUR 1982, 341, 343 f.).

Je nach Sachverhalt unterschiedlich zu beurteilen ist auch das Problem, daß von mehreren lizenzierten Schutzrechten nur ein einziges vernichtet wird oder wegen Zeitablaufs erlischt. Wenn hierfür keine Regelung getroffen worden ist, richtet sich die Frage der Reduzierung der Lizenzgebühren, aus vertraglicher wie aus kartellrechtlicher Sicht, nach der Bedeutung des Schutzrechts für das Produktionsprogramm des Lizenznehmers, so daß es im Einzelfall auch bei der Höhe der vereinbarten Lizenzgebühr verbleiben kann. (Vgl. auch Art. 3 Ziff. 4 der Gruppenfreistellungsverordnung.)

Der Lizenznehmer ist keineswegs berechtigt, bereits aufgrund einer Möglichkeit oder naheliegenden Wahrscheinlichkeit der Vernichtung des Schutzrechts die Zahlung von Lizenzgebühren einzustellen (vgl. BGH GRUR 1957, 595 – Verwandlungstisch, m. Anm. *Beil*). Die Lizenzgebührenpflicht endet erst mit der rechtskräftigen Versagung oder Nichtigerklärung des Schutzrechts. Hier hat es der Patentinhaber häufig in der Hand, durch Einlegung von Rechtsmitteln ein Nichtigkeitsverfahren zu verzögern. Ist dies von den Parteien gewollt, weil solange auch die Monopolstellung des Lizenznehmers aufrechterhalten bleibt, sollte die Bedingung der »Rechtskraft« ausdrücklich in den Vertragstext aufgenommen werden. Andernfalls richtet sich die Beendigung der Lizenzzahlungspflicht nach Treu und Glauben (vgl. OLG Braunschweig, GRUR 1964, 344).

Etwas anderes gilt nur, wenn Wettbewerber das Schutzrecht schon seit längerem nicht beachtet haben und auch auf Abmahnungsbriefe nicht reagierten oder sich auf die Vernichtbarkeit des Patents berufen haben. Für diesen Fall sollte eine vertragliche Regelung in der in § 26 vorgeschlagenen Form vorgesehen werden, weil andernfalls die Berufung auf die angebliche Nichtrespektierung des Schutzrechts leicht als Vorwand für die Nichtzahlung von überfälligen Lizenzgebühren genommen werden kann (vgl.

zum gewagten Charakter des Lizenzvertrages im Einzelnen *Benkard/Ullmann* zu § 15 PatG RdNr. 103 ff., 110).

(6) Höhe der Lizenzgebühr

Richtlinien für bestimmte Lizenzsätze lassen sich für den Einzelfall nur schwer aufstellen. Der Wert einer Erfindung hängt von den verschiedensten Faktoren ab, wie z. B.:
— bahnbrechende Pioniererfindung
— erhebliche kosteneinsparende Verbesserung
— Umfang des Benutzungsrechts
— Zahl der Wettbewerber und damit der potentiellen Lizenzsucher
— generelle Gewinnspannen auf dem betreffenden Gebiet und notwendiger Werbeaufwand
— Massenartikel oder Spezialmaschine
— erwartete Gesamteinnahmen des Erfinders pro Jahr
— fertigungsreife Erfindung oder Lizenzierung einer bloßen Erfindungsidee
   (vgl. BGH GRUR 1962, 401, 402 – Kreuzbodenventilsäcke III; *Kraßer/Schmid,* GRUR Int. 1982, 324, 332 r.Sp.; *Stumpf,* Lizenzvertrag, RdNr. 79; ders., Know-how Vertrag, RdNr. 92 ff.; *Schultz,* Gebührenbemessung, S. 77 ff., 199 f.; weitere Nachweise bei *Benkard/Ullmann* zu § 15 PatG RdNr. 72; Richtlinien für Arbeitnehmererfindungen, GRUR 1959, 470 ff.).

Hinzu kommt die konkrete Verhandlungssituation zwischen den Parteien: so wird ein Verletzer, der bereits die Produktion in großem Umfang hat anlaufen lassen, eher bereit sein, ein oder zwei Prozent mehr zu bezahlen, um einen Verletzungsprozeß zu vermeiden. Umgekehrt ist die Verhandlungsposition eines Einzelerfinders gegenüber einer Weltfirma anders zu beurteilen, wenn die Einführung in den Fertigungsprozeß erhebliche Umstellungskosten mit sich bringt und niemand anders bereit ist, ein solches Risiko zu tragen.

Die in der Literatur genannten Lizenzstaffeln, die je nach Industriebereich zwischen 0,5 und 10 Prozent liegen, sind daher nur ein sehr grober Rahmen. Auch Lizenzsätze von 10 % und mehr sind im Einzelfall erzielbar. Letztlich bestimmen innerhalb einer Branche Angebot und Nachfrage den Lizenzsatz.

(7) Lizenzpflichtige Teile

Es kann sich häufig empfehlen, insbesondere wenn der Lizenznehmer bereits auf dem betreffenden technischen Gebiet als Produzent tätig ist, diejenigen Teile oder Verfahren, die als lizenzpflichtig angesehen werden sollen, genau zu bezeichnen. Nach allgemeiner Ansicht sind dies diejenigen Benutzungshandlungen, die bei einem Dritten als Verletzungshandlungen gelten würden (vgl. die Nachweise bei *Benkard/Ullmann* zu § 15 PatG RdNr. 68).

Ist der Erfindungsgegenstand oder das durch das Verfahren hergestellte Produkt Teil einer größeren Verkaufseinheit, so kann zur Vereinfachung der Abrechnung der Gesamtpreis Grundlage der Lizenzabrechnung sein (vgl. BGHZ 17, 41, 56 – Kokillenguß). In diesen Fällen wird ein entsprechend geringerer Prozentsatz vereinbart werden. Wie hoch dieser im Einzelfall zu bemessen ist, wird sich danach richten, ob die patentierte Neuerung wesentliches Verkaufsargument für die Gesamteinheit ist, z. B. welchen verbesserten Nutzen sie bewirkt, wie sich ihre Herstellungskosten zu den

Gesamtkosten der Gesamteinheit verhalten, usw. Soll der Vertrieb der lizenzpflichtigen Teile über konzernabhängige Unternehmen des Lizenznehmers erfolgen, so ist zur Vermeidung von Preismanipulationen festzulegen, ob der Außenumsatz oder der Abgabepreis des Herstellers Grundlage der Lizenzberechnung sein soll.

Zu beachten ist, daß aus kartellrechtlichen Gründen Lizenzzahlungen nur für die vom Patent erfaßten Teile vereinbart werden dürfen (vgl. dazu zuletzt die Entscheidung des BKartA in GRUR 1981, 919 – Rigg für ein Segelbrett).

Es empfiehlt sich eventuell eine Lizenzstaffelung für verschiedene Erfindungsgegenstände, falls Teile der Erfindung auch einzeln benutzbar sind und diese sich in eventuell unselbständigen Unteransprüchen befinden. Es kann dann dahingestellt bleiben, ob diese Teile selbständig Schutz genießen. Andernfalls besteht Unsicherheit, ob nur bei Benutzung der Gesamterfindung ein Lizenzgebührenanspruch entsteht oder auch bei Benutzung einzelner Teile (vgl. BGH GRUR 1969, 676 – Rüben-Verladeeinrichtung, m. Anm. *Fischer*).

Eine genauere Spezifizierung empfiehlt sich auch, wenn die Erfindung nur einen Teil in einer größeren Verkaufseinheit betrifft, die in unterschiedlicher Zusammensetzung und mit verschiedenwertigem Zubehör vertrieben wird. Hier sollten die einzubeziehenden Aggregate einzeln aufgezählt werden, wobei die Lizenzgebühr entsprechend anzupassen ist.

(8) Besondere Zahlungsmodalitäten

Statt einer Lizenzgebühr kann auch die Vereinbarung eines bestimmten Auftragsvolumens für die patentierten Gegenstände vereinbart werden (vgl. dazu Anm. 17).

Hinsichtlich der Behandlung von Skontoabzügen kann auch eine abweichende Regelung gerechtfertigt sein, da die schnelle Barzahlung nicht den Lizenzgeber sondern den Lizenznehmer begünstigt. Daß Zahlungsausfälle nicht den Lizenzgeber belasten können, ergibt sich nicht nur daraus, daß dieser keinen Einfluß auf die Auswahl der Abnehmer des Lizenznehmers hat, sondern auch aus der Tatsache, daß bereits die Herstellung der lizenzpflichtigen Produkte eine patentrechtliche Benutzungshandlung darstellt.

(9) Kartellrecht

Werden dem Lizenznehmer Zahlungsfristen eingeräumt, die eventuell über die Laufzeit des Patents hinausgehen, so stellt dies keinen Verstoß gegen § 20 GWB dar (vgl. LG Düsseldorf, WuW 1959, 671 – Betonteile – zum damaligen Dekartellierungsrecht); vgl. dazu auch Gruppenfreistellungsverordnung Einl. Ziff. 22. Zu beachten ist, daß eine absolute Preisbindung weder nach deutschem noch nach europäischem Kartellrecht zulässig ist (vgl. für das deutsche Recht BGH GRUR 1974, 40 – Bremsrolle, m. Anm. *Fischer*); näheres dazu in Muster 4 Anm. 22.

(10) Verjährung und Verwirkung

Lizenzvertragsansprüche (»Gewinnanteilsansprüche«) verjähren gemäß § 197 BGB in 4 Jahren (vgl. BGH GRUR 1959, 125 – Pansana, m. Anm. *Beil; Benkard/Ullmann* zu § 15 PatG RdNr. 125); eine einmalige Lizenzgebühr als Abgeltung für den Gesamtvertrag verjährt dagegen in 30 Jahren gemäß § 195 BGB. Dasselbe gilt für sämtliche Erfüllungsansprüche sowie Schadenersatzansprüche aus dem Vertrag. Die Verjährungsfrist des § 141 PatG, die auch für Schadenersatzansprüche wegen Überschreitung der Nutzungsbefugnisse des Lizenznehmers gilt, beträgt dagegen 3 Jahre. Dieselbe

Verjährungsfrist soll für die Verletzung von lizenzierten Geheimverfahren gelten (vgl. *Benkard/Ullmann* zu § 15 PatG RdNr. 125).

Zu beachten ist auch die Möglichkeit eines Verwirkungseinwands gegen die Geltendmachung von Lizenzgebühren, falls der Lizenznehmer aufgrund des Verhaltens des Lizenzgebers davon ausgehen konnte, daß dieser auf die Geltendmachung der Lizenzgebühren endgültig verzichtet hatte (vgl. BGH vom 6. 7. 1965 – Ia ZR 26/64).

10. Mindestlizenzgebühr

(1) Definition

Sowohl bei umsatzbezogener als auch bei der Stücklizenz besteht die Möglichkeit der Vereinbarung einer Mindestlizenzgebühr. Trotz der in § 12 getroffenen Regelung wird davon ausgegangen, daß mit der Zahlung der Mindestlizenzgebühr der Lizenznehmer in seiner Disposition nicht frei ist, ob er die Erfindung benutzen will oder nicht, d. h. ihn trifft trotz Zahlung der Mindestlizenzgebühr eine Ausübungsverpflichtung. Dies wird nicht der Normalfall sein; meist wird eine Ausübungsverpflichtung oder eine – ausreichend hoch bemessene – Mindestlizenzgebühr alternativ vereinbart werden. § 8 wurde hier zur Vervollständigung des Musters aufgenommen.

Obwohl sich die Anrechenbarkeit der Mindestlizenzgebühr auf die prozentuale Umsatzlizenz an sich aus der Wortbedeutung ergibt, empfiehlt sich eine Klarstellung zur Vermeidung von Unklarheiten.

(2) Auswirkungen

Die Eingehung einer Mindestlizenzverpflichtung ist vom Lizenznehmer sorgfältig zu prüfen. Bei Kaufleuten wird der Einwand, man habe sich bei Eingehung der Verpflichtung von Gewinnerwartungen täuschen lassen, kaum zu einer Anpassung oder Aufhebung der Klausel nach § 242 BGB führen, falls nicht extreme Ausnahmefälle gegeben sind (vgl. BGH GRUR 1974, 40, 43 li.Sp. – Bremsrolle, m. Anm. *Fischer*; BGH GRUR 1978, 166 – Banddüngerstreuer, m. Anm. *Storch*). Z. B. würde die Mindestlizenz dann entfallen, wenn die Ausübung des Patents gegen ein gesetzliches Verbot verstößt oder sich das Produkt oder Verfahren als gesundheitsschädlich herausstellt (vgl. RG MuW 1939, 369, 371).

Handelt es sich bei der lizenzierten Erfindung um ein Produkt, daß noch nicht bis zur Serienreife entwickelt worden ist, kann der Lizenznehmer ein Interesse daran haben, die Mindestlizenzgebühren erst ab Erreichung der Serienreife beginnen zu lassen. Um unangemessene Verzögerungen zu Lasten des Lizenzgebers zu vermeiden, sollte sich dieser allerdings dann ein Kündigungsrecht vorbehalten, falls bis zu einem bestimmten Zeitpunkt die Serienreife nicht erreicht ist, oder die Verpflichtung zur Zahlung von Mindestlizenzgebühren müßte ab einem bestimmten Zeitpunkt einsetzen.

(3) Mindestlizenzgebühr und Nichtangriffsklausel

Besonders gefährlich ist die Verbindung einer Mindestlizenzgebühr mit einer Nichtangriffsklausel. Stellt sich nach einiger Zeit die fehlende Rechtsbeständigkeit des Schutzrechts heraus, so kann es dem Lizenznehmer passieren, daß sämtliche Wettbewerber die Lehre des Patents benutzen und er als einziger zu Lizenzzahlungen verpflichtet bleibt, ohne sich seinerseits durch eine Nichtigkeitsklage seinen Vertragspflichten entziehen zu können. Dies wird jedenfalls solange zu gelten haben, wie nach deutschem Recht eine Nichtangriffsklausel für durchsetzbar angesehen wird (vgl. dazu unten Anm. 20).

(4) Kündigung, Vertragsänderung
Zusätzlich oder statt der Mindestlizenzgebühr kann darüber hinaus eine Kündigungsmöglichkeit zugunsten des Lizenzgebers für den Fall vereinbart werden, daß die Mindestlizenzgebühren innerhalb eines bestimmten Zeitraums nicht überschritten werden. Oder es kann eine Umwandlung von einer exklusiven in eine nicht exklusive Lizenz vorgesehen werden.
Ein solches Kündigungsrecht wird auch vom BKartA als zulässig angesehen (vgl. TB KBartA 1974, 90). Im Interesse beider Vertragspartner empfiehlt es sich, für den Fall des Auftretens von Wettbewerbern auf dem Markt mit ähnlichen, aber nicht patentverletzenden Produkten, eine Neufestsetzung der Lizenzsätze oder zumindest der Mindestlizenzgebühren vorzusehen. Die Beweislast dafür, daß dem Lizenznehmer Umsätze in Höhe der Mindestlizenzgebühren nicht mehr möglich sind, sollte in solchen Fällen den Lizenznehmer treffen.

(5) Kartellrecht
Auch nach der Gruppenfreistellungsverordnung ist die Vereinbarung einer Mindestlizenzgebühr zulässig, vgl. Art. 2 (1) Ziff. 2. Es muß dem Lizenznehmer aber die Möglichkeit eingeräumt werden, unter Verzicht auf die Ausschließlichkeit den Vertrag zu kündigen, vgl. Gruppenfreistellungsverordnung Art. 9 Ziff. 2. Die Vereinbarung einer Höchstmenge in der Herstellung, im Vertrieb oder in der Zahl der Benutzungshandlungen ist von der EG-Kommission in der Gruppenfreistellungsverordnung unter die verbotenen Klauseln aufgenommen werden (vgl. Art. 3 Ziff. 5).

11. Grundlizenzgebühr (Pauschalbetrag)

Bei der Vereinbarung eines Pauschalbetrages handelt es sich um eine sog. Grundlizenzgebühr, die eine Beteiligung des Lizenznehmers an den Entwicklungskosten des Lizenzgebers darstellt (vgl. dazu im einzelnen *Vollrath*, GRUR 1983, 52, 53). In der Praxis finden sich hier die unterschiedlichsten Regelungen hinsichtlich der Anrechenbarkeit (gar nicht, teilweise, in vollem Umfang, gestaffelt für die ersten Jahre).
Ergibt sich aus der vertraglichen Regelung, daß es sich bei der Pauschalsumme um ein einmaliges, für den Abschluß des Vertrages gezahltes Entgelt handelt, so verbleibt dieser Betrag beim Lizenzgeber, auch wenn das Lizenzverhältnis vor der vereinbarten Vertragsdauer endet. Ist über den Grund der Pauschalzahlung keine Vereinbarung getroffen worden, so beläßt die Rechtsprechung zum Teil einen angemessenen Betrag für die Vergangenheit beim Lizenzgeber (vgl. BGH GRUR 1961, 27, 28 f – Holzbauträger).
Eine Klarstellung empfiehlt sich, um auszuschließen, daß in dem Pauschal-Entgelt eine vorweggenommene, auf die Vertragsdauer berechnete Lizenzgebühr gesehen wird, die ggf. rückzahlbar wäre (vgl. BGH GRUR 1961, 27, 28 – Holzbauträger, m. Anm. *Heine; Lüdecke/Fischer*, a.a.O., S. 544, FN 20; für Rückzahlbarkeit LG München I

GRUR 1965, 413; dazu die Übersicht bei *Vollrath,* GRUR 1983, 52, 53; zur Pauschallizenz als einziger Abrechnungsmethode vgl. Anm. 9 (2)).

Eine Pauschalierung (lump sum) empfiehlt sich auch für die Überlassung von Knowhow, unabhängig davon, ob ein Offenkundigwerden während der Vertragsdauer eintritt (zu den kartellrechtlichen Aspekten einer solchen Vereinbarung vgl. *Körner,* GRUR 1982, 341, 345). Die Höhe der Pauschalsumme sollte sich dabei nach dem Wert des Zeitvorsprungs des Lizenznehmers richten (»Vorlaufzeit«), die der Lizenzgeber erwartet. Sie ist deshalb gerechtfertigt, weil mit Überlassung der technischen Unterlagen und Übertragung des Know-how oder bestimmter Fertigungsverfahren der Lizenzgeber eine Vorleistung erbracht hat, die selbst bei einer Rückgabe der technischen Unterlagen im Falle einer baldigen Auflösung des Vertrages nicht völlig rückgängig gemacht werden kann. Eine von der tatsächlichen Vertragsdauer unabhängige Pauschalgebühr erscheint daher gerechtfertigt. Dabei kann vereinbart werden, daß ein Teil dieser Pauschalgebühr auf die Lizenzzahlungen der ersten Vertragsjahre angerechnet wird und sie nur dann voll beim Lizenzgeber verbleibt, falls der Vertrag vorher endet. Eine solche Vereinbarung stärkt die Bemühungen um eine vetragsgemäße Erfüllung durch beide Parteien. Üblich ist auch, eine Vorauszahlung der vereinbarten Mindestlizenzgebühr für ein Jahr zu verlangen. (Vgl. zur Differenzierung zwischen einer schutzrechtsabhängigen Vergütung und der Erfüllung einer erfolgsbezogenen Gegenleistung *Körner,* GRUR 1982, 341 ff.) Ein Festpreis wird gewöhnlich den Selbstkostenwert des Entwicklungsergebnisses darstellen, während die umsatzbezogene oder Stücklizenz als schutzrechtsabhängig zu gelten hat. Zum Wertverhältnis zwischen Pauschalsumme (down payment) und laufender Lizenzgebühr vgl. *Schultz,* Gebührenbemessung, S. 205 ff; dazu auch *Stumpf,* a.a.O. RdNr. 93 ff.

Im Falle notwendiger Genehmigungen, die die Wirksamkeit des Lizenzvertrages bedingen, sollte die Aushändigung von Unterlagen und die Mitteilung geheimer Fertigungsverfahren oder sonstiger Betriebsgeheimnisse erst erfolgen, wenn die Genehmigungen vorliegen (vgl. § 7 Abs. 2).

12. Lizenzabrechnung

(1) Buchführungspflicht und Kontrollrecht

Der Vertrag sollte je nach den Lizenzmodalitäten die Angaben aufführen, die in der Buchführung ausgewiesen werden sollen, also bei Stücklizenzen die Zahl der gelieferten Gegenstände, den Namen des jeweiligen Kunden, das Lieferdatum sowie die fortlaufende Nummer der gelieferten Gegenstände. Bei einer umsatzbezogenen Lizenz müßten darüber hinaus die Rechnungsdaten, d. h. Preise, Rabatte und Nebenkosten ausgeworfen werden. Die einfachste Kontrollmöglichkeit ist die Vereinbarung, daß von sämtlichen Rechnungen Duplikate an den Lizenzgeber gesandt werden.

Ohne eine ausdrückliche Vorschrift wird eine Berechtigung des Lizenzgebers zur Überprüfung nicht angenommen (vgl. BGH GRUR 1961, 466 – Gewinderollkopf, m. Anm. *Moser v. Filseck*). Für den Fall einer fehlerhaften Abrechnung kann eine Vertragsstrafe vereinbart werden, die z. B. in einem Vielfachen der vereinbarten Mindestlizenzgebühr bestehen kann.

Auch ohne vertragliche Abrede kann sich bei der Gewährung von Unterlizenzen die Rechnungslegungspflicht des Lizenznehmers auch auf die Umsätze des Unterlizenznehmers beziehen (vgl. BGH GRUR 1953, 114, 118).

(2) Zahlungsfristen

Eine Währungsklausel sollte wegen der meist langjährigen Laufzeit der Verträge für einen bestimmten Stichtag vereinbart werden, weil plötzliche Kursschwankungen zu einer erheblichen Beeinträchtigung der einen oder anderen Seite führen können. Durch eine pünktliche Abrechnung und Zahlung hat es der Lizenznehmer in der Hand, daß derjenige Umrechnungskurs bei der Zahlung Anwendung findet, der vertragsgemäß geschuldet ist.

Für verzögerte Zahlungen empfiehlt sich die Vereinbarung einer Vertragsstrafe in Form eines erhöhten Zinssatzes.

(3) Steuern

Bei Lizenzverträgen kommen als Steuern Ertrags-, Vermögens- und Umsatzsteuern in Betracht. Generell empfiehlt sich vor Abschluß eines Vertrages eine Klärung der steuerlichen Fragen auch deshalb, weil die Überwälzung von Steuern auf eine Partei nach dem Recht einiger Länder unzulässig ist.

Eine Möglichkeit ist auch, von einer Überwälzung der Steuerpflicht abzusehen und stattdessen eine Anpassung des Lizenzsatzes vorzunehmen.

Trotz der allgemein gegebenen Möglichkeiten des Vorsteuerabzugs sollte auch hinsichtlich der Mehrwertsteuer immer eine ausdrückliche Regelung im Vertrag enthalten sein, da nur bei Feststellung eines Handelsbrauchs nach der Rechtsprechung des BGH eine Verpflichtung des Lizenznehmers zur Übernahme der Mehrwertsteuer durchsetzbar ist (vgl. BGH NJW 1973, 756; vgl. ausführlich dazu *Schultz*, Gebührenbemessung, S. 125. *Stumpf*, Lizenzvertrag RdNr. 441).

Ein näheres Eingehen auf die Möglichkeiten vertraglicher Gestaltung im Hinblick auf die persönlichen Auswirkungen steuerlicher Art würde über die Zielrichtung des vorliegenden Werkes hinaus. Hierzu wird, insbesondere bei internationalen Verträgen, die Konsultation der steuerberatenden Berufe empfohlen.

13. Kennzeichnung der Lizenzgegenstände

(1) Lizenzvermerk

Die Hinweise auf Schutzrechte oder den Lizenzgeber haben Werbefunktion, Schutzfunktion sowie Kontrollfunktion hinsichtlich der richtigen und vollständigen Lizenzgebührenabrechnung.

Die Kennzeichnungspflicht ist daher nach deutschem Kartellrecht zulässig und kann auch durch Vereinbarung einer Vertragsstrafe abgesichert sein, wenn dem Lizenznehmer gestattet ist, auf seinen eigenen Geschäftsbetrieb zusätzlich hinzuweisen (TB BKartA 1962, 71; ausführlich dazu *Schricker*, WRP 1980, 121 ff. Dazu auch *Axster*, a.a.O. RdNr. 112; BKartA GRUR 1964, 499). Auch nach EG-Recht ist eine derartige Verpflichtung erlaubt, vgl. Art. 2 (1) Ziff. 6 Gruppenfreistellungsverordnung.

Falls auf die Lizenzherstellung nicht hingewiesen wird, wird häufig der Lizenznehmer ein Ausstattungsrecht an der Bezeichnung oder der Ausstattung des Lizenzproduktes erlangen. Ob eine Übertragung des Ausstattungsrechts auf den Lizenzgeber nach Ablauf des Lizenzvertrages gefordert werden kann, falls keine vertraglichen Vereinbarungen bestehen, dürfte fraglich sein (vgl. OLG München, WRP 1955, 223).

1 *Ausschließlicher Lizenzvertrag*

(2) Warenzeichen und Firmenname des Lizenznehmers

Eine Klausel, die dem Lizenznehmer verbietet, sein Warenzeichen oder seinen Handelsnamen zu benutzen, wird von der EG-Kommission dann geduldet, wenn der Lizenznehmer auf seine Eigenschaft als Hersteller des Lizenzerzeugnisses hinweisen kann, vgl. Art. 1 (1) 7 Gruppenfreistellungsverordnung. Bei einem ausschließlichem Lizenzvertrag wird der Lizenznehmer auf der Benutzung seines Warenzeichens bestehen.

Ein Anbringen des Warenzeichens des Lizenzgebers wird sich dann nicht empfehlen, wenn die Lizenzvergabe an einen Wettbewerber erfolgt, oder wenn zu befürchten ist, daß der Lizenznehmer den Qualitätsvorstellungen des Lizenzgebers nicht genügt.

14. Produkthaftpflicht und Kontrollrechte

§ 17 empfiehlt sich dann, wenn der Lizenzgeber selbst ebenfalls Hersteller ist. Die Art und Häufigkeit der Kontrollen sollten insbesondere bei Lizenznehmern im Ausland eindeutig festgelegt werden. Hier kann ein Zutrittsrecht zu den Fabrikationsräumen während der normalen Arbeitsstunden vereinbart werden, das Recht, Proben zu entnehmen oder generell den Produktionsablauf zu überwachen.

Als Verschärfung der Qualitätskontrolle kann ein Kündigungsrecht vorgesehen werden, falls nach schriftlicher Aufforderung und Ablauf einer gesetzten Frist der geforderte Qualitätsstandard vom Lizenznehmer nicht erreicht wird. Die Frist ist dabei ausreichend lang zu bemessen. Zulässig auch nach EG-Recht, vgl. Art. 2 (1) Ziff. 9 Gruppenfreistellungsverordnung.

Bei einem Hinweis auf den Lizenzgeber oder der Benutzung von dessen Warenzeichen oder Firma können bei einigen Ländern Produkthaftungsansprüche entstehen. Es sollte daher daran gedacht werden, im Innenverhältnis den Lizenzgeber von sämtlichen derartigen Ansprüchen freizustellen. (Vgl. zu dieser Frage *Mes*, GRUR 1982, 74) Dasselbe gilt für Ansprüche aus Werbebehauptungen des Lizenznehmers für das betreffende Produkt. Eine solche Freizeichnung für Werbebehauptungen sollte selbst dann vorgesehen werden, wenn die Werbung mit dem Lizenzgeber abgesprochen wird.

Je nach Sachverhalt kann auch eine Aufteilung des Haftungsrisikos sachgemäß sein, so daß der LG die Haftung für Entwicklungs- und Konstruktionsfehler, der LN Fabrikations- und Instruktionsfehler und evtl. die Marktbeobachtungspflicht übernimmt.

15. Änderungen, Verbesserungen der Erfindung durch den Lizenznehmer

(1) Vorbehalt von Änderungen

Eine andere Regelung als § 18 kann dahin gehen, daß Veränderungen und Verbesserungen ohne Genehmigung angewendet werden dürfen, wenn der Lizenznehmer deutlich darauf hinweist, daß die Veränderungen auf ihn zurückzuführen sind.

(2) Miterfinderschaft des Lizenznehmers

Bei maßgeblicher Mitwirkung des Lizenznehmers an einer Verbesserungserfindung ist dieser als Miterfinder zu nennen und seinem Anteil nach eine Mitinhaberschaft am neu angemeldeten Schutzrecht einzuräumen. Die Vereinbarung einer kostenlosen Benutzung der Verbesserungserfindung durch den Lizenzgeber stellt im allgemeinen eine Wettbewerbsbeschränkung des Lizenznehmers dar. Umgekehrt wird in der Regel jede Verbesserungserfindung, auch wenn sie vom Lizenznehmer völlig allein entwickelt worden ist, die Miterfinderschaft des Lizenzgebers begründen, da dieser durch die Lizenzgewährung und Know-how-Übertragung die Grundlage für die Weiterentwicklung gelegt hat.

(3) Kartellrecht

Gemäß § 20 Abs. 2 Nr. 3 GWB ist eine Verpflichtung zur Lizenzgewährung zu Lasten des Lizenznehmers zulässig, wenn auch der Lizenzgeber eine entsprechende Verpflichtung eingeht. Auch die Lizenzbedingungen müssen dann einander entsprechen, also entweder für beide unentgeltlich oder für beide entgeltlich sein. Dagegen kann sich der Lizenznehmer nicht rechtsgültig verpflichten, Schutzrechte für Verbesserungserfindungen an den Lizenzgeber zu übertragen (vgl. TB BKartA von 1974, S. 92). Nach Auffassung des BKartA ist der Erlaubnisvorbehalt für Veränderungen der Lizenzgegenstände von den §§ 21 Abs. 1, 20 Abs. 1 GWB gedeckt, dagegen nicht die Genehmigungspflicht für »einschlägige Erzeugnisneuentwicklungen« (vgl. BGR Blatt 78/76 re.Sp.).

Die Verpflichtung des Lizenznehmers, dem Lizenzgeber Rechte aus Anwendungs- oder Verbesserungsschutzrechten zu übertragen, gehört auch zu den verbotenen Klauseln gemäß der Gruppenfreistellungsverordnung (vgl. Art. 3 Ziff. 8.).

Nach der Entscheidung der EG-Kommission in Sachen Raymond-Nagoya (GRUR Int. 1972, 374) kann sich der Lizenznehmer für den Fall von Verbesserungserfindungen nur zur Erteilung nicht-ausschließlicher Lizenzen an den Lizenzgeber verpflichten. Eine Meldepflicht ist gemäß der Gruppenfreistellungsverordnung nur dann durchsetzbar, wenn ihr eine korrespondierende Verpflichtung des Lizenzgebers gegenübersteht (vgl. Art. 2 (1) Ziff. 10). Die Gruppenfreistellungsverordnung stellt dabei darauf ab, daß die Verpflichtung des Lizenznehmers derjenigen des Lizenzgebers »gleichartig« ist. Verlangt daher der Lizenzgeber für den Fall einer patentfähigen Verbesserung eine Erhöhung der Lizenzgebühr, muß umgekehrt für Verbesserungen des Lizenznehmers, die der Lizenzgeber zu nutzen beabsichtigt, ebenfalls eine Lizenzgebühr vereinbart werden.

16. Änderungen, Verbesserungen der Erfindung durch den Lizenzgeber

(1) Mögliche Vertragsänderungen

Für den Fall, daß die Verbesserung eine patentfähige Erfindung darstellt, kann auch vorgesehen werden, daß sich dadurch die Lizenzpflicht erhöht. Eine solche Regelung kann auch in Form einer Option für den Lizenznehmer getroffen werden, wobei die Bedingungen erst bei Kenntnis der Verbesserung ausgehandelt werden sollen.

Wird ein Schutzrecht auf die Verbesserung erteilt und optiert der Lizenznehmer für eine Lizenz, so obliegt es den Parteien festzulegen, ob die ursprüngliche Laufdauer des Vertrages beibehalten werden soll oder ob der Vertrag an den Ablauf des Verbesserungspatents geknüpft wird.

Falls der Lizenzgeber ein Interesse an besonderer Qualität der lizenzierten Produkte hat, z. B. weil diese sein Warenzeichen tragen, empfiehlt sich die Verpflichtung des

1 *Ausschließlicher Lizenzvertrag*

Lizenznehmers zur Übernahme von Verbesserungen, wobei wegen eventueller hoher Einführungskosten die Forderung zusätzlicher Lizenzgebühren je nach Interessenlage entfallen kann.

(2) Kartellrecht

Die Mitteilungspflicht des Lizenzgebers wird generell nicht als wettbewerbsbeschränkend angesehen. Umgekehrt wird für die Wirksamkeit einer Mitteilungspflicht des Lizenznehmers eine korrespondierende Verpflichtung des Lizenzgebers gefordert (vgl. Gruppenfreistellungsverordnung Art. 2 (1) Ziff. 10; vgl. dazu § 19).

Es kann dem Lizenznehmer eine kostenlose Lizenzierung einer Verbesserung versprochen werden, in diesem Fall ist auch eine gleichlautende Verpflichtung des Lizenznehmers zulässig.

Falls durch die Lizenzierung durch Verbesserungs- oder Anwendungserfindungen die Laufzeit des Vertrags verlängert wird, ist darauf zu achten, daß nach der Gruppenfreistellungsverordnung eine Freistellung für den Verzicht auf bestimmte Vertriebsgebiete nur für die Dauer der beim Abschluß der Vereinbarung bestehenden Patente gewährt wird, falls die Vereinbarung nach Ende dieser Laufzeit nicht für beide Vertragspartner eine mindestens jährliche Kündigungsfrist vorsieht (vgl. Art. 3 Ziff. 2 Gruppenfreistellungsverordnung; zum deutschen Recht auch *Benkard/Ullmann* zu § 15 PatG RdNr. 83).

17. Bezugsverpflichtung

Eine solche Verpflichtung ist nach deutschem und europäischem Kartellrecht nur zulässig, falls dies durch das Interesse des Lizenzgebers an einer technisch einwandfreien Ausnutzung der Erfindung gerechtfertigt bzw. dafür notwendig ist (vgl. TB BKartA 1963, 68; 1974, 90; Gruppenfreistellungsverordnung Art. 2 (1) 1 sowie Art. 3 Ziff. 9; dazu auch *Benkard/Ullmann* zu § 15 PatG RdNr. 152). Eine Bezugsverpflichtung ist z. B. dann zulässig, wenn dem Lizenznehmer Know-how übertragen wird, die Vereinbarung zeitlich begrenzt ist und dem Lizenznehmer ein EG-weiter Vertrieb gestattet ist. (Entscheidung der Kommission vom 7. 12. 1983 in Sachen Schlegel/CPIO, GRUR Int. 1984, 104)

Eine Bezugsverpflichtung für nicht vom Patent umfaßte Teile stellt eine unzulässige Ausdehnung des Patentmonopols durch vertragliche Mittel dar (vgl. Entscheidung der EG-Kommission vom 10. 1. 1979 in Sachen Vaessen/Moris, GRUR Int. 1979, 212). Es kann ein Mißbrauch des Kontrollrechts des Lizenzgebers vorliegen, falls er nichtpatentierte Teile nur dann zur Verarbeitung oder Zusammenstellung mit den patentierten Teilen zuläßt, wenn auf sie ebenfalls eine Lizenzgebühr gezahlt worden ist (vgl. BKartA GRUR 1981, 919 – Rigg für Segelbrett). Nicht gedeckt sind daher auch Bezugsverpflichtungen hinsichtlich von Rohstoffen, Hilfsmitteln, Ersatzteilen usw. (TB BKartA 1966, 87; 1973, 115). Besonderheiten können im Falle behördlicher Zulassungen für patentfreie Verfahrensstoffe gelten: Falls eine Erstreckung der behördlichen Zulassung (z. B. Materialprüfungsamt in Berlin für das Bauwesen) ohne Schwierigkeiten möglich ist, könnte eine Bezugsverpflichtung für ein bestimmtes Produkt des Lizenzgebers wettbewerbswidrig sein.

Für das Vertragsmuster wurde davon ausgegangen, daß die zu beziehenden Verriegelungselemente eine besondere Stahlgüte aufweisen müssen, die auf dem Markt nicht allgemein erhältlich ist. Im Falle vorzeitiger Materialermüdung kann es aber bei den lizenzierten Trägern zu Veränderungen der statischen Bedingungen und möglicherweise zu gefährlichen Unfällen kommen.

Ähnliche Voraussetzungen können bei bestimmten chemischen Substanzen z. B. für die Herstellung von Arzneimitteln bestehen, die ebenfalls zur Zulässigkeit einer Bezugsverpflichtung führen können. Vgl. zu dieser Frage auch Muster 4 Anm. 12.

Bei der Bezugnahme auf die Lieferbedingungen des Lizenzgebers sollte insbesondere die Regelung der Gewährleistung überprüft werden. Es empfiehlt sich ebenso eine Bezugnahme auf die Listenpreise des Lizenzgebers. Statt einer Bezugspflicht kann auch vereinbart werden, daß der Lizenznehmer bei dem Lizenzgeber in bestimmtem Umfang und für eine bestimmte Zeit Produktionsaufträge hinsichtlich des lizenzierten Gegenstandes erteilt; dabei kann bei Nichterreichung der vereinbarten Menge die Zahlung des entgangenen Gewinns im Prozentsatz zu dem fehlenden Auftragsvolumen vereinbart werden. Eine derartige Auftragsklausel verstößt nicht gegen § 20 GWB (vgl. BGH GRUR 1969, 560 – Frischhaltegefäß, m. Anm. *Fischer*).

18. Wettbewerbsverbot

Das Bundeskartellamt hat den hier in § 21 vorgeschlagenen Vertragstext als mit § 20 Abs. 1 erster Halbsatz GWB vereinbar angesehen. Nach Auffassung des Bundeskartellamts ist ein Wettbewerbsverbot nur dann zulässig, wenn es durch ein Interesse des Lizenzgebers an einer technisch einwandfreien Ausnutzung des Gegenstandes des Schutzrechts gerechtfertigt ist (vgl. BKartA BB 1960, 962). Dies ist bei einem Verbot der Herstellung und des Vertriebs von Gegenständen, die nicht unter das Schutzrecht fallen, regelmäßig nicht gegeben.

Nach deutschem Recht ist ein Wettbewerbsverbot dann unzulässig, wenn es den Lizenznehmer in der Herstellung, Benutzung oder im Vertrieb *ungeschützter* Erzeugnisse behindert (BGH GRUR 1952, 142 – Tauchpumpe; BGH GRUR 1955, 468 – Kokillenguß; BGH GRUR 1963, 207 – Kieselsäure; BGH GRUR 1969, 701 – Autolock). In der Gruppenfreistellungsverordnung wird es unter den verbotenen Klauseln aufgeführt (vgl. Art. 3 Ziff. 3; dazu auch EG-Kommission GRUR Int. 1976, 182 – AOIP/Beyrard sowie GRUR Int. 1977, 130 – Reuter/BASF).

Handelt es sich bei dem Wettbewerbsverbot um ein solches, das die Verwendung von Betriebsgeheimnissen betrifft, so sieht das Bundeskartellamt hierin keine Beeinträchtigung des Lizenznehmers, da der Lizenzgeber ein berechtigtes Interesse daran habe, daß sein übermitteltes Wissen nicht für Konkurrenzprodukte eingesetzt wird (vgl. BKartA BB 1960, 962; *Deringer*, GRUR Int. 1968, 179, 190). Hier besteht ein besonderes Interesse des Lizenzgebers an einem auch über die Vertragsdauer hinausgehenden Wettbewerbsverbot. Die kartellrechtlichen Grenzen einer derartigen Vereinbarung sind vom BGH in der Entscheidung »Schweißbolzen« niedergelegt worden (GRUR 1967, 378; vgl. BGH GRUR 1966, 576 – Zimcofot, m. Anm. *Lutz*).

Nach der Praxis des BKartA werden als unzulässig angesehen das Verbot, 5 Jahre nach Vertragsende keine konkurrierenden Erzeugnisse herzustellen (WuW/E BKartA 25, 27) – außer solche, die unter das Patent fallen –, oder eine Klausel, wonach gleichartige Erzeugnisse (die aber nicht unter das Patent fallen) ebenfalls lizenzpflichtig sein sollen (TB BKartA 1863, 67).

19. Verletzungsfälle

(1) Verteidigungsverpflichtung

Auch ohne ausdrückliche Verpflichtung wird für den ausschließlichen Lizenznehmer die Verpflichtung zur Verteidigung des Schutzrechts angenommen und der Lizenzgeber insoweit entlastet (vgl. *Kraßer/Schmid*, GRUR Int. 1982, 324, 331 li. Sp. m.w.N.). Die in § 23 vorgeschlagene Regelung ist adäquat für einen ausschließlichen Lizenzvertrag, da meist der Lizenznehmer eher von Patentverletzungen erfährt als der Lizenzgeber. Dies trifft insbesondere bei Auslandschutzrechten zu. In letzterem Fall vermag der Lizenznehmer auch eher die Rechtssituation einzuschätzen und kann seine eigenen Anwälte einschalten.

Sollte der Lizenznehmer nach nationalem Recht nicht klageberechtigt sein, ist der Lizenzgeber verpflichtet, ihm sämtliche Vollmachten und Unterstützung zu geben.

Eine Verpflichtung des Lizenznehmers zur Verteidigung des Schutzrechts wird im allgemeinen dahin ausgelegt, daß er selbst auch nicht zu Angriffen auf das Schutzrecht berechtigt ist (vgl. BGH GRUR 1956, 264, 265 li. Sp.), auch wenn keine ausdrückliche Nichtangriffsabrede (vgl. § 25) im Lizenzvertrag enthalten ist. Die Verpflichtung des Lizenznehmers, gegen Verletzer vorzugehen, ist auch nach europäischem Recht zulässig (vgl. Gruppenfreistellungsverordnung Art. 2 (1) Ziff. 8 b); ebenso die Verpflichtung zur Unterrichtung über Patentverletzungen, vgl. Gruppenfreistellungsverordnung Art. 2 (1) Ziff. 8 a.

(2) Kostenregelung

Die Kostenaufteilung in § 23 erscheint für den Normalfall gerechtfertigt, insbesondere wäre die Überbürdung der Kosten des Nichtigkeitsverfahrens, in dem der Lizenzgeber, jedenfalls nach deutschem Recht, Beklagter wäre, unangemessen.

Da die Nichtigkeitsklage gegen den Patentinhaber gerichtet ist, muß der Lizenznehmer entscheiden, ob er dem Verfahren als Nebenintervenient beitreten will. In jedem Fall sollten die Vertragsparteien ihre Verteidigung koordinieren, da eine eventuelle Beschränkung der Ansprüche Auswirkungen auf die Lizenzzahlungspflicht des Lizenznehmers haben kann (vgl. zu den prozessualen Befugnissen der Lizenzparteien in Nichtigkeitsverfahren BGH GRUR 1961, 572 – Metallfenster, m. Anm. *Beil*).

Die Regelung in § 23 (3) erscheint deshalb angemessen, weil der Lizenznehmer das Prozeßrisiko und sicherlich auch einen Teil der Kosten des Verfahrens getragen hat. Würde man keine vertragliche Regelung vorsehen, könnte der Lizenzgeber auf Zahlung von Lizenzgebühren für die Verletzungsfälle dringen, soweit der Lizenznehmer entschädigt worden ist.

(3) Ansprüche Dritter

Die Regelung in § 24 sollte mit der Klausel über die Verteidigung der Schutzrechte abgestimmt werden (§ 23), wobei allerdings eine abweichende Kostenregelung durchaus angemessen sein kann.

20. Nichtangriffsabrede

(1) Rechtslage bei fehlender vertraglicher Regelung

Auch ohne ausdrückliche Klausel kann eine Nichtigkeitsklage gegen ein Patent unzulässig sein, und zwar unter dem Gesichtspunkt der unzulässigen Rechtsausübung, wenn der Kläger mit seiner Klage gegen Treu und Glauben verstößt (BGH Bl. f. PMZ 1965, 177, 178; GRUR 1956, 264 – Wendemanschette I). Während des Bestehens des Lizenzvertrages wird dies regelmäßig der Fall sein (vgl. im einzelnen *Benkard/Rogge* zu § 22 PatG RdNr. 28 ff.). Dies gilt jedenfalls dann, wenn das Lizenzverhältnis einen gesellschaftlichen Einschlag aufweist. Ein solcher Tatbestand kann bereits durch die Vereinbarung eines Geheimhaltungsabkommens und die dadurch notwendige vertrauensvolle Zusammenarbeit begründet werden. (BGH GRUR 1955, 338 – beschlagfreie Brillengläser. Zur Frage des gesellschaftsähnlichen Verhältnisses und der Zulässigkeit einer Nichtigkeitsklage nach Treu und Glauben vgl. auch BGH GRUR Int. 1969, 31 – Gewindeschneideapparat; GRUR 1957, 482 – Chenillefäden).

War der Lizenzvertrag nicht für die volle Dauer der Patentlaufzeit abgeschlossen und konnte er ohne Angabe von Gründen vorzeitig gekündigt werden, so verstößt die Erhebung einer Nichtigkeitsklage nach Beendigung des Lizenzvertrages in der Regel nicht gegen Treu und Glauben (vgl. BGH GRUR 1965, 135 – Vanal-Patent, m. Anm. *Fischer*).

(2) Vertragliche Regelung einer Nichtangriffsabrede

Grundsätzlich war bisher nach § 20 Abs. 2 Ziff. 4 GWB eine Nichtangriffsklausel durchsetzbar. Ob dies trotz der eindeutig entgegenstehenden Praxis der EG-Kommission für auf Deutschland beschränkte Lizenzverträge weiter gilt (vgl. dazu unten (3)), wird unterschiedlich beurteilt (vgl. BPatG v. 13. 8. 1980 3 Ni 39/79 für Durchsetzbarkeit, OLG Düsseldorf v. 19. 6. 1984 Az. 20 U 43/83 für Nichtigkeit sogar des gesamten Vertrages (n.rkr.). Hier kann letztlich nur eine Entscheidung des BGH bzw. des EuGH Klarheit bringen.

Nach Ablauf des Lizenzvertrages besteht eine Bindung des Lizenznehmers nur dann, wenn zwischen den Parteien ein gesellschaftsähnliches Verhältnis bestanden hat und aus nachwirkenden Vertragspflichten ein Angriff auf das Schutzrecht mit dem Ziel der rückwirkenden Vernichtung gegen Treu und Glauben verstoßen würde (vgl. die Nachweise bei *Schulte*, PatG, 3. Aufl. zu § 81 RdNr. 23 ff.). Ist die Lizenznehmerin eine GmbH, so erstreckt sich das Nichtangriffsverbot auch auf die Gesellschafter der GmbH (BGH GRUR 1956, 264). § 20 Abs. 2 Ziff. 4 GWB ist eng auszulegen und deckt nicht eine Verpflichtung zur wirtschaftlichen und technischen Rücksichtnahme auf das Schutzrecht, etwa Verzicht auf eigene Forschung des Lizenznehmers (vgl. BGH GRUR 1967, 676 – Gymnastiksandale).

Hat der Lizenznehmer sich verpflichtet, eine früher erhobene Nichtigkeitsklage gegen Erteilung einer einfachen Lizenz zurückzuziehen, so hindert dies die Erhebung einer neuen Nichtigkeitsklage nicht, falls die Verhältnisse sich geändert haben (vgl. BPatGerE 9, 34 für den Fall, daß in der Zwischenzeit der Lizenzgeber gegen den Lizenznehmer eine Verletzungsklage geführt und der Lizenznehmer eine unzulässige Erweiterung aufgedeckt hat.) Ist das Patent noch nicht erteilt oder die Einspruchsfrist noch nicht abgelaufen, so empfiehlt sich, ausdrücklich auch einen Verzicht auf Einsprüche in den Vertragstext aufzunehmen. Da ein Verstoß gegen das Verbot zur Einspruchseinlegung aber nur schuldrechtlich wirkt – das Einspruchsverfahren ist Offizialverfahren und der Einspruch ist anders als eine Nichtigkeitsklage nicht unzulässig – empfiehlt sich hier die Vereinbarung einer Vertragsstrafe.

Falls ein Strohmann für den durch die Nichtangriffsabrede an der Klage gehinderten

Lizenznehmer eine Nichtigkeitsklage einreicht, so kann dies unter besonderen Voraussetzungen zur Unzulässigkeit führen (vgl. BPatG Mitt. 1962, 222). Für die Beurteilung der Zulässigkeit der Nichtigkeitsklage ist der Zeitpunkt der letzten mündlichen Verhandlung im Berufungsrechtszug, also die mündliche Verhandlung vor dem BGH maßgebend (vgl. BGH GRUR 1956, 264 – Wendemanschette I).

Hat der Lizenznehmer seine Lizenzzahlungen deshalb eingestellt, weil eine technische Ausführbarkeit der Erfindung gescheitert ist und beruft er sich in der gegen ihn geführten Klage des Lizenzgebers auf die fehlende technische Ausführbarkeit, so kann diese im Prozeß um die Lizenzgebühren nur in dem Umfang überprüft werden, als damit auch die wirtschaftliche Auswertung der Erfindung unmöglich gemacht wird (vgl. BGH GRUR 1978, 166 – Banddüngerstreuer, m. Anm. *Storch*). Fraglich ist in einem solchen Fall, ob eine im Lizenzvertrag enthaltene Nichtangriffsklausel auch diesen Fall umfaßt, d. h. ob sich der Lizenznehmer auf die fehlende technische Ausführbarkeit der Erfindung als einzigem Nichtigkeitsgrund berufen kann (zweifelnd offenbar BGH GRUR 1957, 597 – Konservendosen II, m. Anm. *Heine*). Eine Nichtangriffsklausel, die über die Laufzeit des Schutzrechts hinausgeht, ist von § 20 Abs. 2 GWB nicht gedeckt (OLG Karlsruhe, WRP 1968, 409; dazu *Fritze*, GRUR 1969, 218; a.A. *Benkard/Ullmann* zu § 15 PatG RdNr. 77).

(3) Europäisches Kartellrecht

Nach Auffassung der EG-Kommission ist eine Nichtangriffsklausel als Verstoß gegen Art. 85 Abs. 1 EWG-Vertrag grundsätzlich nichtig (EG-Kommission GRUR Int. 1972, 371 – Davidson Rubber; GRUR Int. 1972, 374 – Raymond/Nagoya; GRUR Int. 1979, 212 – Vaessen/Moris; Art. 3 Ziff. 1 Gruppenfreistellungsverordnung).

Da die Kommission im übrigen davon ausgeht, daß eine Auswirkung auf den zwischenstaatlichen Handel immer dann vorliegt, wenn potentiell Käufe in einem anderen Mitgliedsland der EG unmöglich gemacht werden, wäre eine Nichtangriffsabrede grundsätzlich nicht mehr durchsetzbar. Eine diesbezügliche Entscheidung des EuGH ist allerdings bisher nicht ergangen. Nach der Gruppenfreistellungsverordnung der EG-Kommission ist statt einer Nichtangriffsklausel allenfalls die Verpflichtung des Lizenznehmers zulässig, dem Lizenzgeber gegen einen Patentverletzer Beistand zu leisten, vgl. Art. 2 Abs.1 Ziff. 8 c Gruppenfreistellungsverordnung. Danach bleibt dem Lizenzgeber als einzige Möglichkeit, im Falle des Angriffs den Lizenzvertrag zu kündigen.

Bei der Einfügung einer Nichtangriffsklausel in den Lizenzvertrag ist zu beachten, daß diese nur in Ausnahmefällen nach EG-Recht freistellungsfähig sein wird. Bei Nichtanmeldung eines Vertrages, der eine Nichtangriffsklausel erhält, müssen die Parteien sogar mit der Verhängung eines Bußgeldes rechnen. In der Entscheidung Windsurfing International (GRUR Int. 1984, 171) hat die EG-Kommission auch die Nichtangriffsklausel gegen ein Warenzeichen für nicht freistellungsfähig erklärt. Vgl. zum Freistellungsverfahren Vorbemerkung c) (2).

21. Vertragsdauer, Kündigung

(1) Vertragsdauer

Der Vertrag über Patente endet spätestens nach Ablauf des letzten lizenzierten Patents. Eine darüber hinausgehende Vertragsdauer ist nach deutschem Kartellrecht nur dann zulässig, wenn neben Patenten auch geheimes Know-how lizenziert worden ist. Die Zulässigkeit einer längeren Vertragsdauer ist in diesem Fall nur dann gegeben, wenn das Know-how nach Erlöschen des letzten Patents noch geheim ist (vgl. dazu BGH GRUR 1969, 493 – Silobehälter; vgl. zu einer besonderen Fallkonstellation BGH GRUR 1975, 205 – Kunststoffschaumbahnen, mit kritischem Aufsatz *Kroitzsch*, GRUR 1975, 162). Endet der Vertrag vor Ablauf des Schutzrechts bzw. eines der lizenzierten Schutzrechte, so folgt hieraus, daß der Lizenznehmer zur Weiterbenutzung nicht mehr berechtigt ist. Eine solche Verpflichtung ist auch nach der Gruppenfreistellungsverordnung der EG-Kommission zulässig, vgl. Art. 2 Abs. 1 Ziff. 4 Gruppenfreistellungsverordnung.

Ist ein Lizenzvertrag für mehrere Länder abgeschlossen und wird in einem der Länder das nachgesuchte Patent nicht erteilt, so enden sämtliche Beschränkungen des Lizenznehmers, die nur durch das Bestehen eines Schutzrechts gedeckt sind (vgl. BGH, GRUR 1967, 670 – Fischbearbeitungsmaschine, mit Anm. *Schwarz*).

Wird vereinbart, daß der Vertrag über die Laufzeit des jüngsten Patents hinausgeht, so muß nach der Gruppenfreistellungsverordnung der Kommission eine mindestens jährliche Kündigungsmöglichkeit vorgesehen werden, vgl. Art. 3 Ziff. 2 Gruppenfreistellungsverordnung. Dagegen ist die Vereinbarung zur Zahlung einer herabgesetzten Lizenzgebühr für den Fall der Nichtigerklärung eines Schutzrechts zulässig, falls mitgeteilte Herstellungsverfahren oder sonstige Erkenntnisse lizenziert worden sind, die nicht offenkundig geworden sind und noch mindestens ein Schutzrecht in Kraft ist. Eine Vereinbarung von Zahlungen nach Ablauf oder Ungültigkeit des Patents wird von der EG-Kommission zu den verbotenen Klauseln gezählt, es sei denn bei der Weiterzahlung handelt es sich um eine zur Zahlungserleichterung gestaffelte Lizenzgebühr für den Zeitraum der Gültigkeit des Patents, Art. 3 Ziff. 4 Gruppenfreistellungsverordnung.

Wird der Vertrag auf unbestimmte Dauer abgeschlossen, ist häufig eine Mindestlaufzeit nützlich. Dabei ist zu beachten, daß die Vereinbarung einer unbestimmten Laufzeit nicht zu einer Umgebung kartellrechtlicher Vorschriften führen darf. Als nicht vom Inhalt des Schutzrechts gedeckt gilt beispielsweise ein Beendigungstermin, der an die Laufzeit später noch in die Vereinbarung einzubeziehender Schutzrechte geknüpft wird, es sei denn, beide Parteien haben ab Beendigung der ursprünglichen Laufzeit eine mindestens jährliche Kündigungsmöglichkeit, vgl. Art. 3 Ziff. 2 Gruppenfreistellungsverordnung. Wird daher ein Vertrag auf unbestimmte Zeit abgeschlossen, so muß sich aus dem Vertragszweck ergeben, daß hiermit eine kürzere oder höchstens die Laufzeit des oder der vertragswesentlichen Schutzrechte gemeint ist, den Parteien aber die Möglichkeit einer früheren Beendigung offenstehen sollte. Zulässig ist die Anknüpfung an die Laufzeit des jüngsten Schutzrechts, das Gegenstand des Vertrages ist, falls es sich dabei nicht um ein völlig unwesentliches Schutzrecht handelt. Dazu auch Muster 4 Anm. 24.

Nach der Gruppenfreistellungsverordnung dürfen Ein- und Ausfuhrbeschränkungen nur für die Laufzeit der ursprünglich bereits in den Vertrag einbezogenen Schutzrechte vereinbart werden. Eine Verlängerung durch Verbesserungs- oder Anwendungserfindungen ist nur zulässig, wenn der Lizenzvertrag nach Ende der ursprünglichen Laufzeit für beide Vertragspartner mit mindestens jährlicher Kündigung beendet werden kann, vgl. Art. 3 Ziff. 2 Gruppenfreistellungsverordnung.

Die frühere Auffassung der Kommission, daß die Vereinbarung einer festen Laufzeit, die über die Laufzeit des letzten Vertragsschutzrechts hinausgeht, unzulässig sei, scheint von der Kommission aufgegeben worden zu sein. Art. 3 Ziff. 2 der Gruppenfreistellungsverordnung läßt die Vereinbarung eines festen Zeitraums zu, wenn geheimes Know-how mitlizenziert ist und dieses während der Laufzeit noch nicht offenkundig geworden ist.

Die ursprünglich im Entwurf der Gruppenfreistellungsverordnung enthaltene Regelung, daß trotz Weiterbestehens der Geheimhaltung von übertragenem technischem Wissen dem Lizenznehmer kein Benutzungsverbot auferlegt werden darf, ist nunmehr gestrichen worden (vgl. zu dieser Klausel *Ullrich*, GRUR 1984, 89, 99; für das deutsche Recht BGH GRUR 1980, 750 – Pankreaplex II). Mangels ausdrücklicher Erwähnung in den Art. 1 oder 2 ist ein solches Benutzungsverbot allerdings auch nicht freigestellt, es bedarf daher einer Anmeldung bei der Kommission (a.A. Albrechtskirchinger GRUR Int. 1984, 569).

(2) Kündigung
Die in Abs. 3 vorgesehene Kündigungsmöglichkeit des Lizenzgebers ist für den Fall eines ausschließlichen Lizenzvertrages gemäß Artikel 9 Ziffer 2 Gruppenfreistellungsverordnung erforderlich, und zwar als Schutz des Lizenzgebers gegen eine allzu langfristige Bindung.

Eine Kündigung aus wichtigem Grund ist immer dann zulässig, wenn dem Kündigenden ein Festhalten am Vertrag nicht mehr zumutbar ist (vgl. hierzu grundlegend BGH GRUR 1959, 616 – Metallabsatz). Nach der zitierten BGH-Entscheidung findet hierfür § 723 Abs. 1 Satz 2 BGB Anwendung, nach anderer Ansicht ist § 626 BGB analog anzuwenden (vgl. *Kraßer/Schmid* GRUR Int. 1982, 324, 334 f.). Dies gilt nach herrschender Meinung sowohl bei Verletzungen einer Hauptpflicht als auch bei Verletzung von Nebenpflichten, und zwar für beide Parteien ohne Rücksicht darauf, wer den Kündigungsgrund zu vertreten hat. Im letzteren Fall bestehen Schadensersatzansprüche wegen positiver Vertragsverletzung (vgl. BGH GRUR 1959, 616, 618 – Metallabsatz, ausführlich hierzu *Benkard/Ullmann* zu § 15 PatG RdNr. 113 ff., 124). Bei Vorliegen der Voraussetzungen der §§ 325, 326 BGB wandelt sich wegen des Dauerschuldverhältnisses des Lizenzvertrages das Rücktrittsrechts in ein ex nunc wirkendes Kündigungsrecht um.

Falls Kündigungsgründe in den Vertrag aufgenommen werden, so sollte deren Aufzählung immer beispielhaft sein. Dabei können auch solche Gründe von den Parteien als wichtige Gründe vereinbart werden, die nach der Rechtsprechung evtl. keinen ausreichenden Anlaß für die Beendigung des Vertrages darstellen würden (vgl. die Nachweise bei *Benkard/Ullmann* zu § 15 PatG RdNr. 114 ff., insbesondere 116).

Schadensersatzansprüche ergeben sich bei schuldhafter Veranlassung der Kündigung nach einer Meinung aus § 628 Abs. 2 BGB, nach anderer Auffassung aus den Regeln über die positive Vertragsverletzung (vgl. *Kraßer/Schmidt*, GRUR Int. 1982, 324, 335 ff.; *Benkard/Ullmann* zu § 15 PatG RdNr. 124; BGH GRUR 1959, 616, 618 – Metallabsatz).

Zur Vermeidung von Mißverständnissen sollte, wie im Vertragsmuster vorgeschlagen, eine angemessene Kündigungsfrist vereinbart werden, um der anderen Seite die Möglichkeit zur Erfüllung ihrer Verpflichtungen zu geben. Eine derartige Kündigungsfrist wird unter bestimmten Umständen von der Rechtsprechung sogar ausdrücklich gefordert (vgl. BGH GRUR 1959, 384, 388 – Postkalender; BGH vom 29. 4. 1975 X ZR 10/72; dazu auch *Benkard/Ullmann* zu § 15 PatG RdNr. 121).

Der Fall des Konkurses ist nur hinsichtlich des Lizenznehmers regelungsbedürftig, da hier der Lizenzgeber ein Interesse hat, daß nicht durch die Verwertung der Lizenzrechte Wettbewerber Rechte an der Erfindung erwerben. Falls keine Regelungen für den Konkursfall getroffen sind, so gilt für den Konkurs des Lizenznehmers der Kündigungsgrund des § 19 KO (Kündigung für beide Teile), im Falle des Konkurses des Lizenzgebers gilt § 17 KO, falls der Lizenzgeber seine Pflicht zur Einräumung der Lizenz noch nicht erfüllt hat (Wahlrecht des Konkursverwalters, ob er den Vertrag seinerseits erfüllen will, um vom Lizenznehmer Zahlung zu erhalten, oder ob er den Vertrag beenden will), ansonsten gilt § 21 KO, d. h. der Lizenzvertrag bleibt gültig.

(3) Auslauffrist

Streitig ist, ob auch ohne die Vereinbarung einer Auslaufklausel der Lizenznehmer zum Vertrieb der während der Vertragszeit hergestellten Produkte berechtigt ist (vgl. *Schulte* zu § 15 PatG RdNr. 33 einerseits und *Stumpf,* Der Know-how-Vertrag, RdNr. 215 andererseits). Es empfiehlt sich daher in jedem Fall eine vertragliche Regelung.

Die Länge der Ausverkaufsperiode hängt davon ab, ob der Lizenzgeber und sein neuer Lizenznehmer ein Interesse daran haben werden, sehr schnell den Markt zur eigenen Disposition zu haben. Es kann sich dann zusätzlich empfehlen, Übernahmemodalitäten zu vereinbaren, also eine sehr kurze Auslaufklausel mit Abnahmeoption des Lizenzgebers zum Herstellungspreis. (Vgl. dazu *Benkard/Ullmann* zu § 15 PatG RdNr. 111)

22. Rechtswahl, Schiedsgerichtsklausel

(1) Gerichtliche Zuständigkeit

Aus praktischen Gründen empfiehlt sich bei Vereinbarung eines Gerichtsstands der ordentlichen Gerichte auf den Sitz derjenigen Partei abzustellen, deren Recht zur Auslegung des Vertrages anzuwenden ist. Bei einem Lizenzvertrag für eine Vielzahl von Ländern können sich im Einzelfall Vollstreckungsprobleme ergeben. Sind Urteile mangels Verbürgung der Gegenseitigkeit nicht vollstreckbar, sollte als Wahlgerichtsstand jeweils der Gerichtsstand des Beklagten-Wohnsitzes vereinbart werden. Über die Zulässigkeit von Gerichtsstandsvereinbarungen für Nicht-Kaufleute oder Minderkaufleute vgl. die einschlägigen Kommentare zu § 38 ZPO sowie das EWG-Gerichtsstand- und Vollstreckungsübereinkommen, dazu *Wirth,* NJW 1978, 460; *Piltz,* NJW 1979, 1071; *ders.,* NJW 1981, 1876; sowie EuGH NJW 1980, 1218; dazu *Schultz,* Gebührenbemessung, a.a.O., S. 119.

Für die Zuständigkeit deutscher Gerichte ist zu beachten, daß für Lizenzverträge in der Regel nur Patentstreitkammern zuständig sein und gültig vereinbart werden können, vgl. § 143 PatG.

(2) Schiedsgerichtsklausel

Bei internationalen Lizenzverträgen ist generell die Vereinbarung eines Schiedsgerichts vorzuziehen, da in der Regel die Vollstreckbarkeit von Schiedssprüchen nach den verschiedenen internationalen Abkommen gesichert ist. Auch wegen der recht unterschiedlichen Qualifikation ausländischer Gerichte auf dem Gebiet des Patent- und Lizenzrechts bietet die Auswahlmöglichkeit der Schiedsrichter durch die Parteien

1 *Ausschließlicher Lizenzvertrag*

Vorteile, dies bezieht sich auch auf die Wahl einer allseits verständlichen Verfahrenssprache. Hinzu kommt der Vorteil, daß bei Schiedsgerichtsverfahren weder die Tatsache einer Streitigkeit überhaupt, noch Einzelheiten hinsichtlich geheimen Know-hows an die Öffentlichkeit gelangen. Weit verbreitet ist die Vereinbarung der Schiedsgerichtsordnung der Internationalen Handelskammer in Paris, die die Notwendigkeit eines ausführlichen Schiedsgerichtsvertrages entfallen läßt. Die IHK schlägt hierfür folgende Klausel vor:

Alle aus dem gegenwärtigen Vertrag sich ergebenen Streitigkeiten werden nach der Vergleichs- und Schiedsgerichtsordnung der Internationalen Handelskammer von einem oder mehreren gemäß dieser Ordnung ernannten Schiedsrichtern endgültig entschieden.

In Ergänzung dazu können die Verfahrenssprache und der Ort des Schiedsverfahrens vereinbart werden sowie das anzuwendende Recht. Ist eine der Parteien nicht Vollkaufmann, so ist die Schiedsvertragsabrede von beiden Parteien gesondert zu unterschreiben, am einfachsten unterhalb des Lizenzvertrages auf derselben Urkunde, § 1027 ZPO. Schiedssprüchen, die gegen Kartellrechtsnormen verstoßen oder Kartellrechtsnormen irrtümlich nicht anwenden, wird die Durchsetzung vor den ordentlichen Gerichten versagt (vgl. BGH GRUR 1967, 378 – Schweißbolzen, m. Anm. *Lutz;* zur Wirksamkeit der Schiedsgerichtsklauseln im übrigen vgl. BGH NJW 1980, 2022 und § 91 GWB; dazu zuletzt BGH v. 10. 4. 1984 AZ. KZR 14/83).

Für Lizenzverträge mit Wirkung innerhalb der EG behält sich die EG-Kommission ein Überprüfungsrecht von Schiedssprüchen vor, Art. 9 Ziff. 1 Gruppenfreistellungsverordnung.

(3) Anzuwendendes Recht

Ohne ausdrückliche Parteiabrede werden die meisten Auslegungsfragen des Lizenzvertrages, insbesondere dessen Fortbestehen oder dessen Gültigkeit, falls es sich um ein deutsches Patent handelt, nach deutschem Recht beurteilt (vgl. OLG Düsseldorf, GRUR Int. 1962, 256 – Tubenverschluß. Zum Meinungsstand vgl. *Lichtenstein,* NJW 1964, 1345 ff., *ders.* NJW 1965, 1839; *Troller,* GRUR Int. 1955, 529 ff., *Stumpf,* Der Lizenzvertrag, 4. Aufl. 1968, Rdz. 444; *Beier,* GRUR Int. 1981, 299; Pfaff, 8 IIC 28, 123 (1977); *Benkard/Ullmann* zu § 15 PatG RdNr. 126).

Umgekehrt gilt bei Lizenzierung eines Patents in Frankreich für die Frage der Verletzung des Lizenzvertrages oder des Patents das Recht des Tatorts, soweit die Parteien nichts anderes vereinbart haben (vgl. LG Düsseldorf, GRUR Int. 1958, 430).

Für die Zuständigkeitsregelungen nach dem Gemeinschaftspatentübereinkommen vgl. Artikel 39 GPÜ.

Ausführlich zum internationalen Privatrecht bei Lizenzverträgen *Merz* in *Reithmann,* Internationales Vertragsrecht Köln 1980, sowie *Ulmer,* Die Immaterialgüterrechte im internationalen Privatrecht, Köln usw. 1975.

23. Änderungen des Vertrages

Es empfiehlt sich, jede Veränderung des Vertrages von der Schriftform abhängig zu machen, insbesondere wegen § 34 GWB. Der Schriftform genügt ein Briefwechsel zwischen den Parteien nicht, mit dem eine Erweiterung der Verpflichtung einer der Parteien vereinbart werden soll, wenn sich daraus ergibt, daß die Parteien unterschiedlicher Meinung sind (vgl. BGH, GRUR 1967, 667 – Gymnastiksandalen).

2 Geheimhaltungsverpflichtung

Vorbemerkungen

a) Sachverhalt

Die Parteien haben einen Lizenzvertrag geschlossen, in dem vereinbart worden ist, daß geheimes Know-how vom Lizenznehmer geheimzuhalten ist und daß er auch eventuellen Zulieferern oder Sublizenznehmern eine Geheimhaltungsverpflichtung aufzuerlegen hat. Um dem Lizenznehmer einen einheitlichen Text vorzuschreiben, legt er diesen als Anlage dem Lizenzvertrag bei.

b) Hinweise zur Benutzung des Vertragsmusters

Die vorgeschlagene kurze Klausel soll lediglich für technisch und rechtlich einfache Sachverhalte benutzt werden. Für eine umfassende Absicherung, insb. im Vorfeld der Vertragsverhandlungen zwischen Lizenznehmer und Lizenzgeber wird die Benutzung von Muster 3 empfohlen. Die vorliegende kurze Verpflichtungsklausel ist daher insbesondere für eine Absicherung gegenüber Zulieferern brauchbar, die möglicherweise von geheimhaltungspflichtigen Kenntnissen erfahren, ohne daß ihnen gezielt geheimes Know-how übertragen wird. Um für solche Fälle das Bewußtsein für die Geheimhaltungsbedürftigkeit zu schärfen und fahrlässige Offenbarungen nach Möglichkeit zu verhindern, ist eine schriftliche Vereinbarung zu empfehlen.

c) Zur besonderen Beachtung

Mit der vorgeschlagenen Formulierung verbleibt die Beweislast für (1) den Umfang und Gegenstand der geheimen Kenntnisse und (2) die Erkennbarkeit des geheimen Charakters beim Erklärungsempfänger, falls der Verpflichtete behauptet, er habe bestimmte Kenntnisse und Informationen bereits vorher besessen oder es sei ihm nicht erkennbar gewesen, daß bestimmte Informationen geheimhaltungsbedürftig seien. Geht das Interesse des Erklärungsempfängers daher über eine allgemeine Absicherung hinaus und werden z. B. einem Zulieferer bestimmte technische Unterlagen, Pläne, Zeichnungen usw. übergeben, so sollten diese zum Gegenstand einer besonderen Geheimhaltungsverpflichtung gemacht werden, wobei insoweit auf Muster 3 verwiesen wird.

Muster 2

Geheimhaltungsverpflichtung

Der Unterzeichnete verpflichtet sich zur Geheimhaltung sämtlicher Informationen, Erfahrungen und technischen Wissens (Know-how), die ihm durch die Firma ... zugänglich gemacht worden sind oder noch zugänglich gemacht werden und zu irgendeiner Zeit ihm zur Kenntnis oder in seinen Besitz gelangen.

    Ort, Datum   Unterschrift

3 Vorabvertrag über geheimes technisches Wissen (Know-how)

Vorbemerkungen

a) Sachverhalt

Die Parteien stehen in Verhandlungen über den Abschluß eines Lizenzvertrages, der außer einem Patent die Übermittlung von geheimem technischen Wissen betrifft. Der Lizenznehmer möchte die Erfindung und das für deren Einsatz notwendige Know-how erproben, bevor er den Lizenzvertrag abschließt. Falls es nicht zum Abschluß eines Lizenzvertrages kommt, möchte der Lizenzgeber sicherstellen, daß das übermittelte Wissen weder vom potentiellen Lizenznehmer benutzt wird noch daß es in irgendeiner Weise offenbart wird.

b) Hinweise zur Benutzung des Vertragsmusters

Das vorliegende Muster geht davon aus, daß der Lizenzgeber mit der Lizenz zur Erprobung noch keine bindende Verpflichtung zum Abschluß des eigentlichen Lizenzvertrages eingeht. Es steht daher in seinem Belieben, bei einer nicht zufriedenstellenden Erprobung die Lizenzverhandlungen abzubrechen. Andererseits ist dem Lizenznehmer auch keine den Lizenzgeber bindende Option eingeräumt worden, da der eigentliche Lizenzvertrag erst nach Beendigung der Erprobungszeit ausgehandelt werden soll. Ist von den Parteien eine Bindung gewollt und stehen die Bedingungen des Lizenzvertrages – zumindest in den wichtigsten Punkten – bereits fest, so empfiehlt sich die Benutzung des Musters 6 (Optionsvertrag). Bie Bezeichnung *Vorab*vertrag statt *Vor*vertrag wurde gewählt, weil in der Rechtsprechung und in der Literatur z. T. unter Vorvertrag eine bindende schuldrechtliche Verpflichtung zum Abschluß eines Hauptvertrages verstanden wird (vgl. die Nachweise bei Palandt/Heinrichs zu § 145 BGB Einf. 4 a). Eine solche Bindung sollte in dem vorliegenden Fall gerade nicht eingegangen werden.

c) Zur besonderen Beachtung

Hinsichtlich der Formvorschriften gilt die Vorbemerkung c) zu Muster 1. Ausführliche Hinweise zur Behandlung von geheimem Know-how finden sich in Anm. 6 zu Muster 1. Reine Know-how-Vereinbarungen (außerhalb eines Patentlizenzvertrages) fallen nicht unter die Gruppenfreistellung und müssen daher bei der EG-Kommission angemeldet werden, vgl. Muster 1 Vorbemerkung c).

Muster 3

Vorabvertrag über geheimes technisches Wissen (Know-how)

zwischen der Firma
Sitz:
vertreten durch: ihren Vorstand
— nachstehend Lizenzgeber genannt —
und der Firma
Sitz:
vertreten durch: ihren Geschäftsführer
— nachstehend Lizenznehmer genannt —

Präambel

Der Lizenzgeber ist bereit, dem Lizenznehmer eine Lizenz an seinem Patent DE PS... sowie zusätzlich geheimes technisches Wissen zu lizenzieren.

Der Lizenznehmer ist interessiert, Einsicht in vertrauliche Unterlagen, Daten, Forschungsergebnisse und sonstige Informationen zu nehmen, um die Realisierbarkeit des Erfindungsgegenstandes beurteilen zu können. Zur Erreichung dieses Ziels wird folgendes vereinbart.

§ 1   Geheimhaltungsverpflichtung[1]

(1) Der Lizenznehmer verpflichtet sich, alle offenbarten vertraulichen Informationen geheimzuhalten und die notwendigen Vorkehrungen zu treffen, daß Unbefugte keine Einsicht in die Unterlagen nehmen können.

(2) Er wird Einsicht in die Unterlagen nur solchen Mitarbeitern gestatten, die arbeitsrechtlich zur Geheimhaltung verpflichtet sind und die dem Lizenzgeber innerhalb von 14 Tagen nach Abschluß dieses Vertrages auf einer Liste namentlich genannt werden.

(3) Der Lizenznehmer verpflichtet sich weiterhin, bei einem Ausscheiden der auf der Liste mitgeteilten Mitarbeiter diese für weitere fünf Jahre nach dem Ausscheiden zur Geheimhaltung über die erhaltenen Informationen zu verpflichten.

§ 2   Umfang der Geheimhaltungspflicht[2]

(1) Gegenstand der Geheimhaltungsverpflichtung sind sämtliche Unterlagen, Zeichnungen, Daten, Gegenstände usw., die vom Lizenzgeber dem Lizenznehmer übergeben worden sind und einen Vertraulichkeitsvermerk besitzen.

(2) Bei einem Verstoß gegen die Verpflichtungen dieses Vertrages hat der Lizenznehmer die Beweislast dafür, daß einzelne der Informationen ihm bei Vertragsabschluß bereits bekannt waren oder später ohne sein Zutun oder seine Verantwortlichkeit offenbart worden sind.

(3) Als dem Lizenznehmer bereits bekannt gelten über allgemeinzugängliche Veröffentlichungen hinaus nur diejenigen Kenntnisse und Forschungsergebnisse, die der Lizenznehmer bei Vertragsabschluß in einer gesonderten Aufstellung (Anlage 1) dem Lizenzgeber übergeben hat.

§ 3 Nutzungsbeschränkung[3]

Der Lizenznehmer verpflichtet sich, die erhaltenen Informationen und Kenntnisse außer für den Fall des Abschlusses eines Lizenzvertrages nicht für eigene oder fremde Zwecke zu benutzen oder hierauf gewerbliche Schutzrechte anzumelden.

§ 4 Behandlung von Unterlagen[4]

(1) Sämtliche Unterlagen werden dem Lizenznehmer in zweifacher Ausfertigung übergeben. Der Lizenznehmer ist nicht befugt, hiervon weitere Kopien herzustellen oder herstellen zu lassen.

(2) Sollte es nicht zum Abschluß eines Lizenzvertrages kommen, ist der Lizenznehmer verpflichtet, die Unterlagen spätestens bis zum ... an den Lizenzgeber zurückzugeben.

§ 5 Nichtangriffspflicht[5]

Der Lizenznehmer verpflichtet sich, das Vertragsschutzrecht während der Dauer des Lizenzvertrages nicht anzugreifen oder Dritte bei einem Angriff auf das Schutzrecht zu unterstützen.

§ 6 Gerichtsstand und anzuwendendes Recht[6]

(1) Erfüllungsort ist München. Für alle Streitigkeiten aus diesem Vertrag wird die Zuständigkeit des Landgerichts München I vereinbart.

(2) Auf das Vertragsverhältnis findet deutsches Recht Anwendung.

§ 7 Salvatorische Klausel

Sollte eine Bestimmung dieses Vertrages unwirksam sein oder werden oder der Vertrag eine Lücke enthalten, so bleibt die Rechtswirksamkeit der übrigen Bestimmungen hiervon unberührt. Anstelle der unwirksamen Bestimmung gilt eine wirksame Bestimmung als vereinbart, die der von den Parteien gewollten wirtschaftlich am nächsten kommt; das gleiche gilt im Falle einer Lücke.

§ 8 Formvorschriften[7]

(1) Der vorliegende Vertrag wurde in deutscher Sprache in vier Exemplaren erstellt.

(2) Es wurden keine Nebenabreden getroffen, Änderungen des Vertrages bedürfen der Schriftform.

Ort, Datum					Unterschriften

Anmerkungen

1. Geheimhaltungsverpflichtung

Vornehmliches Ziel des Lizenzgebers in der Phase vor dem Abschluß des Lizenzvertrages ist die Begrenzung des Personenkreises, der Zugang zu den geheimen Kenntnissen erlangen darf. Dazu gehört eine lückenlose Verpflichtung zur Geheimhaltung aufgrund ausdrücklicher vertraglicher Vereinbarungen, die möglichst auch die Vertragsverhältnisse zwischen dem potentiellen Lizenznehmer und seinen Arbeitnehmern umfassen sollte. Dadurch wird verhindert, daß der Lizenznehmer im Falle der Offenbarung geheimer Kenntnisse einerseits mangels eigener Offenbarung weder vertraglich noch gesetzlich haftet, andererseits auch keine eigenen Ansprüche z. B. gegenüber ausscheidenden Arbeitnehmern durchsetzen kann. Außerdem erleichtern eindeutige Regelungen im Vertragsbereich die Durchsetzung gesetzlicher Ansprüche aus den §§ 17, 18 UWG.

2. Umfang der Geheimhaltung

Auch hinsichtlich des Umfangs der unter der Geheimhaltungsverpflichtung überlassenen Unterlagen empfiehlt sich eine klare vertragliche Vereinbarung, um Streitigkeiten zu vermeiden. Dies betrifft einmal die eindeutige Kennzeichnung schriftlicher Unterlagen (vgl. dazu auch Anm. 6 (7) zu Muster 1), insbesondere aber eine Abgrenzung zwischen dem Wissen des Lizenznehmers, das dieser bereits bei Vertragsschluß besaß, und den neuen, vom Lizenzgeber übermittelten Kenntnissen. Eine klare Grenzziehung erleichtert auch die Bewertung der zu übermittelnden Kenntnisse und damit die Verhandlungen über die Lizenzzahlung des abzuschließenden Lizenzvertrages, im Falle der vorzeitigen Beendigung des Vertrages den Nachweis über den Umfang weiterreichender Geheimhaltungsverpflichtungen oder Benutzungsverbote.

Der typischste und wirkungsvollste Grund für die Weigerung weiterer Lizenzzahlungen durch den LN ist nämlich gewöhnlich die Behauptung, das übermittelte Wissen sei ihm und der Allgemeinheit vorher bekannt gewesen, so daß eine Zahlungspflicht entfalle, ja diese sogar kartellrechtswidrig sei (vgl. dazu näher Anm. 6 (3) zu Muster 1).

3. Nutzungsbeschränkung

Während in einer früheren Fassung der Gruppenfreistellungsverordnung die Untersagung der Benutzung geheimem Wissens nach Ablauf eines Know-how-Lizenzvertrages als unzulässig angesehen wurde (vgl. Art. 3 Ziff. 10 des Entwurfs in der Fassung vom Dezember 1983), hat die EG-Kommission in Art. 3 (2) der in Kraft getretenen Gruppenfreistellungsverordnung auf diese Bestimmung verzichtet. Das bedeutet allerdings nicht, daß damit ein Benutzungsverbot nach Ablauf des Lizenzvertrages unbegrenzt zulässig sein wird, da nunmehr die Einbeziehung von Know-how-Lizenzvereinbarungen in die Gruppenfreistellungsverordnung nur insoweit erfolgt ist, als wenigstens noch ein lizenziertes Patent, das Gegenstand des Vertrages ist, in Kraft ist (vgl. Begründung der Gruppenfreistellungsverordnung Ziff. 9). Für den vorliegenden Fall einer zeitlich sehr kurz bemessenen Vereinbarung dürfte eine Nichtbenutzungsverpflichtung allerdings in jedem Fall unbedenklich sein. Dies muß um so mehr gelten, als aufgrund des angenommenen Sachverhalts dem Lizenzgeber keinerlei Lizenzzahlungen für die Erprobungszeit zufließen sollen.

Ein Verzicht auf Lizenzgebühren, z. B. auch in Form eines einmaligen Pauschalbetrages für das übermittelte Know-how, empfiehlt sich nur dann, wenn ausgeschlossen werden kann, daß der Lizenznehmer das übermittelte technische Wissen nicht unbemerkt in seinem Betrieb verwenden kann, sondern wenn er dazu zwangsläufig auch von einem geschützten Patent Gebrauch machen muß und dies anhand der auf den Markt kommenden Produkte nachweisbar ist.

Wird dagegen Know-how übermittelt, das z. B. erhebliche Einsparungen bei der Produktion erlaubt, ohne daß die Benutzung dieses Know-hows im Falle des Scheiterns von Lizenzverhandlungen nachprüfbar ist, sollte unbedingt eine einmalige Gebühr in ausreichender Höhe vereinbart werden, die dann gegebenenfalls auch teilweise auf spätere Lizenzgebühren angerechnet werden kann (vgl. insoweit das Muster 6 – Optionsvertrag).

4. Behandlung von Unterlagen

Das ausdrückliche vertragliche Verbot der Vervielfältigung übergebener Unterlagen erleichtert die Durchsetzung von Geheimhaltungsverpflichtungen und gegebenenfalls die Verfolgung von Vertragsverletzungen. Sind die übergebenen Unterlagen nummeriert und behält sich der Lizenzgeber eine dritte Ausfertigung der Unterlagen zurück, so kann deren Vollständigkeit im Falle der Rückgabe mühelos überprüft werden.

5. Nichtangriffspflicht

Vgl. die ausführlichen Erläuterungen zur Nichtangriffsverpflichtung in Anm. 20 zu Muster 1.

6. Gerichtsstand und anzuwendendes Recht

Vgl. zu dieser Regelung Anm. 22 zu Muster 1.

7. Formvorschriften

Vgl. näheres hierzu unter Anm. 23 zu Muster 1.

4 Einfache Lizenz
(mit technischer Hilfestellung, Überlassung technischer Unterlagen und Know-how-Übertragung)

Vorbemerkungen

a) Sachverhalt

Ein am Markt erfolgreicher Hersteller von Spezialkabeln ist bereit, einem Mitbewerber eine einfache Lizenz für eines dieser Kabel zu erteilen. Das Kabel ist bisher in digitalen Datenverarbeitungsanlagen mit Erfolg eingesetzt worden. Es hat sich aber gezeigt, daß sich vielfältige weitere technische Anwendungsmöglichkeiten eröffnen, auf die sich der Lizenznehmer (LN) spezialisieren will. Demgegenüber will der Lizenzgeber (LG) den Datenverarbeitungsbereich weiter allein beliefern, so daß er lediglich eine sachlich eingeschränkte Lizenz auf die übrigen Anwendungsbereiche zu erteilen bereit ist. Darüberhinaus ist die Lizenz geographisch beschränkt.

Bei dem betreffenden Spezialkabel handelt es sich um ein durch mehrere Patente geschütztes Kabel, welches vom LG unter einem eingetragenen Warenzeichen vertrieben wird. Die Benutzung des Warenzeichens wird dem LN nicht gestattet, so daß der Vertrag hierüber keine Regelung enthält. Andererseits darf der LN auf die Lizenzerteilung in der Werbung hinweisen, und er ist ferner verpflichtet, auf den Kabeln den LG zu nennen. In vielen Fällen wird der LN darauf bestehen, ein vorhandenes und gut eingeführtes Warenzeichen benutzen zu dürfen, und der LG wird hierzu dann sein Einverständnis geben, wenn es sich nicht gerade um einen seiner marktstarken Wettbewerber handelt.

b) Hinweise zur Benutzung des Vertragsmusters

Das nachfolgende Vertragsmuster regelt die Erteilung einer sogenannten einfachen Lizenz (im Gegensatz zur ausschließlichen Lizenz des Musters 1). Es gilt auch hier, daß die vertraglichen Regelungen nicht nur für einen Patentlizenzvertrag, sondern auch für einen Gebrauchsmusterlizenzvertrag anwendbar sind, wobei lediglich die Besonderheiten des Gebrauchsmusters als ungeprüftes Schutzrecht beachtet werden müssen (vgl. dazu Muster 5).

Die Bezeichnung »einfache Lizenz« bedeutet nicht, daß sich die vertraglichen Beziehungen der Parteien auf die bloße Benutzungserlaubnis durch den Lizenzgeber beschränken müssen, da in der Praxis häufig die Übertragung von Know-how und eine längerfristige Kooperation zwischen den Lizenzparteien

4 Einfache Lizenz

aufgrund komplexer technischer Sachverhalte erforderlich wird. Derartige Regelungen sind daher in das vorliegende Muster aufgenommen und kommentiert worden, auf sie kann je nach den Bedürfnissen der Parteien verzichtet werden.

c) Zur besonderen Beachtung

Hinsichtlich der Formvorschriften sowie wichtiger Hinweise für die Vertragsgestaltung wird auf die Vorbemerkungen unter c) bei Muster 1 verwiesen.

Für den einfachen Lizenzvertrag verdient auf Seiten des LN die Besonderheit Beachtung, daß anders als beim ausschließlichen Lizenzvertrag der LN kein dingliches Recht erwirbt und daher nicht nur in der Durchsetzbarkeit seiner Rechte gegenüber Dritten vom guten Willen des LG abhängig ist, sondern insbesondere im Falle von Veräußerungen des Schutzrechts an Dritte. Nach einer Entscheidung des Kartellsenats des Bundesgerichtshofs (GRUR 1982, 411 – Verankerungsteil) gehen bei einer Veräußerung des Schutzrechts die vertraglichen Verpflichtungen des Patentinhabers, z. B. in Form der Erteilung einer einfachen Lizenz, nicht auf den Erwerber des Schutzrechts über. Der einfache Lizenznehmer hat auch keinerlei Gewährleistungsansprüche für den Fall, daß ein Vorbenutzungsrecht eines Dritten oder eine Zwangslizenz ihn in der Ausübung seiner eigenen Lizenz behindert, da er die Erteilung weiterer Lizenzen hinnehmen muß (vgl. schon RG GRUR 1936, 1056; MuW 1936, 356).

Ob auch das nichtausschließliche Recht zur Benutzung einer Diensterfindung des Arbeitgebers gem. § 7 Abs. 2 ArbEG lediglich schuldrechtlichen Charakter hat, dürfte fraglich sein, ist bisher höchstrichterlich allerdings noch nicht entschieden.

Muster 4

Einfache Lizenz

(Mit technischer Hilfestellung, Überlassung technischer Unterlagen und Know-how-Übertragung)

Präambel

(1) Der LG ist Inhaber mehrerer Patente, die ein Spezialkabel betreffen, das in der Anlage I im einzelnen näher beschrieben ist. Der LG vertreibt dieses Kabel im Lizenzgebiet bisher allein und ist bereit, dem LN eine einfache, sachlich begrenzte Lizenz für die Herstellung und den Vertrieb dieses Kabels im Umfang der als Anlage II aufgeführten Schutzrechte zu erteilen und dem LN bei der Aufnahme und Durchführung der Produktion des Erfindungsgegenstandes erforderlich werdende Hilfestellung zu leisten.

(2) Der LG ist zur Erteilung der Lizenz berechtigt.

Auf dieser Grundlage wird zwischen den Parteien folgendes vereinbart.

§ 1 Definitionen[1]

Die im Vertrag verwendeten Begriffe sollen folgende Bedeutung haben:

(1) »Lizenzierter Gegenstand«[2] ist das in der Anlage I beschriebene Kabel, bestehend aus dem Kabelkern, dem Bandkabel, der Schutz- und Gleitfolie, der Abschirmung und dem Mantel des Kabels.

(2) »Technische Daten«[3] sind Zeichnungen, Pläne, Beschreibungen, Netzpläne für die Produktion, Ablaufbeschreibungen und jegliche andere handschriftliche, gedruckte oder gezeichnete Unterlage, welche im Eigentum des LG steht und sich auf die Herstellung des lizenzierten Gegenstandes bezieht. Diese Unterlagen sind in Anlage III zu diesem Vertrag aufgelistet.

(3) »Know-how«[4] ist das gesamte, auf die Herstellung des lizenzierten Gegenstandes bezogene Wissen des LG, soweit dies nicht bereits unter (1) und (2) fällt.

(4) »Verbesserungen des lizenzierten Gegenstandes«[5] sind solche, die in den Schutzbereich der lizenzierten Schutzrechte fallen, unabhängig davon, ob dafür ein Zusatzpatent erlangt werden kann oder nicht.

(5) »Weiterentwicklungen des lizenzierten Gegenstandes«[5] sind Erfindungen, für die vom Lizenzgeber selbstständig Patentschutz erlangt wird, unabhängig davon, ob diese in den Schutzbereich des lizenzierten Schutzrechts fallen.

§ 2 Art der Lizenz[6]

(1) Der LG räumt hiermit dem LN eine einfache Lizenz für die Herstellung und den Vertrieb des lizenzierten Gegenstandes ein.

(2) Die Lizenz wird für die Bundesrepublik Deutschland mit Ausnahme von Westberlin erteilt.[7]

(3) Der LG ist berechtigt, den Lizenzgegenstand im Vertragsgebiet selbst herzustellen und zu vertreiben sowie Dritten Lizenzen zu erteilen. Er ist nicht berechtigt, Dritten eine ausschließliche Lizenz zu erteilen mit Ausnahme der in § 3 geregelten Beschränkung.[8]

§ 3 Sachlicher Bereich der Lizenz[9]

Die Lizenz erstreckt sich auf den gesamten technischen Bereich, der von den Schutzrechten erfaßt wird, mit Ausnahme der Anwendung des lizenzierten Gegenstandes für den Bereich der digitalen Datenverarbeitung.

§ 4 Übertragung der Lizenz und Unterlizenzen[10]

Die Übertragung der Lizenz sowie die Vergabe von Unterlizenzen ist nur mit schriftlicher Zustimmung des LG gestattet.

§ 5 Unterauftragnehmer[11]

(1) Dem LG ist es gestattet, den lizenzierten Gegenstand durch Dritte herstellen zu lassen. Dem LG ist es zu diesem Zweck gestattet, Zulieferern diejenigen Informationen zukommen zu lassen, welche diese benötigen, um die Herstellung des Lizenzgegenstandes durchführen zu können.

(2) Der LG ist verpflichtet, von sämtlichen Zulieferern, denen technische Informationen entsprechend diesem Vertrag zugänglich gemacht werden, Geheimhaltungsverpflichtungen gemäß Anlage IV des Vertrages unterschreiben zu lassen.

§ 6 Bezugsbindung[12]

(1) Der LN verpflichtet sich, für die Herstellung des lizenzierten Gegenstandes die in der Anlage V aufgeführten Einzelteile von den dort genannten Lieferanten des LG zu beziehen.

(2) Der LG wird im übrigen solche Einzelteile, die er selbst herstellt, nach Maßgabe der jeweils gültigen Preislisten und Lieferbedingungen an den Lizenznehmer liefern.

§7 Technische Hilfe[4],[13]

(1) Der LG verpflichtet sich, dem LN technische Hilfestellung, technische Daten und Know-how zu leisten bzw. zu liefern, soweit dies für die Herstellung des lizenzierten Gegenstandes erforderlich ist und die personellen Möglichkeiten des LG dies gestatten.

(2) Über die Einzelheiten, insbesondere den Umfang der Personalgestellung, die Bezahlung der Hilfestellung sowie die Modalitäten der Abstellung von Personal des LG werden sich die Parteien im einzelnen verständigen.

(3) Sämtliche Kosten der technischen Hilfestellung trägt der LN.

§8 Übergabe von technischen Daten[3]

(1) Die Übergabe der technischen Daten gilt als abgeschlossen, wenn die in Anlage III aufgelisteten Unterlagen vollständig übergeben worden sind.

(2) Der LG wird die technischen Daten so lange auf dem Laufenden halten, wie er selbst den lizenzierten Gegenstand herstellt. Die Weitergabe dieser Daten an den LN erfolgt kostenfrei.

(3) Alle technischen Daten werden in deutscher Sprache und in metrischem Maßsystem erstellt.

§9 Vervielfältigung technischer Daten[14]

Der LN hat das Recht, im benötigten Umfang und in der benötigten Anzahl Kopien der technischen Daten herzustellen. Diese Kopien dürfen ausschließlich für die Herstellung des lizenzierten Gegenstandes verwendet werden und sind vom LN mit einem Vertraulichkeitsvermerk zu versehen.

(2) Die technischen Daten und die darin enthaltenen Informationen sind vom LN vertraulich zu behandeln und dürfen nur im Rahmen des §5 an Dritte weiter gegeben werden.

§10 Verbesserungen des Lizenzgegenstandes[5],[15] durch den LG

(1) Der LG verpflichtet sich, neben der eingeräumten Lizenz dem Lizenznehmer auch Lizenzen an Verbesserungen einzuräumen, soweit das gewonnene technische Wissen für die Herstellung des lizenzierten Gegenstandes auch beim LG selbst Anwendung findet.

(2) Der LN ist verpflichtet, ihm mitgeteilte Verbesserungen am Lizenzgegenstand auf Verlangen des Lizenzgebers vorzunehmen. Eine Erhöhung der Lizenzgebühren erfolgt dadurch nicht.

(3) Der LG verpflichtet sich, im Falle von Weiterentwicklungen des lizenzierten Gegenstandes dem LN Lizenzen für diese Weiterentwicklungen zu erteilen.

(4) Über die Bedingungen derartiger Neulizenzen werden sich die Vertragspartner im einzelnen verständigen.

§ 11 Verbesserungen durch den Lizenznehmer[5,15]

Der LN verpflichtet sich seinerseits, dem LG über Verbesserungen, Weiterentwicklungen und technischem Wissen Mitteilung zu machen und ihm Lizenzen zu erteilen, falls dies vom LG verlangt wird.

§ 12 Lizenzgebühr[16]

(1) Für die durch diesen Vertrag erteilte Lizenz zahlt der LN an den LG eine einmalige Summe von DM 50 000,–. Dieser Betrag ist innerhalb von 30 Tagen nach Inkrafttreten des Vertrages fällig.

(2) Zusätzlich ist eine Lizenzzahlung in Höhe von 5 % bezogen auf den Werksabgabepreis des lizenzierten Gegenstandes zu bezahlen.

(3) Sämtliche Umsatzsteuern und indirekte Steuern, die auf die Lizenzzahlungen entfallen, gehen zu Lasten des LN. Gegebenenfalls sind diese gegenüber dem LG eingeforderte Steuern vom LN im Namen des LG zu bezahlen.

§ 13 Rechnungstellung[17]

(1) Der LN wird innerhalb von 30 Tagen dem LG Durchschläge der Rechnungen übersenden, die sich auf den Vertrieb der lizenzierten Gegenstände beziehen. Der LG wird seinerseits die zu zahlenden Lizenzbeträge vierteljährlich gegenüber dem LN in Rechnung stellen. Die Zahlung der in Rechnung gestellten Lizenzbeträge hat innerhalb von 30 Tagen nach Erhalt der Rechnung zu erfolgen.

(2) Dem LN steht es frei, Abschlagszahlungen auf die Lizenzbeträge vor Rechnungstellung zu leisten.

§ 14 Buchführungspflicht[17]

(1) Der LG hat das Recht, die Buchführung des LN zu überprüfen, soweit sie die Abrechnung der Lizenzgebühren betrifft.

(2) Die Einsichtnahme in die Bücher kann halbjährlich in den Monaten Januar und Juli ausgeübt werden.

(3) Das Recht auf Einsichtnahme ist ausgeschlossen, wenn der LN den Bericht eines vereidigten und zur Verschwiegenheit verpflichteten Wirtschaftsprüfers vorlegt.

§ 15 Meistbegünstigung[18]

Der LG verpflichtet sich, falls Dritten in der Zukunft günstigere Bedingungen hinsichtlich der Lizenzgebühren eingeräumt werden, diese auch dem LN einzuräumen.

§ 16 Qualitätskontrolle[19]

(1) Der LN hat den Lizenzgegenstand in der gleichen Qualität wie der LG herzustellen. Der LG hat das Recht, die vereinbarte Qualität zu überwachen und den Vertrieb minderwertiger Produkte zu untersagen. Sein Kontrollrecht kann der LG durch persönliche Kontrolle der Produktion ausüben.

(2) Kommt der LN einer Forderung des LG auf Abstellung von Mängeln nicht binnen einer Frist von vier Wochen nach, so hat der LG das Recht, den Vertrag fristlos zu kündigen.

(3) Der LN stellt den LG von eventuellen Ansprüchen Dritter aus Produkthaftung frei. Dasselbe gilt für Werbebehauptungen des LN über das lizenzierte Produkt.

§ 17 Garantieklausel[20]

(1) Das Know-how und die technischen Daten, die unter diesem Vertrag verfügbar gemacht werden, sind diejenigen, welche der LG selbst bei der Herstellung des lizenzierten Gegenstandes benutzt. Gleichwohl übernimmt der LG keinerlei Gewähr dafür, daß das übermittelte Know-how und die technischen Daten richtig und fehlerfrei sind, daß die Benutzung dieser Information die Herstellung des lizenzierten Gegenstandes in zufriedenstellender Weise ermöglicht oder daß die technischen Informationen vollständig sind.

(2) Es wird keine Gewähr dafür übernommen, daß die Benutzung der Lizenz in Schutzrechte Dritter eingreift oder Schäden bei Dritten herbeiführt.

(3) Sämtliche Gewährleistungsansprüche sind ausgeschlossen, soweit diese auf die technischen Daten oder das Know-how zurückgeführt werden. Außerdem wird keinerlei Gewähr für die Zuverlässigkeit, die Qualität, die wirtschaftliche Verwertbarkeit, die Gebrauchsfähigkeit des lizenzierten Gegenstandes für den vorausgesetzten oder irgend einen anderen Zweck übernommen.

(4) Der LG übernimmt die Gewährleistung für den Bestand aller lizenzierten Schutzrechte zum Zeitpunkt des Vertragsabschlusses. Eine Haftung für einen späteren Wegfall der Schutzrechte ist ausgeschlossen.

§ 18 Kennzeichnungspflicht (Lizenzvermerk)[21]

(1) Der LN hat das Recht, bei der Vermarktung des lizenzierten Gegenstandes auf die vom LG erteilte Lizenz unter Nennung des LG hinzuweisen. Er verpflichtet

sich, alle druckschriftlichen Veröffentlichungen, in denen der Name des LG im Zusammenhang mit dieser Lizenz verwendet wird, in Kopie unverzüglich an den LG zu übersenden.

(2) Auf dem lizenzierten Gegenstand hat der LN im Abstand von 25 cm das Warenzeichen des Lizenzgebers anzubringen gem. Anlage VI. Daneben kann ein Herstellervermerk des Lizenznehmers in halber Größe angebracht werden.

(3) Mit Beendigung dieser Vereinbarung ist der LN nicht mehr berechtigt, auf die ehemals erteilte Lizenz hinzuweisen.

§ 19 Festlegung der Verkaufspreise[22]

Der LN verpflichtet sich, die lizenzierten Kabel nicht unter dem Listenpreis des LG zu verkaufen.

§ 20 Nichtangriffspflicht[23]

Der LN verpflichtet sich, die Vertragsschutzrechte während der Dauer des Lizenzvertrages nicht anzugreifen oder Dritte bei einem Angriff auf die Schutzrechte zu unterstützen.

§ 21 Erlöschen und Nichtigerklärung von Schutzrechten[24]

(1) Das Erlöschen oder die Nichtigerklärung von einzelnen Schutzrechten dieses Vertrages läßt die Gültigkeit des Vertrages unberührt. Eine Herabsetzung des Lizenzsatzes findet nur dann statt, wenn die Schutzrechte Nr. 1 oder 2 der Anlage II ungültig werden.

(2) Bis zur rechtskräftigen Nichtigerklärung fällige, aber noch nicht bezahlte Lizenzgebühren sind vom LN in voller Höhe zu zahlen.

§ 22 Verteidigung der Schutzrechte[25]

(1) Der Lizenzgeber ist verpflichtet, auf eigene Kosten das Schutzrecht gegen Angriffe Dritter (Einspruch, Nichtigkeitsklage, Löschungsantrag) zu verteidigen.

(2) Die Vertragsparteien werden einander von sämtlichen Verletzungen der Vertragsschutzrechte im Vertragsgebiet unterrichten.

(3) Der LG ist nicht verpflichtet, gegen Patentverletzer vorzugehen, er wird jedoch den LN bei einer Verteidigung der Schutzrechte unterstützen, insbesondere ihm die erforderliche prozessuale Ermächtigung erteilen.

(4) Etwaige Schadenersatzzahlungen stehen bei einer Prozeßführung durch den LN dem LN, bei einer Prozeßführung des LG dem LG zu.

§ 23 Vertragsdauer[26]

Der Vertrag wird für eine Dauer von acht Jahren geschlossen beginnend mit dem Tag des Inkrafttretens. Er verlängert sich um jeweils ein Jahr, falls er nicht von einem der Vertragspartner drei Monate vor Ablauf gekündigt wird.

§ 24 Kündigung[27]

(1) Im Falle einer Vertragsverletzung steht beiden Parteien ein Recht zur außerordentlichen Kündigung zu. Das Kündigungsrecht muß binnen vier Wochen ausgeübt werden, nachdem der andere Vertragspartner unter Fristsetzung vergeblich aufgefordert worden ist, die Vertragsverletzung abzustellen.

(2) Hinsichtlich des Lizenzgebers sind wichtige Gründe z. B. die Nichteinhaltung des Lizenzgebietes durch den LN, Verzug der Abrechnungs- und Zahlungspflichten sowie der Konkurs des LN. Für den LN sind wichtige Kündigungsgründe die Nichtigerklärung der Schutzrechte Nr. 1 und 2 gemäß der Anlage II und die wirtschaftliche Unmöglichkeit des Absatzes der lizenzierten Produkte.

§ 25 Übertragung von Vertragsschutzrechten[28]

Der Lizenzgeber ist berechtigt, die Vertragsschutzrechte zu belasten oder zu verpfänden. Eine geplante Übertragung des Schutzrechts an Dritte hat er dem Lizenznehmer im vorhinein anzuzeigen. Dem Lizenznehmer steht insoweit ein Vorkaufsrecht zu, dessen Ausübung er binnen 4 Wochen nach Zugang der Mitteilung über den geplanten Verkauf dem Lizenzgeber schriftlich mitzuteilen hat.

§ 26 Gerichtsstand[29]

Erfüllungsort ist München. Für alle Streitigkeiten aus diesem Vertrag wird die Zuständigkeit des Landgerichts München I vereinbart.

    Ort, Datum   Unterschriften

Anmerkungen

1. Definitionen

Hier werden diejenigen Begriffe erläutert, welche im Vertrag verwendet werden und nicht aus sich selbst heraus verständlich sind oder in einem ganz bestimmten Sinn ausgelegt werden sollen. Insbesondere die Definition des Lizenzgegenstandes, der technischen Daten usw. dient dabei einer abschließenden Begrenzung des Umfangs der Lizenz, es ist daher auf eine sorgfältige Abstimmung zwischen den Parteien zu achten.

2. Lizenzgegenstand

Die technische Beschreibung des Lizenzgegenstandes wird wegen der Datenmenge in einer Anlage zum Vertrag aufgenommen. In vielen Fällen sind technische Zeichnungen nützlich, in denen der lizenzierte Gegenstand dargestellt ist.

3. Technische Daten

Die technischen Daten lassen sich präzisieren und listenmäßig erfassen. Zur Erzielung einer positiven Abgrenzung ist es nützlich, die zu übergebenden gedruckten, geschriebenen oder gezeichneten Unterlagen im einzelnen aufzuzählen, so daß auch in dieser Hinsicht der Leistungsumfang bestimmbar ist.

Die Regelung in § 8 (1) des Musters 4 ist dringend zu empfehlen, um unberechtigten Gewährleistungsansprüchen zu begegnen. Ähnlich wie bei den Einweisungsverpflichtungen hängt der Erfolg der Übermittlung von technischem Wissen entscheidend vom Erfahrungswissen ab, das auf Seiten des Lizenznehmers besteht. Der Lizenzgeber muß daher ein Interesse haben, den Leistungsumfang von vornherein festzulegen, weil andernfalls der Lizenznehmer die Zahlung von Lizenzgebühren verweigern könnte mit der Behauptung, der Lizenzgeber habe selbst noch nicht erfüllt.

4. Know-how und technische Hilfestellung

(1) Know-how-Übertragung

Eine Legaldefinition für Know-how gibt es im deutschen Recht nicht. Es wird darunter das technische Erfahrungswissen verstanden, das nicht durch Schutzrechte gesichert und häufig nicht einmal in vollem Umfang schriftlich niedergelegt werden kann. Dabei kann es sich um Fertigungs-, Prüfungs-, Montage- und Inbetriebnahme-Know-how handeln, welches in vielen Fällen für den LN unverzichtbar ist, da er sonst den nur in einer Patentschrift umschriebenen Lizenzgegenstand nicht oder nur mit Zusatzkosten herstellen oder benutzen kann. Wichtig ist in diesem Zusammenhang, daß nach deutschem und europäischem Kartellrecht der Geheimnischarakter des technischen Wissens Voraussetzung für die Auferlegung von wettbewerbsbeschränkenden Klauseln, die in den meisten Lizenzverträgen vorhanden sind, ist (vgl. BGH GRUR 1955, 468 – Kokillenguß; BGH GRUR 1980, 750 – Pankreaplex II; dazu auch *Pfaff,* BB 1974, 565; Gruppenfreistellungsverordnung, Begründung Ziff. 9.

Daß auch für nicht geheimes Know-how, das z. B. in einer Zusammenstellung von weit im Stand der Technik verstreuter Daten bestehen kann, ein eminentes Schutzbedürfnis durch vertragliche Vereinbarung besteht, ist in der Literatur weitgehend anerkannt, vgl. *Lüdecke/Fischer,* Lizenzverträge, S. 748; *Stumpf,* Der Know-how-Vertrag, 3. Auflage S. 89 ff.; Frankfurter Kommentar Dz. 7 zu § 21; im einzelnen dazu Muster 1 Anm. 6 (2).

(2) Geheimhaltung

Gerade das technische Know-how als in der Regel nicht schützbares technisches Wissen stellt einen erheblichen Vermögenswert dar, dessen Übermittlung an Dritte regelmäßig die Interessen des LG verletzen muß. Während der Laufzeit des Vertrages wird es auch im Interesse des LN liegen, daß das lizenzierte technische Wissen geheimgehalten wird. Wird das lizenzierte Wissen allgemein offenkundig, ist für den LN der Wert des Wissensvorsprungs nicht mehr gegeben und er wird versuchen, sich der Lizenzzahlung zu entziehen. Die angebliche Offenbarung geheimen Wissens ist in der Praxis häufig auch nur vorgeschobener Grund für die Beendigung von Lizenzzahlungen. (Vgl. zur Abgrenzung von geheimem Know-how und Patentlizenz Anm. 6 (3) zu Muster 1).

Liegt dem Lizenzvertrag eine noch nicht veröffentlichte Schutzrechtsanmeldung zugrunde, so trifft auch ohne vertragliche Vereinbarung beide Parteien eine Geheimhaltungspflicht (vgl. BGH GRUR 1955, 338, 339 – Brillengläser).

(3) Technische Hilfestellung

Fehlt eine besondere Abrede, so ist im Zweifel der LG einer einfachen Lizenz nicht verpflichtet, technische Hilfestellung zu leisten (*Kraßer/Schmid* GRUR Int. 1982, 324, 331 f.). Dies trifft insbesondere auf die Stellung und Ausbildung von Personal zu, worüber daher grundsätzlich detaillierte Vereinbarungen getroffen werden sollten. Daneben kommen Beratungspflichten für die Produktionsaufnahme beim LN in Betracht, sowie die Überwachung der Produktion, insbesondere die Qualitätskontrolle komplizierter technischer Produkte. Die hierfür anfallenden Kosten sind gewöhnlich nicht von den Lizenzgebühren erfaßt, auch hierfür bedarf es daher gesonderter Vereinbarungen.

(4) Hinterlegung technischer Unterlagen

Die technischen Unterlagen sind häufig entscheidend für die Durchführug eines Lizenzvertrages, insbesondere die Produktion der vertragsgegenständlichen Produkte. Im Falle eines erhöhten Geheimhaltungsgrades bestimmter Unterlagen, die im Interesse des LG nicht aus der Hand gegeben werden sollen, kann zwischen den Parteien vereinbart werden, daß diese an dritter Stelle hinterlegt werden und der LN im Falle des Konkurses des LG ein Aushändigungsrecht erhält.

(5) Ausbildungserfolg

Übernimmt der LG die Verpflichtung, Personal des LN auszubilden, so hängt der Ausbildungserfolg häufig nicht nur von den Bemühungen des LG, sondern mindestens im gleichen Umfang von dem Ausbildungsniveau der Arbeitnehmer des LN ab. Der LG wird daher ein Interesse daran haben, keine Gewähr für einen bestimmten Ausbildungserfolg zu geben, insbesondere auch keine pauschale Abgeltung der Ausbildungskosten zu akzeptieren. Zumutbar ist insofern, daß der LG sich verpflichtet, sowohl hinsichtlich des auszubildenden Personals als auch der zu erreichenden Ausbildungsziele ein klar umrissenes Programm aufzustellen und den zahlenmäßigen Umfang des von ihm abzustellenden Personals und den zeitlichen Umfang der Ausbildungsperiode anzugeben. Der LG wird sich dabei von der Erfahrung leiten lassen, daß der goodwill seines eigenen Unternehmens gerade bei der technischen Hilfestellung und Personalausbildung seinen stärksten Niederschlag findet.

Weitere Hinweise zu der Behandlung von Know-how sowie zur technischen Hilfe in Anm. 6 und 7 zu Muster 1.

5. Verbesserungen und Weiterentwicklungen des Lizenzgegenstandes

Die Abgrenzung zwischen »Verbesserungen« und »Weiterentwicklungen« kann für die Gebührenbemessung im Falle der Bekanntgabe derartiger Verbesserungen und Weiterentwicklungen von Bedeutung sein (und dafür, ob der LG derartige Veränderungen mitteilen muß), aber auch für die Frage, ob Weiterentwicklungen in den Schutzbereich des lizenzierten Schutzrechts fallen. So stellt eine Digitaluhr zweifellos eine Weiterentwicklung einer herkömmlichen Zeigeruhr dar, es dürfte aber einsichtig sein, daß, nimmt man den eventuell identischen Quarzantrieb aus, ein unterstellter Patentschutz für die Zeigeruhr nicht auch die Digitaluhr umfaßt.

Zur kartellrechtlichen Zulässigkeit der gegenseitigen Verpflichtungen zur Lizenzierung oder Überlassung von Verbesserungen und Weiterentwicklungen vgl. Anm. 15 und 16 zu Muster 1.

6. Umfang der Lizenz

(1) Art der Lizenz

Wenn eine Lizenz als einfach bezeichnet wird, so steht grundsätzlich fest, daß lediglich eine schuldrechtliche Gestattung der Benutzung der Erfindung vorliegt. Auch für Lizenzverträge gelten jedoch die allgemeinen Auslegungsregeln für Verträge, so daß nicht am Wortlaut zu haften, sondern eine wirtschaftliche Betrachtungsweise geboten ist. (*Benkard/Ullmann*, zu § 15 PatG. Anm. 34) Dies kann insbesondere bei umfangreichen Vertragswerken dazu führen, daß die Grenzen zwischen einfacher und ausschließlicher Lizenz fließend sind und erst aus dem Gesamtzusammenhang des Vertrages die Art der Lizenz ermittelt werden kann.

(2) Rechte des Lizenznehmers

Die Lizenz kann auf sämtliche Benutzungsarten des § 9 PatG erstreckt oder auf einzelne Benutzungsarten beschränkt werden (*Benkard/Ullmann* zu § 15 PatG Anm. 38). Die Rechtsprechung nimmt im Zweifel an, daß ein Recht nur insoweit übertragen wird, als es zur Erreichung des schuldrechtlich festgelegten Vertragszwecks erforderlich ist (BGH GRUR 1955, 286, 289 – Kopiergerät). Die Vertragsfreiheit der Partner nach § 305 BGB, ihre Rechtsverhältnisse entsprechend der übereinstimmenden Wünsche zu regeln, findet ihre Grenzen in den deutschen und europäischen Kartellrechtsbestimmungen, insoweit wird auf die im Anhang abgedruckte Gruppenfreistellungsverordnung sowie die §§ 20, 21 GWB verwiesen, dazu im einzelnen insbesondere die Anm. 3 bis 5 des Musters 1; zur ausschließlichen Lizenz ausführlich dort Anm. 3).

7. Räumlicher Geltungsbereich der Lizenz

Üblicherweise und falls keine ausdrückliche abweichende vertragliche Regelung vereinbart wird, deckt sich der räumliche Geltungsbereich der Lizenz mit dem Geltungsbereich des Schutzrechts. § 15 Abs. 2 Satz 1 PatG läßt aber eine Beschränkung auf einen Teil des Geltungsbereichs ausdrücklich zu. Im hier angenommenen Fall hat der Patentinhaber aufgrund besonders enger Bindungen zu Abnehmern in West-Berlin ein Interesse an der Alleinbelieferung dieser Kunden und nimmt daher dieses Gebiet von der Lizenz aus. (Vgl. dazu auch BGH GRUR 1967, 676, 680 – Gymnastiksandalen). Auch kartellrechtlich ist eine Aufteilung des Lizenzgebietes unbedenklich, vgl. § 20 Abs. 1 GWB. Dazu ausführlich Muster 1 Anm. 3.

8. Verbot der Erteilung von Exklusivlizenzen

Eine solche Regelung hat lediglich klarstellende Bedeutung, da sich eine vertragliche Verpflichtung gegenüber dem Lizenznehmer bereits deshalb ergibt, weil die Erteilung einer Exklusivlizenz an einen Dritten die einfache Lizenz zum Erlöschen bringen würde. Nach einem Urteil des Kartellsenats des BGH (GRUR 1982, 411 – Verankerungsteil, mit Anm. *Hoepffner*) hat die Erteilung einer einfachen Lizenz lediglich schuldrechtliche Wirkung, so daß eine Veräußerung des Patents oder die Einräumung anderer dinglich wirkender Rechte (ausschließliche Lizenz) dem einfachen Lizenznehmer die Durchsetzbarkeit seiner Rechte entziehen würde. Außer Schadenersatzansprüchen bleibt dem einfachen Lizenznehmer allerdings keine wirksame Möglichkeit des Schutzes, falls der Patentinhaber seine Vertragspflichten verletzt (vgl. die einhellige Ablehnung dieses Urteils in der Literatur bei *Rosenberger*, GRUR 1983, 303; *Brandi-Dohrn*, GRUR 1983, 1946; *Völp*, GRUR 1983, 45; *Kraßer*, GRUR Int. 1983, 537; *Mager*, GRUR 1983, 51; *Pagenberg*, 15 IIC (1984). Vgl. zum Regelungsvorschlag von *Körner* in Mitt. 1983, 230 unten Anm. 28).

Andererseits ist der Lizenzgeber nicht gehindert, beliebig viele einfache Lizenzen an Dritte zu vergeben. Die Grenze wird dort gesehen, wo durch eine willkürliche Vielzahl von Gratislizenzen der Wert der einfachen Lizenz untergraben wird (*Kraßer/Schmid*, GRUR 1982, 324, 330 rechte Spalte).

9. Sachlicher Bereich der Lizenz

In der Praxis ist der Fall nicht selten, daß zwar bezüglich der Herstellung eine unbeschränkte Lizenz, für die Anwendung durch den Lizenznehmer oder seine Abnehmer aber eine auf ein bestimmtes technisches Gebiet beschränkte Lizenz erteilt wird, weil Dritte bereits Lizenzen für andere Anwendungsbereiche besitzen. In solchen Fällen empfiehlt es sich, auf die Verträge mit den ausgeschlossenen Gebieten ausdrücklich Bezug zu nehmen und eine Bestätigung des Lizenznehmers aufzunehmen, daß er diese Verträge kennt. Dies vermeidet Auslegungs- und Abgrenzungsschwierigkeiten, wenn einmal der Vertrieb aufgenommen worden ist. Es kann auch vereinbart werden, daß für die Herstellung eine einfache, für den Vertrieb in einem bestimmten Territorium eine Exklusivlizenz erteilt wird. Art. 2 (1) (3) der Gruppenfreistellungsverordnung erklärt eine derartige Beschränkung der Ausübung auf ein technisches Anwendungsgebiet für zulässig, falls dadurch kein Verbot der Belieferung bestimmter Abnehmer vereinbart wird, vgl. Art. 3 Ziff. 4 der Verordnung.

Bei einem Verstoß gegen die im Vertrag festgelegten Beschränkungen der Lizenz steht dem Lizenzgeber ein Anspruch wegen Patentverletzung zu, und zwar auch hinsichtlich der durch den Lizenznehmer vertragswidrig in den Verkehr gebrachten Gegenstände, da diese nicht patentfrei werden (BGH GRUR 1967, 676, 679 – Gymnastiksandalen). Dies ergibt sich aus § 15 Abs. 2 Satz 2 PatG. Ein Verstoß gegen andere Abreden des Lizenzvertrages, die nicht die Benutzungshandlungen nach § 9 PatG betreffen, stellt jedoch keine Patentverletzung dar, sondern ist nur als schuldrechtliche Vertragsverletzung verfolgbar (*Benkard/Ullmann* zu § 15 PatG Rdn. 42, 43).

10. Übertragung und Unterlizenzen

Zu den Regelungsmöglichkeiten hinsichtlich der Übertragung von Lizenzen und der Vergabe von Unterlizenzen vgl. Anmerkung 5 zu Muster 1.

Der einfache Lizenznehmer hat grundsätzlich kein Recht, Unterlizenzen einzuräumen, da die Lizenz nur eine schuldrechtliche Erlaubnis zur Benutzung der Erfindung ist (BGH GRUR, 1974, 463 – Anlagengeschäft). Dennoch empfiehlt sich zur Klarstellung eine vertragliche Regelung. Für den Fall der Rechtsnachfolge auf Seiten des Lizenznehmers bleibt im Zweifelsfall der Rechtsnachfolger zur weiteren Ausübung berechtigt. Dagegen erlischt die Nutzungserlaubnis, falls das Unternehmen veräußert wird und lediglich eine Betriebslizenz gewährt war (RG GRUR 1939, 963, 964).

Eine Besonderheit gilt für den Umfang einer einfachen Lizenz bei Verfahrenserfindungen. Ist hier die Unterlizenzierung ausgeschlossen, so ist allein der Lizenznehmer berechtigt, das berechtigte Verfahren auszuführen. Dies hat der BGH selbst für einen Fall der nicht ausschließlichen Betriebslizenz nach § 14 Abs. 3, 16 Abs. 3 ArbNG bejaht (BGH GRUR 1974, 463 – Anlagengeschäft). Dort lieferte der Arbeitgeber an seine Abnehmer Anlagen, die geeignet waren, ein Verfahren zu verletzen, für das er sich gegenüber seinem Arbeitnehmer lediglich ein nicht ausschließliches Benutzungsrecht vorbehalten hatte. Der BGH bejahte den Untersagungsanspruch des Arbeitnehmers, da andernfalls durch den Verkauf dieser Anlagen eine Vielzahl von (kostenlosen) Unterlizenzen vergeben würden, die das Schutzrecht des Arbeitnehmers völlig ausgehöhlt hätten. Der BGH argumentierte, daß es der Arbeitgeber in der Hand gehabt hätte, die betreffende Erfindung unbeschränkt für sich in Anspruch zu nehmen, und er hätte übersehen müssen, daß die bloße Inanspruchnahme eines nicht ausschließlichen Benutzungsrechts die gezeigten Rechtsfolgen haben würde.

11. Unterauftragnehmer

Eine ausdrückliche Regelung über die Befugnis des Lizenznehmers, Zulieferer zu beschäftigen, empfiehlt sich aus zweierlei Gründen: einmal hat der Lizenzgeber ein Interesse daran, bei zusätzlich übermitteltem Know-how den Kreis der Geheimnisträger zu begrenzen, zum anderen bedeutet die Beschäftigung von Zulieferern eine Kapazitätserhöhung des Lizenznehmers, die hinsichtlich der vertraglichen Bindungen mit anderen einfachen Lizenznehmern und deren Interesse an einer rentierlichen Auswertung des Schutzrechts zu berücksichtigen ist. Hinsichtlich der rechtlichen Qualifizierung eines Zuliefervertrages hängt es vom Umfang der übertragenen Befugnisse und der zu liefernden Teile ab, ob eine Herstellungslizenz in Form eines Produktions- und Liefervertrages (Muster 7) vorliegt, weil dann die Zustimmungsbedürftigkeit für die Vergabe von Unterlizenzen eingreifen würde.

Im vorliegenden Fall ist die Abgrenzung in der Form vorgenommen worden, daß Erfindungen, die als Zusatzpatent im Sinne § 16 Abs. 1 Ziff. 2 PatG angemeldet werden können (und vom Lizenzgeber angemeldet werden) als lizenzfreie Verbesserungen dem Lizenznehmer mitzuteilen sind. Da Zusatzpatente die gleiche Laufzeit wie das Hauptpatent haben, ändert sich an den Bedingungen des Lizenzvertrages nichts.

Dabei ist es unerheblich, ob diese Zusatzpatente zum Hauptpatent im Verhältnis der Nebenordnung, Unterordnung oder Überordnung stehen (vgl. *Schulte*, 3. Auflage zu § 16 PatG RdNr. 17). Die Möglichkeit der Anmeldung als Zusatzpatent bedeutet allerdings nicht, daß die betreffende Erfindung notwendigerweise in den Schutzbereich des Hauptpatents fällt (vgl. *Benkard/Ullmann* zu § 16 PatG RdNr. 13).

Aufgrund der Regelung im Vertrag wird der Lizenzgeber jeweils im Einzelfall entscheiden, ob er »eine Verbesserung« als Zusatzpatent anmeldet, was zur Folge hat, daß einerseits der Lizenznehmer diese Verbesserung zu übernehmen hat, andererseits keine zusätzliche Lizenzgebühr anfällt, oder ob er eine separate Anmeldung tätigt und dem Lizenznehmer darüber einen separaten Lizenzvertrag anbietet, dessen Bedingungen frei ausgehandelt werden können. Für die vertragliche Abgrenzung ist daher nicht die schwierige Frage entscheidend, ob eine Abhängigkeit gegeben ist oder nicht, sondern lediglich, in welcher Weise und ob für die Verbesserung Patentschutz erlangt wird. Voraussetzung für die Anmeldung eines Zusatzpatents ist die Anmeldung innerhalb von 18 Monaten nach Einreichung der Hauptanmeldung, der Vorteil für den Patentinhaber ist der Wegfall von Jahresgebühren für das oder die Patente (§ 17 Abs. 2 PatG).

12. Bezugsbindung

Eine derartige Klausel ist kartellrechtlich dann unbedenklich, wenn es sich bei den zu beziehenden Einzelteilen um solche handelt, deren Verwendung durch Dritte eine mittelbare Patentverletzung gemäß § 10 PatG darstellen würde (vgl. *Benkard/Bruchhausen* zu § 10 Rdn. 7; § 20 Abs. 2 Nr. 1 GWB).

Nach Auffassung der EG-Kommission erfüllt die Vergabe einer einfachen Knowhow-Lizenz nicht den Tatbestand des Art. 85 Abs. 1 EWG-Vertrag. Eine daran geknüpfte Bezugsverpflichtung mit 5jähriger fester Bindung verstößt jedoch gegen Art. 85 Abs. 1, ist aber dann freistellungsfähig nach Art. 85 Abs. 3, wenn, wie z. B. in der Automobilindustrie, dadurch größere Serien möglich sind und eine sichere Versorgung gewährleistet ist, da diese Vorteile dem Verbraucher zugute kommen. Für weitere Einzelheiten vgl. Muster 1 Anm. 17 sowie Art. 2 (1) 1 und 3 Ziff. 9 Gruppenfreistellungsverordnung.

13. Kosten für technische Hilfestellung und Know-How

Ebenso wie bei der Festsetzung der Lizenzgebühren bedarf es bei der Vereinbarung der Kosten für technische Hilfestellung und Know-How einer abgewogenen Vereinbarung, die den Interessen beider Parteien gerecht wird. Auf Seiten des Lizenzgebers liegt das Risiko in der einmaligen Entäußerung vertraulicher Kenntnisse, weil diese, sollte der Vertrag nach kurzer Zeit scheitern, nicht wieder rückübertragbar sind. Diesem Risiko muß die Zahlung einer einmaligen Summe entsprechen, die dem Wert diesese technischen Wissens entspricht und die daher auch dann beim Lizenzgeber verbleibt, wenn der Lizenznehmer bis zur Beendigung des Vertrages sehr wenige oder keine Umsätze getätigt hat.

Umgekehrt ist der Lizenznehmer häufig aufgrund fehlender Erfahrung auf dem betreffenden Gebiet von einer sorgfältigen Einweisung durch den Lizenzgeber abhängig, ohne daß im vorhinein übersehbar ist, welche Zeit und welcher eigene Aufwand hierfür geleistet werden müssen. Auch hier erscheint es sachgerecht, das finanzielle Risiko dem Lizenznehmer aufzuerlegen, denn wenn dessen Personal erheblicher und langer Schulung bedarf, so ist auch der Zuwachs an Know-how und Fertigkeiten beim Lizenznehmer entsprechend höher; bedarf es nur einer kurzen Einarbeitungszeit, wird dieser Zuwachs entsprechend niedriger anzusetzen sein. Dies trifft jedenfalls dann zu, wenn der Lizenzgeber bereits den Lizenzgegenstand zur Produktionsreife gebracht und die eigene Fertigung begonnen hat. Kommt es erst in Zusammenarbeit mit dem Lizenznehmer zu einer Weiterentwicklung des Prototyps, so wird sich eine Aufteilung der Entwicklungskosten empfehlen.

Selbstverständlich können im Einzelfall auch der Personaleinsatz und der vorgesehene Zeitaufwand sowie die dafür zu zahlenden Gebühren pauschaliert werden.

14. Vervielfältigung technischer Daten

Anders als vor Abschluß des Lizenzvertrages (vgl. Muster 3) muß dem Lizenznehmer für die Produktionsphase die freie Vervielfältigung auch vertraulicher Unterlagen gestattet sein. Dennoch ist die Verpflichtung, auf diesen Unterlagen einen Vertraulichkeitsvermerk vorzusehen, berechtigt, um nach Ablauf des Lizenzvertrages die Vertraulichkeit aufrechterhalten zu können. Für weitere Einzelheiten vgl. Muster 1 Anm. 6.

15. Verbesserungen des Lizenzgegenstandes durch Lizenzgeber und Lizenznehmer

Bei Spezialprodukten wie dem hier vorliegenden Kabel wird es während der Dauer des über mehrere Jahre angelegten Lizenzvertrages von Seiten des Lizenzgebers, der ja selbst weiter produziert, in vielfältiger Weise zu Verbesserungen kommen. Diese können sich auf die Fertigung, Prüfung, Montage, Inbetriebnahme, aber auch auf den lizenzierten Gegenstand selbst beziehen. Aus der Sicht des Lizenznehmers ist es wünschenswert, an solchen Verbesserungen teilhaben zu können. Da das technische und wirtschaftliche Gewicht der Verbesserung von vornherein nicht abschätzbar ist, soll die Verpflichtung zur Einräumung von evtl. Lizenzen für diese Verbesserungen in ihrer konkreten Ausgestaltung später abzuschließenden Vereinbarungen vorbehalten bleiben. Eine Verpflichtung des Lizenzgebers dazu ist nur gegeben, wenn der Vertrag dies ausdrücklich vorsieht (vgl. *Benkard/Ullmann* zu § 15, RdNr. 83).

Umgekehrt ist auch die Möglichkeit der Verbesserung beim Lizenznehmer zu bedenken, an deren Nutzung wiederum der Lizenzgeber für seine eigene Produktion ein Interesse haben kann. Aus kartellrechtlicher Sicht ist die Gegenseitigkeit derartiger Lizenzversprechen notwendige Voraussetzung für die Zulässigkeit einer solchen Klausel, vgl. § 20 Abs. 1 Nr. 3 GWB sowie Art. 2 (1) Ziff. 10 Gruppenfreistellungsverordnung; *Gleiss/Hirsch*, EWG-Kartellrecht Anm. 407 ff. zu Art. 85 (1); einschränkend EG-Kommission, GRUR Int. 1975, 449 – Kabelmetal Luchaire; freigestellt ist nach Art. 2 (1) Ziff. 10 Gruppenfreistellungsverordnung das Versprechen gegenseitiger Lizenzierung von Verbesserungserfindungen, falls diese Verpflichtung nicht ausschließlich ist.

Etwas anderes ist es, ob der Lizenznehmer eine Pflicht zur Vornahme von Verbesserungen hat, die ihm vom Lizenzgeber mitgeteilt werden. Hieran kann der Lizenzgeber ein Interesse haben, wenn auf dem Produkt sein Warenzeichen angebracht wird; es bedarf dazu aber einer ausdrücklichen vertraglichen Abrede (*Benkard/Ullmann* zu § 15 PatG RdNr. 80); kartellrechtlich nicht erlaubt ist eine Verpflichtung des Lizenznehmers zur Übertragung neu entwickelter Schutzrechte vom Lizenznehmer an den Lizenzgeber sowie die Verpflichtung des Lizenznehmers, Parallel-Patente im selben technischen Bereich, die aber nicht die lizenzierte Erfindung benutzen, an den Lizenzgeber zu lizenzieren (BKartA, TB 1969, 98; *Beier* 3 IIC 1, 24 (1972)).

16. Lizenzgebühr

(1) Berechnung der Lizenzgebühr

Die Zahlung der Lizenzgebühren stellt die Hauptpflicht des Lizenznehmers dar (*Benkard/Ullmann* zu § 15 RdNr. 66). Grundsätzlich sind die Parteien bei der Festlegung der Berechnungsmaßstäbe frei (BGH GRUR 1979, 308, 309 – Auspuffkanal für Schaltgase). Die Lizenzgebühr wird im allgemeinen festgesetzt aufgrund einer Kostenkalkulation des Lizenzgebers unter Berücksichtigung des erzielbaren Marktpreises für die Vergabe der Lizenz. Dabei wird der Lizenzgeber aber auch berücksichtigen, daß er durch die Vergabe von Lizenzen in Märkte vorstoßen kann, die ihm sonst verschlossen wären, daß er sich Abnahmepflichten des Lizenznehmers ausbedingen kann für die Zulieferung bestimmter Teile des Erfindungsgegenstandes und daß ihm durch die Lizenzerteilung eigene Investitionen für eine Kapazitätserweiterung erspart bleiben.

Häufig wird bei der Festsetzung der Lizenzgebühr eine Aufteilung zwischen einer einmaligen Zahlung und einer umsatzbezogenen, laufenden Lizenzgebühr vorgenommen. Dabei stellt die Einmalzahlung (»lump sum«) eine Gegenleistung für einen Teil der vom Lizenzgeber aufgewendeten Entwicklungskosten dar, wobei zusätzlich evtl. ein Betrag für das übermittelte technische Wissen und/oder technische Hilfestellung berechnet wird. Demgegenüber werden die laufenden Lizenzgebühren zu den erwarteten Umsätzen des Lizenznehmers in Verhältnis gesetzt, weil sich daraus die erwarteten Einnahmen des Lizenzgebers ableiten.

Zwar steht häufig bei Lizenzverhandlungen der zu zahlende prozentuale Lizenzsatz im Mittelpunkt, wichtige Vorbedingung ist aber zunächst die Einigung über die Berechnungsgrundlage. Wird der Gegenstand des Lizenzvertrages durch den Lizenznehmer als Einheit verkauft und fakturiert, werden sich kaum Schwierigkeiten ergeben, hier könnte auch statt eines Prozentsatzes eine Stücklizenz vereinbart werden. Schwierigkeiten ergeben sich aber dann, wenn der Lizenzgegenstand Teil einer größeren technischen Vorrichtung ist, die durch die patentierte Erfindung erst ihre technische und wirtschaftliche Attraktivität erhält. In solchen Fällen wird man die Gesamteinheit als Lizenzgrundlage ansehen, wobei allerdings der Prozentsatz in angemessener Weise angepaßt werden wird (vgl. z. B. BGH GRUR 1969, 677, 679 – Rübenverladeeinrichtung mit Anm. *Fischer:* Gesamtvorrichtung als Lizenzbasis, obwohl nur von unselbständigen Unteransprüchen Gebrauch gemacht wird). Auch kartellrechtlich bestehen keine Bedenken, durch die Wahl einer größeren Verkaufseinheit die Lizenzzahlung auch auf nicht geschützte Teile zu erstrecken, wenn dies lediglich der Abrechnungsvereinfachung dient (vgl. dazu BGH GRUR 1975, 206, 208 – Kunststoffschaumbahnen sowie BKartA GRUR 1981, 919 – Rigg für ein Segelbrett).

4 *Einfache Lizenz*

(2) Steuern

Insbesondere bei der Lizenzvergabe in das Ausland ist die Belastung durch deutsche und ausländische Steuern, die Anrechnung ausländischer Steuern, die Befreiung und Ermäßigung durch Doppelbesteuerungsabkommen von erheblicher Bedeutung für die Einigung über bestimmte Lizenzsätze (vgl. *Martin/Grützmacher,* Der Lizenzverkehr mit dem Ausland). Bei fehlender eigener Erfahrung der Lizenzparteien empfiehlt sich unbedingt eine vorherige, zuverlässige Beratung für den Einzelfall (vgl. im übrigen Anm. 12 (3) zu Muster 1).

(3) Ausübungsverpflichtung

Bei einer einfachen Lizenz ist zu beachten, daß ohne ausdrückliche vertragliche Vereinbarung der Lizenznehmer keine Pflicht zur Ausübung des Nutzungsrechts hat. Dies kann jedoch auch für einen einfachen Lizenzvertrag vereinbart werden (BGH GRUR 1980, 38, 40 – Fullplastverfahren). Alternativ dazu (oder auch zusätzlich) kann die Zahlung einer Mindestlizenzgebühr vereinbart werden sowie eine Kündigungsmöglichkeit für den Lizenzgeber, falls bestimmte Umsatzzahlen nicht erreicht werden (vgl. dazu Muster 1 Anm. 10).

Im vorliegenden Fall geht der Lizenzgeber davon aus, daß der Lizenznehmer aus eigenem Interesse die Produktion sehr bald erheblich ausweiten wird, weil bereits eine Vielzahl von Interessenten für die Vergabe weiterer einfacher Lizenzen in Frage kommt.

Unbedingt zu empfehlen ist eine Ausübungsverpflichtung bei der Vergabe einer ausschließlichen Lizenz, weil andernfalls der Lizenznehmer die Möglichkeit hätte, ein Produkt vom Markt fernzuhalten, das seinem eigenen Produkt Konkurrenz macht. Von der Rechtsprechung wird allerdings »im Zweifel« eine Pflicht zur Ausnutzung des Patents angenommen (BGH GRUR 1961, 470, 471 – Mitarbeiterurkunde). Dies gilt aber nicht für einen einfachen Lizenznehmer, und zwar auch dann nicht, wenn eine Stück- oder Umsatzlizenz (*Benkard/Ullmann* zu § 15 PatG RdNr. 73) oder wenn eine relativ hohe Mindestlizenz vereinbart ist (vgl. dazu BGH GRUR 1980, 38 – Fullplastverfahren).

(4) Sicherheiten für Lizenzzahlungen

Gerade bei Vorleistungen des Lizenzgebers in Form von Know-How-Übermittlung empfiehlt sich die Absicherung der Lizenzgebühren zumindest in der Höhe der evtl. vereinbarten und insoweit bestimmbaren jährlichen Mindestlizenzgebühren. Dasselbe gilt für den Fall, daß erhebliche Pauschalgebühren nach Übermittlung des geheimen technischen Wissens fällig werden, um dadurch eine einseitige Loslösung des Lizenznehmers vom Vertrag zu erschweren.

(5) Pfändbarkeit der Lizenz

Lizenzen sind grundsätzlich insoweit pfändbar, als sie übertragbar sind. Das bedeutet, daß, falls nichts anderes vereinbart wurde, die einfache Lizenz in der Regel nicht pfändbar ist; dasselbe gilt für die Betriebslizenz und die persönliche Lizenz (vgl. *Benkard/Ullmann* zu § 15 PatG RdNr. 30 m.w.N.).

17. Rechnungstellung und Buchführungspflicht

Die Übersendung von Rechnungen zur Vereinfachung der Kontrolle des Lizenzgebers wird sich nur dann empfehlen, wenn die Parteien nicht Wettbewerber auf demselben Markt sind. Andernfalls muß sich der Lizenzgeber mit einer Aufstellung des Lizenznehmers begnügen, wobei dann weitergehende regelmäßige Prüfungsrechte des Lizenzgebers vereinbart werden können (vgl. dazu nähere Einzelheiten unter Anm. 12 des Musters 1).

Die Ziff. 2 des § 13 im obigen Muster kann sich zugunsten des Lizenznehmers empfehlen, um bei Währungsschwankungen nicht von der Rechnungstellung des Lizenzgebers abhängig zu sein. Ebenso kann vereinbart werden, daß der Lizenznehmer bereits mit seiner Abrechnung die errechneten Lizenzgebühren zu entrichten hat. Wichtig ist in jedem Fall die Vereinbarung eines bestimmten Fälligkeitstages, um sowohl hinsichtlich von Währungsschwankungen als auch zur Berechnung von Zinsen Streitigkeiten zu vermeiden.

Bei der Auswahl eines Wirtschaftsprüfers zur Überprüfung der Abrechnung wird man sich in der Regel auf einen Wirtschaftsprüfer einigen, der für keine der Parteien tätig ist.

18. Meistbegünstigungsklausel

Ein einfacher Lizenznehmer wird sich gewöhnlich eine Meistbegünstigungsklausel ausbedingen, weil er andernfalls befürchten muß, durch die Vergabe von Lizenzen an weitere Mitbewerber, z. B. in der Höhe der Lizenzgebühr, schlechter gestellt zu werden (vgl. BGH GRUR 1965, 591, 595 – Wellplatten). Eine solche Klausel hat allerdings auch weitergehende Bedeutung, weil die Rechtsprechung daraus ableitet, daß dem Lizenzgeber die Pflicht obliegt, gegen Verletzer vorzugehen (da diese ja praktisch unter einer Gratislizenz arbeiten, vgl. BGH GRUR 1965, 591, 595 re. Spalte). Der BGH hat es für ausreichend erachtet, wenn gegen einen Verletzer gerichtlich vorgegangen wird und die übrigen verwarnt werden (BGH a.a.O. S. 596).

Die kartellrechtliche Behandlung der Meistbegünstigungsklauseln ist derzeit nicht einheitlich. Während die im allgemeinen strengere Praxis der EG-Kommission Meistbegünstigungsklauseln in Lizenzverträgen ausdrücklich zuläßt (vgl. Art. 2 (1) 11 Gruppenfreistellungsverordnung, sowie EG-Kommission GRUR Int. 1975, 449 – Kabelmetal Luchaire), hat der BGH eine solche Klausel in *Kauf*verträgen für unzulässig erklärt und damit eine gleichliegende frühere Entscheidung des Bundeskartellamts bestätigt.

Demgegenüber ging das Bundeskartellamt bei *Lizenzverträgen* nach früherer Praxis davon aus, daß eine Meistbegünstigungsklausel im Gegenteil geeignet sei, einer im Laufe der Zeit schwächer gewordenen Ausschließlichkeitsstellung des Lizenzgebers Rechnung zu tragen, der dadurch gezwungen ist, nicht nur neueren Nachfragern, sondern auch den früheren Lizenznehmern gleiche, d. h. günstigere Bedingungen zu gewähren (vgl. die Nachweise bei *Brandi-Dohrn*, BB 1982, 1083, 1084 l. Sp.). Eine Nichtigkeit nach § 15 GWB wird vom BKartA allerdings dann angenommen, wenn die Meistbegünstigungsklausel nach Art, Inhalt und Umfang den Lizenzgeber tatsächlich oder rechtlich daran hindert, anderen Lizenznehmern in wirtschaftlich vernünftiger Weise Lizenzen einzuräumen (BKartA TB 1977, 90). Da der BGH in früheren

Entscheidungen zum Patentlizenzvertragsrecht zumindest stillschweigend von der Zulässigkeit von Meistbegünstigungsklauseln ausgegangen ist, dürfte dies auch in Zukunft gelten (vgl. insoweit die Nachweise aus der Literatur bei *Brandi-Dohrn* a.a.O. Fußnote 16).

Eine gewisse Vorsicht ist aber zumindest von Seiten des Lizenzgebers nicht nur aufgrund der fehlenden höchstrichterlichen Entscheidung in diesem Punkt am Platz, da die Nachteile einer solchen Klausel für den Lizenzgeber nicht übersehen werden dürfen. Selbst bei einer ausdrücklichen Beschränkung der Meistbegünstigung auf die Höhe der Lizenzgebühr können sich bereits Divergenzen ergeben, wenn einem späteren Lizenznehmer nur deshalb günstigere Bedingungen eingeräumt werden, weil sich der Lizenzgeber nach einem Verletzungsstreit mit parallel geführtem Nichtigkeitsverfahren zu einer vergleichsweisen Regelung bereit gefunden hat. Im Einzelfall kann auch die Vereinbarung einer »Cross-licence« Grund für einen niedrigen Lizenzsatz sein, wobei dann sehr schwierig zu beurteilen ist, wie die Gegenlizenz zu bewerten ist. Der Lizenzgeber muß darüberhinaus dem Lizenznehmer ein Auskunftsrecht einräumen, dies ergibt sich auch ohne vertragliche Regelung aus § 242 BGB (vgl. *Lüdecke/Fischer*, Lizenzverträge, C 61).

Schließlich geht der Lizenzgeber mit der Meistbegünstigungsklausel auch ein Risiko für den Fall von Verletzungen ein. Zwar wird argumentiert, daß ihm nicht eine Verpflichtung zur Verfolgung von Verletzern obliege (Klagepflicht), sondern daß er eine »Klagelast« habe, die bei einem Gewährenlassen der Verletzer, die damit praktisch eine Gratislizenz genießen, dazu führen kann, daß der Erstlizenznehmer seiner Verpflichtung zur Zahlung von Lizenzgebühren ebenfalls nicht mehr nachkommen muß (vgl. BGH GRUR 1965, 591, 595 – Wellplatten; *Lüdecke/Fischer*, Lizenzverträge, C 61 Anm. 23; im Einzelnen zu den Konsequenzen einer Meistbegünstigungsklausel *Brandi-Dohrn*, BB 1982, 1083, 1086).

19. Qualitätskontrolle

Vgl. dazu Anm. 14 zu Muster 1.

Die Ausübung von Kontrollrechten durch den Lizenzgeber bedeutet nicht, daß dieser deshalb für die Qualität der vom Lizenznehmer hergestellten Produkte haftet. Andererseits ist eine solche Haftung aufgrund des vom Lizenznehmer auf den Lizenzgegenständen evtl. angebrachten Warenzeichens des Lizenzgebers begründbar (vgl. zu der Problematik *Mes*, GRUR 1982, 74), so daß sich jedenfalls eine Freistellungserklärung durch den Lizenznehmer empfiehlt. Da diese Freistellung sämtliche Ansprüche aus Produkthaftpflicht umfaßt, also auch Entwicklungsfehler des Lizenzgebers, herrscht zwischen den Parteien jedenfalls insoweit Klarheit, als es Sache des Lizenznehmers sein wird, diese Risiken durch Versicherungen abzudecken.

20. Garantieklausel

(1) Allgemeines

Aufgrund der fehlenden gesetzlichen Regelung der Lizenzverträge ist es ratsam, auch die Gewährleistungsansprüche und vertraglichen Garantien ausdrücklich zu regeln. Die

Rechtsprechung vertritt zum großen Teil die Auffassung, daß auf Lizenzverträge die Bestimmungen über die Rechtspacht, §§ 581, 536 ff. BGB entsprechend Anwendung finden, ergänzend die Vorschriften der §§ 320 ff. BGB (BGH GRUR 1959, 616, 617 – Metallabsatz; BGH GRUR 1979, 768, 769 – Mineralwolle; *Nirk*, GRUR 1970, 329; *Kraßer/Schmid*, GRUR 1982, 324, 334).

(2) Rechtsmängelhaftung

Da Lizenzverträge von der Rechtsprechung zu den »gewagten Geschäften« gerechnet werden (BGH GRUR 1957, 595, 597 – Verwandlungstisch) und in der Praxis niemals ausgeschlossen werden kann, daß aufgrund unbekannt gebliebener Vorveröffentlichungen das Vertragsschutzrecht später nichtig geklagt wird, wird der Lizenzgeber grundsätzlich eine Haftung für die Rechtsbeständigkeit ausschließen. Die entsprechende Vorschrift des BGB, § 434 BGB, ist im übrigen abdingbar (vgl. *Palandt/Putzo* zu § 434 Anm. 1 a; *Benkard/Ullmann* zu § 15, RdNr. 91 ff.).

(3) Haftung für technische Ausführbarkeit

Wird ein Schutzrecht lizenziert, das bisher vom Lizenzgeber noch nicht ausgewertet worden ist und stellt sich heraus, daß die erfinderische Lehre naturgesetzlich nicht zu verwirklichen ist, so ist der Vertrag gem. § 306 BGB nichtig (BGH GRUR 1960, 44, 45 – Uhrgehäuse; BGH GRUR 1965, 298, 301 – Reaktions-Meßgerät). Von diesen Fällen zu unterscheiden sind – auch stillschweigend – übernommene Zusicherungen des Lizenzgebers für einen bestimmten technischen Erfolg der dem Vertrag zugrundeliegenden Erfindung, z. B. die Leistungsfähigkeit einer Maschine, die chemische Wirkung einer Substanz usw. Für diese Fälle gelten die allgemeinen Regeln über die Leistungsstörungen der §§ 320 ff BGB, falls nicht, wie im vorliegenden Fall, derartige Gewährleistungsansprüche ausgeschlossen sind.

Vgl. ergänzend die Ausführungen in den Anmerkungen 1 und 2 zu Muster 1.

21. Kennzeichnungspflicht

Bei einem nicht-ausschließlichen Lizenzvertrag wird das Interesse des Lizenzgebers, daß der Lizenznehmer einen Lizenzvermerk und ggf. das Warenzeichen des Lizenzgebers anbringt und damit auch auf das Unternehmen des Lizenzgebers hinweist, dann gegeben sein, wenn ein qualitativ und technologisch hochwertiges Produkt lizenziert wird, dessen technische Spezifikationen einheitlich sein müssen. Ein einheitliches Warenzeichen des Lizenzgebers ermöglicht ein einheitliches Marketing unabhängig von der Zahl oder einem eventuellen Wechsel der Lizenznehmer. Der Hinweis auf sein eigenes Unternehmen muß dem Lizenznehmer allerdings erlaubt sein, vgl. Art. 1 (1) Ziff. 7 der Gruppenfreistellungsverordnung. Im vorliegenden Fall wird davon ausgegangen, daß aufgrund einer Basiserfindung, die die chemische Herstellung des lizenzierten Kabels betrifft, die Firma des Lizenzgebers einen gewissen Bekanntheitsgrad erlangt hat, so daß es im Interesse des Lizenznehmers liegt, hierauf hinweisen zu dürfen. Gleichzeitig ist diese Kennzeichnung wichtig für die potentiellen Abnehmer (z. B. Bundespost), die die gleichen technischen Spezifikationen des Lizenzgebers voraussetzen können, wenn sie den Hinweis auf den Lizenzkabeln feststellen.

Vgl. zur Kennzeichnungspflicht Muster 1, Anm. 13.

22. Preisbindung

Eine Preisbindung ist gem. § 20 Abs. 2 Ziff. 2 GWB nach deutschem Kartellrecht zulässig. Dies betrifft aber ausschließlich die Abgabepreise des LN, nicht die Verkaufspreise auf nachgeschalteten Handelsstufen (vgl. *Benkard/Ullmann* zu § 15 PatG RdNr. 147 m.w.N.). Nach EG-Kartellrecht ist eine derartige Preisklausel allerdings nicht nach der Gruppenfreistellungsverordnung automatisch freigestellt, da die Preisbindung zu den verbotenen Klauseln zählt, Art. 3 Ziff. 6 Gruppenfreistellungsverordnung. Es bedarf daher in einem solchen Fall der besonderen Freistellung.

23. Nichtangriffspflicht

Vgl. dazu Muster 1 Anm. 20.

24. Erlöschen und Nichtigerklärung von Schutzrechten

Vgl. dazu Muster 1 Anmerkungen 9, 19 und 21.

Anders als bei einer sogenannten negativen Lizenz hat der einfache LG auch ohne vertragliche Vereinbarung die Verpflichtung, das Schutzrecht aufrecht zu erhalten und die Patentamtsgebühren zu entrichten sowie Nichtigkeits- bzw. Löschungsklagen abzuwehren (*Benkard/Ullmann* zu § 15 RdNr. 56, 81; *Kraßer/Schmid*, GRUR Int. 1982, 324, 330 r. Sp.). Zwar wirkt ein Verzicht auf das Patent sowohl gegenüber dem einfachen als auch dem ausschließlichen LN, der Patentinhaber macht sich allerdings gegebenenfalls schadenersatzpflichtig. Die Pflicht zur Aufrechterhaltung des Schutzrechts bedeutet auch rechtzeitige Zahlung der Jahresgebühren durch den Patentinhaber.

Handelt es sich bei der lizenzierten Erfindung um eine Arbeitnehmererfindung, so hat der LG beim Verkauf oder Fallenlassen des Schutzrechts § 15 ArbEG zu beachten, d. h. er muß die Erfindung dem Arbeitnehmererfinder anbieten. Eine Verletzung dieser Vorschrift führt zu Schadenersatzansprüchen des Arbeitnehmers, läßt aber die Wirksamkeit einer Verfügung, z. B. des Verkaufs oder des Fallenlassens unberührt.

Der BGH hat klargestellt (GRUR 1983, 237 – Brückenlegepanzer), daß auch der einfache Lizenznehmer zur Lizenzzahlung solange verpflichtet bleibt, solange das Patent nicht rechtskräftig für nichtig erklärt ist und die Lizenz ihm eine vorteilhafte Stellung verschafft. Dies gelte auch dann, wenn der Lizenznehmer aus faktischen Gründen keinerlei Wettbewerb ausgesetzt ist, z. B. wenn das Patent sich auf Kriegswaffen bezieht, für die als Benutzerin lediglich die Bundesrepublik Deutschland, d. h. das Bundesverteidigungsministerium in Frage kommt. Den »Vorteil« für die Lizenznehmerin hat der BGH darin gesehen, daß die Bundesregierung die Herstellung beliebigen Herstellern überlassen konnte, ohne von deren Seite Bedenken wegen des bestehenden Patents befürchten zu müssen. Bedenken hinsichtlich der Schutzfähigkeit eines Patents kann der Lizenznehmer nur durch Einleitung eines Nichtigkeitsverfahrens Geltung verschaffen.

Im vorliegenden Fall wurde davon ausgegangen, daß von den lizenzierten Schutzrechten zwei als sogenannte Basispatente anzusehen sind, während es sich bei den übrigen lediglich um Verbesserungen zum Teil hinsichtlich der verwendeten Materialien, zum Teil betreffend die räumliche Anordnung der elektrischen Leiter handelt. Bei einer Nichtigerklärung dieser Nebenschutzrechte, die z. B. auf die mangelnde Erfindungshöhe gegenüber dem Hauptpatent zurückgehen könnte, wäre eine Reduzierung der Lizenzgebühr unberechtigt, da der Lizenznehmer die eigentliche Erfindung weiterhin auswerten könnte und zwar auch mit der, unterstellt nicht mehr selbständig schutzfähigen, Verbesserung. Anders verhält es sich, wenn eines dieser Basispatente vernichtet wird oder erlischt, weil damit Dritte unbehelligt die betreffende Erfindung benutzen könnten und darüberhinaus kartellrechtlich die Einforderung einer Lizenzgebühr unzulässig wäre. In welchem Umfang eine Reduzierung der Lizenzgebühr eintreten würde, braucht im Vertrag selbst noch nicht geregelt zu werden, weil dies davon abhängen kann, welches der beiden Schutzrechte vernichtet ist, welche Laufzeit das verbleibende Schutzrecht genießt und ob nicht in der Zwischenzeit selbständige Weiterentwicklungen lizenziert worden sind, über die dann eine neue Gesamtvereinbarung geschlossen werden kann (vgl. zu einer ähnlichen Abwägung BGH GRUR 1955, 468 – Kokillenguß; zu dieser Problematik auch BGH GRUR 1958, 231 – Rundstuhlwirkware; *Benkard/Ullmann* zu § 15 RdNr. 109).

25. Verteidigung der Schutzrechte

Grundsätzlich hat der einfache LG ohne vertragliche Vereinbarung nur dann eine Verpflichtung, die Schutzrechte zu verteidigen, falls eine Meistbegünstigungsklausel vereinbart ist. In diesem Fall wäre die Duldung von Verletzungen eine Art Gratislizenz für die Verletzer.

Da der einfache LN nicht selbst klageberechtigt ist (vgl. *Benkard/Rogge* zu § 139 PatG RdNr. 17), kann dieser einer vertraglich übernommenen Verteidigungspflicht nur nachkommen, wenn ihm vom Patentinhaber eine Ermächtigung oder eine Abtretung der Rechte zugesagt wird. Im vorliegenden Fall möchte sich der Patentinhaber das Vorgehen gegen Verletzer vorbehalten, da er nur dann ein direktes eigenes Interesse sieht, wenn Verletzer auf seinem Anwendungsgebiet tätig werden oder wenn die Verletzungen ein Ausmaß annehmen, daß dadurch seine eigenen Einkünfte aus der einfachen Lizenz eine Beeinträchtigung erfahren. Fühlt sich der LN bereits bei weniger umfangreichen Verletzungen beeinträchtigt, so ermöglicht es ihm die vertragliche Regelung, gegen diese Verletzer vorzugehen, wobei ihm als Entschädigung auch etwaige Schadensersatzansprüche verbleiben sollen. Hierunter fallen nicht nur Gewinne, die dem LN durch die Verletzungen entgangen sind, sondern auch, falls sich dies zur Beweiserleichterung anbietet, die an sich dem LG zustehenden Lizenzgebühren, auf die dieser im Vertrag ausdrücklich verzichtet hat. Es empfiehlt sich allerdings, falls der LN dem Patentinhaber die Entschlossenheit zu einer Verletzungsklage ankündigt, nicht nur eine prozessuale Ermächtigung sondern auch eine Abtretung der Schadenersatzansprüche vertraglich festzulegen, um dem LN ein eigenes Recht zur Verfolgung dieser Ansprüche einzuräumen.

Die Vertragsparteien müssen sich allerdings darüber im klaren sein, daß die hier vorgeschlagene Klausel einen Freibrief für den LN darstellt, gegen jeden Verletzer vorzugehen, auch wenn damit die Gefahr verbunden ist, daß sich der Patentinhaber damit einer Nichtigkeitsklage ausgesetzt sieht, weil dies in der Praxis bei wichtigen Patenten eine übliche Reaktion des Verletzers ist. Muß der LG daher eine Nichtigkeitsklage fürchten oder möchte er sich generell ein Mitspracherecht bei der Verteidigung der Schutzrechte sichern, so sollte er dies im Vertrag festlegen. In diesem Fall müßte er sich allerdings auch mit einer Reduzierung oder gar einem Verzicht auf Lizenzgebühren einverstanden erklären, wenn er beschließt, gegen Verletzer nicht vorzugehen (vgl. BGH GRUR 1965, 591, 595 – Wellplatten).

26. Vertragsdauer

Vgl. dazu Muster 1 Anm. 21.

27. Kündigung

Auch der einfache Lizenzvertrag ist in aller Regel Dauerschuldverhältnis und kann deshalb nicht durch Rücktritt, sondern nur durch Kündigung einseitig beendet werden (*Benkard/Ullmann* zu § 15 PatG RdNr. 114 f.; *Palandt/Heinrichs*, Einleitung 5 zu § 241 BGB). Dies gilt jedenfalls dann, wenn neben der bloßen Benutzungsgestattung technische Hilfestellung und Know-how-Übermittlung vereinbart werden und daher auf Dauer ausgerichtete Zusammenarbeit erwartet wird. Das Recht zur fristlosen Kündigung kann aber auch bei einem Lizenzvertrag nicht abbedungen werden (BGH GRUR 1959, 616, 617 – Postkalender).

Dem Lizenzgeber steht im übrigen im Falle von Vertragsverletzungen nicht nur das Kündigungsrecht zur Verfügung, er kann vielmehr bei einer Überschreitung der Befugnisse des Lizenznehmers gegen diese mit der Patentverletzungsklage vorgehen, was jetzt sogar ausdrücklich gesetzlich normiert ist, vgl. § 15 Abs. 2 PatG.

28. Übertragung von Vertragsschutzrechten

Nach der Rechtsprechung hat die einfache Lizenz lediglich schuldrechtliche Wirkung (BGH GRUR 1982, 411 – Verankerungsteil mit Anm. *Hoepffner;* vgl. dazu auch oben Anm. 8). Das bedeutet, daß im Falle der Übertragung des Patents die einfache Lizenz dem Erwerber gegenüber nicht geltend gemacht werden kann (vgl. zum Rechtscharakter der einfachen Lizenz *Benkard/Ullmann* zu § 15 PatG. RdNr. 56 ff.). Da die Vereinbarung eines Verbots der Übertragung an Dritte im Lizenzvertrag ebenfalls nur schuldrechtliche Wirkung hätte, genügt die Vereinbarung eines – ebenfalls nur schuldrechtlich wirkenden – Vorkaufsrechts, wie dies in § 25 des Musters vorgeschlagen wurde. Der einfache Lizenznehmer muß sich aber darüber im klaren sein, daß bei einer abredewidrigen Veräußerung des Schutzrechts an Dritte ihm nur Schadenersatzansprüche gegen den Lizenzgeber verbleiben und ihm die weitere Ausübung der Lizenz durch den Erwerber untersagt werden kann. Aufgrund dieser Rechtsprechung wird sich im Einzelfall nicht nur die genaue Prüfung der Vertragspartner, sondern auch der Frage empfehlen, ob statt einer einfachen Lizenz nicht eine ausschließliche vereinbart werden soll, die dingliche Wirkung hat (vgl. Muster 1).

Als Ausweg aus den rechtlichen Schwierigkeiten empfiehlt *Körner* (Mitt. 1983, 230), in den nicht ausschließlichen Lizenzvertrag eine Vereinbarung aufzunehmen, mit der aufschiebend bedingt dem Lizenznehmer ein Miteigentumsrecht am Patent eingeräumt wird, falls der Lizenzgeber das Schutzrecht veräußert. Aufgrund der dinglichen Wirkung des Miteigentums würde eine solche Klausel auch im Verkaufsfall Bestand haben. Ein Patentinhaber, der nur gewillt ist, eine nicht ausschließliche Lizenz zu vergeben, wird aber nur in seltenen Fällen bereit sein, derart weitgehende, rechtlich nicht unkomplizierte Regelungen zu akzeptieren.

29. Gerichtsstand und anzuwendendes Recht

Vgl. dazu Muster 1 Anm. 22.

5 Gebrauchsmusterlizenzvertrag

Vorbemerkungen

a) Sachverhalt

Es handelt sich um einen ausschließlichen Gebrauchsmusterlizenzvertrag, der dem Lizenznehmer bestimmte Gebiete Norddeutschlands als Lizenzgebiet einräumt. Da der Lizenzgeber im übrigen Bundesgebiet herstellt und vertreibt und zum Teil auch bundesweite Werbung für das Lizenzprodukt macht, wird zur Verhinderung von Abwerbung auch die Art der Werbung mit Adressenangabe des Lizenznehmers vereinbart. (Ein ähnlicher Sachverhalt liegt der BGH-Entscheidung »Werbespiegel« GRUR 1977, 107 zugrunde.)

b) Hinweise zur Benutzung des Vertragsmusters

Die vertraglichen Regelungen eines Gebrauchsmusterlizenzvertrages unterscheiden sich nicht grundsätzlich von denen eines Patentlizenzvertrages. Da das Gebrauchsmuster jedoch ein nicht geprüftes Schutzrecht ist, bedarf die Frage des Risikos für eine eventuell später festgestellte Rechtsunbeständigkeit einer besonderen Regelung. Eine solche Regelung enthält z. B. § 8 Abs. 3 hinsichtlich der Zahlung der Lizenzgebühren.

Die vorgeschlagenen Regelungen dieses Vertragsmusters beschränken sich auf die in dem gedachten Fall für unbedingt notwendig erachteten Klauseln. Werden zu bestimmten Punkten Ergänzungen für sinnvoll gehalten, so sollte auf die Vorschläge des Musters 1 zurückgegriffen werden.

c) Zur besonderen Beachtung

Hinsichtlich der Formvorschriften gilt der Hinweis c) zu Muster 1.

Zu prüfen ist, ob für die vertragsgegenständliche Erfindung zugleich eine Patentanmeldung existiert und ob diese in den Vertrag mit einbezogen werden soll. Im vorliegenden Fall wurde von einem Gebrauchsmuster ohne parallele Patentanmeldung ausgegangen. Im Falle einer Patentanmeldung werden sich Vertragsänderungen ab dem Zeitpunkt der Patenterteilung empfehlen, z. B. im Sinne einer Erhöhung von Lizenzgebühren und auch bzgl. § 8 Abs. 3, da bei einem geprüften Schutzrecht das Risiko der Vernichtung eher dem Lizenznehmer auferlegt werden kann, dies hat der BGH im übrigen sogar im »Werbespiegel« – Fall GRUR 1977, 107 für das Gebrauchsmuster bejaht.

Muster 5

Gebrauchsmusterlizenzvertrag

zwischen der Firma
Sitz:
vertreten durch: ihren Vorstand
 – nachstehend Lizenzgeber (LG) genannt –
und der Firma
Sitz:
vertreten durch: ihren Geschäftsführer
 – nachstehend Lizenznehmer (LN) genannt –

§ 1 Vertragsgegenstand

LG ist Inhaber des deutschen Gebrauchsmusters Nr. ... mit der Bezeichnung »Werbespiegel«. Spiegel gemäß diesem Gebrauchsmuster werden bisher vom Lizenzgeber in Deutschland allein hergestellt und vertrieben.

§ 2 Umfang der Lizenz[1]

LG überträgt LN für das Gebiet der Bundesländer Schleswig Holstein, Niedersachsen, Hamburg und Bremen eine ausschließliche Herstellungs- und Vertriebslizenz an dem eingetragenen Gebrauchsmuster. LG verpflichtet sich, im Lizenzgebiet selbst keine Spiegel zu vertreiben und/oder für diese Spiegel Werbung zu machen. Ausgenommen sind Anzeigen in überregionalen Zeitungen und Zeitschriften, die auch im Lizenzgebiet vertrieben werden. In diesen Anzeigen wird der LG neben seiner eigenen Adresse auch die des LN angeben.

§ 3 Lizenzgebühr[2]

(1) LN verpflichtet sich, an LG eine Lizenzgebühr in Höhe DM 30,– pro Spiegel zuzüglich der gesetzlichen Mehrwertsteuer zu bezahlen.

(2) LN verpflichtet sich, an LG eine jährliche Mindestlizenzgebühr in Höhe von DM 60 000,– zu bezahlen, die auf die Zahlungen gem. Abs. 1 angerechnet wird.[3]

(3) Die Abrechnung erfolgt vierteljährlich, und zwar zum 31. 03., 30. 06., 30. 09. und 31. 12. eines jeden Jahres. Die Lizenzgebühren einschließlich der Mindestlizenzgebühr sind jeweils einen Monat nach dem jeweiligen Abrechnungsdatum fällig.

§ 4 Buchführungspflicht[4]

(1) LN ist verpflichtet, über die Lieferung der von Ihm aufgrund dieses Vertrages hergestellten Gegenstände in der Weise Buch zu führen, daß daraus die Anzahl und die Empfänger derselben ersichtlich sind.

(2) LG ist berechtigt, die Richtigkeit der Buchführung und ihre Übereinstimmung mit der allgemeinen Buchführung von LN durch einen zur Verschwiegenheit verpflichteten Buchprüfer prüfen zu lassen. Die Kosten der Überprüfung trägt LG, bei der Aufdeckung von Unrichtigkeiten trägt die Kosten LN.

§ 5 Übertragbarkeit und Unterlizenzen[5]

Die Übertragung der Lizenz oder die Vergabe von Unterlizenzen ist LN nicht gestattet.

§ 6 Mängelhaftung[6]

(1) LG versichert, daß ihm Rechtsmängel am Vertragsschutzrecht und Sachmängel der diesem zugrunde liegenden Erfindung nicht bekannt sind. Eine Haftung für Freiheit von Mängeln, insbesondere Abhängigkeit von Schutzrechten Dritter, wird nicht übernommen.

(2) LG steht dafür ein, daß die Erfindung gemäß dem Gebrauchsmuster fabrikmäßig herstellbar ist und kaufmännisch en gros vertrieben werden kann.

§ 7 Qualitätskontrolle und Produkthaftpflicht[7]

LN hat den Lizenzgegenstand in der gleichen Qualität wie LG herzustellen. LG hat das Recht, die vereinbarte Qualität zu überwachen und den Vertrieb minderwertiger Produkte zu untersagen. Sein Kontrollrecht kann LG durch persönliche Kontrolle der Produktion ausüben, hierzu steht ihm ein Zutrittsrecht zu den Produktionsräumen von LN während der normalen Arbeitsstunden zu. Im Innenverhältnis stellt LN LG von etwaigen Ansprüchen aus Produkthaftpflicht frei.

§ 8 Verteidigungsverpflichtung[8]

(1) LN verpflichtet sich, das Vertragsschutzrecht auf eigene Kosten gegen Angriffe Dritter zu verteidigen. Im Falle von Verletzungen des Schutzrechts obliegt es LN, Verletzungshandlungen innerhalb des Lizenzgebietes auf eigene Kosten zu verfolgen. Dies gilt nicht, falls die Verletzungshandlungen unbedeutend sind und der Prozeßaufwand in keinem Verhältnis zu eventuellen Umsatzeinbußen stehen würde.

(2) Unterläßt es LN, gegen Verletzer vorzugehen, so steht ihm kein Recht zu, die Lizenzgebühren zurückzuhalten oder zu ermäßigen. Im Falle des Obsiegens gegen Verletzer, stehen LN etwaige Schadenersatzansprüche zu.

(3) Wird von Dritten die Löschung des Gebrauchsmusters betrieben, so ist LN nur noch zur Abführung der Hälfte der festgesetzten Lizenzgebühren verpflichtet

unabhängig davon, ob Dritte das Schutzrecht beachten oder nicht. Die andere Hälfte der Lizenzgebühren wird bis zur rechtskräftigen Entscheidung über den Löschungsantrag durch LN auf einem Festgeldkonto angelegt. Wird das Gebrauchsmuster vernichtet, erfolgt die Auszahlung der aufgelaufenen Gebühren an LN, wird es aufrecht erhalten, erfolgt die Auszahlung an LG.

§ 9   Nichtangriffsklausel[9]

LN verpflichtet sich, das Vertragsschutzrecht weder selbst anzugreifen noch Dritte beim Angriff auf das Schutzrecht zu unterstützen.

§ 10   Laufzeit des Vertrages[10]

Der Vertrag wird für die Restlaufzeit des Gebrauchsmusters abgeschlossen.

§ 11   Kündigung[11]

(1) LN hat das Recht, den Vertrag zum Ende eines Vierteljahres mit zweimonatiger Kündigungsfrist zu kündigen:
   a) Wenn sich die industrielle Fertigung als wirtschaftlich undurchführbar erweist;[12]
   b) Wenn das Gebrauchsmuster von Dritten verletzt wird und diese nach Abmahnung einen Löschungsantrag eingereicht haben.

(2) LG hat das Recht zur Kündigung mit denselben Fristen
   a) wenn die vereinbarte Mindestlizenz in drei aufeinanderfolgenden Kalendervierteljahren nicht um mindestens 10% überschritten worden ist.[3]
   b) Wenn LN trotz Mahnung und Fristsetzung mit der Abrechnung und Zahlung der Lizenzgebühren oder mit der Beseitigung von Qualitätsmängeln in Verzug bleibt.[4, 7]

§ 12   Salvatorische Klausel

Sollte eine Bestimmung dieses Vertrages unwirksam sein oder werden oder der Vertrag eine Lücke enthalten, so bleibt die Rechtswirksamkeit der übrigen Bestimmungen hiervon unberührt. Anstelle der unwirksamen Bestimmung gilt eine wirksame Bestimmung als vereinbart, die der von den Parteien gewollten wirtschaftlich am nächsten kommt; das gleiche gilt im Falle einer Lücke.

§ 13   Gerichtsstand[13]

Für alle Streitigkeiten, die aus diesem Vertrag entstehen, wird die Zuständigkeit des Landgerichts München I vereinbart.

Ort, Datum   Unterschriften

Anmerkungen

1. Ausschließliche Lizenz

Nach der hier gewählten Form einer Alleinbenutzungsklausel ist dem Lizenzgeber nicht nur die Erteilung einer weiteren Lizenz sondern auch eine eigene Benutzung des Schutzrechts im Lizenzgebiet untersagt (vgl. zur Definition *Ullrich*, ZHR 137 (1973), 134, 152; *Theune*, GRUR Int. 1977, 61, 67).

Die ausschließliche Lizenz hat im Gegensatz zur nicht-ausschließlichen Lizenz dingliche Wirkung und verschafft dem Lizenznehmer auch ein eigenes Klagerecht gegen Verletzer im Lizenzgebiet – sogar gegen den Lizenzgeber (vgl. OLG Karlsruhe GRUR 1980, 784 – Nähmaschine I und GRUR 1981, 904 – Nähmaschine II). Der Charakter als dingliches Recht schützt den Lizenznehmer auch gegen Verfügungen des Lizenzgebers über das Schutzrecht, da bei einer Übertragung des Gebrauchsmusters an Dritte eine ausschließliche Lizenz auch gegenüber dem neuen Gebrauchsmusterinhaber wirksam bleibt (vgl. dazu zuletzt BGH GRUR 1982, 411 – Verankerungsteil; ausführlich *Kraßer/Schmid*, GRUR Int. 1982, 324, 328 f.).

Vgl. im übrigen, insbesondere zu kartellrechtlichen Fragen des deutschen und europäischen Kartellrechts Muster 1 Anm. 3.

2. Lizenzgebühr

Die Vereinbarung einer Stücklizenz erübrigt eine detaillierte Regelung, wie sie im Falle einer umsatzbezogenen Lizenzgebühr hinsichtlich der Regelung von Kosten usw. erforderlich wäre. Auch die Buchführung des Lizenznehmers und der Umfang der Überprüfung durch den Lizenzgeber werden dadurch erleichtert. Zu den alternativen Lizenzgestaltungen vgl. Muster 1 Anm. 9.

Die Verpflichtung zur Zahlung von Lizenzgebühren gilt für die gesamte Laufzeit des Vertrages, es sei denn, das zugrundeliegende Schutzrecht wird vorher vernichtet. Im letzteren Fall endet die Zahlungspflicht grundsätzlich erst mit rechtskräftiger Vernichtung des Schutzrechts. Selbst die Aufdeckung einer offenkundigen Vorbenutzung oder anderer Nichtigkeitsgründe befreit den Lizenznehmer nicht von der Zahlungspflicht (vgl. BGH GRUR 1969, 409 mit Anm. *Moser von Fielseck* – Metallrahmen; BGH GRUR 1957, 595 mit Anm. *Beil* – Verwandlungstisch; zuletzt BGH GRUR 1983, 237 – Brückenlegepanzer). Die hier in § 8 Abs. 3 vorgeschlagene Regelung sieht eine Staffelung der Zahlungspflicht und damit eine Verteilung des Risikos für die eventuelle Vernichtung des Vertragsschutzrechts im Falle der Einleitung eines Löschungsverfahrens vor. Dies erscheint aus dem Gesichtspunkt berechtigt, daß das Gebrauchsmuster ein ungeprüftes Schutzrecht ist und daher keine Vermutung für die Rechtsbeständigkeit wie bei einem erteilten Patent besteht. Weitergehende Rechte des Lizenznehmers werden von der Rechtsprechung für den Fall bejaht, daß die dem Lizenznehmer durch den Lizenzvertrag gewährte Vorzugsstellung auf dem Markt in Wahrheit nicht mehr besteht, weil Wettbewerber in Kenntnis der Vernichtbarkeit das Ausschlußrecht nicht respektieren und damit dem Lizenznehmer eine Auswertung unmöglich machen. In einem solchen Fall wäre der Lizenznehmer ohne eine vertragliche Regelung berechtigt, die weitere Zahlung von Lizenzgebühren zu verweigern. Aufgrund der Regelung in § 8 obliegt es jedoch ihm, gegen Verletzer vorzugehen, und falls er Verletzungshandlungen duldet, so ist die Zahlungsverweigerung ausgeschlossen. Wird im Verletzungsprozeß der Verletzer verurteilt, so lebt die Vorzugsstellung des Lizenznehmers wieder auf. Wird die Verletzungsklage abgewiesen, so mag dies im Einzelfall eine wirtschaftliche Beeinträchtigung bedeuten, für einen unbegrenzten Schutzumfang wird der Lizenzgeber aber niemals eine Garantie geben können. Erst wenn der angegriffene Verletzer mit einer Löschungsklage die Vernichtung des Gebrauchsmusters erreicht, entfällt die Gebührenzahlungspflicht endgültig (vgl. dazu auch für den Fall eines Gebrauchsmusters BGH GRUR 1977, 107 – Werbespiegel).

3. Mindestlizenzgebühr

Die Vereinbarung einer Mindestlizenzgebühr entbindet im vorliegenden Fall den Lizenznehmer nicht von einer Verpflichtung zur Ausübung der Lizenz, was sich aus der Regelung des § 11 Abs. 2 ergibt. Andererseits kann der LG die Mindestlizenzgebühren fordern, auch wenn sich die Gewinnerwartungen des LN nicht realisieren. Eine Anpassung oder Aufhebung einer solchen Klausel nach § 242 BGB wird bei Kaufleuten auf extreme Ausnahmefälle beschränkt sein (vgl. BGH GRUR 1974, 40, 43 linke Spalte – Bremsrolle mit Anmerkung *Fischer;* BGH GRUR 1978, 166 – Banddüngerstreuer mit Anmerkung *Storch*). Eine für den Lizenznehmer möglicherweise gefährliche Regelung ist die Kombination einer Mindestlizenzklausel mit einer Nichtangriffsklausel, da der Lizenznehmer auch dann zur Weiterzahlung der Mindestlizenzgebühr verpflichtet bleibt, wenn Wettbewerber das Schutzrecht nicht respektieren. Die Beweislast dafür, daß dies aufgrund der offensichtlichen Rechtsunbeständigkeit des Gebrauchsmusters erfolgt, liegt im Zweifelsfall beim Lizenznehmer. Hinsichtlich weiterer Einzelheiten zur Mindestlizenzgebühr, auch aus kartellrechtlicher Sicht, vgl. Muster 1 Anmerkung 10.
Hinsichtlich der Zahlungsfristen und Steuern vgl. Muster 1 Anmerkung 12 und 13.

4. Buchführungspflicht und Kontrollrecht

Bei Stücklizenzen genügt hinsichtlich der Buchführung die Aufzeichnung über die Zahl der gelieferten Gegenstände und die Namen der jeweiligen Kunden, das Lieferdatum und gegebenenfalls die fortlaufende Nummer der Lieferprodukte. Ohne eine ausdrückliche vertragliche Regelung wird eine Berechtigung des Lizenzgebers zur Überprüfung der Buchführung nicht angenommen (vgl. BGH GRUR 1961, 466 mit Anmerkung *Moser v. Filseck* – Gewinderollkopf). Gegebenenfalls kann für den Fall einer fehlerhaften Abrechnung eine Vertragsstrafe vereinbart werden, die zum Beispiel in einem Vielfachen der vereinbarten Mindestlizenzgebühr bestehen kann.

5. Übertragbarkeit und Unterlizenzen

Die Übertragung der Lizenz und die Unterlizenzierung können gegenüber dem Lizenznehmer ausgeschlossen werden, insbesondere wenn wie im vorliegenden Fall innerhalb eines Schutzrechtsgebietes eine Aufteilung vorgenommen wird, die bei einer Unterlizenzierung oder der Übertragung an Dritte unterlaufen werden könnte. Aus kartellrechtlicher Sicht sind dagegen keine Bedenken zu erheben, vgl. z. B. zum europäischen Recht die Gruppenfreistellungsverordnung der Kommission Artikel 2 (1) Ziff. 5; vgl. zur Bedeutung der Gruppenfreistellungsverordnung Muster 1 Anm. 3.

Eine vertragliche Ausnahme könnte für den Fall einer Kooperation mit anderen Unternehmen vorgesehen werden, z. B. in Form eines Genehmigungsvorbehaltes durch den Lizenzgeber. Vgl. weitere Einzelheiten Muster 1 Anm. 5.

6. Mängelhaftung und Zusicherungen des Lizenzgebers

Der Lizenzgeber sichert das Bestehen des Schutzrechts bei Vertragsschluß, seine Verfügungsbefugnis einschließlich des Nicht-Bestehens von Pfand- oder Nießbrauchsrechten Dritter zu. Auch die Verpflichtung, das Schutzrecht während der Vertragsdauer nicht fallen zu lassen, ergibt sich nach herrschender Meinung bereits aus allgemeinen lizenzvertraglichen Regeln (vgl. *Benkard/Ullmann* PatG § 15 RdNr. 81).

Für den vorliegenden Vertrag sind sämtliche weiteren Zusicherungen rechtlicher Art durch den Lizenzgeber ausgeschlossen, insbesondere haftet er nicht für die Rechtsbeständigkeit des Gebrauchsmusters, was sich auch aus der Regelung des § 8 Abs. 3 ergibt (vgl. im übrigen Muster 1 Anmerkung 2 (1)).

Die Regelung in § 6 Abs. 2 bedeutet die Übernahme der Haftung des Lizenzgebers für technische Brauchbarkeit und gewerbliche Ausführbarkeit, was deshalb ohne Risiko möglich ist, weil der Lizenzgeber den Lizenzgegenstand bereits selbst herstellt und vertreibt. Grundsätzlich wird eine stillschweigende Zusicherung der technischen Ausführbarkeit und Brauchbarkeit nicht angenommen. Hat der Lizenzgeber die Garantie für die technische Brauchbarkeit übernommen und stellt sich die Erfindung als technisch nicht ausführbar oder unbrauchbar heraus, so steht dem Lizenznehmer ein Rücktrittsrecht zu (BGH GRUR 1965, 298 mit Anmerkung von *Falck* – Reaktionsmeßgerät). Vgl. dazu weiter Muster 1 Anm. 2 (2).

Handelt es sich dagegen um eine noch nicht produktionsreife Erfindung, was bei Gebrauchsmustern häufig der Fall sein kann, so empfiehlt sich die Vereinbarung eines Kündigungsrechts für beide Seiten nach 1 Jahr, wenn es dem Lizenznehmer nicht gelingt, die Fertigung zu beginnen.

7. Qualitätskontrolle und Produkthaftpflicht

Eine Qualitätskontrolle liegt im Interesse des Lizenzgebers, weil dieser im Geltungsbereich des Schutzrechts identische Gegenstände anbietet und er daher damit rechnen muß, daß auch Lizenzgegenstände in dem ihm vorbehaltenen Gebiet vertrieben werden. Der Vorbehalt eines Kündigungsrechts gemäß der Regelung im § 11 Abs. 2 sichert diese Vereinbarung ab.

Aufgrund der gemeinsamen Werbung, insbesondere wenn ein gemeinsames Warenzeichen benutzt wird, könnten Produkthaftungsansprüche entstehen, die bei fehlender Unterscheidbarkeit der Hersteller eventuell gegenüber dem Lizenzgeber und dem Lizenznehmer geltend gemacht werden, vgl. Artikel 2 der geplanten EG-Richtlinie »Produkthaftpflicht« Dok. 351/76, wo die Benutzung eines Warenzeichens als Anknüpfungstatbestand für die Produkthaftpflicht vorgesehen wird. Insoweit empfiehlt sich die die vorgeschlagene Freistellungsklausel.

5 Gebrauchsmusterlizenzvertrag

8. Verteidigungsverpflichtung

Im Falle eines ausschließlichen Lizenzvertrages wird eine Verpflichtung des Lizenznehmers zur Verteidigung des Schutzrechts auch ohne vertragliche Regelung angenommen (vgl. *Kraßer/Schmid*, GRUR Int. 1982, 324, 331 linke Spalte m.w.N.). Da der Lizenznehmer in seinem Lizenzgebiet eher von Patentverletzungen erfährt als der Lizenzgeber und er im übrigen auch ein eigenes Interesse an der ungestörten Ausübung des Lizenzvertrages hat, ist die in § 8 (1) getroffene Regelung sachgerecht. Die Verpflichtung zur Verteidigung des Schutzrechts schließt im übrigen auch ohne ausdrückliche Nichtangriffsklausel die Pflicht ein, unmittelbare oder mittelbare Angriffe auf das Schutzrecht zu unterlassen (vgl. GRUR 1956, 264, 265 linke Spalte). Eine Verteidigungsverpflichtung ist nach europäischem Kartellrecht zulässig, vgl. Gruppenfreistellungsverordnung Artikel 2 (1) Ziff. 8 b; vgl. auch Muster 1 Anm. 19.

9. Nichtangriffsklausel

Eine Verpflichtung, das lizenzierte Schutzrecht nicht anzugreifen, kann auch ohne ausdrückliche vertragliche Vereinbarung angenommen werden, wenn ein solcher Angriff als Verstoß gegen Treu und Glauben anzusehen wäre, was während des Bestehens des Lizenzvertrages regelmäßig der Fall sein wird (vgl. BGH Bl. 1965, 117, 178 – Vanalpatent; GRUR 1956, 264 – Wendemanschette I.; BGH GRUR Int. 1969, 31 – Gewindeschneideapparat, für ein gesellschaftsähnliches Verhältnis; im übrigen *Schulte* PatG 3. Auflage zu § 81 RdNr. 23 ff.). Da im vorliegenden Fall der Lizenzvertrag für die Dauer des Schutzrechts abgeschlossen worden ist, bedarf es keiner ausdrücklichen Regelung dahingehend, daß die Nichtangriffsklausel nur für die Vertragslaufzeit gilt. Eine Nichtangriffsklausel, die über die Laufzeit des Schutzrechts hinausgeht, ist von § 20 Abs.2 GWB nicht gedeckt (OLG Karlsruhe WRP 1968, 409; dazu Fritze GRUR 1969, 218). Nach Auffassung der EG-Kommissionen ist nach europäischem Recht eine Nichtangriffsklausel als Verstoß gegen Art. 85 Abs. 1 EWG-Vertrag anzusehen (vgl. EG-Kommission GRUR Int. 1972, 371 – Davidson/Rubber; GRUR Int. 1972, 374 – Raymond/Nagoya; GRUR Int. 1979, 212 – Vaessen/Moris). Dies gilt dann, wenn die Nichtangriffsabrede eine Auswirkung auf den zwischenstaatlichen Handel hat, was nach der Praxis der Kommission anzunehmen ist, wenn potentiell Käufe in einem anderen Mitgliedsland der EG unmöglich gemacht werden. Nach europäischem Recht ist daher allenfalls die Verpflichtung des Lizenznehmers zulässig, dem Lizenzgeber gegen einen Patentverletzer Beistand zu leisten (vgl. Art. 2 Abs. 1 Ziff. 8 c Gruppenfreistellungsverordnung). Eine Entscheidung des EuGH zu dieser Rechtsfrage ist allerdings bisher nicht ergangen. Vgl. zu weiteren Einzelheiten Muster 1 Anmerkung 20.

10. Vertragslaufzeit

Eine über den Ablauf des lizenzierten Schutzrechts hinausgehende Vertragslaufzeit wäre nur vorstellbar, wenn außer dem Gebrauchsmuster auch geheimes Know-how zur Auswertung übertragen worden wäre, was auch noch nach Ablauf des Gebrauchsmusters geheim ist. Vgl. dazu im einzelnen Muster 1 Anm. 21 (1).

11. Kündigung

Eine Kündigung aus wichtigem Grund ist immer dann zulässig, wenn dem Kündigenden ein Festhalten am Vertrag nicht mehr zumutbar ist (vgl. hierzu grundlegend BGH GRUR 1959, 616 – Metallabsatz). Nach der zitierten BGH-Entscheidung findet hierfür § 723 Abs. 1 Satz 2 BGB Anwendung, nach anderer Ansicht ist § 626 BGB analog anzuwenden (vgl. *Kraßer/Schmid*, GRUR Int. 1982, 324, 334 f.). Dies gilt bei Verletzungen einer Hauptpflicht für beide Parteien. Ein Rücktrittsrecht nach § 325 f. BGB wird wegen des Vorliegens eines Dauerschuldverhältnisses verneint. Dagegen können sich Schadenersatzansprüche nach § 628 Abs. 2 BGB analog ergeben.

12. Wirtschaftliche Unmöglichkeit

Ein Kündigungsrecht im Falle der Unmöglichkeit einer wirtschaftlichen Auswertung der Erfindung ist von der Rechtsprechung zugunsten des Lizenznehmers unter strengen Voraussetzungen bejaht worden (vgl. BGH GRUR 1978, 166 – Banddüngerstreuer). Vgl. für weitere Einzelheiten Muster 1 Anm. 2 (4).

13. Gerichtsstand und anzuwendendes Recht

Da im vorliegenden Fall angenommen wurde, daß es sich um einen rein nationalen Lizenzvertrag mit zwei deutschen Vertragspartnern handelt, ergibt sich die Anwendbarkeit deutschen Rechts auch ohne vertragliche Regelung. Die Vereinbarung über die Zuständigkeit der ordentlichen Gerichte wird für den Normalfall eines Gebrauchsmusterlizenzvertrages sachdienlich sein, wobei meist der Lizenzgeber das für ihn zuständige Wohnsitzgericht vereinbaren wird. Bei der Lizenzierung technisch besonders komplizierter Erfindungen kann sich die Vereinbarung einer Schiedsgerichtsklausel empfehlen, da es dann die Parteien in der Hand haben, das Verfahren unter Zuhilfenahme technisch vorgebildeter Schiedsrichter durchzuführen. Eine Schiedgerichtsklausel wird sich auch dann empfehlen, wenn Verträge zwischen Angehörigen verschiedener Länder geschlossen werden.

Vgl. zu den Einzelheiten, auch hinsichtlich der Zulässigkeit von Gerichtsstandsvereinbarungen Muster 1 Anm. 22.

6 Optionsvertrag mit Geheimhaltungspflichten

Vorbemerkungen

a) Sachverhalt

Vor Abschluß des Lizenzvertrages möchte der Lizenznehmer das Produkt und dessen Einsatzmöglichkeiten in der Praxis erproben. Bis zum Abschluß der Erprobungszeit möchte er sich das Recht zum Abschluß eines in den Einzelheiten bereits ausgehandelten Lizenzvertrages gegenüber dem Lizenzgeber sichern, was in Form eines Optionsvertrages geschehen soll.

b) Anwendung des Vertragsmusters

Das vorliegende Formular enthält einen echten Optionsvertrag, d. h. eine Rechtseinräumung zu Gunsten des Lizenznehmers auf Abschluß eines Hauptvertrages, nämlich des Lizenzvertrages. Zu den Rechtsfolgen einer derartigen vertraglichen Regelung und zu alternativen Vertragsgestaltungen vgl. Anm. 1.

Werden weitergehende Vereinbarungen bezüglich der Geheimhaltungsverpflichtung des Lizenznehmers für erforderlich gehalten, so wird empfohlen, Ergänzungen aus Muster 3 zu übernehmen.

c) Zur besonderen Beachtung

Wie für die Lizenzverträge gilt auch für den Optionsvertrag grundsätzlich Formfreiheit, es sei denn der Vertrag enthält wettbewerbsbeschränkende Klauseln, für die die Schriftform gemäß § 34 GWB zwingend erforderlich ist. Dies gilt auch für Vorverträge und Optionsverträge, die den Lizenznehmer zum Abschluß eines Lizenzvertrages verpflichten, wegen §§ 20, 21 GWB. Für weitere Einzelheiten vgl. Anm. 1, sowie Muster 1, Vorbemerkung c).

Muster 6

Optionsvertrag mit Geheimhaltungspflichten

zwischen der Firma
Sitz:
vertreten durch: ihren Vorstand
  – nachstehend Lizenzgeber genannt –
und der Firma
Sitz:
vertreten durch: ihren Geschäftsführer
  – nachstehend Lizenznehmer genannt –

Präambel

Die Parteien planen den Abschluß eines Lizenzvertrages. Der zukünftige Lizenzgeber (LG) ist Inhaber eines Patents für einen Bauträger und besitzt darüber hinaus geheime Kenntnisse für die Herstellung und die Legierung des Trägers. Der zukünftige Lizenznehmer (LN) ist an der Erteilung einer Lizenz am Patent sowie an den Fertigungskenntnissen, insbesondere an der Zusammensetzung der Legierung, interessiert. Um LN eine Erprobung und Prüfung des Lizenzgegenstandes zu ermöglichen, insbesondere hinsichtlich der statischen Eigenschaften des Trägers, wird folgendes vereinbart:

§ 1 Option

(1) LG bietet LN den Abschluß eines Lizenzvertrages gemäß Anlage 1 an.[1]

(2) LN kann das Angebot binnen 6 Monaten nach Unterzeichnung dieses Vertrages ausüben. Die Annahme erfolgt durch eingeschriebenen Brief mit Rückschein.

(3) Der LG ist während der Optionsfrist nicht berechtigt, Dritten für den vorgesehenen sachlichen und räumlichen Bereich der Lizenz Lizenzen zu erteilen oder Optionen auf den Abschluß eines Lizenzvertrages einzuräumen.[2]

§ 2 Geheimhaltungsverpflichtung[3]

(1) LN erklärt, daß er bisher keinerlei Kenntnisse auf dem Gebiet der Aluminiumextrudierung und -Legierung sowie für den Einsatz von Aluminiumschalungsträgern für den Betonbau besitzt.

(2) LN verpflichtet sich, sämtliche Kenntnisse und Unterlagen, die ihm mit Unterzeichnung dieses Vertrages übergeben werden, Dritten gegenüber geheimzuhalten, insbesondere die Erprobung der Schalungsträger nur auf den in der Anlage 2 aufgeführten Baustellen durchführen zu lassen.[4]

§ 3 Übertragbarkeit[5]

LN ist nicht berechtigt, die Rechte aus dem Optionsvertrag auf Dritte zu übertragen.

§ 4 Technische Hilfe[6]

(1) LG verpflichtet sich, dem LN während der Laufzeit des vorliegenden Vertrages Fachpersonal für die Herstellung und Erprobung der Träger zur Verfügung zu stellen. Die Spezifizierung und die Zahl der Angestellten ist in der Anlage 3 enthalten.

(2) Pro Tag und Angestellten zahlt LN an LG einen Tagessatz von DM 300,- LN trägt darüber hinaus Fahrtspesen und die steuerlich anerkannten Tages- und Übernachtungssätze.

§ 5 Optionsentgelt[7]

Für die Einräumung der Option zahlt Lizenznehmer an Lizenzgeber eine einmalige Pauschale von DM 50 000,-. Dieser Betrag ist auch dann nicht rückzahlbar, wenn der Lizenznehmer den Abschluß des angebotenen Lizenzvertrages ablehnt.

§ 6 Auslaufklausel[8]

(1) Für den Fall, daß LN die Option nicht ausübt, zahlt er an LG für die Erprobung und die Überlassung der Schalungsträger eine Mietgbühr gemäß Preisliste des LG laut Anlage 4.
Kommt es zum Abschluß des Lizenzvertrages, gehen die Träger in das Eigentum des LN über, der dafür die Verkaufs-Listenpreise abzüglich 20% Rabatt an den LG bezahlt.

(2) Im übrigen finden die §§ 7 IV, 15, 24, 25 und 30 des Lizenzvertragsentwurfs entsprechend Anwendung.

Ort, Datum   Unterschriften

Anmerkungen

1. Rechtliche Bedeutung des Vertrages

(1) Gegenstand des Vertrages

Zu unterscheiden ist der Optionsvertrag vom sogenannten Vorvertrag: Beim Vorvertrag wird eine bindende Verpflichtung zum Abschluß des Hauptvertrages eingegangen, wobei dem Abschluß des Hauptvertrages noch tatsächliche oder rechtliche Hindernisse entgegenstehen (vgl. *Palandt/Heinrichs*, zu § 145 BGB Einf. 4 b). Demgegenüber wird unter einem Optionsvertrag die Begründung eines Gestaltungsrechts für den Berechtigten, meist den Lizenznehmer verstanden, dessen Ausübung von einer aufschiebenden Bedingung abhängig ist (*Palandt/Heinrichs* a.a.O. Einf. vor § 145 4 c). Auch bei einem langfristig bindenden Vertragsangebot an den Lizenznehmer spricht man von einem Optionsvertrag. Die Unterscheidung ist in der Praxis aber nicht immer eindeutig, insbesondere da es auch einseitig bindende Vorverträge gibt (vgl. dazu auch BGH LM § 433 Nr. 16 Bl. 3).

Wird statt eines Optionsvertrages die Form eines Vorvertrages gewählt, also eine Bindung beider Parteien zum Abschluß des Hauptvertrages (Lizenzvertrages) und verweigert der Lizenzgeber anschließend den Abschluß des Lizenzvertrages, so macht er sich schadenersatzpflichtig wegen Nichterfüllung gem. § 326 BGB (BGH NJW 1963, 1247 – Lied von Kaprun.) Dem Lizenznehmer steht allerdings auch die Klage auf Abschluß des Hauptvertrages zur Verfügung (vgl. BGH NJW 1975, 443 f.; BGH NJW 1972, 1189). Ist der Lizenzvertrag im einzelnen bereits ausgehandelt, so ist ein diesbezüglicher Klageantrag des Lizenznehmers auf Annahme eines (konkretisierten) Angebots zu richten und nicht auf Abgabe eines Angebots des Lizenzgebers (vgl. BGH NJW 1984, 479).

(2) Kartellrechtliche Hinweise

Unter Vorbemerkung c) war darauf hingewiesen worden, daß grundsätzlich Formfreiheit für den Abschluß eines Optionsvertrages besteht, obwohl sich die Schriftform aus Gründen der Rechtssicherheit empfiehlt. Ob im Einzelfall ein Optionsvertrag wettbewerbsbeschränkende Klauseln enthält, beurteilt sich nach § 20 GWB, wobei zu berücksichtigen ist, daß die dort genannten Beschränkungen nur den LN betreffen, Beschränkungen des LG fallen dagegen unter die §§ 15 bis 19 GWB. (BGH GRUR 1973, 331 – Nahtverlegung m. Anm. *Fischer*).

Für Optionsverträge, die das Optionsrecht dem Lizenznehmer zugestehen, wird das Vorliegen einer Beschränkung im Sinne von § 18 GWB sowohl bezüglich des Lizenznehmers als auch des Lizenzgebers verneint (vgl. BGH GRUR 1975, 498 – Werkstück-Verbindungsmaschinen). Falls daher der Optionsvertrag keine sonstigen Beschränkungen im Sinne des § 18 GWB enthält, würde sich die Formbedürftigkeit gemäß § 34 GWB nicht allein aufgrund der zeitweiligen Bindung des Lizenzgebers ergeben. Anders für den Fall einer bindend erklärten Bereitschaft des Lizenznehmers, eine Lizenz zu nehmen, da hierin eine Beschränkung im Sinne von § 34 GWB liegt (vgl. *Benkard/Ullmann* zu § 15 PatG. RdNr. 46, 138).

2. Pflichten des Lizenzgebers

Auch ohne vertragliche Regelung darf der Lizenzgeber bei einer befristeten Option das zugrundeliegende Schutzrecht nicht verfallen lassen (RG Mitt. 1938, 212, 314). Bei Nichtbeachtung dieser Verpflichtung oder auch bei einem Verstoß gegen die Gewährung des ausschließlichen Optionsrechts macht sich der LG schadenersatzpflichtig (vgl. dazu *Benkard/Ullmann* zu § 15 PatG. RdNr. 16 m.w.N.). Dasselbe gilt im Falle des Verkaufs des Schutzrechts an Dritte, wenn dadurch die Ausübung der Option vereitelt wird (vgl. BGHZ 22, 347, 350).

3. Geheimhaltung

Werden dem Lizenznehmer durch den Optionsvertrag Kenntnisse vermittelt, die über den Inhalt der Patentschrift hinausgehen, insbesondere durch Übergabe von technischen Unterlagen, Bekanntgabe von Formeln usw., so empfiehlt es sich für den Fall, daß ein Lizenzvertrag nicht zustande kommt, den LN schriftlich erklären zu lassen, über welches Wissen er in dem betreffenden Gebiet und insbesondere bezüglich des Lizenzgegenstandes verfügt.

Dies ist nicht erforderlich, wenn sich der Optionsvertrag auf den Inhalt der Patentschrift beschränkt, da dann der Lizenznehmer für die Dauer des Bestehens des Patents nicht in der Lage wäre, die vermittelten Kenntnisse einzusetzen, ohne eine Patentverletzung zu begehen. Vgl. zur Lizenzierung von Know-how Muster 1 Anm. 9, zur Geheimhaltungsverpflichtung dort Anm. 6 (6). Hinsichtlich weitergehender Regelungen von Geheimhaltungsverpflichtungen vgl. Muster 3.

4. Erprobung

Die Erprobung geheimhaltungsbedürftiger Gegenstände ist insbesondere im Baugewerbe schwierig, so daß nur ausgesuchte Baustellen, die zu diesem Zweck dann besonders überwacht werden können, hierfür in Frage kommen. Es ist daher folgerichtig, daß auch der Lizenznehmer vor Abschluß des Lizenzvertrages zu derartigen Vorkehrungen verpflichtet wird.

5. Übertragung der Option

Im Vorstadium des endgültigen Vertragsabschlusses wird eine Übertragung der Option auf Dritte regelmäßig auszuschließen sein, insbesondere, wenn wie hier, der Hauptvertrag für die Übertragbarkeit eine schriftliche Zustimmung des Lizenzgebers voraussetzt. Vgl. dazu im einzelnen Anm. 5 zu Muster 1.

6. Technische Hilfe

Trotz der begrenzten Laufzeit des Optionsvertrages empfiehlt sich eine eindeutige Regelung über den technischen Beistand des Lizenzgebers, um Differenzen zu vermeiden, bevor das Lizenzverhältnis überhaupt begonnen hat. Die als Anlage 3 gedachte Aufstellung der abzustellenden Arbeitnehmer des Lizenzgebers sollte daher möglichst die Namen der Arbeiter/Angestellten und deren Qualifikation enthalten. Für weitere Einzelheiten vgl. Muster 1 Anm. 7.

7. Optionsentgelt

Die Vereinbarung eines Optionsentgelts ist für Fälle einer längeren Bindung des Lizenzgebers durchaus üblich (vgl. BGH GRUR 1958, 564 – Baustützen; dazu auch *Benkard/Ullmann* Ziff. 15 PatG Rdnr. 16).

Im vorliegenden Fall ist für die Einräumung der Option eine einmalige Pauschale vorgeschlagen worden. Eine solche Pauschale ist häufig auch beim Abschluß von Lizenzverträgen als Beitrag zu den Entwicklungskosten üblich, ohne daß eine Anrechnung auf die Lizenzgebühren erfolgt. Für den Optionsvertrag stellt die Pauschalsumme zugleich ein Entgelt für die eingegangene Bindung des Lizenzgebers dar. Ohne eine ausdrückliche Regelung über die Rückzahlbarkeit nimmt die Rechtsprechung eine mindest teilweise Anrechnung auf zukünftige Lizenzgebühren an (vgl. LG München I, GRUR 1956, 413, 414).

Es kann auch vereinbart werden, daß das Optionsentgelt, falls es zum Abschluß des Lizenzvertrages kommt, zugleich als sogenannte Grundlizenzgebühr oder Pauschalbetrag angerechnet wird (vgl. dazu Muster 1 Anm. 11).

8. Auslaufklausel

Die Zahlung eines Optionsentgelts gemäß § 5 des Vertrages schließt nicht aus, daß für die Überlassung der Lizenzgegenstände zusätzliche Zahlungen vereinbart werden. Dies bietet sich jedenfalls für den hier angenommenen Fall an, weil unterstellt wird, daß der Lizenznehmer die Bauträger gewinnbringend einsetzen konnte oder jedenfalls anderweitig Aufwendungen erspart hat.

Die in § 6, Abs. 2 zitierten §§ beziehen sich auf das Muster 1, das als Anlage 1 des Optionsvertrages, also als der beabsichtigte Lizenzvertrag gedacht ist. Die Einbeziehung der dort genannten Klauseln verhindert, daß der optionsberechtigte Lizenznehmer im Falle des Nichtabschlusses des Lizenzvertrages die gewonnenen Kenntnisse zum Nachteil des Lizenzgebers ausnutzt. Aus dem Abschluß des Optionsvertrages allein oder aus vorvertraglichen Treuepflichten ergibt sich z. B. nicht ohne weiteres eine Verpflichtung, das betreffende Schutzrecht nicht anzugreifen (vgl. BGH Mitt. 1975, 117 – Rotationseinmalentwickler). Hinsichtlich weitergehender Geheimhaltungsverpflichtungen vgl. Muster 3.

7 Produktions- und Liefervertrag über patentgeschützte Gegenstände

Vorbemerkungen

a) Sachverhalt

Der Auftraggeber (AG) besitzt eine ausschließliche Lizenz für die Herstellung und den Vertrieb von patentierten Bauträgern für das Gebiet der Bundesrepublik Deutschland. Er möchte die Herstellung der Träger durch einen Subunternehmer durchführen lassen und wird selbst lediglich den Vertrieb und die Vermietung der Träger übernehmen. Dem Subunternehmer soll es dagegen nicht gestattet sein, die Träger an Dritte zu vertreiben.

b) Hinweise zur Benutzung des Vertragsmusters

Im Gegensatz zum einfachen Lizenzvertrag (Muster 4) beschränkt sich die Vereinbarung der Parteien im vorliegenden Fall auf die Herstellung und Zulieferung an den Auftraggeber, der zugleich ausschließlicher Lizenznehmer ist. Soll der Subunternehmer daher zugleich ein eigenes Vertriebsrecht erhalten, würde sich der Abschluß eines einfachen (Unter-) Lizenzvertrages empfehlen, insoweit wird auf Muster 4 verwiesen.

Nicht anwendbar ist das vorliegende Muster auch für einen Sachverhalt, wo nicht der Auftraggeber Schutzrechtsinhaber bzw. (ausschließlicher) Nutzungsberechtigter ist, sondern wo umgekehrt die Bezugsverpflichtung des Auftraggebers, die auch im vorliegenden Fall in § 1 enthalten ist, sich auf eine Schutzrechts- oder Know-how-Lizenz gründet, für die der Auftragnehmer Lizenzgeber ist. Ein solcher Sachverhalt liegt der Entscheidung der EG-Kommission »Schlegel/CPIO« zugrunde (GRUR 1984, 104). Im dortigen Fall war CPIO zugleich Lizenznehmer und Auftraggeber gegenüber Schlegel und hatte sich verpflichtet, beim Lizenzgeber für eine bestimmte Zeit Teile des Lizenzgegenstandes ausschließlich bei Schlegel (Lizenzgeber und Auftragnehmer) zu beziehen. Die Bezugsverpflichtung war dort also (teilweise) Gegenleistung für die Nutzungserlaubnis an dem lizenzierten Know-how. Als Vertragsmuster für einen solchen Fall empfehlen sich je nach Sachverhalt die Muster 1, 4 oder 5, für die dann die besondere Art der Bezugsverpflichtung zu berücksichtigen ist.

Die vorgeschlagenen Regelungen dieses Vertragsmusters beschränken sich auf die in dem gedachten Fall für unbedingt notwendig erachteten Klauseln.

Werden zu bestimmten Punkten Ergänzungen für sinnvoll gehalten, so sollte auf die Vorschläge des Musters 1 zurückgegriffen werden.

c) Zur besonderen Beachtung

Hinsichtlich der Formvorschriften gilt die Vorbemerkung c) zu Muster 1.

Muster 7

Produktions- und Liefervertrag über patentgeschützte Gegenstände

zwischen der Firma
Sitz:
vertreten durch: ihren Vorstand
  – nachstehend Auftraggeber (AG) genannt –
und der Firma
Sitz:
vertreten durch: ihren Geschäftsführer
  – nachstehend Auftragnehmer (AN) genannt –

Präambel

AG ist ausschließlicher Lizenznehmer des deutschen Patents P ... betreffend Bauträger aus Aluminium. Er ist zur Vergabe von Unterlizenzen und zur Weitergabe geheimen Know-hows betreffend die Herstellung der Träger an Zulieferer berechtigt.

Auf dieser Grundlage wird zwischen den Parteien folgendes vereinbart:

§ 1   Gegenstand des Vertrages[1-3]

(1) AG verpflichtet sich, während der Laufzeit des Patents DE ... die Herstellung der geschützten Aluminiumträger ausschließlich durch AN durchführen zu lassen.

(2) Zu diesem Zweck übermittelt AG an AN die zur Herstellung dieser Träger benötigten geheimen Kenntnisse, insbesondere der Zusammensetzung der Legierung und des Extrudierverfahrens, mit denen die Träger in der erforderlichen Qualität hergestellt werden können.

(3) AG ist jedoch berechtigt, im Falle von Produktionsengpässen von AN auch weiteren Herstellern, evtl. vorübergehend, Aufträge zu erteilen. Als Produktionsengpaß ist es anzusehen, wenn mehr als 10 % der georderten Trägermengen zweimal mit einer Verspätung von 2 Wochen geliefert werden.

§ 2   Lieferung an Dritte[3]

(1) AN wird die Träger ausschließlich an AG liefern.

(2) Bei AN eingehende Aufträge durch Dritte leitet dieser an AG unter gleichzeitiger Aufklärung der Besteller weiter.

(3) Die Liefer- und Preisbedingungen sind in Anlage 1 enthalten.

§ 3 Herstellung von Wettbewerbserzeugnissen[4]

(1) AN ist es gestattet, soweit seine Lieferverpflichtungen im Rahmen dieses Vertrages nicht beeinträchtigt werden, Wettbewerbserzeugnisse herzustellen. Es ist ihm allerdings nicht gestattet, das für die Durchführung dieses Vertrages übermittelte Know-how und geheime technische Wissen bei der Herstellung oder dem Vertrieb von Wettbewerbserzeugnissen zu benutzen.

(2) AN ist es ferner nicht gestattet, seinerseits Fertigungsaufträge für die geschützten Träger an Dritte zu erteilen.[5]

§ 4 Geheimhaltungsverpflichtung[2, 6]

(1) AN verpflichtet sich, sämtliche Unterlagen und Kenntnisse, die ihm in Vollziehung des vorliegenden Vertrages mitgeteilt werden, während der Laufzeit und nach Ablauf des Vertrages gegenüber Dritten geheim zu halten.

(2) Nach Ablauf des Vertrages sind sämtliche schriftliche Unterlagen an AG zurückzugeben. AN ist nicht berechtigt, nach Ablauf des Vertrages ihm mitgeteilte geheime Kenntnisse für sich oder Dritte zu verwerten.

(3) Die Bestimmungen des Abs. (1) und (2) gelten, solange die übermittelten Kenntnisse geheim sind oder nur aufgrund des Verschuldens von AN offenkundig geworden sind.

§ 5 Kennzeichnung der Träger[7]

Die Träger werden von AN mit der Firmenbezeichnung von AG versehen, eine Hinzufügung der eigenen Firma oder eines eigenen Warenzeichens ist AN nicht gestattet.

§ 6 Qualitätskontrolle[8]

(1) AN hat die herzustellenden Träger in der gleichen Qualität wie die ihm übergebenen Beispielsstücke und gemäß den technischen Spezifikationen der Anlage 2 herzustellen. AG hat das Recht, die vereinbarte Qualität zu überwachen und die Abnahme von Trägern zu verweigern, die nicht den technischen Voraussetzungen entsprechen.

(2) Technische Untersuchungen, die AG zu diesem Zweck durchführt, geschehen auf seine Kosten. Werden hierbei technische Fehler festgestellt, die über die vereinbarten Toleranzen hinausgehen, trägt die Kosten für die Untersuchung AN.

(3) AG steht ein sofortiges Kündigungsrecht des Vertrages zu, falls gerügte Mängel der vertragsgegenständlichen Produkte von AN nicht unverzüglich abgestellt werden.

§ 7 Verbesserungen und Änderungen[9] der Lieferprodukte

Wünscht AG eine Änderung der technischen Spezifikationen, die die Produktionskosten beeinflussen, so werden die Liefer- und Preisbedingungen zwischen den Parteien neu vereinbart. Können sich die Parteien über die neuen Bedingungen nicht einigen, so kann AG den Vertrag mit einer Frist von 6 Monaten kündigen, jedoch nicht eher als bis zum Ablauf von 3 Jahren nach Abschluß dieses Vertrages.

§ 8 Nichtangriffspflicht[10]

AN verpflichtet sich, das Patent, das den Lieferprodukten zugrunde liegt, während der Dauer des Vertrages und zwei Jahre nach dessen Beendigung nicht anzugreifen.

§ 9 Dauer des Vertrages[11]

Der Vertrag wird für einen Zeitraum von 10 Jahren geschlossen. Der Vertrag kann von AG mit einer Frist von 6 Monaten gekündigt werden, falls das Patent DE ... mit einer Nichtigkeitsklage angegriffen worden ist.

§ 10 Außerordentliche Kündigung[11]

(1) AG ist zu einer vorzeitigen Kündigung des Vertrages mit einer Frist von 6 Monaten berechtigt, wenn AN eine Vereinbarung dieses Vertrages nicht einhält, vereinbarte Lieferdaten zweimal um mehr als einen Monat überschreitet oder nach einer angemessenen Fristsetzung die geforderten Qualitätsnormen nicht erfüllt.

(2) AN ist berechtigt, den Vertrag vorzeitig mit einer Frist von 6 Monaten zu kündigen, wenn AG seinen Vertragspflichten nicht nachkommt oder gegen unbefugte Hersteller im Vertragsgebiet nicht vorgeht.

(3) Im Falle einer berechtigten Kündigung durch AG hat AN keinerlei Ansprüche gegen AG wegen seiner Investitionen für die Herstellung der vertragsgegenständlichen Träger.

§ 11 Gerichtsstand[12]

Für alle Streitigkeiten, die aus diesem Vertrag entstehen, wird die Zuständigkeit der zuständigen Patentstreitkammer des Landgerichts München I vereinbart.

Ort, Datum   Unterschriften

Anmerkungen

1. Rechtscharakter des Vertrages

Es handelt sich hier um einen Fall der Einräumung einer Herstellungslizenz ohne gleichzeitige Vertriebslizenz. Eine solche Vereinbarung ist wirtschaftlich und wettbewerbsrechtlich nur dann sinnvoll und zulässig, wenn sich der Lizenzgeber zur Abnahme sämtlicher hergestellter Produkte des Lizenznehmers verpflichtet (vgl. dazu *Benkard/Ullmann* zu § 15 PatG Rdn. 38). Für die kartellrechtliche Beurteilung ist es unerheblich, ob Schwerpunkt des Vertrages ein Werkliefervertrag, ein Produktionsvertrag oder ein Lizenzvertrag ist, da in jedem Fall die Bestimmungen des § 20 GWB hinsichtlich der Zulässigkeit von Wettbewerbsbeschränkungen eingreifen (BGH GRUR 1967, 378, 382 – Schweißbolzen m. Anm. *Lutz*). Auch Art. 3 Ziff. 7 der Gruppenfreistellungsverordnung steht nicht entgegen, da eine auf die Herstellung beschränkte Lizenz zulässig ist.

2. Know-how-Lizenz

Zu den Bedingungen und Voraussetzungen der Lizenzierung geheimer Kenntnisse (Know-how) vgl. Muster 1, Anm. 6.

3. Bezugsbindung

Eine gegenseitige Bezugsbinde- und Lieferverpflichtung ist in den Fällen kartellrechtlich zulässig, wo beim Lieferanten eines patentierten Erzeugnisses erhebliche Investitionen notwendig sind, um ein technisch fortschrittliches Erzeugnis zu produzieren.

Umgekehrt rechtfertigt sich die Alleinbelieferungsverpflichtung aus dem Monopolrecht des Patents, da eine Unterlizenzgewährung auch mit Einschränkungen hinsichtlich der Ausübungsrechte erteilt werden darf. Sie ist auch im Interesse des Lizenzgebers (AG) an einer technisch einwandfreien Herstellung der patentierten Gegenstände gerechtfertigt (BKartA. TB 1963, 38; 1974, 90; Gruppenfreistellungsverordnung Art. 2 (1), Ziff. 1). Eine Bezugsverpflichtung ist nach Auffassung der EG-Kommission auch in der Form möglich, daß der Lizenznehmer als Gegenleistung für die Überlassung von geheimem technischen Know-how sich verpflichtet, bestimmte Teile, die für das geheime Verfahren Verwendung finden, beim Lizenzgeber (im vorliegenden Fall AG) zu beziehen. Dies gilt jedenfalls dann, wenn dem Lizenznehmer die Auswertung des Know-how zu eigenen Zwecken möglich ist und die Bezugsverpflichtung zeitlich begrenzt wird (vgl. EG-Kommission GRUR Int. 1984, 104 – Schlegel/CPIO). Auch in der dortigen Entscheidung hat die EG-Kommission darauf hingewiesen, daß die Bezugsverpflichtung zu Vorteilen für den Verbraucher führen muß, wie dies z. B. in der Automobilindustrie der Fall ist, wo eine gesicherte Versorgung mit Zubehörteilen und die Möglichkeit einer großen Serienfertigung zu Preisvorteilen bei der Produktion führt.

Nicht vom Patentschutz umfaßte Teile können dagegen nicht Gegenstand einer ausschließlichen Bezugsverpflichtung sein (vgl. EG-Kommission GRUR Int. 1979, 212 – Vaessen/Moris). Dies gilt auch für die Verpflichtung des Zulieferers, nur ganz bestimmte Materialien oder Halbfertigteile zu beziehen, falls dies aus technischen Gründen nicht notwendig ist (BKartA. TB 1966, 87; 1973, 115). Etwas anderes kann dann gelten, wenn der Einsatz der patentierten Gegenstände von einer behördlichen Erlaubnis abhängig ist, z. B. Materialprüfungsamt in Berlin für das Bauwesen, und die öffentlich-rechtliche Zulassung nur spezielle Roh- oder Hilfsstoffe benennt.

4. Wettbewerbsverbot

Ein generelles Wettbewerbsverbot hinsichtlich der Herstellung von Konkurrenzprodukten in einem Werklieferungsvertrag oder in einem Lizenzvertrag ist wegen Verstoßes gegen § 20 GWB nichtig (vgl. BGH GRUR 1967, 378 – Schweißbolzen m. Anm. *Lutz*). Ein Wettbewerbsverbot ist nach deutschem Kartellrecht nur dann zulässig, wenn es durch ein Interesse des Lizenzgebers an einer technisch einwandfreien Ausnutzung des Gegenstandes des Schutzrechts gerechtfertigt ist (vgl. BKartA. BB 1960, 1962). Bei einem reinen Herstellungsverbot für nichtgeschützte Gegenstände wird regelmäßig ein Kartellverstoß zu bejahen sein (vgl. BGH GRUR 1952, 142 – Tauchpumpe; BGH GRUR 1955, 468 – Kokillenguß; BGH GRUR 1963, 207 – Kieselsäure; BGH GRUR 1969, 701 – Autolock). Unzulässig ist ein solches Verbot auch nach europäischem Kartellrecht (vgl. Gruppenfreistellungsverordnung Art. 3, Ziff. 3; sowie EG-Kommission GRUR Int. 1976, 182 – AOIP/Beyrard).

Zulässig ist lediglich ein Verbot, Betriebsgeheimnisse, die zur Herstellung der patentierten oder sonst geschützten Erzeugnisse mitgeteilt worden sind, für die Herstellung von Wettbewerbserzeugnissen einzusetzen (vgl. BKartA. BB 1960, 962; *Deringer* GRUR Int. 1968, 179, 190). In einem solchen Fall kann auch ein Interesse an einem über die Vertragsdauer hinausgehenden Wettbewerbsverbot bestehen (vgl. BGH GRUR 1967, 378 – Schweißbolzen; BGH GRUR 1966, 576 – Zimcofot m. Anm. *Lutz*; EG-Kommission GRUR Int. 1977, 130 – Reuter/BASF).

5. Vergabe von Aufträgen an Subunternehmer

Vgl. dazu die Bemerkungen zur Unterlizenz in Muster 1, Anm. 5.

6. Geheimhaltungsverpflichtung

Geheimhaltungsverpflichtungen und Benutzungsverbote, die über die Vertragszeit hinausreichen, sind nach deutschem Kartellrecht zulässig, solange Betriebs- und Fertigungsgeheimnisse noch bestehen. Werden die betreffenden Kenntnisse offenkundig oder stellt sich heraus, daß sie bei Vertragsbeginn bereits nicht geheim waren, so werden etwaige Beschränkungen nach §§ 20, 21 GWB unwirksam. (Vgl. BGH GRUR 1955, 469 – Kokillenguß; dazu näher *Kraßer*, GRUR 1970, 587, 596; *Fritze* GRUR 1969, 218). Nach europäischem Kartellrecht ist eine Geheimhaltungsverpflichtung auch dann zulässig, wenn sie über das Ende der Vertragslaufzeit hinausgeht, vgl. Gruppenfreistellungsverordnung Art. 2 (1) Ziff. 7. Eine Benutzungsbeschränkung von technischem Know-how, die über die Vertragslaufzeit hinausgeht, ist dagegen nicht automatisch freigestellt, da Vereinbarungen über geheimes technisches Wissen nur so lange von der Freistellung erfaßt sind, wie noch mindestens ein lizenziertes Patent in Kraft ist. Eine Benutzungsbeschränkung wäre daher nur dann freigestellt, wenn der Lizenzvertrag vor Ablauf des Patents endet und die Beschränkung nicht über die Laufzeit des letztlaufenden Patents hinausgeht, vgl. die Begründung der Gruppenfreistellungsverordnung Ziff. 9.

Eine Ausnahme vom Verwertungsverbot nach Vertragsbeendigung besteht nach einer Bekanntmachung der EG-Kommission allerdings für Fälle von Zulieferverträgen, so daß es insoweit einer gesonderten Freistellung für den vorliegenden Vertrag nicht bedarf (vgl. GRUR Int. 1979, 96).

Als Begründung für die Zulässigkeit wettbewerbsbeschränkender Klauseln in einem Zuliefervertrag wird von der EG-Kommission angeführt, daß der AN ein Interesse haben kann, die besonderen Kenntnisse, die er dem AN übermittelt, zur Benutzung auf die vertragsgegenständlichen Erzeugnisse beschränkt zu sehen. Diese Voraussetzung ist dann nicht gegeben, wenn der Zulieferer, also AN, bereits über die erforderlichen Kenntnisse verfügt, um die gewünschten Erzeugnisse herzustellen, weil er dann in der Möglichkeit einer eigenen wirtschaftlichen Betätigung gehindert würde.

Da die Geheimhaltungs- und Benutzungsvereinbarung vom Geheimnischarakter des technischen Wissens abhängt, ist eine Vereinbarung über eine absolute Geheimhaltungszeit unzulässig. Stellt AN trotz Beendigung des Vertrages, z. B. auch nach Kündigung gemäß § 10 des Musters, die patentierten Erzeugnisse weiter her, so ist AG berechtigt, gegen ihn mit einer Patentverletzungsklage vorzugehen. Dem kann der Auftragnehmer nicht den Einwand unzulässiger Rechtsausübung entgegensetzen, selbst wenn er bei Aufnahme der Produktion erhebliche Investitionen für die Maschinen aufgewendet hat (vgl. BGH GRUR 1959, 528 – Autodachzelt m. Anm. *Harmsen*).

Hinsichtlich schriftlich übergebener Unterlagen kann sich eine Kennzeichnung mit einem Vertraulichkeitsvermerk empfehlen, in dem eine nichtvertragsgemäße Verwendung als unzulässig bezeichnet wird und sämtliche Rechte an der Verwertung vorbehalten bleiben. Dies kann den Beweis für Ansprüche nach § 17 f. UWG erleichtern. Der Vermerk kann auch Indiz dafür sein, daß die betreffenden Dokumente, falls sie an Dritte gelangt sind, dadurch nicht offenkundig geworden sind, weil sich der Dritte der Geheimhaltungsverpflichtung im Zweifel unterworfen hat (vgl. zu einer ähnlichen Situation BPatG Mitt. 1982, 151). Zur strafrechtlichen Seite des Geheimnisverrats vgl. OLG Stuttgart JZ 1973, 739.

7. Kennzeichnung der Lieferprodukte

Nach deutschem Kartellrecht kann ein Lizenzgeber zwar generell seinen Lizenznehmer verpflichten, das Warenzeichen des Lizenzgebers auf den Lizenzgegenständen anzubringen, aber nur, wenn dem Lizenznehmer die Hinzufügung seines eigenen Warenzeichens oder seiner Firma gestattet ist (vgl. BKartA. TB 1962, 71; ausführlich dazu *Schricker*, WRP 1980, 121 ff.; *Axster* a.a.O. Rdn. 112; BKartA. GRUR 1964, 499).

Nach europäischem Kartellrecht ist die Verpflichtung zur Anbringung eines Warenzeichens des Lizenzgebers nunmehr grundsätzlich zulässig (vgl. das frühere Verbot in Art. 3, Ziff 9 des Verordnungsentwurfs 1979), der Lizenznehmer darf aber nicht daran gehindert sein, auf seine Eigenschaft als Hersteller des Lizenzerzeugnisses hinzuweisen, vgl. Art. 1 (1) Ziff. 7 sowie Art. 2 (1) Ziff. 6 Gruppenfreistellungsverordnung.

Diese Regeln gelten für den Fall eines normalen Lizenzvertrages, für den vorliegenden Fall gelten allerdings die Besonderheiten, wie sie in Anm. 6 bereits erläutert worden sind. Die Ausnahme ergibt sich insoweit aus der Bekanntmachung der Kommission vom 18. 12. 1978 (GRUR Int. 1979, 96).

8. Qualitätskontrolle

Ein unbeschränktes Kontrollrecht muß AG schon deshalb gestattet sein, weil dieser nach außen für sämtliche Mängel der Herstellung, insbesondere auch aus Produkthaftpflicht, einsteht. Es empfiehlt sich hier darüber hinaus, den Zulieferer AN zum Abschluß einer Produkthaftpflichtversicherung zu verpflichten und ihn im Falle einer Inanspruchnahme von AG eintrittspflichtig zu machen.

Zur Qualitätskontrolle und Produkthaftpflicht im einzelnen Anm. 14 zu Muster 1.

9. Produktänderungen

Grundsätzlich muß AG die Möglichkeit haben, Verbesserungen hinsichtlich der Materialzusammensetzung oder auch der äußeren Abmessungen des Produkts von AN zu verlangen. Da eine Produktionsumstellung bei AN zu Kostensteigerungen führen wird, deren Höhe im vorhinein nicht bestimmbar sind, müssen die Parteien versuchen, sich darüber zu einigen. Um zu verhindern, daß AN durch ungerechtfertigte Preisforderungen Änderungen blockieren kann, AG aber weiter an den Alleinliefervertrag gebunden bleibt, ist für ihn eine Kündigungsmöglichkeit vorgesehen. Diese darf nicht vor Ablauf von 3 Jahren ausgeübt werden, bis zu diesem Zeitpunkt haben sich nach den Vorstellungen der Parteien die Investitionen des AN amortisiert.

10. Nichtangriffsabrede

Nach deutschem Kartellrecht kann der Angriff eines Lizenznehmers auf ein Vertragsschutzrecht auch ohne vertragliche Vereinbarung eine unzulässige Rechtsausübung darstellen, wenn ein derartiges Vorgehen gegen Treu und Glauben verstößt (BGH Bl. 1965, 177, 178 – Vanal-Patent; BGH GRUR 1956, 264 – Wendemanschette I.). Eine entsprechende Beurteilung erscheint auch für das vorliegende Vertragsverhältnis angebracht, da die Begründung für die Durchsetzbarkeit der Nichtangriffsverpflichtung die Tatsache ist, daß dem Lizenznehmer, hier AN, Einblick in die Schutzrechtslage und technische Kenntnisse im Zusammenhang mit der Erfindung mitgeteilt werden, die Dritten gewöhnlich nicht zur Verfügung stehen. Ob eine Nichtangriffsverpflichtung auch über die Laufzeit des Vertrages hinaus durchsetzbar ist, entscheidet sich danach, ob zwischen den Parteien ein gesellschaftsähnliches Verhältnis bestanden hat und deshalb aus dem Gesichtspunkt nachwirkender Vertragspflichten die Einleitung einer Nichtigkeitsklage gegen Treu und Glauben verstoßen würde (vgl. BGH GRUR Int. 1969, 31 – Gewindeschneidevorrichtungen; BGH GRUR 1957, 482 – Chenillefäden; weitere Nachweise bei *Schulte*, zu § 81 PatG Rdn. 23 ff.). Für den vorliegenden Fall eines Produktions- und Liefervertrages könnte ein gesellschaftsähnliches Verhältnis angenommen werden angesichts der Tatsache, daß AN der einzige Zulieferer für AG ist, die Zusammenarbeit auf längere Zeit angelegt ist und AN in erheblichem Umfang geheimes Wissen für den Aufbau der Produktion von AG erhalten hat. Wird in einem solchen Fall der Vertrag durch AG wegen Vertragsbruchs von AN gekündigt, so würde die Einleitung einer Nichtigkeitsklage gegen das Patent mit dem Ziel, nach erfolgreicher Durchführung eine Konkurrenzproduktion zu eröffnen oder die bereits in patentverletzender Weise fortgeführte Produktion abzusichern, gegen Treu und Glauben verstoßen.

Nach Auffassung der EG-Kommission ist eine Nichtangriffsklausel als Verstoß gegen Art. 85 I EWG-Vertrag grundsätzlich nichtig (vgl. EG-Kommission GRUR Int. 1972, 371 – Davidson Rubber; GRUR Int. 1972, 374 – Raymond/Nagoya; GRUR Int. 1979, 212 – Vaessen/Moris; sowie Gruppenfreistellungsverordnung Art. 3, Ziff. 1). Diese Klausel ist daher freistellungsbedürftig.
Hinsichtlich weiterer Einzelheiten vgl. Muster 1, Anm. 20.

11. Vertragsdauer und Kündigung

Die Vertragsdauer, insbesondere die Gültigkeit wettbewerbsbeschränkender Vereinbarungen, hängt von der Laufzeit des zugrundeliegenden Patents ab, vgl. dazu im einzelnen Muster 1, Anm. 21. Die EG-Kommission hat in ihrer Bekanntmachung vom 18. 12. 1978 (GRUR Int. 1979, 96) keine zeitliche Höchstgrenze für die Vereinbarung einer Alleinbelieferungspflicht festgelegt, so daß die hier vorgeschlagene Regelung keinen Bedenken unterliegen dürfte.

Eine Kündigung aus wichtigem Grund ist für beide Seiten analog § 723, Abs. 1, 2 BGB immer dann zulässig, wenn dem Kündigenden ein Festhalten am Vertrag nicht mehr zumutbar ist (vgl. dazu ausführlich BGH GRUR 1959, 616 – Metallabsatz; dazu auch *Kraßer/Schmid*, GRUR Int. 1982, 324, 334 f.). Das Kündigungsrecht gilt im Falle der Verletzung von Hauptpflichten, während für die Verletzung von Nebenpflichten die Anwendung der Regeln über die positive Vertragsverletzung befürwortet werden (*Kraßer/Schmid* a.a.O., Seite 335 ff.).

12. Gerichtsstandsklausel

Für einfache Zulieferverträge innerhalb eines einzigen Landes wird die Vereinbarung eines deutschen Gerichts, im allgemeinen am Sitz des Auftraggebers, den Interessen der Parteien ausreichend Rechnung tragen. Bei internationalen Sachverhalten empfiehlt sich eventuell die Vereinbarung eines Schiedsgerichts, da Schiedssprüche auch hinsichtlich der Vollstreckbarkeit Vorteile bieten können. Gleichzeitig haben die Parteien durch Vereinbarung einer Verfahrenssprache und der Auswahl der Schiedsrichter die Möglichkeit, auf den äußeren Ablauf des Verfahrens Einfluß zu nehmen. Für nähere Einzelheiten vgl. Muster 1, Anm. 22.

8 Zusammenarbeitsvertrag

Vorbemerkungen

a) Sachverhalt

Die Vertragsparteien sind Arzneimittelhersteller, die auf dem Gebiet der Erforschung von Krebskrankheiten besondere Erkenntnisse und Forschungserfahrung besitzen, insbesondere hinsichtlich der Entwicklung von chemischen Krebsbekämpfungsmitteln. Da die bisher von den Parteien gefundenen Wirkstoffe in Tierversuchen zu Zufallsergebnissen führten, die weiterer erheblicher Langzeitforschung bedürfen, haben die Parteien beschlossen, auf diesem Gebiet ein gemeinsames Forschungsteam aufzustellen und durch Zusammenfassung von sachlichen und persönlichen Mitteln die Forschung zu koordinieren. Frühere Schutzrechte existieren nicht, so daß eine gegenseitige Lizenzierung für die Vergangenheit nicht erforderlich ist.

b) Hinweise zur Benutzung des Vertragsmusters

Die Parteien dieses Zusammenarbeitsvertrages stehen sich als gleichgeordnete Partner gegenüber, es handelt sich daher nicht um einen Lizenzvertrag im eigentlichen Sinne, bei dem der eine (Lizenzgeber) »gibt« und der andere (Lizenznehmer) »nimmt«. Andererseits müssen bestimmte Regelungen für den Fall getroffen werden, daß durch die Zusammenarbeit Erfindungen entstehen, die zum Patent angemeldet und ausgewertet werden. Aus dieser Sachlage ergibt sich eine besondere Gestaltung des Vertragsverhältnisses. Dies bedingt einige abweichende Regelungen gegenüber einem normalen Lizenzvertrag.

Etwas anderes würde gelten, wenn eine oder beide Parteien über Schutzrechte in diesem Gebiet verfügen, deren Benutzung für das gemeinsame Forschungsvorhaben erforderlich ist. Diese Schutzrechte könnten in Anlehnung an die Muster 1 oder 4 in den Zusammenarbeitsvertrag eingebracht werden. Je nach Bewertung der Schutzrechte würde sich eine entgeltliche oder für beide Seiten unentgeltliche Benutzung anbieten.

Der für dieses Muster gedachte Sachverhalt ist zu unterscheiden von der Vergabe eines Forschungs- und Entwicklungsauftrags, dazu wird auf die Muster 9 und 10 verwiesen.

8 *Zusammenarbeitsvertrag*

c) Zur besonderen Beachtung

Hinsichtlich der Formvorschriften gelten die Ausführungen in Muster 1, Vorbemerkung c).

Für das EG-Kartellrecht hat die EG-Kommission 1984 die Verordnung »über die Anwendung von Art. 85 Abs. 3 des Vertrages auf Gruppen von Vereinbarungen über Forschung und Entwicklung« erlassen (ABl. No. L 53/5 vom 22. 2. 1985). Auf diese Verordnung wird zu den einzelnen Vertragsregelungen in den Anmerkungen hingewiesen. Sie wird zitiert als EG-Verordnung (Forschung). Das Verfahren nach der Gruppenfreistellungsverordnung (Forschung), insbesondere die Handhabung des verkürzten Widerspruchsverfahrens, entspricht dem der Gruppenfreistellungsverordnung für Patentlizenzverträge, vgl. dazu Muster 1, Vorbemerkungen c) (2).

Da Zweck der vorliegenden Vereinbarung ist, den Wissensstand der Vertragsparteien auszutauschen und auf dieser Grundlage die weitere Forschung zu betreiben, erscheint es zur Vermeidung von Streitigkeiten zweckmäßig, daß beide Parteien die Ergebnisse ihrer bisherigen Forschung schriftlich niederlegen, wobei sie sich die Übergabe der Materialien quittieren lassen. Dies kann sowohl für die vereinbarten Geheimhaltungsverpflichtungen als auch im Falle von Streitigkeiten und einer vorzeitigen Auflösung des Vertragsverhältnisses den Nachweis eigener geheimer Kenntnisse und evtl. auch eigener Vorbenutzungsrechte für z. B. von der anderen Seite angemeldete Erfindungen oder die Durchsetzung von Miterfinderrechten erleichtern. Für den vorliegenden Sachverhalt wird davon ausgegangen, daß jede Partei etwaige Ansprüche ihrer Arbeitnehmer aus Arbeitnehmererfinderrecht selbst regelt, so daß es keiner Vereinbarung oder einer Verpflichtung der jeweils anderen Seite bedarf.

Die vorgeschlagenen Regelungen dieses Vertragsmusters beschränken sich auf die im gedachten Fall für unbedingt notwendig erachteten Klauseln. Werden zu bestimmten Punkten Ergänzungen für sinnvoll gehalten, so sollte auf die Vorschläge der Muster 1 oder 4, evtl. auch 9 oder 10 zurückgegriffen werden.

Muster 8

Zusammenarbeitsvertrag

zwischen der Firma A
Sitz:
vertreten durch: ihren Vorstand
und der Firma B
Sitz:
vertreten durch: ihren Geschäftsführer

Präambel

Die Parteien haben beschlossen, ein gemeinsames Forschungsprogramm für die Entwicklung eines chemischen Krebsbekämpfungsmittels aufzustellen. Dieses Forschungsprogramm soll von je einer Forschungsgruppe der Parteien getrennt, aber unter regelmäßigem Austausch der Ergebnisse, wenn nötig auch über die vertraglich geregelten Zusammenkünfte hinaus, durchgeführt werden. Hierzu wird folgendes vereinbart:

§ 1 Austausch von Forschungsergebnissen[1]

(1) Die Parteien verpflichten sich, die bisher in ihren Unternehmen gefundenen Forschungsergebnisse auf dem Vertragsgebiet der jeweils anderen Seite im vollen Umfang zur Kenntnis zu geben, unabhängig davon, ob für diese Ergebnisse Schutzrechtsanmeldungen oder Schutzrechte erwirkt worden sind oder nicht.

(2) Zu diesem Zweck werden beide Seiten binnen 6 Wochen nach Vertragsunterzeichnung die Forschungsergebnisse in kopierfähiger Form zusammenstellen und diejenigen Personen bestimmen, die die Ergebnisse der anderen Seite erläutern.

§ 2 Planung

(1) Jede Partei errichtet eine Forschungsgruppe, die aus je 15 Personen folgender Qualifikationen besteht: ...

(2) Zur Koordinierung der Forschungsarbeiten werden regelmäßige Treffen vereinbart, die mindestens zweimal jährlich stattzufinden haben. Dabei wird im einzelnen das Arbeitsprogramm jeder Forschungsgruppe, sowie Art, Umfang und Kosten der zu beschaffenden Mittel vereinbart.

(3) Die Aufteilung der Forschungsgebiete geschieht in der Weise, daß A das in der Anlage I, B das in der Anlage II umschriebene Forschungsgebiet belegt. Dabei stellt jede Seite ihrem Forschungsteam die für jedes Jahr gemeinsam vereinbarten sachlichen und finanziellen Forschungsmittel zur Verfügung.[2]

§ 3 Geheimhaltung[3]

(1) Die Parteien verpflichten sich, sämtliche sich aus dem Forschungsprojekt ergebenden Daten und Informationen geheim zu halten. Sie bestimmen zu Beginn der Arbeiten diejenigen Personen, die an dem Projekt beteiligt werden sollen und teilen dem anderen Vertragspartner die Namen mit. Über einen späteren Wechsel von Mitarbeitern ist die andere Vertragspartei unter Angabe von Gründen zu unterrichten. Im Falle des Ausscheidens von Mitarbeitern aus dem Forschungsprojekt ist für eine weitere Geheimhaltung durch den betreffenden Mitarbeiter Sorge zu tragen.

(2) Die Verpflichtung zur Geheimhaltung sämtlicher Informationen, die die Parteien in Vollziehung des vorliegenden Vertrages sich gegenseitig mitteilen, gilt auch über die Laufzeit der vorliegenden Vereinbarung hinaus, solange die betreffenden Informationen Dritten nicht bekannt geworden sind.

(3) Die Parteien verpflichten sich, Dritten die Entwicklungsergebnisse auch nicht in Form eines Lizenzvertrages zugänglich zu machen, unabhängig, ob für diese Ergebnisse Schutzrechte angemeldet worden sind oder nicht. Diese Verpflichtung gilt für die Dauer von 2 Jahren, beginnend mit dem Zeitpunkt, zu dem die wirtschaftliche Verwertung der Forschungsergebnisse begonnen hat.

§ 4 Schutzrechtsanmeldungen[4]

(1) Jede Partei ist verpflichtet, für Ergebnisse ihrer Forschungsgruppe im eigenen Namen Patente anzumelden. Für den Fall gemeinsamer Erfinderrechte erfolgt die Patentanmeldung gemeinsam, wobei die gegenseitigen Anteile einvernehmlich festzulegen sind.

(2) Die Partner werden sich über den Inhalt der Erfindungsmeldungen ihrer Arbeitnehmer sowie von Schutzrechtsanmeldungen im In- und Ausland durch Übermittlung entsprechender Unterlagen unverzüglich unterrichten. Sie verpflichten sich gegenseitig zur Geheimhaltung der Erfindungsmeldungen und Schutzrechtsanmeldungen des anderen Partners bis zu deren Veröffentlichung.

(3) Jede Partei übernimmt die Bezahlung der Vergütungen nach dem Arbeitnehmererfindungsgesetz für ihre eigenen Mitarbeiter.

(4) Beide Parteien werden die beantragten Schutzrechtsanmeldungen auf eigene Kosten aufrechterhalten.

§ 5 Dauer des Vertrages[5]

Der Zusammenarbeitsvertrag wird auf acht Jahre abgeschlossen. Er verlängert sich um jeweils ein weiteres Jahr, falls er nicht von einer der Parteien sechs Monate vor Ablauf gekündigt wird. Nach Ablauf des Vertrages kann jede Partei, falls keine Verlängerung der Zusammenarbeit vereinbart wird, auf der Grundlage der bisherigen Forschung für eigene Rechnung weiter arbeiten. Während der Laufzeit des Vertrages ist eine Kündigung ausgeschlossen. Kündigungen aus wichtigem Grund bleiben hiervon unberührt.

§ 6 Auswertung der Patente und Erfahrungsaustausch[6]

(1) Jede Partei kann von der anderen für die aus dem Zusammenarbeitsvertrag entstandenen Schutzrechte eine nicht ausschließliche, unentgeltliche Lizenz zur Herstellung, Verwendung und zum Vertrieb verlangen.

(2) Beide Parteien verpflichten sich, für die Dauer von fünf Jahren nach Auslaufen des Entwicklungsvertrages der anderen Partei Informationen über Verfahrens- und Produktverbesserungen kostenlos mitzuteilen. Zu diesem Zweck treffen sich beide Parteien mindestens einmal im Jahr zu einem Erfahrungsaustausch.[7]

(3) Die Option für eine nicht ausschließliche Lizenz gemäß Abs. 1 gilt für sämtliche Länder, in denen die jeweilige Patentinhaberin Schutzrechte angemeldet hat. Für die übrigen Länder steht der anderen Partei ein Anmeldungsrecht zu mit der Verpflichtung zur entsprechenden Lizenzgewährung gemäß Abs. 1.[8]

§ 7 Bezugsbindung[9]

Die Parteien verpflichten sich, Grundstoffe für das Forschungsvorhaben sowie für die spätere Produktion des Forschungsergebnisses, soweit sie nicht jeweils im eigenen Unternehmen hergestellt werden, beim anderen Vertragspartner zu üblichen Marktbedingungen zu beziehen. Diese Verpflichtung gilt nicht, falls Drittunternehmen diese Grundstoffe um mindestens 10 % günstiger anbieten und der andere Vertragspartner in diese Bedingungen nicht eintritt.

§ 8 Übertragbarkeit und Unterlizenzen[10]

Der jeweiligen Lizenznehmerin gemäß § 6 ist die Übertragung ihrer Lizenz an Dritte nicht gestattet. Sie ist jedoch berechtigt, Unterlizenzen zu vergeben.

§ 9 Optionsrecht[11]

(1) Vor dem Verzicht auf die Weiterverfolgung, Aufrechterhaltung oder Verteidigung eines Schutzrechtes durch einen Vertragspartner ist dieser zur Unterrichtung des anderen verpflichtet, dem hiermit eine Option zur Übernahme der Schutzrechte eingeräumt wird.

(2) Die Bedingungen für die Übertragung des Schutzrechts werden gesondert vereinbart, die Kosten dürfen 10 % eines Jahresumsatzes für das betreffende Schutzrecht beim Verkäufer nicht überschreiten.

§ 10 Verbot von Parallelforschung[12]

Beide Parteien verpflichten sich, auf dem vertragsgegenständlichen Gebiet während der Laufzeit des Vertrages keine Forschungsaufträge an Dritte zu geben oder mit Dritten in der Forschung und Entwicklung zusammenzuarbeiten.

§ 11 Verteidigung der Schutzrechte[13]

Die Vertragsparteien werden einander von Verletzungen der Vertragsschutzrechte in den Vertragsgebieten unterrichten. Der Lizenzgeber ist nicht verpflichtet, die Schutzrechte gegen Angriffe Dritter zu verteidigen. Besteht die andere Partei auf einer Verteidigung, so hat sie sich an den Kosten des Rechtsstreits mit 50 % zu beteiligen.

§ 12 Nichtangriffsklausel[14]

Die Parteien verpflichten sich, während der Durchführung des Forschungsprogramms Schutzrechte, die auf dem gemeinsamen Forschungsgebiet nach gemeinsamer Absprache von einer der Parteien während der Vertragsdauer angemeldet werden, nicht anzugreifen oder Dritte bei dem Angriff auf solche Schutzrechte zu unterstützen.

§ 13 Haftung[15]

Die Vertragspartner übernehmen keine Haftung dafür, daß im Rahmen dieses Vertrages zur Verfügung gestellte Kenntnisse, Arbeitsergebnisse und Unterlagen richtig, brauchbar und vollständig sind oder daß durch ihre Anwendung keine Schutzrechte Dritter verletzt werden.

§ 14 Gewährleistung und Produkthaftpflicht[16]

Beide Parteien verzichten gegenseitig auf Ansprüche wegen Gewährleistung oder Produkthaftpflicht, die sich aus der Herstellung oder dem Vertrieb von Produkten ergeben, die während der Zusammenarbeit entwickelt worden sind.

§ 15 Anzuwendendes Recht – Schiedsgericht[17]

Die Vertragsparteien werden sich bemühen, sämtliche Meinungsverschiedenheiten aus dem Vertrag gütlich beizulegen. Sofern eine gütliche Einigung nicht zustande kommt wird unter Ausschluß des ordentlichen Rechtsweges die Zuständigkeit des Schiedsgerichts bei der Internationalen Handelskammer in Paris vereinbart. Der Vertrag unterliegt englischem Recht, die Verfahrenssprache für das Schiedsverfahren ist Englisch.

Ort, Datum   Unterschriften

Anmerkungen

1. Gegenstand des Vertrages und kartellrechtliche Beurteilung

Die EG-Kommission hat für Zusammenarbeitsverträge im Bereich der Forschung und Entwicklung eine Verordnung zur Gruppenfreistellung verabschiedet, die im folgenden zitiert wird als EG-Verordnung (Forschung), vgl. Vorbemerkung c). Die Gruppenfreistellung für derartige Verträge gilt nur für die Zusammenarbeit von Wettbewerbsunternehmen, die zusammen nicht mehr als 20 % Marktanteil haben, Art. 3 (2) und (3) der Verordnung (Forschung). In der Verordnung (Forschung) geht die EG-Kommission davon aus, daß eine Zusammenarbeit zwischen Wettbewerbsunternehmen auf dem Gebiet der Forschung und Entwicklung grundsätzlich einen Wettbewerbsverstoß im Sinne von § 85 Abs. 1 EWG-Vertrag darstellen kann. Gerade auch durch die Übermittlung eigener Forschungsergebnisse an den Vertragspartner wird ein Wettbewerbsvorsprung auf dem Markt aufgegeben. Andererseits fördere die Zusammenarbeit die Entwicklung neuer Technologien. Dies gelte jedenfalls dann, wenn die Zielsetzung des gemeinsamen Forschungsvorhabens klar begrenzt ist und sich der Austausch von Forschungsergebnissen auch nur auf dieses Vertragsgebiet beschränkt. (Vgl. die Begründung der EG-Verordnung (Forschung), insbesondere Ziff. 4 und Ziff. 5, sowie zuletzt die Freistellungsentscheidungen der EG-Kommission in GRUR Int. 1984, 427 – Rockwell/Iveco; GRUR Int. 1984, 432 – VW/MAN; GRUR Int. 1984, 435 – Carbon Gas Technologie). Während bisher die EG-Kommission hinsichtlich der Ausdehnung der vertraglichen Vereinbarung auf die Produktionsphase zurückhaltend war, erkennt sie in der Verordnung unter Ziff. 6 gerade im Interesse kleiner und mittlerer Unternehmen die Fortführung der Zusammenarbeit auf die Produktionsphase als notwendig an. Ein Kriterium der Zulässigkeit ist allerdings der erwartete Vorteil für die Verbraucher, nämlich die Bezugsmöglichkeit neuer und verbesserter Erzeugnisse zu günstigeren Preisen. Zusammenarbeitsverträge, die nicht über die als zulässig angesehenen Vereinbarungen hinausgehen, brauchen nicht angemeldet zu werden. (Vgl. zum früheren Rechtszustand *Deringer* GRUR Int. 1968, 179, 189; *Ebel* NJW 1980, 1988, 1991; sowie die Bekanntmachung der EG-Kommission über Vereinbarungen, die eine zwischenbetriebliche Zusammenarbeit betreffen, ABl. No. C 75 vom 29. 7. 1968 bzw. No. C 84 vom 28. 8. 1968).

Nicht freigestellt sind Vereinbarungen mit gegenseitiger Lizenzgebührenregelung für den Zeitraum der späteren Vermarktung der Erzeugnisse, die aus dem Forschungsprogramm entwickelt werden; vgl. Art. 6 d) der Verordnung (Forschung) sowie die Entscheidung der EG-Kommission in GRUR Int. 1979, 350 – Beecham/Parke, Davis). Die EG-Kommission verlangt, daß die Vertragsparteien sich weitestmöglich als Wettbewerber verhalten, insbesondere bei der Preisgestaltung der Produkte und bei der Fortführung von Forschungsvorhaben, die nicht Gegenstand der Vereinbarung sind; im Zweifel bedarf es daher einer ausdrücklichen Freistellung für Vereinbarungen in der Vermarktungsphase.

2. Forschungsplanung

Eine Vereinbarung über die Höhe der aufzuwendenden Mittel, die bei einem solchen Vertrag zweckmäßigerweise für die gesamte Dauer der Vereinbarung bei beiden

8 *Zusammenarbeitsvertrag*

Parteien gleich hoch sein sollten, empfiehlt sich, um je nach Bedarf die Forschungstätigkeit in die eine oder andere Richtung verstärken zu können. Steht der einen Seite in einem Jahr mehr zur Verfügung, kann dies im nächsten Jahr zu Gunsten der anderen Forschungsgruppe ausgeglichen werden. Es kann allerdings auch vereinbart werden, daß das jährliche Budget jeder Seite eine Mindestsumme ausweist und eine Erhöhung jede Partei selbst bestimmen kann. Erlaubt ist auch ein finanzieller Ausgleich an den Vertragspartner, Art. 5 (1) f der Verordnung (Forschung).

3. Geheimhaltungsverpflichtung

Da auf Grund des umfassenden Erfahrungsaustausches zu Beginn und während der Laufzeit des Zusammenarbeitsvertrages auch geheime Kenntnisse übertragen werden, ist die Vereinbarung einer Geheimhaltung – auch über die Laufzeit der Zusammenarbeit hinaus – empfehlenswert. Kartellrechtliche Bedenken dürften schon deshalb nicht bestehen, da auf Grund der Gleichstellung der Vertragspartner die Beschränkungen hinsichtlich der Weitergabe keine Partei einseitig belasten (vgl. im übrigen zur Rechtslage hinsichtlich der Geheimhaltungsverpflichtungen nach deutschem und europäischem Kartellrecht Muster 1 Anm. 6, insbesondere dort Ziff. (6)). Die Verpflichtung, den vertraulichen Charakter der durch die Zusammenarbeit gefundenen Kenntnisse zu wahren, wird von der EG-Kommission für zulässig angesehen, vgl. EG-Verordnung (Forschung) Art. 5 (1) d).

Eine Beschränkung der Auswertungsbefugnisse gem. Abs. 3 gegenüber Dritten, die ja auch in Patentanmeldungen niedergelegte, daher allgemein zugängliche Kenntnisse umfaßt, ist nach der EG-Verordnung (Forschung) freigestellt, dies gilt auch für die Zeit nach Ablauf der Vereinbarung, Art. 5 (1) d) der Verordnung (Forschung).

4. Schutzrechtsanmeldungen

Die Verpflichtung zur Erwirkung und Aufrechterhaltung von Schutzrechten kann nicht nur für die Forschungsergebnisse des Zusammenarbeitsvertrags vereinbart werden, sondern auch für die Grundlagenkenntnisse, die jede Vertragspartei bereits mitbrachte (vgl. EG-Verordnung (Forschung) Art. 5 (1) c). Für den vorliegenden Fall wurde davon ausgegangen, daß schutzrechtsfähige Ergebnisse bei Beginn der Zusammenarbeit noch nicht vorlagen.

Da aufgrund der vertraglichen Vereinbarung jede Partei für die im eigenen Betrieb gemachten Erfindungen Patentanmeldungen tätigt und in der Zukunft daran Dritten (nicht ausschließliche) Lizenzen erteilen kann (vgl. dazu § 6 des Musters) ist es angebracht, die Vergütung der Arbeitnehmererfindungen in der im Muster vorgesehenen Weise zu regeln. Vgl. im übrigen die ausführlichen Regelungen bezüglich eventueller Einzel- und Gemeinschaftserfindungen in Muster 10.

5. Laufzeit des Vertrages

Die Vereinbarung einer festen Laufzeit ohne die Möglichkeit einer Kündigung ist bei einem Zeitraum von 8 Jahren unbedenklich, vgl. dazu EG-Verordnung (Forschung)

Art. 3 (1), wonach die Freistellung für die Dauer der Durchführung des Forschungsprogramms gilt. Angesichts des Zwecks einer solchen Vereinbarung, durch eine Kumulation von finanziellen und personellen Mitteln langfristige Forschungsobjekte zu ermöglichen hat die Kommission in der Vergangenheit auch längere Zeiträume freigestellt (vgl. Entscheidung der EG-Kommission Beecham/Parke, Davis, GRUR Int. 1979, 350, Ziff. 39 der Entscheidungsgründe, sowie EG-Kommission GRUR Int. 1984, 427, 432 – Rockwell/Iveco (Freistellung für 11 Jahre); GRUR Int. 1984, 432, 434 – VW/MAN (Freistellung für 15 Jahre). Die EG-Kommission hat es auch für zulässig angesehen, daß bei einer vorzeitigen Kündigung durch eine der Parteien die andere die Forschung fortsetzt und im Falle eines Erfolges die Lizenzgewährung an die ausscheidende Partei von einem Ersatz von bis zu 75 % der Forschungs- und Entwicklungskosten abhängig macht.

6. Auswertung der Patente

Bereits nach allgemeinen patentrechtlichen Regeln ist die Benutzung von patentrechtlichen Lehren Dritter zu wissenschaftlichen Zwecken erlaubt. Die weitere Forschung der Vertragsparteien nach Auslaufen des Zusammenarbeitsvertrages kann daher nicht behindert werden.

Etwas anderes gilt für die Benutzung von Schutzrechten zu kommerziellen Zwecken, soweit das Schutzrecht der jeweils anderen Partei betroffen ist. So bezieht sich die vereinbarte Gratislizenz lediglich auf das konkrete, aus der Zusammenarbeit entstandene Schutzrecht, nicht aber auf Weiterentwicklungen, die im Abhängigkeitsbereich solcher Schutzrechte liegen. Für derartige Erfindungen stehen sich die Parteien als normale Lizenzgeber bzw. Lizenznehmer gegenüber, deren Vertragsbeziehungen nach den allgemeinen Lizenzregeln zu beurteilen sind (vgl. dazu Muster 1 § 18 und 19 sowie die dortige Anm. 15 und 16).

Das Recht auf Lizenzgewährung gemäß § 6 des Vertrages wird im Zweifel auf die konkrete technische Lehre, d. h. die gefundene medizinische Indikation des Stoffpatents oder der Verwendungserfindung beschränkt sein. Da auf Grund der kartellrechtlichen Einschränkungen, denen die Vertragsparteien unterliegen, die vertraglichen Regelungen auf die Dauer der Vereinbarung beschränkt sind, dürften Absprachen über später gefundene weitere Indikationen eines während der Zusammenarbeit entwickelten Stoffpatents, aus wettbewerblichen Gründen bedenklich sein.

Abweichend von der im Muster vorgeschlagenen Regelung einer unabhängigen Verwertung der Forschungsergebnisse mit gegenseitiger Lizenzierung kann auch vereinbart werden, daß die Auswertung der Forschungsergebnisse, also im vorliegenden Fall die eventuelle Herstellung des gefundenen Krebsbekämpfungsmittels, durch ein an der Vereinbarung nicht beteiligtes, eventuell noch zu gründendes Unternehmen erfolgen soll. Eine solche Vereinbarung wird von der EG-Kommission ebenfalls für zulässig erachtet (vgl. EG-Kommission GRUR Int. 1984, 427 – Rockwell/Iveco und GRUR Int. 1984, 432 – VW/MAN, sowie EG-Verordnungsentwurf (Forschung) Art. 1 (3) b) und 2 e)). Bei besonderen Sachverhaltskonstellationen kann auch vereinbart werden, daß eine Aufteilung der Herstellung nach besonderen Spezialgebieten zwischen den Vertragspartnern erfolgt (vgl. dazu EG-Verordnung (Forschung) Art. 4 (1) d) und e).

7. Erfahrungsaustausch nach Auslaufen des Vertrages

Die fortgeltende Verpflichtung zum Erfahrungsaustausch nach Ablauf des Zusammenarbeitsvertrages dient der optimalen Produktanwendung, insbesondere der Entwicklung der besten Darreichungsform des gefundenen Arzneimittels nach Durchführung der klinischen Versuche. Ein derartiger zeitlich begrenzter Erfahrungsaustausch, falls er nicht je nach Land unterschiedlich gestaffelt ist, ist von der EG-Kommission als erlaubt bewertet worden (Verordnung (Forschung) Art. 3 (1); GRUR Int. 1979, 350 Ziff. 40). Zulässig ist auch, die Laufzeit dieser fortwirkenden Vereinbarung ab dem ersten Inverkehrbringen des Produktes zu berechnen. Der Erfahrungsaustausch hat sich dabei auf technische Informationen für die wirksame Form der Verwertung der Ergebnisse zu beschränken und schließt Informationen z. B. über Vertriebsmethoden aus.

8. Territorialer Bereich der Lizenzen

Nach Auffassung der EG-Kommission ist eine Aussparung einzelner Gebiete der EG von der zukünftigen Vermarktung der entwickelten Erfindungen zu Lasten eines der Vertragspartner 5 Jahre nach Vermarktungsbeginn unzulässig. (EG-Kommission GRUR Int. 1979, 350 – Beecham/Parke, Davis; Verordnung (Forschung) Art. 6 f), 4 (1) f)).

Zu den kartellrechtlichen Regeln des deutschen und europäischen Kartellrechts vgl. Muster 1, Anm. 3.

9. Bezugsbindung

Eine Bezugsbindung für den Fall eines Zusammenarbeitsvertrages wird von der EG-Kommission als zulässig angesehen, vgl. EG-Verordnung (Forschung) Art. 4 c) sowie EG-Kommission GRUR Int. 1984, 432 – VW/MAN.

10. Übertragbarkeit und Unterlizenzen

Während grundsätzlich im Falle eines einfachen Lizenzvertrages die Übertragbarkeit und Gewährung von Unterlizenzen ausgeschlossen werden kann (vgl. z. B. Verordnung (Forschung) der EG-Kommission Art. 6 g); zu den vertragsrechtlichen Überlegungen *Kraßer/Schmid*, GRUR Int. 1982, 324, 332, r. Sp.), gelten nach Auffassung der EG-Kommission für einen Zusammenarbeitsvertrag zwischen Wettbewerbern gewisse Ausnahmen. Im Rahmen des Art. 85 Abs. 3 EWG-Vertrag, der eine Freistellung vom Kartellverbot nur in sehr engen Grenzen erlaubt, muß sichergestellt werden, daß für die Vermarktungsphase der aus der Zusammenarbeit entstandenen Erfindungen jeder Vertragspartner die volle Handlungsfreiheit zurückerlangt. Hierzu gehört auch das Recht, Lizenzen bzw. Unterlizenzen an Dritte zu vergeben. Wäre eine solche Weiterlizenzierung von der Zustimmung der anderen Vertragspartei abhängig, so läge hierin nach Auffassung der EG-Kommission eine Einflußnahme auf die individuelle Absatzpolitik der anderen Vertragspartei. Darüberhinaus wäre die Möglichkeit Dritter eingeschränkt, Lizenzen für die Herstellung des Vertragserzeugnisses zu erlangen (Beecham/Parke, Davis, Ziff. 42 der Urteilsgründe a.a.O).

Die EG-Kommission verlangte in der zitierten Entscheidung im übrigen folgende Änderungen des Zusammenarbeitsvertrages:

a) Die gegenseitige Lizenzgewährung mußte für sämtliche Staaten der EG gelten.

b) Die praktischen Auswirkungen der Vermarktung durften nicht zu einer Marktaufteilung führen.

c) Eine Gewinnaufteilungsklausel für ein bestimmtes Land sowie eine Beteiligung an den Erträgen des jeweils anderen Vertragspartners und dessen Unterlizenznehmer wurde gestrichen. Die EG-Kommission führte in diesem Zusammenhang aus, daß eine Gewinnbeteiligung nur dann als zulässig angesehen werden könnte, wenn aus technischen Gründen nur einer der Vertragspartner die Herstellung und den Vertrieb der Erzeugnisse zu übernehmen in der Lage war, nicht aber, wenn beide als Arzneimittelhersteller tätig sind.

Generell sind nach Auffassung der EG-Kommission nur solche Regelungen freistellungsfähig, die für die Verwirklichung der Ziele des Art. 85 Abs. 3 unerläßlich sind (EG-Kommission GRUR Int. 1984, 427, 430 – Rockwell/Iveco). Ein wichtiges Kriterium der Freistellungsfähigkeit ist, ob andere bedeutendere Wettbewerber im Bereich der EG vorhanden sind, von denen angenommen werden kann, daß auch sie die Forschung auf dem Vertragsgebiet weitertreiben werden, so daß Konkurrenzprodukte verfügbar sein würden.

Allerdings hat die EG-Kommission in der Verordnung (Forschung) eine Verpflichtung für zulässig erklärt, von Drittunternehmen erhaltene Gebühren mit dem anderen Vertragspartner zu teilen, bzw. Gebühren an den anderen Vertragspartner zu zahlen, um ungleiche Beiträge beim Forschungsvorhaben auszugleichen (Art. 5 (1) f und g).

11. Optionsrecht

Eine endgültige Regelung für die Bedingungen im Falle der Ausübung des Optionsrechts wird sich nicht empfehlen, da der Wert des jeweiligen Schutzrechts je nach Restlaufzeit und Bedeutung für die Auswertung der übrigen Schutzrechte sehr unterschiedlich sein kann. Aufgrund der Begrenzung der Übernahmekosten auf eine fiktive Einjahres-Lizenzgebühr gem. Abs. 2 wird der jeweilige Verkäufer im übrigen nur diejenigen Schutzrechte, und diese wiederum nur in denjenigen Ländern zur Übernahme anbieten, für die seine eigenen Umsatzerwartungen für die Zukunft nicht erfolgversprechend sind.

12. Verbot von Parallelforschung

Die Einschränkung gem. § 10 des Musters ist nach der Verordnung (Forschung) der EG-Kommission frei gestellt (vgl. Verordnung (Forschung) Art. 4 (1) a und b). Zulässig ist darüber hinaus auch ein Wettbewerbsverbot für Tätigkeiten, z. B. Herstellung und Vertrieb auf eigene Rechnung, auf dem Gebiet der gemeinsamen Forschung, vgl. EG-Kommission GRUR Int. 1984, 432 – VW/MAN und GRUR Int. 1984, 435 – Carbon Gas Technologie. Vgl. auch die Regelung in Art. 6 a) der Verordnung (Forschung).

13. Verteidigung der Schutzrechte

Während bei einem einfachen Lizenzvertrag im allgemeinen eine Verteidigungspflicht des Lizenzgebers gegen Verletzungen besteht, da der Lizenznehmer selbst nicht

8 Zusammenarbeitsvertrag

klageberechtigt ist (vgl. Muster 1 Anm. 3 (3)), kann es für die vorliegende Vertragssituation in das Ermessen des jeweiligen Lizenzgebers gestellt werden, ob er gegen Verletzer (auf eigene Kosten) vorgehen will oder nicht. Die in § 11 vorgesehene Kostenregelung verhindert, daß für den Fall, daß der Lizenznehmer auf einer Verletzungsklage besteht, dieses Verlangen nicht mutwillig ausgeübt wird.

14. Nichtangriffsabrede

Auch ohne ausdrückliche Klausel kann eine Nichtigkeitsklage unter dem Gesichtspunkt der unzulässigen Rechtsausübung unzulässig sein, wenn der Kläger mit seiner Klage gegen Treu und Glauben verstößt (BGH Bl. 1965, 177, 178 – Vanal-Patent; *Schulte*, PatG 3. Auflage zu § 81 RdNr. 23 ff. m.w.N.). Dies wird für den vorliegenden Fall anzunehmen sein, weil in der Zusammenarbeit zwischen den Parteien ein gesellschaftsähnliches Verhältnis zu sehen ist (vgl. dazu BGH GRUR Int. 1969, 31 – Gewindeschneideapparat).

Die Begründung für die Unzulässigkeit eines Angriffs auf das Schutzrecht ist darin zu sehen, daß durch den gegenseitigen Austausch von Informationen über den Forschungsstand und damit auch den Stand der Technik der jeweils andere Vertragspartner einen erheblichen Informationsvorsprung gegenüber anderen Wettbewerbern besitzt, der es ihm erleichtern würde, das Schutzrecht mit Erfolg anzugreifen.

Nach Auffassung der EG-Kommission ist eine Nichtangriffsklausel als Verstoß gegen Art. 85 Abs. 1 EWG-Vertrag grundsätzlich nichtig (EG-Kommission GRUR Int. 1972, 371 – Davidson Rubber; GRUR Int. 1972, 374 – Raymond/Nagoya; GRUR Int. 1979, 212 – Vaessen/Moris). Voraussetzung ist, daß durch die Nichtangriffsklausel der zwischenstaatliche Handel beeinträchtigt wird, was nach Auffassung der Kommission immer dann gegeben ist, wenn potentiell Käufe in einem anderen Mitgliedsland der EG unmöglich gemacht werden. Es fehlt hierzu allerdings bisher an einer Entscheidung des EuGH. (vgl. dazu im einzelnen Muster 1 Anm. 20).

Eine Forschungsvereinbarung gilt bei einer Nichtangriffsklausel nicht als freigestellt (Art. 6 b der Verordnung (Forschung)), wenn die Nichtangriffsklausel auch noch nach Beendigung des Forschungsprogramms gelten soll.

15. Haftung

Vgl. dazu Muster 1 Anm. 2.

16. Gewährleistung

Vgl. dazu Muster 1 Anm. 2 und 14.

17. Rechtswahl, Gerichtliche Zuständigkeit, Schiedsgericht

Die Parteien eines Zusammenarbeitsvertrages werden besonderes Interesse an der Vertraulichkeit der Vereinbarung haben, und es wird sich daher die Vereinbarung eines Schiedsgerichts empfehlen. Gehören die Parteien verschiedenen Staaten an, sollte hinsichtlich der Rechtswahl und der Verfahrenssprache ein vernünftiger Kompromiß gefunden werden, also z. B. englische Sprache *und* englisches Recht, wobei der Sitz des Schiedsgerichts frei gewählt werden kann.

Für weitere Einzelheiten vgl. Muster 1 Anm. 22.

9 Entwicklungsvertrag

Vorbemerkungen

a) Sachverhalt

Der Auftragnehmer (AN) besitzt besondere Kenntnisse und Erfahrungen auf dem Gebiet der Herstellung von Polyurethanschaumstoffen. Der Auftraggeber (AG) ist Hersteller von Schaumgummieinlegesohlen und möchte diese in der Weise, wie dies in der Präambel des Vertrages dargelegt ist, verbessern. AN war bisher bereits Zulieferer für das Grundmaterial, er ist aber nicht in der Lage, die Weiterentwicklung auf eigene Kosten durchzuführen. Er erhofft sich allerdings nach Abschluß der Entwicklungsarbeiten Folgeaufträge von AG. AG ist aus technischen Gründen nicht in der Lage, die Forschung selbst durchzuführen und vertraut insoweit auf das Know-how von AN.

b) Hinweise zur Benutzung des Vertragsmusters

Das vorliegende Vertragsmuster unterscheidet sich von Muster 8 (Zusammenarbeitsvertrag) dadurch, daß im vorliegenden Fall keine gemeinsame Forschung von zwei Wettbewerbsunternehmen vereinbart wird, da nur ein Unternehmer, hier AN, die technologischen Möglichkeiten für eine entsprechende Forschung besitzt. Insofern liegt ein typischer Fall der sog. Auftragsforschung vor, bei der die Wettbewerbssituation des Marktes nicht berührt wird. Von Muster 10 (Forschungsauftrag) unterscheidet sich der vorliegende Vertrag dadurch, daß hier (Muster 9) ein bestimmtes Ergebnis geschuldet wird, nämlich die Herstellung eines neuen, marktfähigen Produktes bzw. die Entwicklung eines Herstellungsverfahrens. Demgegenüber sieht das Muster 10 (Forschungsauftrag) vor, daß der dortige Auftragnehmer sich nach besten Kräften bemüht, in eine bestimmte Richtung zu forschen, und der Vertrag auch dann als erfüllt angesehen wird, wenn ein verwertbares oder gar marktfähiges Produkt nicht entwickelt wird.

Für den vorliegenden Fall liegt das Risiko für die Vertragserfüllung daher beim Auftragnehmer. Da der Auftragnehmer im Rahmen des Vertragsverhältnisses nicht weisungsgebunden ist, ist als Vertragstypus von einem Werkvertrag gemäß § 631 ff. BGB auszugehen (anders der Sachverhalt in BGH Mitt. 1963, 94, 95, wo Dienstvertrag angenommen wurde). Wieweit die prozentuale Übernahme des finanziellen Risikos durch die eine oder andere Partei gehen

9 Entwicklungsvertrag

soll, ist nach der Interessenlage zu entscheiden. Insoweit ist das vorliegende Formular nicht auf einen Entwicklungsvertrag zwischen Firmen beschränkt, sondern kann in abgewandelter Form auch für die Vergabe von Entwicklungsaufträgen an selbständige Einzelerfinder oder auch auf solche Erfinder angewendet werden, die auf bestimmte Zeit beim Auftraggeber angestellt sind.

Die vorgeschlagenen Regelungen dieses Vertragsmusters beschränken sich auf die in dem gedachten Fall für unbedingt notwendig erachteten Klauseln. Werden zu bestimmten Punkten Ergänzungen für sinnvoll gehalten, so sollte auf die Vorschläge des Musters 1 zurückgegriffen werden.

c) Zur besonderen Beachtung

Hinsichtlich der Formvorschriften gilt der Hinweis c) zu Muster 1.

Für den vorliegenden Sachverhalt wird davon ausgegangen, daß AN zu einer unbeschränkten Übertragung von Erfindungen an AG verpflichtet ist und daher für Ansprüche seiner Arbeitnehmer aus Arbeitnehmererfindergesetz selbst einzustehen hat. Insoweit bedarf es keiner ausdrücklichen Regelung im Vertrag. Wollen die Parteien insoweit abweichende Regelungen vereinbaren, so wird auf die Vorschläge in Muster 10 verwiesen.

Hinsichtlich der Vertragsverhandlungen ist besonderer Wert auf die eindeutige Beschreibung des gewünschten Entwicklungsergebnisses und damit die Zuordnung des Entwicklungsrisikos zu legen. Dies bedeutet, daß die Vertragspartner sich darüber einigen müssen, ob ein echter Werkvertrag gewollt ist, bei dem eine Vergütungspflicht nur für das vollendete Werk entsteht (Risiko allein bei AN) oder ob AG sich in der Weise beteiligt, daß er zu einem festgesetzten Teil vergütungspflichtig bleibt, auch wenn der Entwicklungsauftrag fehlschlägt und zu keinem Ergebnis führt.

Muster 9

Entwicklungsvertrag

zwischen der Firma
Sitz:
vertreten durch: ihren Vorstand
— nachstehend Auftraggeber (AG) genannt —
und der Firma
Sitz:
vertreten durch: ihren Geschäftsführer
— nachstehend Auftragnehmer (AN) genannt —

PRÄAMBEL

AG beabsichtigt, die bisher von ihm vertriebenen Schaumstoffeinlegesohlen in der Weise zu verbessern, daß in den Schaumstoff aktivierte Holzkohle dispergiert wird, die geruchstötend wirken soll. Das Herstellungsverfahren muß derart ausgestaltet sein, daß die Holzkohle bei der Einlagerung ihre Aktivität nicht verliert und sich im übrigen beim Tragen nicht aus dem Schaumstoff löst. Gegenstand des Entwicklungsauftrags ist daher die Herstellung eines entsprechenden marktfähigen Produktes.

Dazu schließen die Parteien folgende Vereinbarung:

§ 1   Durchführung des Entwicklungsauftrages

(1) AN wird die Entwicklungsarbeiten auf eigenes finanzielles und technisches Risiko und mit eigenem Personal durchführen.[1] Er wird AG in dreimonatigen Abständen über den Fortgang der Entwicklungsarbeiten unterrichten und diesem Einblick in die jeweils fertiggestellten Unterlagen und Aufzeichnungen ermöglichen.

(2) AN verpflichtet sich, begründete Wünsche, die von AG schriftlich bestätigt werden, bei der Durchführung der Arbeiten zu berücksichtigen. Sollten diese Wünsche zu Mehraufwand oder einer Änderung des gewünschten Entwicklungsergebnisses führen, so hat AN dies AG unter Angabe der Mehrkosten schriftlich mitzuteilen, so daß hierüber eine Vereinbarung der Parteien getroffen werden kann.[2]

§ 2   Geheimhaltung[3]

(1) AN wird über die Tatsache und den Inhalt des Entwicklungsauftrages gegenüber Dritten Stillschweigen bewahren und auch seine Mitarbeiter zum Stillschweigen verpflichten.

(2) Müssen außerhalb des Betriebes von AN stehende Dritte oder freie Mitarbeiter zu den Entwicklungsarbeiten hinzugezogen werden, so ist hierüber eine schriftliche Abstimmung der Parteien zu treffen.

§ 3 Entwicklungsergebnis[4]

(1) Sind die Entwicklungsarbeiten abgeschlossen, so teilt AN dies AG schriftlich mit, und die Parteien vereinbaren einen Termin zur Vorstellung des Entwicklungsergebnisses und der Erprobungsergebnisse. Über die Vorstellung bzw. Vorführung wird von beiden Vertragsparteien ein schriftliches Protokoll erstellt, das die Prüfbefunde und Ergebnisse enthält. Mit dem Protokoll erkennt AG die Beendigung der Arbeiten an, und AN wird von Sachmängeln des Entwicklungsergebnisses sowie für aus den Sachmängeln etwa entstehende Schäden freigestellt, ausgenommen in dem Protokoll niedergelegte Sachmängel oder verborgene Mängel.

(2) Bezüglich der Entwicklungsmuster leistet der Auftragnehmer Gewähr für

a) die Einhaltung der anerkannten Regeln der Technik
b) die Materialgüte
c) die Einhaltung zugesicherter Eigenschaften

(3) Die Gewährleistungsansprüche richten sich auf Beseitigung des Mangels einschließlich Transportkosten und deren Nebenkosten. Die Gewährleistungsansprüche verjähren 6 Monate nach Abnahme des Entwicklungsergebnisses.

§ 4 Unterlagen[5]

(1) Der Auftraggeber hat Anspruch auf Überlassung einer Ausfertigung sämtlicher bei der Auftragsentwicklung erstellter wissenschaftlicher oder technischer Unterlagen samt Zeichnungen und Plänen sowie einer Bedienungsanleitung, soweit diese für eine sachgemäße Benutzung und Auswertung des Entwicklungsergebnisses erforderlich sind. Diese Unterlagen sind in lesbarer und kopierfähiger Form an AG herauszugeben.

(2) Eine Verwertung dieser Unterlagen für eigene Zwecke oder deren Weitergabe an Dritte ist AN untersagt.

§ 5 Entwicklungsdauer[6]

(1) AN verpflichtet sich, die Entwicklungsarbeiten binnen 2 Jahren ab Unterschrift dieses Vertrages abzuschließen.

(2) Unvorhergesehene Verzögerungen oder Verzögerungen, die aufgrund von Änderungswünschen von AG absehbar sind, sind AG unverzüglich schriftlich mitzuteilen. Bei Überschreitung der vereinbarten Ablieferungsfrist um mehr als 1 Monat wird für jede weitere Woche eine Konventionalstrafe in Höhe von 2% der Vertragssumme fällig.

(3) Bei Überschreitung der vereinbarten Entwicklungszeit um mehr als 6 Monate ist AG zur Kündigung des Vertrages berechtigt und AN zur Rückzahlung von 90% der erhaltenen Vorauszahlungen gem. § 6 (2) verpflichtet. Auf diese Rückzahlung wird die bereits angefallene Konventionalstrafe gemäß Abs. 2 angerechnet.[1]

§ 6 Vergütung[7]

(1) AG zahlt für die Durchführung des Entwicklungsauftrages an AN einen Pauschalbetrag von DM 500 000,–.

(2) Hiervon sind 10 % bei Vertragsabschluß fällig, weitere 30 % nach Ablauf des ersten Drittels, weitere 30% nach Ablauf des zweiten Drittels der vereinbarten Entwicklungszeit. Der Restbetrag ist bei Abnahme des Entwicklungsergebnisses zu bezahlen.[1]

(3) Vereinbarte Zusatzleistungen und Erhöhungen des Pauschalbetrages werden anteilsmäßig auf die der Vereinbarung folgenden Zahlungstermine verteilt.

§ 7 Vertragsstrafe bei Vertragsverletzung[8]

(1) AN verpflichtet sich zur Rückzahlung sämtlicher Entwicklungskosten für den Fall, daß er das Entwicklungsergebnis, auch in abgewandelter Ausführung oder teilweise, Dritten zur Verfügung stellt oder ihnen Unterlagen in der Weise zugänglich macht, daß diese zum Nachbau in der Lage sind.

(2) Die Geltendmachung eines darüber hinausgehenden Schadensersatzes bleibt vorbehalten.

§ 8 Anmeldung von Schutzrechten[9]

(1) Sollten im Verlauf der Entwicklungsarbeiten Erfindungen gemacht werden, so verpflichtet sich AN, falls es sich um eine Arbeitnehmererfindung handelt, zur rechtzeitigen Inanspruchnahme sowie zur Übertragung der Erfindung auf AG.

(2) AN verpflichtet sich zur Übernahme der aus dem Arbeitnehmererfindergesetz sich ergebenden Verpflichtungen gegenüber dem oder den Arbeitnehmern von AN.

§ 9 Beachtung von Schutzrechten Dritter[10]

(1) Stellt sich im Verlauf der Entwicklungsarbeiten heraus, daß für die erfolgreiche Durchführung der Arbeiten die Benutzung fremder Schutzrechte erforderlich ist, so teilt AN dies AG unverzüglich mit. AG entscheidet, ob um eine Lizenz nachgesucht wird oder die Arbeiten in der Form weitergeführt werden, die eine Verletzung ausschließt.

(2) AG stellt AN von jeder Haftung für Schutzrechtsverletzungen frei, falls AN AG auf die Schutzrechte hingewiesen hat. Dasselbe gilt, falls Schutzrechte erst später bekannt werden.

§ 10 Nichtangriffsklausel[11]

AN verpflichtet sich, Schutzrechte, die aus dem Entwicklungsvertrag entstehen und von AG angemeldet werden, weder mit der Nichtigkeitsklage noch mit dem Einspruch anzugreifen oder Dritte bei dem Angriff auf die Schutzrechte zu unterstützen.

§ 11 Vertragsänderungen[12]

Änderungen des Vertrags bedürfen zu ihrer Gültigkeit einer von beiden Vertragschließenden zu unterzeichnenden Urkunde.

§ 12 Kündigung[13]

Im Falle der Kündigung aus wichtigem Grund bleiben sämtliche Vereinbarungen über die Anmeldung und Übertragung von Schutzrechten gültig. Im übrigen erfolgt die Abwicklung des Vertrages nach den Vorschriften der ungerechtfertigten Bereicherung.

§ 13 Gerichtsstand und anzuwendendes Recht[14]

Für alle Streitigkeiten, die aus diesem Vertrag entstehen, wird die Zuständigkeit des Landgerichts München I vereinbart.

Für die Auslegung des Vertrages ist deutsches Recht anzuwenden.

    Ort, Datum   Unterschriften

Anmerkungen

1. Vertragsgegenstand

Das vorliegende Muster geht davon aus, daß der Abschluß eines Werkvertrages gewollt ist und daher eine Vergütung des AN nur bei Vollendung des Entwicklungsauftrages und Ablieferung des Werkes erfolgt. Eine Risikobeteiligung von AG ist in der Weise vorgesehen, daß AN lediglich zur Rückzahlung von 90 % der erhaltenen Vergütung verpflichtet ist, falls der Entwicklungsauftrag ohne Ergebnis bleibt. Rechnerisch entspricht diese Risikobeteiligung von AG nicht 10% der Auftragssumme, da AN die letzten 30 % gemäß § 6 erst bei Ablieferung des Werkes erhalten hätte.

2. Änderungen des Vertrages

Zusatz- und Änderungswünsche führen häufig zwischen den Parteien eines Entwicklungsvertrages zu Streitigkeiten. Im vorliegenden Fall eines sehr klar umrissenen Entwicklungsergebnisses sind Zusatzwünsche und Änderungen weniger wahrscheinlich. Häufig ist dies jedoch der Fall bei der Entwicklung neuer Vorrichtungen oder Maschinen. Der Auftraggeber entdeckt hier eventuell weitere Nutzungsmöglichkeiten oder Vereinfachungen, deren einsatzfähige oder marktreife Entwicklung zusätzlichen zeitlichen und technischen Aufwand erfordern. Mündliche Auftragsvergabe oder eine fehlende Kostenregelung führen dann zu einer nachhaltigen Störung des Vertragsverhältnisses.

3. Geheimhaltungsverpflichtung

Neben dem patentrechtlichen Interesse des AG zu verhindern, daß während der Entwicklung neuheitsschädliches Material Verbreitung findet, besteht ein zusätzliches kommerzielles Interesse daran, daß Wettbewerber von einem Entwicklungsauftrag nichts erfahren, um den erwünschten Marktvorsprung nicht zu gefährden. Durch die Einschaltung einer weiteren Firma, erhöht sich zwangsläufig das Verbreitungsrisiko. Zur kartellrechtlichen Behandlung von Geheimhaltungsverpflichtungen vgl. Muster 1 Anm. 6 (6).

4. Entwicklungsergebnis und Abnahme des Werkes

Die förmliche Abnahme und Vorstellung des Entwicklungsergebnisses findet zweckmäßigerweise einige Zeit nach der Mitteilung von AN über die Beendigung des Entwicklungsauftrages statt, damit AG die Möglichkeit der Prüfung von Probemustern und der technischen Materialien erhält. Die eigentliche Verhandlung dient dann der Klärung offener Fragen sowie der schriftlichen Niederlegung festgestellter Mängel und Auftragsergänzungen, eventuell auch der Vereinbarung einer gewissen Verlängerung der vereinbarten Entwicklungszeit.

Die Zusicherungen von AN beschränken sich auf die vereinbarten Eigenschaften, hier die Einbettung von Aktivkohle in den Schaumstoff ohne Verlust der Aktiveigenschaften der Kohle sowie unter Verhinderung des Austretens der Kohle aus dem Schaumstoff. Im übrigen haftet AN als Hersteller für die Einhaltung etwaiger Sicherheitsbestimmungen (z. B. Maschinenschutzgesetz) sowie sonstiger anerkannter Regeln der Technik und der Materialgüte der von ihm verwendeten Materialien. Sachmängelansprüche des AG sind mit Anerkennung der Beendigung des Auftrags ausgeschlossen, soweit es sich nicht um verborgene Mängel handelt, die objektiv die Benutzung des entwickelten Gegenstandes verhindern oder beeinträchtigen. Diese können sich z. B. bei Gerätschaften und Vorrichtungen erst nach einer gewissen Erprobungsdauer zeigen.

Aufgrund der Rechtsnatur des Vertrages (Werkvertrag, vgl. Anm. 1) richten sich die Mängelansprüche nach den §§ 633 ff. BGB.

Dies gilt auch für Rechtsmängel, z. B. im Falle der Entnahme des Entwicklungsergebnisses bei Dritten, woraus sich eine Haftung aus Patentrecht oder auch aus §§ 17, 18 UWG ergeben kann; vgl. dazu Muster 1, Anm. 2 sowie hier Anm. 10 unten.

5. Übergabe von Unterlagen

Die Führung von Entwicklungsprotokollen, die bereits aufgrund der Verpflichtung in § 1 Abs. 1 zweckmäßig sind, gehört zu einer ordnungsgemäßen Abwicklung des Entwicklungsauftrags. Diese Unterlagen sind sowohl für die geplante industrielle Verwertung durch AG als auch für eventuelle Nachweise von Vergleichsversuchen für das Patentanmeldungsverfahren erforderlich. Gleichzeitig können datierte Aufzeichnungen über den Fortgang der Entwicklung den Nachweis von Vorbenutzungsrechten erleichtern. Die Vereinbarung über die Lesbarkeit und Kopierfähigkeit schließt es aus, daß handschriftliche Aufzeichnungen und Skizzen als Vertragserfüllung gelten.

6. Entwicklungsdauer

Eine durch Vertragsstrafe abgesicherte Ablieferungsfrist zwingt AN, um eine zügige und zeitgerechte Ablieferung des Werkes bemüht zu sein. AG wäre andernfalls gehindert, durch die geplante Vermarktung des Entwicklungsproduktes die verauslagten Entwicklungskosten wieder hereinzuholen. Die vereinbarte Vertragsstrafe sollte daher im Verhältnis zu den AG möglichen Gewinnen durch den Verkauf des Entwicklungsproduktes stehen.

7. Vergütung

Als Vergütung ist hier ein Festpreis vereinbart worden, der, unabhängig von den vereinbarten Fälligkeitsraten gemäß § 6 Abs. 2, nur dann geschuldet wird, wenn das Werk abgenommen worden ist. Auch eine Erhöhung ist nur dann möglich, wenn ein Mehrumfang vertraglich vereinbart wird. Ist der Pauschalpreis von AN deshalb niedriger kalkuliert worden, weil er mit Folgeaufträgen hinsichtlich der Herstellung und Lieferung des entwickelten Produktes an AG rechnet, so ist daran zu denken, eine Abnahmeverpflichtung für AG umfangsmäßig oder über einen bestimmten Zeitraum, eventuell auch zu einem vorher festzulegenden Preis, zu vereinbaren. Wenn AG bei einer solchen Regelung die Möglichkeit verbleibt, zusätzliche Bestellungen bei Dritten zu tätigen, und die Lieferungsverpflichtung zeitlich oder mengenmäßig begrenzt ist, so dürfte angesichts des von AN übernommenen Risikos für die Entwicklungskosten in einer solchen Vereinbarung kein Kartellrechtsverstoß zu sehen sein (vgl. dazu TB BKartA 1963, 68; 1974, 90; EG-Gruppenfreistellungsverordnung Art. 2 (1) Ziff. 1 und Art. 3 (9)).

8. Exklusivrecht und Vertragsstrafe

Durch die Regelung des § 7 wird ausgeschlossen, daß AN das Forschungsergebnis mehrfach verkauft, was insbesondere bei nicht zum Patent anmeldungsfähigen Forschungsergebnissen (z. B. Computerprogramme oder auch nicht patentfähiges Knowhow) zu erheblichen Beeinträchtigungen des AG gegenüber Wettbewerbern führen würde. Da der Nachweis eines derartigen Schadens nur schwer zu führen ist, ist die Vereinbarung der Rückzahlung der gesamten Entwicklungskosten als Mindestgröße durchaus sachgerecht.

9. Patentanmeldungen

Die Regelungen des Arbeitnehmererfindergesetzes können vertraglich nicht abbedungen werden, so daß im Falle von Arbeitnehmererfindungen lediglich eine Verpflichtung des AN zur Inanspruchnahme und Übertragung an AG vereinbart werden kann. Je nach Interessenlage kann die Übernahme der Verpflichtungen aus dem Arbeitnehmererfindergesetz auch von AG übernommen werden. Vgl. weitere Nachweise hinsichtlich der Regelung von Patentanmeldungen bei einem Entwicklungsvertrag insbesondere zum Recht der Arbeitnehmererfindungen unter Muster 10, Anm. 8.

10. Schutzrechte Dritter

§ 9 schränkt die werkvertragliche Risikoübernahme für die Vollendung des Werkes zu Gunsten von AN hinsichtlich der Benutzung von Schutzrechten Dritter ein. Dies kann für eine Situation sachgerecht sein, wo auch der Auftraggeber Einblick in die Schutzrechtslage hat und daher auch das Risiko einer späteren Benutzung des Entwicklungsergebnisses abzuschätzen vermag. Ist AG branchenfremd oder soll AN aus sonstigen Gründen das volle Entwicklungsrisiko tragen, so ist ihm auch die Beachtung fremder Schutzrechte bei den Entwicklungsarbeiten und die Übernahme einer entsprechenden Garantie bezüglich der späteren Benutzung durch AG aufzuerlegen. Ist zu erkennen, daß die Benutzung von Schutzrechten Dritter nicht zu vermeiden ist, so bedarf es allerdings auch im Falle der Risikoübernahme durch AN einer Benachrichtigung von AG zwecks Klärung der Patentrechtslage für die Zukunft, vgl. Nachweise aus der Rechtsprechung zur Behandlung sogenannter Drittschutzrechte unter Muster 10, Anm. 18.

11. Nichtangriffsklausel

Die vorliegende vertragliche Situation stellt einen derjenigen Fälle dar, wo auch ohne vertragliche Abrede eine Nichtigkeitsklage oder ein Einspruch gegen das oder die Vertragsschutzrechte als unzulässige Rechtsausübung und Verstoß gegen Treu und Glauben zu werten ist (BGH GRUR 1965, 135 mit Anm. *Fischer* – Vanal-Patent; GRUR 1956, 264 – Wendemanschette I; BGH GRUR Int. 1969, 31 – Gewindeschneideapparat; BGH GRUR 1957, 482 – Chenillfäden; *Schulte*, PatG, 3. Auflage § 81 RdNr. 23 ff.). AN wäre wie kein anderer in der Lage, neuheitsschädliches Material zusammenzutragen, obwohl ihm gerade die Verpflichtung oblag, sich so zu verhalten, wie sich der Erfinder verhalten würde, wenn er eigene Entwicklungen zur Anmeldung bringt.

Anders als bei Lizenzverträgen ist davon auszugehen, daß die Nichtangriffsverpflichtung keiner zeitlichen Beschränkung unterliegt, also auch ein Angriff auf das Schutzrecht nach Beendigung des Entwicklungsvertrages oder sogar nach Ablauf des Schutzrechts als unzulässig anzusehen ist. Nach ständiger Praxis der EG-Kommission ist eine Nichtangriffsklausel als Verstoß gegen Art. 85 Abs. 1 EWG-Vertag anzusehen und daher nichtig (EG-Kommission GRUR Int. 1972, 371 – Davidson Rubber; GRUR Int. 1972, 374 – Raymond/Nagoya; GRUR Int. 1979, 212 – Vaessen/Moris; dort aber jeweils nur für Lizenzverträge). Eine Entscheidung des EuGH steht hierzu noch aus.

Bezüglich weiterer Einzelheiten zur Behandlung von Nichtangriffsabreden nach deutschem und europäischem Recht vgl. Muster 1 Anm. 20.

12. Vertragsänderungen

Die Regelung des § 11 hat über die Fälle des § 1 Abs. 2 hinaus auch für andere Vertragsänderungen Bedeutung. Vgl. auch Anm. 2.

13. Kündigung

Eine ordentliche Kündigung ist aufgrund der Interessenlage und der vereinbarten Laufzeit des Vertrages ausgeschlossen. Eine außerordentliche Kündigung aus wichtigem Grund dürfte aus den gleichen Gründen auf sehr wenige Ausnahmefälle beschränkt sein, da eine Rückabwicklung des Vertragsverhältnisses, insbesondere eine Verwertung halbfertiger Forschungsergebnisse, nur schwer durchführbar ist. Vgl. zur Kündigung auch Muster 1, Anm. 21.

14. Gerichtsstandsregelung

Bei überwiegenden Geheimhaltungsinteressen kann sich statt der Zuständigkeitsvereinbarung eines ordentlichen Gerichts die Einführung einer Schiedsgerichtsklausel empfehlen. Vgl. dazu im einzelnen Muster 1, Anm. 22.

10 Forschungsauftrag mit ausführlicher Regelung der Behandlung von Erfindungen

Vorbemerkungen

a) Sachverhalt

Photovoltaische Solarzellen auf Silizium-Halbleiterbasis werden in der Raumfahrt seit langem für die Energieversorgung der Satelliten und Raumflugkörper verwendet.

AG (Auftraggeber) ist ein Energieversorgungsunternehmen, welches auch Herstellungskapazität im Halbleiterbereich hat. AG war bisher nicht mit der Entwicklung und Herstellung photovoltaischer Solarzellen befaßt. AN (Auftragnehmer) verfügt über eine umfangreiche Erfahrung bei der Herstellung solcher Solarzellen und hat für eine Vielzahl namhafter internationaler Raumfahrtprojekte die Solarzellen für die Energieversorgung der Raumflugkörper hergestellt. Er besitzt bereits eine Reihe von gewerblichen Schutzrechten und Schutzrechtsanmeldungen für die Herstellung und Verwendung der Solarzellen.

AG will eine kostengünstige Herstellung der Zellen für den Gebrauch in Haushalt und Industrie (terrestrische Anwendung) aufbauen. Hierbei will er sich der bei AN vorhandenen Kenntnisse bedienen. Für eine terrestrische Anwendung sind jedoch Preis und Wirkungsgrad der Solarzelle noch viel zu gering, so daß eine entsprechende Entwicklung (Zweckforschung) erforderlich ist.

Um von Anfang an den komplizierten Gesamtprozeß technologisch nahe gebracht zu bekommen, entsendet AG eigene Fachkräfte aus seiner Forschung/Entwicklung zu AN, die dort vom ersten Tag der Entwicklung an mitwirken sollen. Die Verantwortung für die Entwicklung bleibt jedoch bei AN. Da technisches Neuland betreten wird, ist damit zu rechnen, daß es zu einer Reihe von schützbaren Erfindungen kommen wird, bei denen sowohl Mitarbeiter des AN als auch des AG Miterfinder sein können.

b) Hinweise zur Benutzung des Vertragsmusters

Der vorliegende Vertrag unterscheidet sich von dem Zusammenarbeitsvertrag (Muster 8) und dem Entwicklungsvertrag (Muster 9) durch den Vertragszweck und die entsprechend geregelte Risikoverteilung: von AN geschuldet ist hier die Zuverfügungstellung der Forschungskapazität und des technischen

Know-how über einen bestimmten Zeitraum hinweg (Dienstvertrag gem. § 611 ff. BGB, vgl. zu einem ähnlichen Sachverhalt BGH Mitt. 1963, 94, 95), wobei jedoch kein bestimmtes Forschungsergebnis geschuldet wird wie beim Entwicklungsvertrag Nr. 9 und im Gegensatz zum Zusammenarbeitsvertrag Nr. 8 die Firmen nicht technologisch auf derselben Stufe stehen, vielmehr der Auftraggeber zugleich – einseitiger – Know-how-Empfänger ist. Sollte das angestrebte Forschungsergebnis nicht erreicht werden, so wird dem AG durch die Einbindung seiner eigenen Mitarbeiter in das Forschungsprogramm zumindest ein erheblicher Zuwachs an hochtechnischem Know-how zufließen, auf dem für eine spätere eigene Weiterentwicklung aufgebaut werden kann. Dieser Vertragstyp bietet sich daher für sogenannte Zukunftstechnologien an, deren wissenschaftliche Voraussetzungen bereits mehr oder weniger erforscht sind, deren praktische Anwendung aber bisher nicht oder für bestimmte Einsatzgebiete noch nicht gelungen ist.

Der besondere Bereich der öffentlich geförderten Forschung ist hier nicht behandelt, insoweit wird verwiesen auf Veröffentlichungen zu den allgemeinen Bedingungen für Entwicklungsverträge mit Industriefirmen (ABEI), die als eine Art AGB von den staatlichen Stellen verwendet werden (vgl. dazu Beier/Ullrich (Hrsg.), Band 1, Bodewig: Staatliche Forschungsförderung und Patentschutz in den USA). Der öffentliche Auftraggeber läßt sich an den Entwicklungsergebnissen ein ausschließliches, übertragbares Benutzungsrecht für öffentliche Zwecke einräumen. Erfindungen sind zum Patent anzumelden, wobei Anmelder der Auftragnehmer ist.

Die vorgeschlagenen Regelungen dieses Vertragsmusters beschränken sich auf die in dem gedachten Fall für unbedingt notwendig erachteten Klauseln. Werden zu bestimmten Punkten Ergänzungen für sinnvoll gehalten, so sollte auf die Vorschläge des Musters 1 zurückgegriffen werden.

c) Zur besonderen Beachtung

Hinsichtlich der Formvorschriften gilt die Vorbemerkung c) zu Muster 1 sowie die besonderen Vorbemerkungen c) zu den Mustern 8 und 9.

Muster 10

Forschungsauftrag

zwischen der Firma
Sitz:
vertreten durch: ihren Vorstand
— nachstehend AG genannt —
und der Firma
Sitz:
vertreten durch: ihren Geschäftsführer
— nachstehend AN genannt —

PRÄAMBEL

AG beabsichtigt, in sein Herstellungs- und Vertriebsprogramm photovoltaische Solarzellen für die Verwendung in Haushalt und Industrie (terrestrische Anwendung) aufzunehmen. AN erklärt, Kenntnisse beim Bau von photovoltaischen Solarzellen für die Raumfahrt erworben zu haben und bei internationalen Raumfahrtprojekten als Ausrüster für die Energieversorgung mit Solarzellen mitgewirkt zu haben. Dies vorausgeschickt wird zwischen den Parteien folgendes vereinbart:

§ 1 Gegenstand des Vertrages[1]

(1) Gegenstand dieses Vertrages ist die technische Entwicklung photovoltaischer Solarzellen mit den in der Anlage A im einzelnen beschriebenen Leistungsmerkmalen bis zum Produktionsreifenachweis des Entwicklungsgegenstandes durch AN.

(2) Die Rahmenbedingungen der Anlage A sind in ihrer jeweils geltenden Fassung integraler Bestandteil dieses Vertrages. Sie werden gemeinsam von den Parteien festgelegt.

(3) Die Parteien gehen davon aus, daß die endgültigen und vollständigen Anforderungen und Rahmenbedingungen für den Entwicklungsgegenstand sich zum Teil erst während der Entwicklungsarbeit ergeben. Entsprechend werden sich die Parteien laufend abstimmen und auf Anforderung eines Vertragspartners die Rahmenbedingungen der Anlage A einvernehmlich neu festlegen.

§ 2 Durchführung der Forschungsarbeiten[1]

(1) AN wird sich bemühen, die in der Anlage A festgelegten Rahmenbedingungen, insbesondere hinsichtlich Leistung, Lebensdauer und Produktionspreis des Entwicklungsgegenstandes zu erfüllen.

(2) AN kommt seinen Verpflichtungen zur Durchführung der Forschungsarbeiten nach, wenn er sich nach besten Kräften bemüht, unter Ausnutzung des Standes

von Wissenschaft und Technik und unter Verwertung der eigenen Kenntnisse und Erfahrungen das bestmögliche Ergebnis zu erzielen.

(3) Die Parteien verpflichten sich, die bei ihnen vorhandenen technischen und wirtschaftlichen Informationen zur Verfügung zu stellen, soweit dies zur zweckmäßigen Durchführung des Vertrages erforderlich ist. Zu diesem Zweck gewähren sich die Vertragspartner Zugang und Einblick zu ihren Fertigungseinrichtungen und Unterlagen.[2]

(4) Die technische Entwicklung im Rahmen dieses Vertrages umfaßt insbesondere Entwicklung des Gegenstandes, Bauteilversuche, Erstellung produktionsreifer Unterlagen, Erstellung des Fertigungshandbuches, Bau und Lieferung des Gegenstandes als Muster, Werkzeuge für die Produktion und Einweisung in die Fertigung vor Ort.

§ 3   Personalgestellung[3]

(1) Der AG stellt von Beginn der Forschungsarbeiten an zu AN qualifiziertes Personal ab, welches eine wissenschaftliche Ausbildung oder gleichwertige praktische Erfahrung auf dem Gebiet der Halbleitertechnologie aufweist.

(2) Das abgestellte Personal wird in fachlicher Hinsicht dem von AN gestellten Projektleiter unterstellt und nimmt am Dienstbetrieb des AN wie dessen Arbeitnehmer teil.

(3) AN ist nicht verpflichtet, gleichzeitig mehr als fünf Arbeitnehmer des AG im Rahmen dieses Vertrages einzusetzen.

§ 4   Geheimhaltung[4]

(1) Die Vertragspartner sichern sich hinsichtlich sowohl der voneinander erhaltenen Informationen als auch des während der Vertragsdurchführung entstehenden Know-how und sonstigen Wissens vertrauliche Behandlung zu.

(2) Solches Wissen und Informationen dienen ausschließlich zum jeweils eigenen Gebrauch der Vertragspartner im Rahmen dieses Vertrages. Die Parteien werden ihren Mitarbeitern und Subunternehmern entsprechende Verpflichtungen auferlegen. Die Weitergabe von Informationen bedarf in jedem Fall der schriftlichen Einwilligung des anderen Vertragspartners.

(3) Diese Verpflichtung gilt grundsätzlich auch über die Beendigung dieses Vertrages hinaus und wird nicht durch die Vergabe von Lizenzen an Dritte gegenstandslos.

(4) AN kann Forschungsaufträge für Dritte im vertragsgegenständlichen Bereich nur mit schriftlicher Zustimmung von AG entgegennehmen oder ausführen. AG ist nur dann zur Genehmigung verpflichtet, wenn eine angemessene Kostenregelung auch für die in der Vergangenheit angefallenen Entwicklungskosten in Bezug auf den neuen Auftrag gefunden wird.

§ 5 Abschluß der Forschungsarbeiten[1,5]

(1) Die Forschungsarbeiten sind abgeschlossen, wenn die vereinbarten Leistungen durch AN gemäß den in Anlage A zuletzt gültig festgelegten Rahmenbedingungen erbracht und, soweit erforderlich, an AG ausgehändigt wurden.

(2) AN hat den Entwicklungsgegenstand in der in der Anlage A angegebenen Spezifikation und Stückzahl zu fertigen und diese an den genannten Lieferorten zum Zwecke der Abnahme bereitzustellen.

(3) Bei der Abnahme ist ein von beiden Vertragspartnern zu unterzeichnendes Abnahmeprotokoll zu erstellen.

(4) Die Forschungsarbeiten gelten auch dann als abgeschlossen, wenn sich nach Ablauf von 3 Jahren ergibt, daß die angestrebten Rahmenbedingungen einzeln oder auch insgesamt nicht erfüllbar sind und AG eine Fortführung der Forschungsarbeiten bei geänderten Rahmenbedingungen nicht wünscht. In diesem Fall wird AN von AG mit eingeschriebenem Brief von der Absicht unterrichtet, die Forschungsarbeiten nicht weiterzuführen. AN wird hierauf die bis zu diesem Zeitpunkt erbrachten Leistungen zu einem Zwischenergebnis abschließen, dokumentieren und dem AG als Vertragsleistung übergeben.

§ 6 Vergütung[6]

(1) An den Entwicklungskosten von AN beteiligt sich AG zu 50%, jedoch höchstens bis zu einem Betrag von DM 1 Mill.

(2) Der vereinbarte Gesamtpreis ist unabhängig vom Ergebnis der Forschungsarbeiten an AN zu zahlen. Durch diese Zahlung werden grundsätzlich alle AN im Rahmen des Vertrages entstehenden Aufwendungen abgegolten.

(3) Der Gesamtpreis unterliegt einer Preisangleichung gemäß der in der Anlage B festgelegten Formel.

(4) Wird der angeglichene Gesamtpreis aufgrund von einvernehmlichen Änderungen der Rahmenbedingungen überschritten, so ist AN nur dann zur Weiterführung der Forschungsarbeiten verpflichtet, wenn AG mindestens $\frac{1}{3}$ der weiter anfallenden Kosten übernimmt.

(5) Als Kosten gelten die AN entstehenden Selbstkosten, d.h. sämtliche Bruttoarbeitslöhne der an dem Entwicklungsprojekt beteiligten Arbeitnehmer von AN zuzüglich nachgewiesene Materialkosten.

§ 7 Zahlungsbedingungen

(1) AG wird AN in der Höhe von DM 200 000,– ein unwiderrufliches, teilbares und auf erste Anforderungen durch AN zu bedienendes Akkreditiv bei einem deutschen Bankinstitut ausstellen.

(2) Der Beitrag von AG zu den Entwicklungskosten ist $\frac{1}{4}$jährlich binnen 3 Wochen nach Rechnungstellung durch AN zu bezahlen.

§ 8 Altschutzrechte[7]

(1) Diese Vereinbarung läßt die rechtliche Situation hinsichtlich der gewerblichen Schutzrechte jedes Vertragspartners, wie sie zum Zeitpunkt der Unterzeichnung besteht, unberührt.

(2) Die Vertragsparteien verpflichten sich, gemeinschaftlich eine Liste der Schutzrechte und Schutzrechtsanmeldungen zu erstellen, welche sich zu Vertragsbeginn bereits in ihrem Besitz befinden und bei der Durchführung des Vorhabens benutzt werden. Diese wird Vertragsbestandteil als Anlage C.

§ 9 Neuschutzrechte[7]

(1) Erfindungen ihrer Arbeitnehmer, soweit sie den Vertragsgegenstand betreffen und während der Vertragsdauer gemacht werden, werden die Vertragspartner nach den gesetzlichen Bestimmungen über Arbeitnehmererfindungen unbeschränkt für sich in Anspruch nehmen und alsbald zum Schutzrecht anmelden.[8]

(2) Sind an Erfindungen Mitarbeiter beider Vertragspartner beteiligt (Gemeinschaftserfindungen)[9] so stehen diese Erfindungen mit den darauf angemeldeten und erteilten Schutzrechten den Vertragspartnern gemeinschaftlich zu, ansonsten demjenigen Vertragspartner allein, dessen Mitarbeiter die Erfinder sind (Einzelerfindungen).[10]

(3) Im Innenverhältnis der Vertragspartner wird die Berechtigung an den Erfindungen im Verhältnis der wahren Erfinderanteile ihrer Mitarbeiter aufgeteilt.

(4) Für alle Erfindungen, die im Zusammenhang mit diesem Vertrag gemacht werden, ist durch Protokoll festzulegen, welche Vorschläge von den einzelnen beteiligten Erfindern gemacht wurden.

(5) Bei Gemeinschaftserfindungen sind die Anteile der Erfinder einvernehmlich und möglichst frühzeitig, endgültig aber innerhalb von drei Monaten nach Patenterteilung festzusetzen.

§ 10 Schutzrechtsanmeldungen[11]

(1) Die Vertragspartner werden die Erfindungen nach Maßgabe folgender Bestimmung zum Schutzrecht anmelden:

a) Jeder Vertragspartner meldet die allein von seinen Mitarbeitern gemachten Erfindungen im eigenen Namen zum Schutzrecht an.

b) Erfindungen, die von Mitarbeitern beider Vertragspartner gemacht worden sind, werden gemeinschaftlich im Namen beider Vertragspartner zum Schutzrecht angemeldet. Die Durchführung solcher Anmeldungen erfolgt durch AN.

c) Die Vertragspartner werden sich darüber verständigen, ob deutsche oder europäische Schutzrechtsanmeldungen vorgenommen werden.

(2) Die Vertragspartner werden sich rechtzeitig zur Wahrung der Prioritätsfristen darüber abstimmen, in welchen anderen Ländern die Erfindungen zum Schutzrecht angemeldet werden sollen.

(3) Die Vertragspartner teilen sich unverzüglich gegenseitig die Anmeldung von Schutzrechten unter Übersendung bei den Patentämtern eingereichter Fassungen mit.

(4) Sie sichern sich gegenseitig die Geheimhaltung der Schutzrechtsanmeldung bis zu deren Veröffentlichung zu.

§ 11 Kostentragung[12]

(1) Jede Partei trägt die Kosten für allein im eigenen Namen angemeldete Patente.

(2) In allen anderen Fällen werden die Kosten nach dem im Innenverhältnis maßgeblichen Anteil geteilt.

§ 12 Übernahme von Schutzrechten[13]

(1) Will ein Vertragspartner eine unter diesen Vertrag fallende Erfindung nicht zum Schutzrecht anmelden, eine Schutzrechtsanmeldung nicht weiterverfolgen oder ein erteiltes Schutzrecht nicht aufrecht erhalten, so ist dem anderen Vertragspartner unverzüglich gegen Übernahme der künftig entstehenden Schutzrechtskosten und der zu leistenden Erfindervergütung ein kostenloses Übernahmeangebot zu machen. Die Erfindervergütung wird anhand der gesetzlichen Bestimmungen über Arbeitnehmererfindungen und der dazu ergangenen Richtlinien bestimmt.

(2) Soweit ein Vertragspartner Schutzrechtsanmeldungen an Erfindungen, die ihm allein oder in Gemeinschaft mit den anderen Vertragspartnern zustehen, nur in einem oder mehreren Ländern vornehmen oder sich beteiligen will, hat er dem anderen Vertragspartner unverzüglich die Möglichkeit einzuräumen, Schutzrechtsanmeldungen in den verbleibenden Ländern vornehmen zu können. Dies hat so rechtzeitig zu geschehen, daß der andere Vertragspartner unter Inanspruchnahme der Priorität für bereits getätigte Schutzrechtsanmeldungen seinerseits Nachanmeldungen in den betreffenden Ländern vornehmen kann.

(3) Der übertragende Vertragspartner verpflichtet sich, alle notwendigen Handlungen auf Anforderung durch den Übernehmenden unverzüglich vorzunehmen.

(4) Derjenigen Partei, die sich entscheidet, allein Schutzrechtsanmeldungen vorzunehmen, stehen alle Rechte daran allein zu.

§ 13 Benutzungsrechte für Neuschutzrechte[7],[14]

(1) Die Parteien räumen sich gegenseitig an allen Erfindungen, die unter diesem Vertrag entstehen, ein nicht ausschließliches, nicht übertragbares und kostenloses Benutzungsrecht für eigene Zwecke ein.

(2) Die Einräumung von Nutzungsrechten an Dritte bedarf in jedem Fall der schriftlichen Einwilligung des anderen Vertragspartners, soweit Schutzrechte betroffen sind, die im Eigentum beider Parteien stehen.

§ 14 Benutzungsrechte an Weiterentwicklungen[14]

(1) Die Vertragspartner gewähren sich für die Dauer der nach diesem Vertrag vereinbarten Nutzungsrechte für alle auf den Vertragsgegenstand bezogenen weiteren Erfindungen jeder Art Nutzungsrechte gegen angemessene Vergütung.

(2) Die Einzelheiten werden von Fall zu Fall gesondert festgelegt.

§ 15 Gemeinsame Bestimmungen für die Nutzungsrechte[14]

(1) Alle eingeräumten Nutzungsrechte gelten weltweit und für deren gesamte Laufzeit.

(2) Ist die Ausübung irgendeines der vorstehend bezeichneten Nutzungsrechte nicht möglich, ohne die Benutzung von sonstigen Kenntnissen, Schutzrechtsanmeldungen und Schutzrechten, die einem Vertragspartner gehören, oder an denen ein Vertragspartner eine Lizenz mit dem Recht zur Vergabe von Unterlizenzen besitzt, so gewährt dieser Vertragspartner, soweit er dazu rechtlich in der Lage ist, in dem erforderlichen Umfang eine Lizenz gegen angemessene Vergütung.

§ 16 Entgegenstehende Schutzrechte[15]

(1) AN übernimmt keine Gewähr dafür, daß der Vertragsgegenstand nicht die Schutzrechte Dritter verletzt.

(2) Ebensowenig übernimmt AN irgendeine Gewähr hinsichtlich einer möglichen künftigen Nichtigerklärung in Bezug auf vertragsgegenständliche Patente.

(3) AN wird sich bemühen, entgegenstehende deutsche Schutzrechte unter Anwendung branchenüblicher Sorgfaltspflicht zu ermitteln und diese AG mitteilen.

§ 17 Gewährleistung und Haftung[16]

(1) Das Risiko der Herstellbarkeit sowie der Verwendbarkeit des Vertragsgegenstandes liegt ausschließlich bei AG. AG stellt AN in dieser Hinsicht von jeder Haftung frei.

(2) In jedem Fall erstreckt sich die Gewährleistung von AN auf die Einhaltung der anerkannten Regeln der Technik, die Güte des verwendeten Materials (soweit seine Entwicklung nicht selbst zur Aufgabenstellung innerhalb dieses Entwicklungsvertrages gehört), sowie die fachmännische und gute Ausführung der Arbeiten.

(3) Werden nach Ablauf der Gewährleistungsfristen Nachbesserungsarbeiten erforderlich, so ist AN verpflichtet, diese gegen angemessene Bezahlung durchzuführen.

§ 18   Qualitätsanforderungen[17]

AG ist verpflichtet, die vertragsgegenständlichen Produkte unter Beachtung der Qualitätsanforderungen von AN herzustellen. AN hat das Recht, die Einhaltung dieser Vorschriften zu überwachen und den Vertrieb minderwertiger Produkte, die mit dem Warenzeichen von AN versehen sind, zu untersagen. Dieses Kontrollrecht kann AN durch persönliche Kontrolle der Produktion ausüben.

§ 19   Nichtangriffsverpflichtung[18]

(1) Die Vertragspartner verpflichten sich, alle Maßnahmen, die der Erteilung oder dem Bestand eines Schutzrechtes für den berechtigten Vertragspartner abträglich sein können, zu unterlassen.

(2) Insbesondere verpflichten sich die Vertragspartner, sowohl die Altschutzrechte als auch die während dieses Vertrages entstehenden Neuschutzrechte nicht anzugreifen.

§ 20   Verteidigung der Schutzrechte[19]

(1) Beide Parteien werden sich über etwaige Verletzungsfälle, die die vertragsgegenständlichen Schutzrechte betreffen, gegenseitig verständigen.

(2) Jede Partei ist verpflichtet, die im Alleineigentum stehenden Schutzrechte auf eigene Kosten gegen Angriffe Dritter (Nichtigkeitsklage) zu verteidigen und gegen Patentverletzer vorzugehen. Etwaige Schadenersatzansprüche stehen dem jeweiligen Kläger allein zu.

(3) Im Falle von Gemeinschaftserfindungen werden die Kosten einer Nichtigkeitsklage von beiden Parteien zur Hälfte getragen, dasselbe gilt für Verletzungsklagen, die von beiden Parteien gemeinsam geführt werden. Führt eine der Parteien einen Patentverletzungsstreit eine Gemeinschaftserfindung betreffend allein, so trägt sie hierfür die Kosten und hat Anspruch auf etwaige Schadenersatzansprüche. In einem solchen Fall wird die andere Partei die notwendigen Vollmachten und Erklärungen für die Prozeßführung abgeben.

§ 21   Kündigung, vorzeitige Vertragsbeendigung[20]

Sollte dieser Vertrag, aus welchen Gründen auch immer, vorzeitig beendet werden, so erstattet der AG an den AN alle bis zum Zeitpunkt der endgültigen Beendigung des Vertrages entstandenen und durch den AN nachgewiesenen Aufwendungen gemäß § 6.

§ 22 Sonstige Vereinbarungen

(1) Dritten, die die Vertragspartner beraten, ist nach Absprache mit dem Vertragspartner Zutritt zu den jeweiligen Fertigungsstätten zu gewähren.

(2) AG ist berechtigt, auf seine Kosten Bauaufsichten bei AN einzurichten. Dem Personal der Bauaufsicht steht während der Geschäftszeit der Zutritt zu allen Räumen offen, in denen für die Erfüllung dieses Vertrages gearbeitet wird. Außerdem steht dem Personal Einsicht in alle einschlägigen Unterlagen zu.

§ 23 Gerichtsstand[21]

Für alle Streitigkeiten, die aus diesem Vertrag entstehen, wird die Zuständigkeit des Landgerichts München I vereinbart.

Ort, Datum   Unterschriften

Anmerkungen

1. Gegenstand des Vertrages

Die rechtliche Natur des Forschungsvertrages ist gesetzlich nicht geregelt. Er ist, ebenso wie der Lizenzvertrag, als ein Vertrag besonderer Art anzusehen. Es gelten daher die allgemeinen Regeln, nach denen zu prüfen ist, inwieweit der konkrete Forschungsvertrag Merkmale aufweist, die eine entsprechende Anwendung für andere Vertragstypen geltender Vorschriften rechtfertigt. In der Regel wird der Forschungsvertrag eine Mischung aus Kaufrecht, Gesellschaftsrecht, Vorschriften von Miete oder Pacht, Auftrag, Dienstvertrag bzw. Werksvertragselementen sein, in welche auch arbeitsrechtliche Regeln einfließen können, wenn, wie hier, Arbeitnehmer beider vertragsschließender Parteien zusammenarbeiten und abgestellt werden müssen. Es gilt die allgemeine Abgrenzung, wonach ein Vertrag zur Entwicklung eines Endproduktes Dienstvertrag nach §§ 611 ff. BGB ist, wenn der Entwickelnde weisungsgebunden ist, siehe auch *Benkard/Ullmann* PatG zu § 15 RdNr. 7.

2. Kartellrechtliche Beurteilung

Grundsätzlich wird gemeinsame Forschung und Entwicklung sowohl nach nationalem als auch nach EG-Kartellrecht für unbedenklich gehalten, *Müller-Henneberg/Schwartz*, Gemeinschaftskommentar, 3. Aufl., 10. Lfg., Köln etc. 1978, RdNr. 12, Anhang zu §§ 20, 21 (S. 298 ff.); *Gleiss/Hirsch*, Kommentar zum EWG-Kartellrecht, 3. Aufl., Art. 85 Anm. 170. Eine Anmeldepflicht besteht nicht, *Gleiss/Hirsch*, a.a.O.,

Anm. 176. Allerdings werden Vorbehalte gemacht: Die beteiligten Unternehmen dürfen keine Bindungen eingehen, die sie in ihrer eigenen, individuellen Forschungs- und Entwicklungstätigkeit beschränken. Die Kommission hält es für eine nach Art. 85 Abs. 1 unzulässige Beschränkung der eigenen Forschung, wenn die Partner verpflichtet sind, sich gegenseitig an den Ergebnissen auch ihrer individuellen Tätigkeit zu beteiligen, vgl. EG-Kommission GRUR Int. 1972, 173 – *Henkel/Colgate*. Insbesondere geht die Kommission davon aus, daß die Teilnahme an gemeinsamer Forschung und Entwicklung die beteiligten Unternehmen nicht daran hindern darf, individuelle Beziehungen mit Dritten aufzunehmen oder fortzuführen oder auch Lizenzen an Schutzrechten zu erteilen. Zulässig ist es jedoch, zu vereinbaren, daß Kenntnisse, die vom Partner der gemeinsamen Forschung und Entwicklung stammen, nicht in der Zusammenarbeit mit Dritten verwertet werden dürfen.

Zu dem Bereich gemeinsamer Forschung von Wettbewerbsunternehmen ist eine Verordnung der EG-Kommission Gruppenfreistellung erlassen worden (ABl. No. L 53/5 v. 22. 2. 1985); dazu im einzelnen die Anmerkungen zu Muster 8. Der vorliegende Fall eines Forschungsauftrags fällt im übrigen nur bedingt unter Art. 85, Abs. 1 EWG-Vertrag, weil die Vertragspartner Wettbewerber weder auf der Herstellerseite noch auf der Anwenderseite sind. Wettbewerbsbeschränkende Klauseln betreffen vielmehr ausschließlich die Behandlung der aus den Forschungsvorhaben entwickelten Schutzrechte und damit mittelbar eine mögliche spätere Verwertung der Forschungsergebnisse. Diese Verwertung würde aber gerade zur Entstehung eines vorher nicht existierenden Wettbewerbsverhältnisses zwischen den Parteien führen, da z. B. auch AG durch den Erwerb von Schutzrechten in die Lage versetzt würde, entweder selbst oder durch Dritte die Herstellung der vertragsgegenständlichen Produkte durchzuführen. Insoweit wäre jedenfalls die Voraussetzung für die Anwendbarkeit der Gruppenfreistellungsverordnung (Forschung) gemäß Art. 3 (1) erfüllt, da die beteiligten Unternehmen nicht als »Hersteller miteinander in Wettbewerb stehen«, vielmehr jede Partei einem *anderen* Sektor im Sinne eines Wettbewerbsverhältnisses zuzurechnen ist (vgl. Spruchpraxis EG-Kommission GRUR Int. 1979, 350, 353 – Beecham/Parke, Davis; zum deutschen und europäischen Recht *Axster*, GRUR 1980, 343: Anknüpfungspunkt ist jeweils der tatsächliche oder potentielle Wettbewerb der kooperierenden Unternehmen).

3. Personalgestellung

Die Abordnung von Mitarbeitern des AG bei der Entwicklungskooperation mit dem AN stellt in der Regel arbeitsrechtlich ein echtes Leiharbeitsverhältnis dar (*Palandt/Putzo* Einf. v. § 611 BGB Anm. 4 a ee). Der Verleiher, d. h. AG, bleibt während der Ausleihe Arbeitgeber des Leiharbeitnehmers. Rechte und Pflichten aus dem ArbEG bestimmen sich im Verhältnis zwischen dem Auftraggeber und dem Leiharbeitnehmer ausschließlich im Verhältnis zwischen diesen beiden. Dabei ist es unerheblich, wieweit der Arbeitnehmer während der Ausleihe im Betrieb des Entleihers integriert wird (*Bartenbach*, ArbEG § 1 Anm. 57).

Fehlt eine vertragliche Regelung, so haftet der Ausleihende nicht für die ordnungsgemäße Dienstleistung des von ihm abgestellten Arbeitnehmers, sondern nur für die Auswahl von tauglichem, geeignetem Personal im Hinblick auf die zu verrichtende Dienstleistung (BGH NJW 1971, 1129).

In der vorliegenden Fallgestaltung verbleibt der Anspruch auf die Dienstleistung gemäß § 613 BGB beim Verleiher. Lediglich das Direktionsrecht wird in fachlicher Hinsicht auf den Entleiher übertragen (siehe auch *Volmer*, GRUR 1978, 393, 400, 402).

4. Geheimhaltung

Kartellrechtlich unbedenklich ist die Verpflichtung, Kenntnisse, die vom anderen Vertragspartner stammen, nicht an Dritte weiterzugeben und darüber hinaus, diesen die Verwertung von Forschungsergebnissen nicht zu gestatten (letzteres allerdings nur für die Dauer von höchstens 2 Jahren ab dem Zeitpunkt der wirtschaftlichen Verwertbarkeit, vgl. EG-Verordnung (Forschung) Art. 4 (1) b und 5 (1) d; *Gleiss/Hirsch*, Art. 85, Abs. 1 RdNr. 171). Hinsichtlich der Geheimhaltungsverpflichtung enthält die genannte EG-Verordnung in Art. 5 (1) d keine zeitliche Beschränkung, vielmehr gestattet sie eine Verpflichtung auch über die Laufzeit des Vertrages hinaus, solange die Forschungsergebnisse noch geheim sind. Vgl. im übrigen zur Behandlung geheimen Know-hows Muster 1, Anm. 6.

5. Abschluß der Forschungsarbeit

§ 5 des Musters ist das Kernstück des Vertrages bezüglich des von den Parteien vorgestellten Vertragszwecks. Geschuldet wird *Forschungsarbeit* und die Zurverfügungstellung von Forschungskapazität, nicht ein (selbstverständlich erwünschtes) Entwicklungsergebnis (vgl. Anm. 1, sowie im Gegensatz dazu Muster 9). AG hat die Möglichkeit, nach 3 Jahren den Forschungsauftrag zu beenden, falls objektiv erkennbar wird, daß die angestrebten technischen Ergebnisse nicht erzielbar sind.

6. Vergütung

Die Vorstellungen der Parteien gehen, wie sich auch aus den Regelungen über die Anmeldung von Schutzrechten ergibt, dahin, daß beide an der späteren Auswertung von eventuellen Forschungsergebnissen beteiligt sein werden. Auch insoweit unterscheidet sich der vorliegende Vertragszweck vom Muster 9, wo der Auftraggeber zur Auswertung allein berechtigt sein soll. Insofern ist es gerechtfertigt, daß AN, der durch den Forschungsauftrag bereits einen Teil seiner Forschungskapazität auslastet, sich an den Kosten beteiligt und der Kostenaufwand ohne Einbeziehung einer Gewinnmarge bei AN berechnet wird. Es ist insoweit lediglich eine Preisangleichung vorgesehen, was in der Praxis mittels einer Wertsicherungsklausel oder durch Leistungsvorbehalt möglich ist. Hierbei sind die allgemeinen Regeln gemäß § 3 Währungsgesetz und die von der Deutschen Bundesbank erlassenen Richtlinien zu beachten. Beim Leistungsvorbehalt erfolgt die Anpassung nicht automatisch, vielmehr bedarf es einer einvernehmlichen Neufestsetzung, so daß die Einschränkungen, die bei einer Wertsicherungsklausel gelten, nicht anwendbar sind. (Vgl. zu dieser Frage auch *Dürkes*, Wertsicherungsklauseln, 1972.)

7. Schutzrechtssituation

Bei einem Zusammenarbeitsvertrag sind vertragliche Regelungen erforderlich, welche folgender Rechtslage hinsichtlich Erfindungen und Schutzrechten beider Vertragspartner Rechnung tragen:
— Es sind bereits Schutzrechte/Schutzrechtsanmeldungen auf dem Technologiegebiet der Zusammenarbeit bei jedem oder bei einem der Vertragspartner vor Aufnahme der Zusammenarbeit vorhanden. Diese werden als *Altschutzrechte* bezeichnet. Liegen anmeldefähige Erfindungen vor, so ist dringend zu raten, diese noch vor Aufnahme der Zusammenarbeit beim Patentamt anzumelden, um möglichem späteren Streit über die Beteiligung an solchen Erfindungen vorzubeugen.
— Während der Zusammenarbeit entstehen im Rahmen der Arbeiten am Entwicklungsgegenstand neue, anmeldefähige Erfindungen, an denen entweder nur ein oder mehrere Arbeitnehmer der einen Vertragspartei *(Einzelerfindungen)* oder jeweils beider Vertragsparteien *(Gemeinschaftsfindungen)* beteiligt sind. Schutzrechte/Schutzrechtsanmeldungen auf solche Erfindungen werden als *Neuschutzrechte* bezeichnet.
— Vor, während oder nach der Zusammenarbeit stellt sich heraus, daß der Entwicklungsgegenstand von Schutzrechten/Schutzrechtsanmeldungen Dritter Gebrauch macht. Diese werden als *Drittschutzrechte* bezeichnet.

Hinsichtlich der sog. Altschutzrechte dient die zu erstellende Liste lediglich der gegenseitigen Information über den Kenntnisstand sowie der Möglichkeit, sich bei neuen Erfindungen gegenüber den bereits angemeldeten Schutzrechten ausreichend abzugrenzen. Soweit sich unter diesen Schutzrechten Patentanmeldungen befinden, die in einem Zeitraum von weniger als 12 Monaten angemeldet worden sind, ist auf die Möglichkeit der Inanspruchnahme einer inneren Priorität gem. § 40 PatG hinzuweisen. Dies würde sich anbieten, falls innerhalb des 12-Monats-Zeitraums Verbesserungserfindungen gemacht werden. Innerhalb eines Zeitraums von 18 Monaten können darüber hinaus sog. Zusatzanmeldungen gemäß § 16 PatG getätigt werden, falls Verbesserungen oder weitere Ausbildungen gefunden werden. Der Vorteil eines Zusatzpatents ist, daß dafür keine Jahresgebühren zu entrichten sind, solange Jahresgebühren für das Hauptpatent bezahlt werden, § 17 Abs. 2 PatG.

Auch ein Zusatzpatent muß gegenüber dem Hauptpatent patentfähig sein, wobei lediglich darauf hinzuweisen ist, daß das nicht veröffentlichte Hauptpatent nicht zum Stand der Technik für die erfinderische Tätigkeit gehört, vgl. § 4 Satz 2 PatG.

8. Regelungen für Arbeitnehmererfindungen

(a) Meldepflicht der Erfindung.
Jeder Arbeitnehmer muß seinem Arbeitgeber das Vorliegen einer Diensterfindung melden. Dieser bleibt bei Entwicklungsverträgen der vorliegenden Art Partner des Arbeitsvertrages, so daß die Meldepflicht aus § 5 ArbEG ihm gegenüber zu erfüllen ist (*Lüdecke*, Erfindungsgemeinschaften, 1962, S. 77, 113 f.). Nach der hier vertretenen Ansicht kann zwar eine Gemeinschaftsmeldung der einzelnen Erfinder der beiden Vertragspartner erfolgen, jedoch muß auch diese Gemeinschaftsmeldung beiden Arbeitgebern zugehen, der Zugang bei nur einem Arbeitgeber reicht nicht aus zur Erfüllung der Meldepflicht. Ab Meldung der Diensterfindung ist der Arbeitgeber

verpflichtet, die Erfindung im Inland zum Patent anzumelden. Für das Ausland trifft ihn keine Anmeldepflicht, jedoch muß bei Nichtanmeldung im Ausland dem Arbeitnehmererfinder die Erfindung freigegeben werden (*Reimer/Schade/Schippel*, Das Recht der Arbeitnehmererfindung, 5. Aufl., § 13 Anm. 1 ff.).

(b) Inanspruchnahme.
Die Inanspruchnahme nach § 6 ArbEG kann nur gegenüber den eigenen Mitarbeitern des jeweiligen Vertragspartners erfolgen. Jeder Vertragspartner muß mithin gegenüber seinen an der Erfindung beteiligten Arbeitnehmern gesondert die Inanspruchnahme der gemeldeten Diensterfindung aussprechen, (vgl. *Reimer/Schade/Schippel*, § 6 Anm. 11).

(c) Wirkung der Inanspruchnahme.
Aufgrund des ArbEG ist es erforderlich, daß Diensterfindungen gemäß § 6 ArbEG in Anspruch genommen werden. Erst durch die Inanspruchnahme erlangt der Arbeitgeber die vermögenswerten Rechte an der Erfindung. Dies bedeutet, daß die Diensterfindung in der Person des Arbeitnehmers von vornherein belastet mit dem Aneignungsrecht des Arbeitgebers entsteht. Die Wirkung der Inanspruchnahme kann auch gegen den Willen des Arbeitnehmers herbeigeführt werden. Ohne eine Inanspruchnahme nach § 6 ArbEG verbleibt allerdings die Erfindung im Eigentum des Arbeitnehmererfinders. Nach Ablauf der gesetzlichen Fristen ist die Erfindung nur durch zweiseitigen Vertrag vom Arbeitnehmererfinder auf den Arbeitgeber übertragbar (vgl. *Bartenbach* ArbEG § 6 Anm. 5 ff.).

9. Gemeinschaftserfindungen

(a) Allgemeines
Es empfiehlt sich, vertragliche Abreden über die Behandlung während des Entwicklungsverhältnisses entstehender Erfindungen zu treffen. Es gilt der Grundsatz der Vertragsfreiheit. Insbesondere sind Vereinbarungen zulässig, wonach sich jemand verpflichtet, für einen anderen auf einem näher bezeichneten Gebiet erfinderisch tätig zu werden und zukünftige Erfindungen zum Patent anzumelden, auch mit der Wirkung, daß das Patent sofort auf den anderen übergeben soll (RGZ 1939, 52, 56). Auch kann im Verhältnis zwischen AG und AN die Anwendung des ArbEG entsprechend begründet werden. Nicht vereinbar ist die Zuständigkeit der nach § 28 ArbEG eingerichteten Schiedsstelle beim Deutschen Patentamt, Schiedsstelle Bl. 1959, 16, 17.

Fehlt eine vertragliche Vereinbarung, so ist zu prüfen, ob eine Bruchteils- oder Gesamthandsgemeinschaft vorliegt, da das Patentgesetz selbst insofern keine Regelung vorsieht. Liegt eine gemeinsame erfinderische Tätigkeit vor, so dürfte häufig ein Gemeinschaftsverhältnis nach §§ 741 ff. BGB anzunehmen sein (*Benkard/Bruchhausen* § 6 Rdnr. 34). Daneben kann die Anwendung der Vorschriften der Gemeinschaft auch vertraglich vereinbart werden. Die Gemeinschaft nach § 741 BGB führt dazu, daß über ein Patent als ganzes nur gemeinschaftlich verfügt werden kann (BGH GRUR 1979, 541, 545 – Biedermeiermanschetten).

Haben sich die Beteiligten zur gemeinsamen Zweckerreichung verbunden, so finden die Vorschriften über die BGB-Gesellschaft, §§ 705 ff., Anwendung (BGH GRUR 1979, 540, 542 – Biedermeiermanschetten). Das dürfte in der Regel bei einem Entwicklungsvertrag wie dem der vorliegenden Art anzunehmen sein, da hier die bisher noch nicht entwickelten photovoltaischen Solarzellen für terrestrische Zwecke in gemeinsamer Anstrengung entwickelt werden sollen. Bei den BGB-Gesellschaftsregeln ist zu bedenken, daß eine Verfügung über den Anteil des einzelnen Mitberechtigten nur mit Zustimmung des anderen möglich ist, §§ 717, 719 BGB. Außerdem gehören alle Forderungen aus dem Patent zum Gesellschaftsvermögen. Den an der Erfindung Beteiligten kommt eine dingliche Mitberechtigung zu, die ihnen einen Anspruch auf Einräumung eines Miteigentums gegen diejenigen gewährt, die formell allein Rechtsinhaber sind (BGH GRUR 1979, 540, 541 – Biedermeiermanschetten). Nach § 6 Satz 2 PatG steht den Miterfindern mangels abweichender Vereinbarung das Recht auf das Patent gemeinsam zu.

(b) Miterfinderanteil an Gemeinschaftserfindung
Bei einer Teamarbeit, bei der ein ständiger Gedankenaustausch stattfindet, sind im Zweifel gleiche Anteile als gewollt anzusehen, unabhängig davon, ob ein einzelner den ausschlaggebenden Gedanken gehabt hat; anders, wenn die Lösung schließlich im Alleingang gefunden worden ist, so daß ein höherer Anteil dem betreffenden zuzubilligen ist. Nach BGH GRUR 1979, 540, 542 – Biedermeiermanschetten, soll jedoch zunächst unter Ausschöpfung aller Erkenntnisquellen Klarheit darüber geschaffen werden, welchen Wert der einzelne Beitrag der Beteiligten hat. Für den Arbeitnehmererfinder ist die richtige Aufteilung schon wegen der danach erfolgenden Bestimmung der Erfindervergütung von erheblicher Wichtigkeit. Miterfinder soll derjenige sein, der in nicht bloß handwerklicher Weise, wie etwa ein Maschinenbauer bei der Fertigung nach einer Zeichnung oder ein Laborant bei der Durchführung von ihm vorgezeichneten Versuchen, tätig geworden ist. Der einzelne Beitrag jedoch braucht nicht selbst Erfindungshöhe zu besitzen, da die Leistungen mehrerer Erfinder miteinander verschmelzen und erst gemeinsam die Erfindung ergeben. So kann auch derjenige, der nur eine zweckmäßige Ausgestaltung findet, Miterfinder sein, der BGH spricht von einem schöpferischen Beitrag (BGH GRUR 1969, 133, 135 – Luftfilter und BGH GRUR 1966, 558, 559 – Spanplatten). Das LG Nürnberg-Fürth (GRUR 1968, 252, 255 – Soft-Eis) führt aus, daß die Tatsache allein, daß der entscheidende Gedanke nur von einem Beteiligten stammt, für sich alleine noch nicht dafür spricht, daß der andere als Miterfinder auszuscheiden habe. Der BGH läßt ausreichend, daß die Handlung eines Beteiligten sich erheblich für den Enderfolg ausgewirkt habe (BGH GRUR 1971, 210, 213 – Wildverbißverhinderung). Nach OLG Düsseldorf (GRUR 1971, 215, 216 – Einsackwaage) soll ein schöpferischer Beitrag dann vorliegen, wenn das, was ein Beteiligter zur Erfindung beigesteuert hat, sich über den Stand der Technik und die Fachkenntnis des Durchschnittsfachmanns erhebt. Wird der Anteil eines einzelnen Miterfinders an der Erfindung bestritten, so kann der Miterfinder gegen die bestreitenden Beteiligten auf Feststellung der Miterfindereigenschaft klagen (LG Nürnberg GRUR 1968, 252, 254 – Soft-Eis). Daneben bestehen die Ansprüche auf Unterlassung und Schadensersatz.

Für die Höhe der Arbeitnehmererfindervergütung ist die Höhe des Miterfinderanteils des einzelnen Erfinders ausschlaggebend. Bei Erfindungen mehrerer Erfinder aus demselben Betrieb wird davon ausgegangen, daß sich die Erfinder untereinander über ihren Anteil an der Erfindung einigen, so daß der Arbeitgeber die von den Erfindern mitgeteilte Beteiligung an der Erfindung übernimmt. Nach der hier vertretenen Ansicht muß dies auch gelten, wenn mehrere Miterfinder aus verschiedenen Betrieben stammen. Auch in diesem Fall wird sich zwischen mehreren Arbeitnehmermiterfindern eine Gemeinschaft nach den Regeln des BGB bilden, so daß auch hier primär die Miterfinder aufgerufen sind, sich über ihre Erfindungsanteile zu einigen. Die zwischen den Miterfindern begründete Rechtsgemeinschaft wird durch den Übergang der Erfindung auf den Arbeitgeber, d. h. durch die Inanspruchnahme beendet, (vgl. *Reimer/Schade/Schippel* § 12 Anm. 24). Obwohl primär die Miterfinder untereinander die Quotelung ihrer Anteile vornehmen sollen, bleibt es letztlich Sache der beiden Arbeitgeber gemäß § 12 Abs. 2 ArbEG die auf jeden Miterfinder fallende Vergütung und damit die Quotelung gesondert festzustellen. Die wahre Quotelung unter mehreren Vertragspartnern, welche Miterfinder für das Forschungsprogramm stellen, muß daher auch diesen Grundsätzen folgen und sich nach der wahren Beteiligung der Miterfinder richten. Da im Laufe des Patenterteilungsverfahrens die endgültige Form und der endgültige Umfang der Patentansprüche nicht von vornherein abzusehen sind, sich hiernach aber die Miterfinderschaft-Beteiligung richtet, ist es zweckmäßig, entsprechend § 12 Abs. 3 ArbEG die endgültige Festsetzung erst spätestens bis zum Ablauf von drei Monaten nach der Patenterteilung vorzunehmen (vgl. auch BGH GRUR 1961, 338 – Chlormethylierung). Nach dem PatG 1981 schließt sich die Einspruchsfrist jetzt an die Patenterteilung an, so daß insofern noch eine Unsicherheit verbleibt, da auch in einem Einspruchsverfahren sich die Anspruchsfassung noch ändern kann. Da aber die Patenterteilung erfolgt ist und der Gesetzgeber der späteren Einspruchsmöglichkeit und damit der Veränderung der Patentansprüche nicht durch Änderung des § 12 Abs. 3 ArbEG Rechnung getragen hat, sollte diese Frist nach Patenterteilung eingehalten werden (vgl. *Gaul/Bartenbach* GRUR 1983, 14 f.).

Wegen der Unteilbarkeit eines erteilten Patents kann die Abtretung eines Teils des Patents an einen Mitberechtigten nicht verlangt werden (BGH GRUR 1979, 540, 542 – Biedermeiermanschette), wohl aber kann bei einer trennbaren Anmeldung die Abtrennung des Bestandteils verlangt werden (*Tetzner*, GRUR 1963, 555, 553). Grundsätzlich kommen zwei Möglichkeiten der Aufteilung im Innenverhältnis der Vertragspartner in Frage: Es kann eine prozentuale Aufteilung erfolgen, daneben ist auch eine Aufteilung dergestalt möglich, daß einzelne Ansprüche aus dem Patent den Vertragspartnern zugeteilt werden. Letztere Möglichkeit soll dann gewählt werden, wenn sich die einzelnen Patentansprüche mit ihren technischen Aussagen klar trennen und den Vertragspartnern zuweisen lassen. Ansonsten ist die prozentuale Aufteilung anhand der Erfindungsbeiträge der Arbeitnehmer der Vertragspartner vorzuziehen. Dies schon deswegen, weil in aller Regel sich nachträglich nicht feststellen läßt, welcher der beteiligten Erfinder einen bestimmten Beitrag geleistet hat, sondern zumeist eine Zusammenarbeit dergestalt stattgefunden hat, daß sich nachträglich die einzelnen technischen Beiträge nicht mehr trennen lassen.

(c) Erfindernennung bei Gemeinschaftserfindung
Unabhängig von der Frage eines quotenmäßigen Anteils an einer Erfindung steht jedem einzelnen Miterfinder aus seinem Erfinderpersönlichkeitsrecht das Recht auf Erfindernennung gegenüber seinem Arbeitgeber zu (LG Nürnberg-Fürth GRUR 1968, 252, 255 – Soft-Eis). Dies gilt auch dann, wenn sich der Beitrag eines Miterfinders deutlich von denjenigen der anderen Miterfinder trennen läßt und beispielsweise nur in einem Unteranspruch Niederschlag findet (BGH GRUR 1969, 133, 134 – Luftfilter). Es löst mithin auch der geringfügigste schöpferische Anteil an der Erfindung das Recht auf die

Erfindernennung aus. Die Erfindernennung wird in der Regel durch Nennung auf dem Deckblatt der Patentschrift verwirklicht.

Nach der hier vertretenen Auffassung muß ein Arbeitnehmererfinder gegen beide Vertragspartner als notwendige Streitgenossen die Klage auf Nennung richten, wenn es sich um eine Gemeinschaftsanmeldung handelt. Zur notwendigen Streitgenossenschaft gemäß § 62 ZPO bei mehreren Anmeldern vgl. PAMitt. 1912, 26.

10. Einzelerfindungen

Fehlt in Zusammenarbeits- oder Entwicklungsverträgen eine ausdrückliche Abrede, wie entstehende Einzelerfindungen behandelt werden sollen, so kann in der Regel nicht von einer stillschweigenden Vereinbarung über die Anwendung der Vorschriften des ArbEG mit der Folge der Inanspruchnahmemöglichkeit durch den AG ausgegangen werden, diese können auch nicht analog angewandt werden (BGH GRUR 1955, 335; BGH GRUR 1965, 302, 304). Allerdings kann sich aus dem Inhalt der vertraglichen Beziehung eine Verpflichtung ergeben, die Erfindung dem AG zur Verfügung zu stellen, insbesondere, wenn dieser die Kosten der Entwicklung trägt. Eine solche Verpflichtung kann auch stillschweigend übernommen sein (BGH GRUR 1965, 302, 304 – Schellenreibungskupplung). Zur Frage, inwieweit eine stillschweigende Verpflichtung zur Übertragung der Rechte einer Erfindung an den AG besteht, vgl. auch BGH GRUR 1955, 286, 289 – Kopiergerät). Vertraglich kann geregelt sein, daß die Erfindung ohne weiteres dem AG zufällt, es kann auch eine Anbietungspflicht des AN begründet werden.

11. Patentanmeldungen

Zweckmäßigerweise werden die Anmeldeverfahren nur durch einen Vertragspartner durchgeführt, um sicherzustellen, daß keine nicht wiedereinsetzbaren Fristen oder andere zum Rechtsverlust führende Versäumnisse infolge mangelnder Koordination entstehen können. Um zu verhindern, daß der nicht das Anmeldeverfahren durchführende Vertragspartner später einmal Schadensersatzansprüche wegen nicht sachgerechter Durchführung der Anmeldeverfahren geltend machen kann, sollte der Vertragspartner über jeden Schritt durch Übersendung von Antragsdoppeln der Eingaben in die Patentämter unterrichtet werden, und zwar so rechtzeitig, daß er Vorschläge oder Änderungswünsche noch innerhalb etwa gestellter Fristen anbringen kann. Gegenüber dem Patentamt muß der das Anmeldeverfahren allein betreibende Vertragspartner vom anderen Vertragspartner bevollmächtigt sein (*Benkard/Ballhaus* § 35 Anm. 4 ff.). Zumindest muß bei mehreren Anmeldern ein Zustellungsbevollmächtigter benannt werden, § 2 Nr. 5 AnmeldBest.

Treten beide Vertragspartner als Anmelder auf, so werden beide in der Rolle beim Deutschen Patentamt geführt und erscheinen beide auf dem Titelblatt der Patentschriften. Die Eintragungen in die Patentrolle nach § 30 PatG haben rechtsbekundende, jedoch keine rechtsbegründende Wirkung (BPatGE 17, 14, 15 f.). Die Patentanmeldung kann mithin auch im Namen nur eines der Vertragspartner erfolgen, wenn der andere, aus welchen Gründen auch immer, nicht im Zusammenhang mit der Anmeldung genannt werden will oder soll. Die materielle Rechtslage bleibt durch die Nichtnennung des anderen Vertragspartners unberührt, er bleibt mithin auch materiell berechtigt an dem Patent. Allerdings bedarf es zur Klagebefugnis gemäß § 30 Abs. 3 PatG der Eintragung in die Rolle, nicht aber zum Erwerb von Rechten am Patent (*Benkard/Ballhaus* § 30 Anm. 17). Zu beachten ist auch, daß nur der in der Rolle Eingetragene auf das Patent verzichten, die Anmeldung zurücknehmen und die die Anmeldung betreffenden Anträge beim Patentamt stellen kann (BGH GRUR 1979, 145, 146 – Aufwärmvorrichtung).

Entscheidet sich ein Vertragspartner, eine Gemeinschaftserfindung oder eine auf ihn zu übertragende Einzelerfindung des anderen Vertragspartners allein zum Schutzrecht anzumelden bzw. ein bereits eingeleitetes Anmeldeverfahren fortzusetzen, so sind sowohl im Inland als auch im Ausland Rechtshandlungen des ursprünglichen Einzel- oder Mitanmelders erforderlich. In manchen Ländern, z. B. USA, ist eine mitwirkungsbedürftige Handlung nur unter allergrößten Schwierigkeiten ersetzbar, so daß bei Weigerung des zur Handlung Verpflichteten schwere Nachteile entstehen können.

Die unberechtigte Anmeldung einer Erfindung, an deren Fertigstellung mehrere beteiligt sind, nur durch einen der Mitberechtigten stellt nach Ansicht der Literatur eine widerrechtliche Entnahme dar, so daß die Rechtsbehelfe gemäß §§ 21 Abs. 1 Nr. 3, 7, Abs. 2, 22 i.V.m. 21 Abs. 1 Nr. 3 PatG gegeben sein können. Die Rechtsprechung verneint jedoch das Vorliegen einer widerrechtlichen Entnahme vor allem mit dem Argument, daß der Anmelder als Mitberechtigter nicht insgesamt Nichtberechtigter ist (RGZ 117, 47, 50). In BGH GRUR 1979, 540, 541 – Biedermeiermanschetten, wird ein aus § 8 PatG resultierender Anspruch auf Einräumung einer Mitberechtigung an der Anmeldung oder an dem Patent gewährt (vgl. auch OLG Düsseldorf GRUR 1971, 215, 216 – Einsackwaage).

12. Kostentragung

Nach § 748 BGB muß jeder entsprechend seinem Anteil die Kosten, auch die Kosten der Verteidigung der Erfindung mittragen. Dafür steht ihm allerdings auch ein Anteil an den Früchten zu. Über die Teilnahme an der BGB-Gesellschaft bzw. der Gemeinschaft hinaus begründet die Mitberechtigung an einem Patent keine weiteren Verpflichtungen zwischen den Beteiligten, insbesondere auch nicht die Verpflichtung, Beteiligungen an Wettbewerbsunternehmen nicht vorzunehmen (*Benkard/Bruchhausen*, § 6 Anm. 35 aE). Bei Schutzrechtsanmeldungen können als Kosten insbesondere Anwalts-, Amtsgebühren sowie die Kosten für die Bearbeitung der Anmeldeunterlagen, Prüfungsbescheide, Korrespondenz mit auswärtigen Anwälten anfallen. Bei den Amtsgebühren sind die Kosten für das Anmelde- und Prüfungsverfahren und für die Patenterteilung sowie die Jahresgebühren zur Aufrechterhaltung eines Patents bzw. einer Patentanmeldung zu tragen. Sind beide Vertragspartner als Anmelder gegenüber dem Patentamt benannt, so haften diese gesamtschuldnerisch für die Gebühren, *Benkard/ Ballhaus* § 17 Anm. 14. Derjenige Vertragspartner, der im Innenverhältnis die Gebührenzahlung übernimmt, trägt ein erhöhtes Risiko, da zwar regelmäßig Erinnerungsmitteilungen von den Ämtern ergehen, das fruchtlose Verstreichenlassen von Zahlungsfristen jedoch zum Rechtsverlust führen kann (vgl. für die Anmeldegebühr *Benkard/ Ballhaus* § 35 Anm. 133).

Ohne besondere Absprache sind die Kosten vom Lizenzgeber zu tragen, (*Benkard/ Ullmann* § 15 Anm. 81). Läßt der Lizenzgeber durch Nichtzahlung der Jahresgebühren das Schutzrecht erlöschen, § 20 Abs. 1 Ziff. 3 PatG, so ist er dem Lizenznehmer schadenersatzpflichtig (*Benkard/Ullmann* § 15 Anm. 81).

13. Übernahme von Erfindungen

Es kann sowohl der Fall auftreten, daß einer der Vertragspartner eine unter dem Vertrag entstandene Erfindung, an der nur seine Mitarbeiter beteiligt sind und die diesem Vertragspartner mithin alleine gehört, oder aber eine Erfindung, an der er zusammen mit dem anderen Vertragspartner beteiligt ist, nicht weiterverfolgen will. Für diesen Fall ist es sachgerecht, ein kostenloses Übernahmerecht durch den anderen Vertragspartner vorzusehen. Hiervon bleibt selbstverständlich die Möglichkeit unberührt, auch den Erfindungsanteil oder auch einzelne Schutzrechte an den anderen Vertragspartner zu veräußern. Nach § 16 ArbEG trifft den Vertragspartner, der eine Schutzrechtsanmeldung bzw. ein Schutzrecht weiterveräußern will, eine Pflicht zur Anbietung der Diensterfindung an seine Arbeitnehmer, die Miterfinder sind. Nimmt mithin der andere Vertragspartner das Übernahmeangebot nicht an, so muß der Vertragspartner vor endgültiger Aufgabe der Schutzrechte an die Angebotsverpflichtung nach § 16 Abs. 1 ArbEG denken, will er sich nicht Schadensersatzverpflichtungen gegenüber seinen Mitarbeitern aussetzen. § 16 ist Schutzgesetz im Sinne des § 823 Abs. 2 BGB (*Bartenbach* ArbEG § 16 Anm. 70; BGH GRUR 1978, 430, 434 – Absorberstabantrieb).

Die Klausel in § 12 (2) des Musters räumt den Vertragspartnern die Möglichkeit ein, sowohl Schutzrechtsanmeldungen, die im Eigentum nur eines der Vertragspartner stehen, als auch bei Schutzrechtsanmeldungen, bei denen beide Miteigentümer sind, für sich im Ausland weiterzuverfolgen, soweit der andere Vertragspartner hieran nicht interessiert ist. Hierbei ist § 14 Abs. 2 ArbEG zu beachten, wonach der Arbeitgeber für diesen Fall ebenfalls eine Anbietungspflicht gegenüber dem Arbeitnehmer hat. Will daher auch der Vertragspartner die Anmeldung im Ausland nicht verfolgen oder auch nur in einem Teil des Auslandes, so muß rechtzeitig den Arbeitnehmern die Möglichkeit zur Übernahme der Erfindung auf eigene Kosten gegeben werden. Kommt der Arbeitgeber dieser Verpflichtung nicht nach, so setzt er sich ebenfalls Schadensersatzansprüchen des Arbeitnehmers aus (Schiedsstelle Bl. 1973, 366, 367).

14. Auswertungs- und Benutzungsrechte

(a) Allgemeine Benutzungsregeln.
Es gelten, soweit vertragliche Vereinbarungen fehlen, die Regeln der Gemeinschaft oder der Gesellschaft nach BGB. Jeder Teilhaber ist berechtigt, für sich die Erfindung zu benutzen, und zwar für alle in § 9 PatG vorgesehenen Arten (*Fischer* GRUR 1977, 313, 315). Lizenzen an Dritte sollen nur gemeinsam vergeben werden können, (a.A. *Fischer*, a.a.O.). Das Maß der Beteiligung jedes Teilhabers an den Nutzungen und Früchten richtet sich nach dem zugrundeliegenden Rechtsverhältnis. Liegen keine vertraglichen Abreden vor, so wird allgemein der Umfang der schöpferischen Mitarbeit an der Erfindung von Bedeutung sein (RG GRUR 1940, 339, 340; BGH GRUR 1979, 540, 542 – Biedermeiermanschetten). Hierbei können auch nicht erfinderische Beiträge zur geschützten Gesamtleistung von Bedeutung sein.

10 Forschungsauftrag – Behandlung von Erfindungen

(b) Gemeinschaftsschutzrechte und Vertragsbeendigung.
Ohne besondere Vereinbarung sind nach Vertragsablauf nach der hier vertretenen Auffassung für die noch weiterlebenden Gemeinschaftsschutzrechte die Regeln der Gemeinschaft anzuwenden, eine gemeinsame Zweckerreichung ist nicht mehr gegeben (vgl. *Benkard/Bruchhausen* §6 Anm. 36). Wird von einem der Berechtigten gemäß §749 Abs. 1 BGB die Auflösung der Gemeinschaft verlangt, so kann bei einem bereits erteilten Patent eine Realteilung nur noch für den Fall erfolgen, daß noch ein Einspruchsverfahren anhängig ist, §60 Abs. 1 PatG. Bei rechtskräftig erteilten Patenten müssen die Beteiligten andere Lösungen, wie etwa den Verkauf des Anteils suchen.

(c) Rücklizenzen.
Durch die Klausel in §14 wird sichergestellt, daß auch spätere, nach Abschluß der Entwicklungsarbeiten entstehende Erfindungen den Vertragspartnern wechselseitig zur Verfügung stehen. Eine solche Lizenzierung von Verbesserungserfindungen, auch Rücklizenz genannt, ist kartellrechtlich unbedenklich, wenn Gegenseitigkeit besteht und es sich um Verbesserungs- oder Anwendungserfindungen handelt (*Gleiss/Hirsch* Art. 85 Abs. 1 Anm. 407).

15. Entgegenstehende Schutzrechte (Drittschutzrechte)

Es sind die für das Verschulden bei einer Patentverletzung entwickelten Maßstäbe anzuwenden. Danach wird es als fahrlässig angesehen, wenn ein Produzent die auf seinem Fachgebiet erfolgenden Patentanmeldungen und Erteilungen nicht überwacht (BGH GRUR 1958, 288, 290 – Dia-Rähmchen; BGH GRUR 1977, 598, 601 – Autoscooterhalle). Dabei wird an die Sorgfaltspflicht eines Herstellers ein strengerer Maßstab angelegt als an den Benutzer eines patentverletzenden Gegenstandes (*Spengler*, GRUR 1958, 212, 217). Es gilt der Grundsatz, daß die Sorgfaltspflicht bei der Aufnahme der Produktion zu Nachforschungen führen muß (BGH GRUR 1971, 251, 253 – Oldtimer für Warenzeichen). Von besonderer Bedeutung ist die Sachkunde bei einem Entwicklungsbetrieb. Er ist zu eigener sorgfältiger Nachprüfung verpflichtet (OLG Düsseldorf GRUR 1963, 84, 86 – Armaturengriff). Nach der hier vertretenen Ansicht wird Fahrlässigkeit dadurch ausgeschlossen, daß ein mit Patentrecherchen vertrauter Patentrechercheur eine Schutzrechtsrecherche in den einschlägigen internationalen Patentklassen durchführt, wobei u.U. zur Beurteilung der aufgefundenen Schutzrechtsanmeldungen und Schutzrechte die Einholung sachkundigen Rats von Patentanwälten oder patentrechtlich erfahrenen Rechtsanwälten erforderlich ist (BGH GRUR 1977, 250, 252, 253 – Kunststoffhohlprofil).

Stellt sich heraus, daß entgegenstehende Schutzrechte bei der Durchführung der Entwicklungsarbeiten, insbesondere aber auch für die spätere Produktion des Entwicklungsgegenstandes benutzt werden müssen, so wird es häufig Sache des Auftraggebers sein, entsprechende Nutzungsrechte von dem Schutzrechtsinhaber zu erwirken. Je nach Sachverhalt kann auch der Abschluß der Entwicklungsarbeiten vor einer endgültigen Entscheidung abgewartet werden, um sicherzustellen, ob es tatsächlich zu einem Entwicklungsprodukt kommt, welches in die Schutzrechte Dritter eingreift. Wegen des Risikos, daß ein Gegenstand entwickelt wird, für den eine notwendige Benutzungsgenehmigung seitens Dritter später nicht erwirkt werden kann, weil diese von dem aus ihrem Schutzrecht fließenden Verbietungsrecht Gebrauch machen, ist auch an eine Option vom Schutzrechtsinhaber zu denken (zum Optionsvertrag vgl. Muster 6).

16. Haftung

Vgl. dazu Muster 1 Anm. 2.

17. Qualitätsvorschriften

Die Vereinbarung von Kontrollrechten hinsichtlich der Produktqualität sind kartellrechtlich unbedenklich, soweit ein Warenzeichen des Lizenzgebers benutzt wird oder wenn auf andere Weise auf das Entwicklungs- oder Herstellungsunternehmen hingewiesen wird (vgl. *Gleiss/Hirsch* zu Art. 85 Abs. 1 Anm. 395 f.; im einzelnen dazu Muster 1 Anm. 14).

18. Nichtangriffsverpflichtung

Handelt es sich um ein Schutzrecht, bei dem beide Vertragspartner Mitinhaber sind, so ist nach BGH GRUR 1955, 535, 536 der Mitinhaber auch bei fehlender vertraglicher Regelung nicht befugt, Nichtigkeitsklage zu erheben. Die Klausel hat daher vor allem Bedeutung für Schutzrechte, die dem anderen Vertragspartner allein gehören, seien es Altschutzrechte, die dieser vor Vertragsschluß bereits besaß oder Neuschutzrechte, welche während der Vertragsdurchführung entstanden sind. Eine solche Nichtangriffsabrede kann nach deutscher Rechtsauffassung durch Vertrag rechtswirksam übernommen werden (BGH GRUR 1971, 243, 244 – Gewindeschneidvorrichtungen). Nach der Praxis der EG-Kommission wird in einer Nichtangriffsabrede regelmäßig eine unzulässige Wettbewerbsbeschränkung gesehen (vgl. EG-Kommission GRUR Int. 1979, 212 – Vaessen/Moris) mit der Wirkung, daß der gesamte Vertrag gem. Art. 85 EWG-Vertrag für unwirksam erklärt werden kann, vgl. im einzelnen Vorbemerkung c) (2) zu Muster 1. Bei einem Forschungsvertrag der konkreten Art kann eine Nichtigkeitsklage auch ganz allgemein unter dem Gesichtspunkt der unzulässigen Rechtsausübung, da gegen Treu und Glauben verstoßend, angesehen werden (BGH GRUR 1958, 177, 178 – Aluminiumflachfolien). Aufgrund des Entwicklungsvertrages wird zwischen den Vertragspartnern ein gesellschaftsähnliches Verhältnis entstehen, aus dem heraus eine solche Treueverpflichtung angenommen werden kann (vgl. dazu auch Muster 1 Anm. 20), sowie EG-Verordnung (Forschung) Art. 6 b).

19. Verteidigung der Schutzrechte

Vgl. hierzu Muster 1 Anm. 19.

20. Kündigung

Vgl. zur Kündigung bei Lizenzverträgen und lizenzähnlichen Verträgen Muster 1, Anm. 21. Für einen Werkvertrag (Autorenvertrag) zuletzt BGH v. 10. 5. 1984 – AZ. I ZR 94/82 – Gesamtdarstellung rheumatischer Krankheiten.

21. Gerichtsstand

Zur Gerichtsstandsvereinbarung vgl. Muster 1 Anm. 22.

11 Vergleichsvertrag nach Schutzrechtsverletzung

Vorbemerkungen

a) Sachverhalt

Zwischen den Parteien ist ein Patentverletzungsverfahren anhängig, das nunmehr in der 2. Instanz verglichen werden soll. Der Patentinhaber ist bereit, dem Patentverletzer eine Lizenz zu gewähren, wobei gleichzeitig eine Regelung für die Verletzungshandlungen in der Vergangenheit gefunden werden soll.

b) Hinweise zur Benutzung des Vertragsmusters

Die Interessenlage zwischen den Parteien eines Verletzungsverfahrens unterscheidet sich von der normaler Lizenzvertragsparteien in verschiedenen Punkten. Häufig wird es sich um direkte Wettbewerber auf demselben Markt handeln, so daß der Patentinhaber weder ein Interesse an einer engen, gesellschaftsähnlichen Zusammenarbeit hat und ihm auch nicht daran gelegen sein kann, dem Wettbewerber eigenes Know-how mitzuteilen. Insofern passen eine Reihe von Regelungen z. B. der Muster 1 und 4 für den vorliegenden Sachverhalt nicht. Je nach Interessenlage und den Bedürfnissen der Parteien können selbstverständlich auch Regelungen z. B. der Muster 1, 4 oder 5 in den Vertrag aufgenommen werden.

c) Zur besonderen Beachtung

Hinsichtlich der Formvorschriften gilt die Vorbemerkung c) zu Muster 1.
  Die Besonderheiten bezüglich der kartellrechtlichen Zulässigkeit eines Prozeßvergleichs im Patentrecht werden in den Anmerkungen behandelt.

Muster 11

Vergleichsvertrag nach Schutzrechtsverletzung

zwischen der Firma
Sitz:
vertreten durch: ihren Vorstand
   – nachstehend LG genannt –
und der Firma
Sitz:
vertreten durch: ihren Geschäftsführer
   – nachstehend LN genannt –

PRÄAMBEL

LG ist Inhaber des Patents ... betreffend eine Kombizange.

LN hat in der Vergangenheit Zangen vertrieben, die vom Landgericht München I als patentverletzend angesehen worden sind. Zur Beendigung des derzeit vor dem Oberlandesgericht anhängigen Rechtsstreits schließen die Parteien folgenden Vertrag:

§ 1   Lizenzregelung für die Vergangenheit[1-3]

(1) LN verpflichtet sich, für Verkäufe der streitgegenständlichen Zangen, Artikelnummer 341, die zwischen dem 1. 1. 1976 und 31. 12. 1983 erfolgt sind, eine Lizenzgebühr von DM 1,– pro Stück an LG zu zahlen. LN verpflichtet sich ferner, über die Verkäufe in der Form Rechnung zu legen, daß Aufstellungen mit der Zahl der verkauften Zangen an die Abnehmer von LN einem vereidigten Buchprüfer, der von LG benannt wird, ausgehändigt werden. Der Buchprüfer wird von beiden Parteien beauftragt, über konkrete Verkäufe und Abnehmer nach Zahl und Datum Auskunft zu erteilen.

(2) Die Übergabe der Listen sowie die Zahlung der daraus resultierenden Beträge hat binnen 3 Wochen nach Unterzeichnung des vorliegenden Vertrages zu erfolgen.

§ 2   Lizenzerteilung für die Zukunft[1-3]

(1) LG erteilt LN eine nicht ausschließliche Lizenz an dem deutschen Patent ... betreffend eine Kombizange zur Herstellung und zum Vertrieb in der Bundesrepublik Deutschland. Die Lizenz wird von LN in der Weise ausgeübt, daß dieser die Zangen gemäß Artikel Nr. 341 weiter vertreiben darf. Eine Annäherung in der äußeren Formgestaltung an die Produkte von LG ist LN nicht gestattet. LN ist

nicht berechtigt, Verbesserungen des derzeit von LG hergestellten Erzeugnisses auch für seine Erzeugnisse zu verwenden.[4]

(2) LN zahlt für Verkäufe ab dem 1. 1. 1984 eine Lizenzgebühr von DM 2,– pro Stück an LG.

(3) Die Parteien sind sich darüber einig, daß die von LN hergestellten Zangen mit der Artikelnummer 348 nicht unter das Klagepatent fallen.

§ 3 Beendigung des Prozesses[3]

LN verpflichtet sich, die beim OLG München eingelegte Berufung zurückzunehmen. Er verpflichtet sich weiterhin, LG sämtliche Gerichts-, Rechtsanwalts- und Patentanwaltskosten, letztere nach BRAGO auch soweit sie nicht erstattungsfähig sind, zu bezahlen. Die Zahlung dieser Kosten erfolgt binnen 3 Wochen nach Rechnungsstellung durch die Anwälte des Lizenzgebers.

§ 4 Lizenzzahlung und -Abrechnung[2,3]

(1) LN wird über die Verkäufe des lizenzierten Artikels in Abständen von 3 Monaten Rechnung legen, beginnend 3 Monate nach Unterzeichnung des vorliegenden Vertrages. Mit der Rechnungslegung sind die Lizenzgebühren zur Zahlung fällig.

(2) Bleibt LN mit der Rechnungslegung und/oder Lizenzzahlung mehr als einen Monat in Verzug, so steht LG das Recht zur fristlosen Kündigung zu.

§ 5 Buchführungspflicht und Bucheinsicht[5]

(1) LN ist verpflichtet, über die Lieferung von Lizenzgegenständen gesondert Buch zu führen, und zwar in der Weise, daß die genaue Anzahl der von ihm aufgrund dieses Vertrages hergestellten Gegenstände, die Empfänger- und Lieferdaten sowie sonstige wesentlichen Umstände ersichtlich sind.

(2) LG ist berechtigt, die Richtigkeit der Buchführung und ihre Übereinstimmung mit der allgemeinen Buchführung von LN durch einen zur Verschwiegenheit verpflichteten Buchprüfer prüfen zu lassen. Die Kosten der Überprüfung trägt LG, bei der Aufdeckung von Unrichtigkeiten trägt die Kosten LN. Darüber hinaus verdoppeln sich für den geprüften Zeitraum die Lizenzgebühren, falls die Abweichungen mehr als 5 Prozent zu Ungunsten von LG betragen.

§ 6 Ausschluß von Garantieansprüchen[6]

(1) LG übernimmt keinerlei Garantie für die Rechtsbeständigkeit, technische Brauchbarkeit oder wirtschaftliche Verwertbarkeit der patentierten Erfindung.

11 Vergleichsvertrag nach Schutzrechtsverletzung

Sollte das Schutzrecht für nichtig erklärt werden, so endet der Vertrag ab dem Zeitpunkt der letztinstanzlichen Entscheidung im Nichtigkeitsverfahren. Gezahlte Lizenzgebühren können nicht zurückgefordert werden, bis zu diesem Zeitpunkt fällige Lizenzgebühren sind von LN zu bezahlen.

(2) LG haftet nicht für die fehlende Abhängigkeit des Schutzrechts von Schutzrechten Dritter.

(3) LN stellt LG von eventuellen Ansprüchen aus Produkthaftpflicht frei, soweit diese auf Gegenstände aus der Produktion des LN gestützt sind.[7]

§ 7 Übertragbarkeit und Unterlizenzen[8]

Die Übertragung der Lizenz auf Dritte oder die Vergabe von Unterlizenzen sind LN nicht gestattet.

§ 8 Verteidigungspflicht und Vorgehen gegen Verletzer[9]

(1) LG übernimmt keine Verpflichtung zur Verteidigung der Schutzrechte gegen Angriffe Dritter.

(2) Im Falle von Verletzungen des Schutzrechts trifft LG die Entscheidung über die Einleitung von Verletzungsprozessen unter Abwägung von Wirtschaftlichkeitsgesichtspunkten.

§ 9 Vertragsdauer[10]

Der Vertrag wird für die Restlaufzeit des Patents abgeschlossen. Eine Kündigung durch LN ist mit einer Frist von 6 Monaten jeweils zum 1. 1. und 1. 7. eines jeden Jahres zulässig.

§ 10 Nichtangriffsabrede[11]

LN verpflichtet sich, das Klageschutzrecht weder selbst anzugreifen noch Dritte beim Angriff auf das Schutzrecht zu unterstützen.

§ 11 Gerichtsstand[12]

Für alle Streitigkeiten, die aus diesem Vertrag entstehen, wird die Zuständigkeit des Landgerichts München I vereinbart.

Ort, Datum   Unterschriften

Anmerkungen

1. Art der Lizenz

In einem Lizenzvertrag mit einem Patentverletzer wird im allgemeinen eine sogenannte negative Lizenz vereinbart, d. h. ein Verzicht des Patentinhabers auf Ansprüche wegen Patentverletzung für die Herstellung eines bestimmten Artikels. Das bedeutet, daß der Lizenznehmer beschränkt bleibt auf seine bisherige Produktion und ihm kein umfassender Benutzungsanspruch für den gesamten Schutzumfang des Patents gewährt wird. Auch wird der Patentinhaber ein Interesse daran haben, daß die Artikel des Verletzers nicht mit seinen eigenen Erzeugnissen verwechselt werden, so daß auch insoweit Einschränkungen vereinbart werden.

2. Lizenzgebühren

Bei dem vorliegenden Vertrag handelt es sich um eine nicht-ausschließliche Lizenz besonderer Art, die weder Ausübungspflichten noch Mindestlizenzgebühren vorsieht, da der Patentinhaber im Grunde kein Interesse an einer Produktion durch den Verletzer haben kann. Auch Vereinbarungen über Verbesserungen und Weiterentwicklungen der Erfindung werden häufig nicht den Interessen der Parteien entsprechen, der Vertrag sieht daher einen diesbezüglichen Ausschluß im Verhältnis Lizenzgeber zu Lizenznehmer vor.

Umgekehrt bleibt es dem Lizenznehmer unbenommen, die Erfindung weiterzuentwickeln. Hier werden Weiterentwicklungen im allgemeinen von der lizenzierten Erfindung abhängig sein, so daß die Lizenzpflicht nicht entfällt. (Zum Rechtscharakter der einfachen und ausschließlichen Lizenz vgl. Muster 1 und 4).

Es ist Sache der vertraglichen Vereinbarung, ob eine Differenzierung der Lizenzgebühren für die Vergangenheit und derjenigen für die Zukunft, auch im Hinblick auf die Berechnungsmethode, gewählt werden soll. Da die Zahlungen für die Vergangenheit Schadenersatzzahlungen des Verletzers darstellen, steht es den Parteien frei, eine der drei von der Rechtsprechung anerkannten Berechnungsarten zu wählen, nämlich die Herausgabe des Verletzergewinns, den entgangenen Gewinn des Patentinhabers oder eine angemessene Lizenzgebühr (vgl. zur Rechtsprechung BGH GRUR 1980, 841 – Tolbutamid; GRUR 1982, 301 – Kunststoffhohlprofil II; GRUR 1982, 286 – Fersenabstützvorrichtung; zu den letzteren beiden Entscheidungen *Pagenberg*, 14 IIC 85 (1983).

Aufgrund der von der Rechtsprechung aufgestellten Anforderungen an den Nachweis des vom Patentinhaber konkret erzielten Gewinns beim Lizenzgegenstand einerseits (vgl. BGH GRUR 1980, 841 – Tolbutamid) sowie der Schwierigkeiten der Ermittlung des Verletzergewinns andererseits (vgl. BGH GRUR 1982, 723 – Dampffrisierstab), wird sich nicht nur in Verletzungsprozessen, sondern auch bei Vergleichsverträgen als Abrechnungsmethode die Lizenzanalogie empfehlen. (Vgl. zu Kritik an der praktizierten Schadenersatz-Rechtsprechung *Preu*, GRUR 1979, 753; *Pagenberg* GRUR Int. 1980, 286).

Im Verhältnis von Patentinhaber und Verletzer bietet sich daneben zur Verhinderung allzuweit gehender Offenbarung von Geschäftsinterna die Vereinbarung einer Stücklizenzgebühr an, da diese buchhaltungstechnisch am einfachsten erfaßbar und überprüfbar ist. Eine solche Regelung wurde daher auch dem Vertragsmuster zugrundegelegt.

Ob dabei die Lizenzsätze für die Vergangenheit höher oder niedriger als die für die Zukunft anzusetzen sind, beurteilt sich je nach konkretem Sachverhalt und den Interessen der Parteien. Sollen die Vorteile des Verletzers durch die ersparte Werbung, steuerliche Rückstellungen, Zinseinsparungen usw. abgeschöpft werden, so ist eine höhere Lizenzgebühr für die Vergangenheit angebracht als für die Zukunft. Andererseits kann der Patentinhaber ein Interesse daran haben, die zukünftige Betätigung des Verletzers auf dem Markt möglichst zurückzudrängen, was durch eine erhöhte Lizenzgebühr für die Zukunft möglich ist. Von dieser Interessenlage ist im vorliegenden Fall ausgegangen worden. Bei einer derartigen Vergleichsregelung ist je nach Sachverhalt auch von Seiten des Lizenznehmers ein Entgegenkommen vorstellbar, nämlich im Falle eines Verzichts auf die Erhebung einer Nichtigkeitsklage und/oder bei Ansprüchen wegen ungerechtfertigter Abmahnung oder ungerechtfertigter Klageerhebung, wenn die Rechtsbeständigkeit des Schutzrechts zweifelhaft oder der Verletzungstatbestand nicht eindeutig ist. Eine Haftung des Patentinhabers kommt in solchen Fällen aus § 823 Abs. 1 (Eingriff in den eingerichteten und ausgeübten Gewerbebetrieb) in Betracht, falls dieser ohne ausreichende Prüfung geklagt oder abgemahnt hat (vgl. zur Rechtsprechung BGH GRUR 1963, 255 – Kindernähmaschinen; GRUR 1974, 290 – Maschenfester Strumpf; GRUR 1979, 869 – Oberarmschwimmringe; dazu ausführlich *Horn*, GRUR 1974, 235 *Pietzcker*, GRUR 1980, 422).

Je nach Einschätzung der Prozeßrechtslage, insbesondere bei einem erstinstanzlichen ungünstigen Ausgang von Verletzungsprozeß und Nichtigkeitsklage für den Lizenzgeber, wird dieser auch in Einzelfällen zu einem völligen Verzicht von Lizenzzahlungen bereit sein, was zur Einräumung einer sogenannten Gratis- oder Null-Lizenz führt. Für den Lizenzgeber hat dies den Vorteil, sein Schutzrecht gegenüber Dritten weiter durchsetzen zu können, der Lizenznehmer ist in der Lage unter dem Schutz eines Patents arbeiten zu können. Zu den Grenzen eines derartigen Vergleichs vgl. Anm. 3.

3. Kartellrechtliche Beurteilung

Eine vergleichsweise Regelung eines prozessualen oder vorprozessualen Rechtsverhältnisses verstößt nicht gegen das Kartellrecht, wenn ein ernsthafter, objektiv begründeter Anlaß zur Bejahung des geltend gemachten Anspruchs besteht und die wettbewerbsbeschränkenden Abreden sich innerhalb desjenigen halten, was bei objektiver Beurteilung ernstlich zweifelhaft sein kann (BGH GRUR 1976, 323 – Thermalquelle mit Anm. *Utescher*). Dazu gehört auch, ein vom Deutschen Patentamt erteiltes Patent als gültig zu behandeln, auch wenn in einer vom Verletzer eingereichten Nichtigkeitsklage neues Material vorgelegt worden ist. Es muß daher auch als zulässig angesehen werden, daß sich für einen solchen Fall der Nichtigkeitskläger zur Rücknahme seiner Klage verpflichtet.

Wirksam ist auch eine – schuldrechtlich wirksame – Vereinbarung zwischen den Parteien, eine bestimmte Ausführungsform nicht als vom Schutzrecht erfaßt anzusehen oder eine aus objektiver Sicht gerechtfertigte, z. B. im Vergleichswege erzielte Abgrenzung von verletzenden und nichtverletzenden Ausführungsformen (vgl. *Benkard/Ullmann* zu § 15 PatG, RdNr. 145 m.w.N., sowie zu § 14, RdNr. 154; dazu auch Muster 1, Anm. 2 (5)).

Auch von Seiten des BKartA bestehen keine Bedenken, daß der Patentinhaber dem Beklagten eines Patentverletzungsstreits im Vergleichsweg eine einfache oder ausschließliche Lizenz einräumt. Bei einfachen Lizenzerteilungen achtet das BKartA jedoch darauf, daß dem Lizenznehmer (Beklagter) keine den Wettbewerb beschränkenden Vorrechte eingeräumt werden, wie z. B. Einflußnahmen auf weitere Lizenzerteilungen an Dritte, insbesondere Vetorechte im Falle künftiger Lizenzvergaben an Mitbewerber (TB BGR Blatt 78/76).

Nach Auffassung der EG-Kommission liegt eine unzulässige Beschränkung des Wettbewerbs auch dann vor, wenn in einem nicht zu Vergleichszwecken geschlossenen Lizenzvertrag vereinbart wird, daß über den Rahmen einer begrenzten Zahl von einfachen Lizenznehmern hinaus Lizenzen nur vergeben werden können, wenn die Mehrheit der bisherigen Lizenznehmer dem zustimmt (vgl. EG-Kommission, GRUR Int. 1976, 49 – Bronbemaling).

4. Änderungen und Verbesserungen des Lizenzgegenstandes

Aufgrund der besonderen Situation zwischen ehemaligem Verletzer und Patentinhaber wird gewöhnlich ein Interesse insbesondere des Lizenzgebers daran bestehen, den Abstand zwischen den eigenen Produkten und denen des Lizenznehmers aufrecht zu erhalten. Das bedeutet, daß keine der Parteien verpflichtet ist, der anderen Weiterentwicklungen und Verbesserungen mitzuteilen und dem Lizenznehmer insbesondere nicht erlaubt werden soll, darartige Verbesserungen, die auch ohne Mitteilung ersichtlich sind, für seine Produkte zu verwenden.

Umgekehrt steht es dem Lizenznehmer frei, seine Produkte in andere Richtung weiterzuentwickeln, ohne daß eine Verpflichtung bestände, zwecks Einhaltung eines einheitlichen Erscheinungsbildes der Produkte von Lizenzgeber und Lizenznehmer hierzu die Erlaubnis des Lizenzgebers einzuholen. (Vgl. zu den rechtlichen Erwägungen im einzelnen Muster 1 Anm. 15 und 16.)

5. Buchführungspflicht und Bucheinsicht

Für eine Stücklizenz genügen in der Buchführung die Angaben über die Zahl der gelieferten Gegenstände, die Namen der Kunden, das Lieferdatum sowie ggf. die Anbringung einer fortlaufenden Nummer auf den gelieferten Gegenständen. Ohne eine ausdrückliche vertragliche Vereinbarung wird eine Berechtigung des Lizenzgebers zur Überprüfung nicht angenommen (vgl. BGH GRUR 1961, 466 – Gewinderollkopf mit Anm. *Moser von Filseck*).

6. Garantien des Lizenzgebers

Die hier vorgesehene Regelung entspricht den Interessen der Vertragsparteien, die auf die Beilegung des Verletzungsprozesses beschränkt sind. Die negative Lizenz als bloßer Verzicht auf die Durchsetzung von Verletzungsansprüchen beinhaltet gerade keine Garantie für den Lizenznehmer an einer unbeschränkten geschäftlichen Betätigung auch bezüglich der Rechte Dritter.

Die Verpflichtung zur Zahlung von Lizenzgebühren bis zur rechtskräftigen Vernichtung des Schutzrechts entspricht der ständigen Rechtsprechung (vgl. BGH GRUR 1969, 409, 410 – Metallrahmen mit Anm. *Moser von Filseck;* BGH GRUR 1977, 107 –

Werbespiegel). Der Lizenznehmer ist keineswegs berechtigt, bereits bei der Einleitung einer Nichtigkeitsklage durch Dritte und der Möglichkeit einer Vernichtung des Schutzrechts die Zahlung von Lizenzgebühren einzustellen. (Vgl. BGH GRUR 1957, 595 mit Anm. *Beil* – Verwandlungstisch; hierzu im einzelnen Muster 1, Anm. 9 (5), 19 und 21).

7. Produkthaftpflicht

Da aufgrund der vorliegenden Vertragssituation ein Hinweis auf den Lizenzgeber gerade vermieden werden soll, können Produkthaftpflichtansprüche nur gegenüber dem tatsächlichen Hersteller, also dem Lizenznehmer entstehen. Dem Lizenzgeber im Falle einer bloßen Negativlizenz obliegt daher auch keine Produktkontrolle hinsichtlich Qualität und technischer Brauchbarkeit der aufgrund der Lizenz hergestellten Gegenstände (Vgl. dazu Muster 1, Anm. 14).

8. Übertragbarkeit und Unterlizenzen

Die Übertragbarkeit kann auch nach europäischem Kartellrecht ausgeschlossen werden (vgl. Gruppenfreistellungsverordnung Art. 2 (1) Ziff. 5). Für nichtausschließliche Lizenzen und insbesondere für die vorliegende Fallkonstellation ist das Verbot der Unterlizenzierung interessengerecht. (Vgl. im übrigen zu diesen Fragen Muster 1 Anm. 5).

9. Verteidigungsverpflichtung und Vorgehen gegen Verletzer

Da der Lizenzvertrag im Falle einer Vernichtung des Schutzrechts endet, bedarf es zur Wahrung der Interessen des Lizenznehmers keiner Verpflichtung, das Schutzrecht zu verteidigen. Er steht im Falle der Vernichtung des Schutzrechts vielmehr wieder so da, wie vor Abschluß des Vergleichsvertrages. Dem Lizenzgeber obliegt darüber hinaus auch keine Verpflichtung, sein Schutzrecht aufrechtzuerhalten, er kann es daher jeder Zeit fallen lassen (vgl. *Benkard/Ullmann* zu § 15 PatG RdNr. 81).

Die Interessenlage stellt sich dagegen anders dar, falls der Lizenzgeber gegen andere Verletzer nicht vorgeht und der Lizenznehmer damit als einziger Lizenzgebühren zahlt. Andererseits ist dem Lizenzgeber nicht zuzumuten, bei wirtschaftlich unbedeutenden Verletzern oder im Falle eines ungewissen Ausgangs des Verletzungsprozesses, z. B. weil die Verletzungsfrage umstritten ist, langwierige und teure Verletzungsprozesse zu führen. Die hier vorgeschlagene Regelung entspricht daher Treu und Glauben. Eine Beteiligung des Lizenznehmers an den Kosten für die Verteidigung des Schutzrechts erscheint allerdings ebenfalls nicht interessengerecht (Vgl. dazu auch Muster 1, Anm. 19).

10. Vertragdauer, Kündigung

Die Regelung von vertraglicher Laufzeit und Kündigungsmöglichkeit ist im vorliegenden Fall unter dem Gesichtspunkt geregelt worden, daß der Lizenzgeber kein eigenes Interesse an der Fortsetzung des Lizenzverhältnisses hat und nur vergleichsweise auf die Durchsetzung seines Unterlassungsanspruchs verzichtet. Durch die einseitige Kündigungsmöglichkeit des Lizenznehmers steht es diesem frei, seine Produktion in der Zukunft umzustellen und den Lizenzvertrag zu beenden. Kündigungsmöglichkeiten aus wichtigem Grund zugunsten des Lizenzgebers bestehen daneben gemäß § 723 Abs. 1 Satz 2 BGB (vgl. dazu BGH GRUR 1959, 617 – Metallabsatz; dazu auch *Kraßer/Schmid* GRUR Int. 1982, 324, 334 f). Näheres hierzu vgl. Muster 1, Anm. 21.

11. Nichtangriffsabrede

Nach der Rechtsprechung kann bereits ohne ausdrückliche vertragliche Vereinbarung die Einleitung einer Nichtigkeitsklage des Lizenznehmers gegen das Vertragsschutzrecht eine unzulässige Rechtsausübung darstellen, wenn der Kläger mit der Klage gegen Treu und Glauben verstößt (BGH Bl. PMZ 1965, 177, 178 – Vanal-Patent –; BGH GRUR 1956, 264 – Wendemanschette I.). Ein derartiger Verstoß aus dem Gesichtspunkt der Verletzung eines vertraglichen Treueverhältnisses wird im Verhältnis Patentinhaber und Verletzer nicht unbedingt anzunehmen sein, so daß sich eine vertragliche Regelung empfiehlt. Andererseits stellt eine derartige Bindung des Lizenznehmers keine unzulässige Einschränkung dar, da davon auszugehen ist, daß jedenfalls vor und während des Verletzungsverfahrens der Patentverletzer die Möglichkeit hatte, gegen das Schutzrecht vorzugehen. Im Zusammenhang mit einer allgemeinen vergleichsweisen Bereinigung des Prozeßverhältnisses ist ein Ausschluß weiterer Angriffe daher sachgerecht. (Zur Rechtsprechung zur Nichtangriffsklausel vgl. BGH GRUR Int. 1969, 31 – Gewindeschneidepparat; GRUR 1957, 482 – Chenillefäden; weitere Nachweise bei *Schulte*, PatG, 3. Auflage zu § 81 RdNr. 23 ff).

Zur kartellrechtlichen Wirksamkeit einer Nichtangriffsklausel nach deutschem und europäischen Kartellrecht vgl. Muster 1, Anm. 20. Für den vorliegenden Fall eines Vergleichsvertrages dürfte eine Freistellung der Kommission in Frage kommen, vgl. dazu Muster 1 Vorb. c (2).

12. Gerichtsstand

In der vorliegenden Situation empfiehlt sich die Vereinbarung desjenigen Gerichts, das bereits für den Verletzungsprozeß zuständig war. Zur Zulässigkeit von Gerichtsstandsvereinbarungen für Nichtkaufleute oder Minderkaufleute vgl. die einschlägigen Kommentare zu § 38 ZPO sowie zum EWG-Gerichtsstand- und Vollstreckungsübereinkommen, dazu *Wirth* NJW 1978, 460; *Piltz*, NJW 1979, 1071 und NJW 1981, 1876; EuGH NJW 1980, 1218.

Ob eine Schiedsgerichtsklausel empfehlenswert ist, richtet sich nach den zu erwartenden Verhalten insbesondere des Lizenznehmers. Vgl. zu den Regelungen einer Schiedsgerichtsklausel Muster 1, Anm. 22.

12 Patentkaufvertrag

Vorbemerkungen

a) Sachverhalt

Der Verkäufer ist Inhaber eines rechtskräftig erteilten deutschen Patents für eine Verfahrenserfindung. Das Verfahren ist bereits technisch erprobt und dem Käufer im einzelnen bekannt. Außer einer Einweisung des Personals des Käufers bedarf es daher keiner Übergabe von besonderem Know-how oder einer längerfristigen Abwicklung zwischen den Parteien.

b) Hinweise zur Benutzung des Vertragsmusters

Das folgende Muster kann für sämtliche Fälle einer Vollrechtsübertragung von technischen Schutzrechten verwendet werden, also auch für die Übertragung einer Erfindung eines Einzelerfinders an das auswertende Unternehmen oder für den Ankauf von Erfindungen zwischen verschiedenen Unternehmen. Ist dagegen Vertragsgegenstand ein umfangreicherer Technologietransfer, der sowohl die Übertragung geheimen und nicht geheimen technischen Knowhows als auch eines oder mehrerer Schutzrechte umfaßt, wird sich die Übernahme von Regelungen aus den Mustern 1, gegebenenfalls der Muster 8–10 empfehlen.

c) Zur besonderen Beachtung

Zur Sorgfaltspflicht des Käufers gehört es, sich davon zu überzeugen, daß in der Patentrolle keine ausschließliche Lizenz oder eine Lizenzbereitschaftserklärung eingetragen ist, die eine erhebliche Beschränkung und zugleich einen Rechtsmangel des zu übertragenen Schutzrechts darstellen würden. Da über die ausdrücklich vertraglich vereinbarte Haftung des Verkäufers hinaus ein Einstehen für die Rechtsbeständigkeit des Schutzrechts und dessen technische Brauchbarkeit ausgeschlossen worden ist, würde den Käufer zumindest ein Mitverschulden treffen, wenn er zumutbare Erkundigungen unterläßt.

Ein Patentübertragungsvertrag bedarf keiner besonderen Form, soweit es sich um ein deutsches Patent handelt. Dagegen ist für die Übertragung einer europäischen Patentanmeldung Schriftform vorgeschrieben, Artikel 72 EPÜ, ebenso wie für die Übertragung eines Gemeinschaftspatents, Artikel 40

Abs. 1, 45 Abs. 1 GPÜ. Nach Erteilung eines europäischen Patents richtet sich die Übertragung der entstehenden nationalen Einzelpatente nach den nationalen Rechtsvorschriften, so daß für den deutschen Teil eines europäischen Patents wiederum Formfreiheit besteht.

Statt eines Kaufvertrages im eigentlichen Sinne wird in der Praxis häufig auch die Form eines verdeckten Kaufvertrages in Form einer ausschließlichen Lizenz gewählt, bei dem der Verkäufer formell eingetragener Patentinhaber bleibt, aber intern sämtliche Rechte an den Käufer (Lizenznehmer) überträgt. Zweck einer solchen Abrede kann es sein, z. B. der Konkurrenz Patentrecherchen zu erschweren und zu verheimlichen, in welche Richtung die eigene Forschung und Entwicklung geht. Für einen solchen »verdeckten« Kaufvertrag sind folgende Regelungen vorzusehen

— die alleinige Verfügungsberechtigung des »Käufers« (Lizenznehmer)
— Vorbehalt der Genehmigung des »Käufers«, irgendwelche Rechtshandlungen und Erklärungen abzugeben, z. B. auch gegenüber dem Patentamt
— Kostenübernahme des »Käufers« für Erteilungs-, Nichtigkeits- und Verletzungsverfahren
— Anbietungspflicht des »Käufers«, falls dieser gegenüber dem »Verkäufer« (Lizenzgeber) einen Verzicht auf das Schutzrecht ausspricht.

Die übrigen Regelungen werden einem normalen Patentkaufvertrag entsprechen, z. B., es wird im Gegensatz zu einer Lizenzgebühr ein fester Kaufpreis vereinbart, der allerdings auch in Raten zahlbar sein kann.

Vgl. zur Umschreibung eines technischen Schutzrechts in der Rolle Muster 16.

Nach deutschem Steuerrecht ist der Verkauf eines deutschen Schutzrechts durch einen ausländischen Patentinhaber nicht steuerpflichtig, da dieser Vorgang weder unter § 49 Abs. 1 Nr. 6 noch Nr. 9 EStG fällt. § 49 Abs. 1 Nr. 6 ist nur auf eine zeitlich begrenzte Rechtsüberlassung anwendbar (FG München RIW 1983, 628), und auch § 49 Abs. 1 Nr. 9 betrifft eine Nutzungsüberlassung und nicht eine endgültige Übertragung eines Vermögenswertes. Streitig war im entschiedenen Fall nur, ob die Überlassung von Know-how nicht zu einer Steuerpflicht führt, weil Know-how (auch) beim Veräußerer verbleibt und daher von einer Nutzungsüberlassung gesprochen werden könnte. Dies wurde vom FG München verneint. Im entschiedenen Fall war auch unerheblich, daß der Kaufpreis in Raten zu bezahlen war.

Muster 12

Patentkaufvertrag

zwischen der Firma
Sitz:
vertreten durch: ihren Vorstand
  – nachstehend Verkäufer genannt –
und der Firma
Sitz:
vertreten durch: ihren Geschäftsführer
  – nachstehend Käufer genannt –

PRÄAMBEL

Gegenstand des vorliegenden Vertrages ist das Deutsche Patent DE PS . . ., das ein Verfahren zur Herstellung von künstlichem Gummi betrifft. Dieses Verfahren wird vom Verkäufer bereits gewerblich genutzt, der Käufer kennt das Herstellungsverfahren, ihm sind ferner die fertigen Produkte bekannt. Der Käufer möchte das Schutzrecht erwerben.

§ 1 Vertragsgegenstand[1]

(1) Der Verkäufer verkauft hiermit an den Käufer das deutsche Patent DE PS . . . »Verfahren zur Herstellung von künstlichem Gummi« mit allen Rechten und Pflichten.

(2) Das Patent bleibt bis zur vollständigen Bezahlung des Kaufpreises Eigentum des Verkäufers. Nach vollständiger Bezahlung stimmt der Verkäufer der Umschreibung des Patents in der Rolle des Deutschen Patentamts zu, und er verpflichtet sich, dafür die benötigten Unterlagen zu übergeben und sämtliche erforderlichen Unterschriften zu leisten.

§ 2 Übergabe von Unterlagen, Formeln usw.[2]

Der Verkäufer verpflichtet sich, dem Käufer sämtliche schriftlichen Forschungsunterlagen, Tabellen, Versuchsberichte, sowie Maschinen und Prototypen zu übergeben, die sich auf die vertragsgegenständliche Erfindung beziehen, und die in der Anlage 1 des Vertrages aufgeführt sind. Die Übergabe erfolgt nach Zahlung der ersten Rate des vereinbarten Kaufpreises.

§ 3 Technische Hilfe[3]

Der Verkäufer verpflichtet sich, dem Käufer für die Dauer von zwei Monaten nach Übergabe der Unterlagen seine volle Arbeitskraft zur Einweisung von Angestellten des Käufers zur Verfügung zu stellen. Auf Verlangen des Käufers kann diese Einarbeitungszeit um bis zu zwei Monate verlängert werden.

§ 4 Kaufpreis[4]

(1) Der Kaufpreis beträgt DM 500 000,–. Der erste Teilbetrag in Höhe von DM 200 000,– ist drei Wochen nach Unterzeichnung des Vertrages zahlbar. Der Restbetrag wird in zehn gleichen Monatsraten, beginnend drei Monate nach Unterzeichnung dieses Vertrages jeweils zum 1. eines Monats bezahlt.

(2) Für die Einarbeitung bezahlt der Käufer an den Verkäufer für die ersten zwei Monate eine Pauschalvergütung von jeweils DM 10 000,– brutto, im Falle einer Verlängerung der Einarbeitungszeit für jede Verlängerungswoche DM 3000,– brutto.

§ 5 Garantieklausel[5]

(1) Dem Käufer sind die technischen Merkmale der vertragsgegenständlichen Erfindung bekannt. Der Verkäufer übernimmt keine Haftung für die technische Brauchbarkeit[6] und Vollzähligkeit der technischen Unterlagen gem. § 2, soweit diese Unterlagen nicht in der Anlage 1 des Vertrages aufgeführt sind.

(2) Der Verkäufer versichert, daß ihm Rechtsmängel an dem Patent und Sachmängel an der Erfindung nicht bekannt sind. Eine Haftung für Freiheit von Mängeln, insbesondere Abhängigkeit, wird jedoch nicht übernommen; sämtliche Gewährleistungs- oder Rücktrittsrechte des Käufers sind ausgeschlossen.

(3) Der Verkäufer sichert zu, daß die gem. dem patentierten Verfahren hergestellten Produkte die DIN-Vorschrift ... erfüllen.

§ 6 Geheimhaltungspflicht und Wettbewerbsverbot[7]

Der Verkäufer verpflichtet sich, nach Unterzeichnung des Vertrages Dritten gegenüber seine Kenntnisse geheim zu halten und binnen eines Zeitraumes von fünf Jahren weder im eigenen Namen noch für Dritte auf dem Gebiet der Herstellung künstlichen Gummis tätig zu werden.

§ 7 Nichtangriffsverpflichtung[8]

Der Verkäufer verpflichtet sich, das Vertragsschutzrecht weder anzugreifen, noch Dritte bei Angriffen auf das Schutzrecht zu unterstützen.

§ 8 Kosten[9]

Die Kosten und Gebühren dieses Vertrages sowie sämtliche Kosten für die Umschreibung des Schutzrechts gehen zu Lasten des Käufers. Dieser trägt auch sämtliche nach Abschluß dieses Vertrages fällig werdenden Gebühren und Kosten für die Aufrechterhaltung des Patents.

§ 9 Gerichtsstand und anzuwendendes Recht[10]

Für sämtliche Streitigkeiten aus diesem Vertrag wird die Zuständigkeit der Patentstreitkammer beim Landgericht München I vereinbart. Für die Auslegung dieses Vertrages gilt deutsches Recht.

Ort, Datum   Unterschriften

Anmerkungen

1. Vertragsgegenstand

(1) Rechtscharakter
Wann Vollübertragung und wann Lizenzvertrag vorliegt, richtet sich nach Auffassung der Rechtsprechung nicht nach der Bezeichnung, die die Parteien dem Vertrag gegeben haben, sondern nach dem gesamten Inhalt des Vertrages. Im Zweifel wird ein Lizenzvertrag als gewollt angesehen (vgl. die Nachweise bei *Benkard/Ullmann* zu § 15 PatG RdNr. 13). Verbleibt das wirtschaftliche Risiko der Verwertung beim Veräußerer, so ist der Vertrag als Lizenzvertrag zu werten, vgl. Ziff. 6 der Begründung der Gruppenfreistellungsverordnung.
Die Übertragung eines Patents erfolgt gem. § 413, 398 BGB durch Vertrag, der formlos abgeschlossen werden kann (vgl. *Benkard/Ullmann* zu § 15 PatG. RdNr. 4), anders die Übertragung von Gemeinschaftspatenten nach dem Luxemburger Patentübereinkommen oder von europäischen Patentanmeldungen nach den Münchner Patentübereinkommen, vgl. Art. 40 (1), 45 (1) GPÜ, Art. 72 EPÜ.
Von besonderer Bedeutung für die Wirksamkeit eines Schutzrechtsübertragungsvertrages ist, daß das vertragsgegenständliche Recht ausreichend bestimmt ist (vgl. *Benkard/Ullmann* zu § 15 PatG RdNr. 6 m.w.N.). Dies ist dann von Bedeutung, wenn nicht ein bereits erteiltes Patent oder eine Patentanmeldung übertragen wird, die durch ihr Amtsaktenzeichen ausreichend identifiziert ist, sondern wenn noch nicht zum Patent angemeldete Erfindungen oder erst in der Zukunft zu erwerbende Erfinderrechte Vertragsgegenstand sind.

(2) Umschreibung des Schutzrechts
Ein Gutglaubenserwerb scheidet aus, wenn der Veräußerer nicht berechtigt ist, obwohl er in der Rolle eingetragen ist.
Wirksamkeitserfordernis ist weder, daß der wahre Berechtigte, mit dem der Vertrag abgeschlossen wird, in der Rolle eingetragen ist, noch daß die Übertragung in die Rolle eingetragen wird. Eine Umschreibung empfiehlt sich allerdings schon deshalb, weil anders eine Handlungsbefugnis gegenüber dem Patentamt nicht besteht und der

Veräußerer anderenfalls in der Lage wäre, auf die Patentanmeldung durch Rücknahme zu verzichten. Der Veräußerer ist daher nach bürgerlichem Recht (§ 403, 413 BGB) verpflichtet, eine öffentlich beglaubigte Urkunde über die Abtretung auszuhändigen (RGZ 126, 280).

Die Verpflichtung, notwendige Unterschriften für den Vollzug des Rechtsübergangs zu leisten, sollte ausdrücklich im Vertrag festgehalten werden, da z. B. die Abgabe einer Umschreibungsbewilligung nicht ohne eine diesbezügliche Verpflichtung zur Vertragsleistung des Veräußerers gehört (RGZ 126, 285; *Benkard/Ballhaus* zu § 30 PatG RdNr. 14).

2. Übergabe von Unterlagen

Obwohl der Käufer das vertragsentgegenständliche Verfahren bereits kennt und im übrigen gem. § 3 eine technische Einweisung erhält, existieren im Zweifel zu jeder Erfindung, insbesondere zu Verfahrenserfindungen, eine Vielzahl von technischen Unterlagen, die dem Käufer in der Regel während der Vorverhandlungen über den Vertrag bereits zugänglich gemacht worden sind. Der Käufer wird ein Interesse daran haben, diese Unterlagen vollständig übergeben zu erhalten, so daß diese in einer Anlage zum Vertrag aufgeführt sind. Der Verkäufer wird in solchen Fällen ein Interesse daran haben, seine Vertragspflichten mit der Übergabe dieser Unterlagen als erfüllt anzusehen, so daß sich der Käufer bei eventuell auftretenden Produktionsschwierigkeiten nicht auf mangelnde Vertragserfüllung berufen kann.

3. Technische Hilfe

Ist außer einer zeitlich begrenzten Einweisung des Käufers oder des Personals die Übertragung von umfassendem, eventuell geheimem Know-how an den Käufer erforderlich, so ist je nach Sachlage an eine Einbeziehung in den Kaufpreis oder an eine zusätzliche Lizenzierung zu denken. Die letztere Alternative wird sich dann anbieten, wenn der Verkäufer für bestimmte Anwendungsgebiete selbst an einer weiteren Nutzung des Know-how Interesse hat.

Zu den Einzelheiten der Lizenzierung sowie der Abgrenzung von geheimem und nicht geheimem Know-how vgl. Muster 1 Anmerkung 6.

Auch für die technische Hilfe gelten die Hinweise der Anmerkung 2, nämlich daß mit der zeitlich begrenzten Einweisungsverpflichtung die Vertragspflichten des Verkäufers erfüllt sind, unabhängig davon, ob es dem Käufer gelingt, innerhalb dieser Zeit eine zufriedenstellende Produktion aufzubauen. Auf eine solche Regelung wird sich der Käufer allerdings nur dann einlassen, wenn der technische Sachverhalt für ihn bereits bei Vertragsabschluß überschaubar und sein eigenes Personal auf dem Vertragsgebiet erfahren ist. Für den Neuaufbau einer Produktion unter Verwendung bisher unbekannter Technologien bedarf es daher weitergehender Regelungen, gegebenenfalls auch einer Übernahme einer Erfolgsgarantie durch den Verkäufer.

4. Kaufpreiszahlung

Die hier vorgeschlagene Staffelung für die Bezahlung des Restkaufpreises entspricht der von der Rechtsprechung praktizierten Abgrenzung von Patentkaufvertrag und Lizenzvertrag. Lizenzvertragliche Aspekte wären dann zu bejahen, wenn eine wiederkehrende Verpflichtung zur Rechnungslegung vereinbart würde und sich hieraus die Höhe der »Kaufpreisraten« errechnete. Dies hat Auswirkungen sowohl für die Frage von Gewährleistungsansprüchen wegen der unterschiedlichen Risikoverteilung (Kündigung im Falle eines Lizenzvertrages, Rücktritt im Falle eines Kaufvertrages bei Übernahme einer Gewährleistungspflicht) als auch für die kartellrechtliche Einordnung. Falls es sich um einen echten Kaufvertrag handelt, bei dem das Risiko der wirtschaftlichen Verwertung beim Käufer liegt, ist die Gruppenfreistellungsverordnung für Lizenzverträge nämlich nicht anwendbar (vgl. die Begründung der Gruppenfreistellungsverordnung Ziff. 6). Auch hinsichtlich der Verjährungsvorschriften für das vertraglich vereinbarte Entgelt bestehen Unterschiede. Wird eine regelmäßig wiederkehrende Rechnungslegung vereinbart, so ist § 197 BGB anwendbar (Verjährungsfrist vier Jahre), dagegen würde bei unregelmäßigen Abrechnungszeiträumen, z. B. einer Stücklizenz für Schiffsneubauten in einem größeren Zeitraum, die 30jährige Verjährungsfrist des § 195 BGB gelten (Vgl. BGH GRUR 1979, 800, 803 – Mehrzweckfrachter mit Anm. *Klaka/Nieder;* BGH GRUR 1959, 725 – Pansana). Demgegenüber dürfte bei einem bloßen Kaufvertrag über ein Patent die Vorschrift des § 196 Abs. 1 Nr. 1 BGB Anwendung finden.

5. Garantiepflichten des Verkäufers

Die Zusicherung der Freiheit von Rechtsmängeln hat insbesondere für nichteingetragene ausschließliche Lizenzen Bedeutung. Ausschließliche Lizenzen haben dingliche Wirkung und sind daher auch gegenüber dem Käufer eines Schutzrechts durchsetzbar. Demgegenüber ist das Bestehen einfacher Lizenzen für den Käufer grundsätzlich unerheblich, da nach der Rechtsprechung (BGH GRUR 1982, 411 – Verankerungsteil) einfache Lizenzen lediglich schuldrechtliche Wirkung besitzen und gegenüber dem Käufer eines Schutzrechts keine Wirkung entfalten.

Ohne Vereinbarung übernimmt der Verkäufer eines Schutzrechts keine Haftung für dessen Rechtsbeständigkeit, da es sich bei einem Patentkauf um ein typisches Risikogeschäft handelt. Eine Rückabwicklung oder Anpassung wegen Veränderung der Geschäftsgrundlage ist daher ausgeschlossen (vgl. für eine noch ungeprüfte Erfindung BGH GRUR 1982, 481 – Hartmetallkopfbohrer). Dies trifft auch für die Vereinbarung einer über einen längeren Zeitraum vereinbarten Kaufpreiszahlung zu, in der von der Rechtsprechung eine Kaufpreisstundung, nicht eine Lizenzgebühr gesehen wird. Ein Kündigungsrecht ist daher ausgeschlossen (BGH GRUR 1982, 481 – Hartmetallkopfbohrer).

Aufgrund des Wagnischarakters eines Patentkaufvertrages sind auch die Anfechtmöglichkeiten gem. § 119 BGB eingeschränkt, eine Anfechtung scheidet z. B. aus wegen Irrtums über den gewerblichen Erfolg oder die wirtschaftliche Verwertbarkeit der Erfindung (vgl. *Benkard/Ullmann* zu § 15 PatG RdNr. 9 m.w.N.). Andererseits bejaht der BGH eine weitgehende Offenbarungspflicht des Verkäufers hinsichtlich der Schutzrechtslage jedenfalls dann, wenn das Prüfungsverfahren noch läuft und dem Verkäufer Amtsbescheide bekannt sind, die für die Beurteilung der Schutzfähigkeit von Bedeutung sein können (BGH a.a.O.; dazu auch *Kraßer/Schmid*, GRUR Int. 1982 324, 335 f.). Dies betrifft insbesondere die Mitteilung über amtliche Recherchen- und Prüfungsergebnisse. Keine Einschränkung erfährt auch die Anfechtungsmöglichkeit nach § 123 Abs. 1 BGB (vgl. BGH GRUR 1975, 598, 600 – Stapelvorrichtung), wobei sich Schadensersatzansprüche aus culpa in contrahendo ergeben können.

Falls die Erfindung ihrem Wesen nach dem Patentschutz nicht zugänglich ist, z. B. weil die beanspruchte Lehre naturgesetzlich nicht ausführbar ist, wird von einer ursprünglichen objektiven Unmöglichkeit ausgegangen und die Anwendbarkeit von § 306 BGB befürwortet (vgl. BGB GRUR 1978, 308, 310 – Speisekartenwerbung; *Benkard/Ullmann* zu § 15 PatG RdNr. 19). Dies gilt nicht, wenn die Patentfähigkeit der übertragenen Erfindung aufgrund mangelnder Neuheit oder Erfindungshöhe verneint wird, weil ein solches Risiko dem Wagnisgeschäft eines Patentkaufs immanent ist (Vgl. dazu BGH GRUR 1961, 466, 468 – Gewinderollkopf; BGH GRUR 1957, 595, 596 – Verwandlungstisch; ausführlich dazu auch *Benkard/Ullmann* zu § 15 PatG RdNr. 21 ff.).

Im übrigen richten sich Leistungsstörungen nach den allgemeinen kaufrechtlichen Grundsätzen, insbesondere §§ 437, 440 Abs. 1, 325, 326 BGB (vgl. BGH GRUR 1970, 547 – Kleinfilter mit Anm. *Fischer; Kraßer/Schmid* a.a.O., insbesondere die Nachweise in FN. 142). Nach Auffassung des BGH kommen bei einer Versagung des Schutzrechts auch die Grundsätze über den Wegfall der Geschäftsgrundlage regelmäßig nicht zur Anwendung, wenn sich der Käufer nicht vertraglich absichert, z. B. durch ein Rücktrittsrecht für den Fall der Versagung oder Vernichtung des Schutzrechts (BGH GRUR 1982, 481 – Hartmetallkopfbohrer).

Aufgrund der gegenüber einem Lizenzvertrag erhöhten Risiken des Käufers hinsichtlich der Rechtsbeständigkeit des Schutzrechts, wird häufig der Abschluß eines (ausschließlichen) Lizenzvertrages einem Kaufvertrag vorgezogen.

Vgl. für weitere Einzelheiten Muster 1 Anm. 29.

6. Technische Brauchbarkeit

Der Umfang der Haftung von Lizenzgeber bzw. Verkäufer hinsichtlich der technischen Brauchbarkeit eines Schutzrechts ist in Rechtsprechung und Literatur umstritten. Es empfiehlt sich daher in jedem Fall eine vertragliche Regelung. Grundsätzlich ist im Falle eines Patentkaufvertrages eine weniger weitgehende Haftung für die technische Brauchbarkeit anzunehmen als im Falle eines Lizenzvertrages (vgl. dazu BGH GRUR 1970, 547, 549 – Kleinfilter mit Anm. *Fischer;* BGH GRUR 1979, 768, 769 – Mineralwolle mit Anm. *Pietzcker;* ausführlich dazu *Kraßer/Schmid* GRUR Int. 1980, 324, 335 f.). Allerdings dürfte z. B. die Vorspiegelung einer technischen Erprobung durch den Verkäufer eine positive Vertragsverletzung darstellen (vgl. BGH GRUR 1961, 494 – Hubroller).

7. Wettbewerbsverbot

Ein zeitlich begrenztes Wettbewerbsverbot bezogen auf einen eindeutig definierten technischen Bereich dürfte im Interesse einer ungestörten Ausnutzung des übertragenen Schutzrechts dann gerechtfertigt sein, wenn, was jedenfalls häufig zutreffen wird, technisches Know-how zur Auswertung des Schutzrechts übertragen worden ist (Vgl. BKartA BB 1960, 962). Keinesfalls dürfte ein solches Verbot aber bis zum Erlöschen des Patents gelten, da der Verkäufer an einer Benutzung der konkreten patentierten

Erfindung bereits nach allgemeinen patentrechtlichen Grundsätzen gehindert ist (der Käufer könnte eine Verletzungsklage gegen den Verkäufer einleiten), es ihm aber nicht verwehrt werden kann, in dem technischen Gebiet einer vom übertragenen Schutzrecht unabhängigen Verwertung technischer Ideen nachzugehen und auch andere, nicht in den Schutzbereich des Vertragsschutzrecht fallende Erfindungen zu entwickeln (Vgl. zur deutschen Rechtsprechung BGH GRUR 1967, 378 – Schweißbolzen; BGH GRUR 1966, 576 – Zimcofot mit Anm. *Lutz;* zum europäischen Recht EG-Kommission GRUR Int. 1977, 130 Reuter/BASF; GRUR 1976, 182 – AOIP/Beyrard).

8. Nichtangriffsabrede

Eine Nichtangriffsabrede entspricht den auch vom deutschen Kartellrecht anerkannten Interessen des Käufers eines technischen Schutzrechts. Bereits ohne Vereinbarung einer solchen Klausel sieht die Rechtsprechung die Einleitung einer Nichtigkeitsklage als unzulässige Rechtsausübung an, wenn der Kläger damit gegen Treu und Glauben verstößt (vgl. BGH Bl. PMZ 1965, 177, 178 – Vanal-Patent; BGH GRUR 1956, 264 – Wendemanschette I; weitere Nachweise bei *Schulte,* PatG 3. Auflage zu § 81, RdNr. 23 ff.). Da bei einem Patentkaufvertrag der wirtschaftliche Wert in dem vom Patentamt gewährten Ausschließlichkeitsrecht liegt und für die festgestellte Patentfähigkeit der Kaufpreis bezahlt wird, würde es eine gegen Treu und Glauben verstoßende Zerstörung dieses Wertes darstellen, wenn der Verkäufer, der möglicherweise neuheitsschädliches oder naheliegendes Material besitzt und den Patentbehörden vorenthalten hat, eine Vernichtung des Vertragsschutzrechts betreibt. Zur Vermeidung einer vertraglichen Unsicherheit empfiehlt sich allerdings ein Antrag auf Freistellung bzw. eines Negativattests bei der EG-Kommission, vgl. dazu Muster 1 Vorb. c) (2). Zu weiteren Einzelheiten der kartellrechtlichen Behandlung von Nichtangriffsabreden im deutschen und europäischen Kartellrecht vgl. Muster 1 Anm. 20.

9. Kostentragung

Für den Fall, daß statt eines bereits erteilten Patents eine Patentanmeldung übertragen worden ist, trägt regelmäßig der Käufer auch die Kosten für die Weiterführung des Prüfungsverfahrens, wobei zusätzlich zu regeln ist, ob das Prüfungsverfahren von der Patentabteilung bzw. den Patentanwälten der Verkäuferin oder der Käuferin weitergeführt werden soll; dies kann je nach Verfahrensstand unterschiedlich sein. Hängt die Umschreibung in der Rolle, wie in dem vorliegenden Fall, von der endgültigen Kaufpreiszahlung ab, so wird die Verkäuferin weiterhin Verfahrensbeteiligte bleiben, so daß sie im Falle der Weiterführung des Prüfungsverfahrens durch Anwälte der Käuferin zu einer rechtzeitigen Übersendung sämtlicher Korrespondenz mit dem Patentamt zwecks Wahrung von Fristen verpflichtet ist. Auch weitere Mitwirkungshandlungen können dazu gehören, insbesondere im Falle von ausländischen Nachanmeldungen für das übertragene Schutzrecht.

Eine ausdrückliche Kostenregelung empfiehlt sich auch für den Fall, daß der Verkäufer eine Patentverletzungsklage eingereicht hat. Aufgrund von § 265 ZPO verbleibt es nämlich trotz Übertragung und Umschreibung in der Rolle bei der bisherigen Parteistellung des Verkäufers und damit auch bei seiner prozessualen

12 *Patentkaufvertrag*

Kostentragungspflicht im Falle des Unterliegens. Sollen diese Verpflichtungen auf den Käufer übergehen, obwohl der Verkäufer formell Prozeßpartei bleibt, so bedarf es hierfür einer eindeutigen vertraglichen Regelung (vgl. dazu BGH GRUR 1979, 145; *Benkard/Ballhaus* zu § 30 PatG RdNr. 17; *Schulte* zu § 30 PatG RdNr. 20).

10. Gerichtsstand und anzuwendendes Recht

Durch den Verkauf territorial begrenzter Schutzrechte wird ausschließlich die deutsche Rechtsordnung berührt, so daß mit der Vereinbarkeit eines deutschen Gerichts sich auch die Anwendbarkeit deutschen Rechts ergibt. Näheres dazu und zur Möglichkeit einer Schiedsgerichtsklausel Muster 1 Anm. 22.

13 Auskunftsersuchen wegen Patentberühmung

Vorbemerkungen

a) Sachverhalt

In einer Werbeanzeige für einen neuen Tennisschläger in einer deutschen Fachzeitschrift ist der Zusatz angebracht worden »patent pending«. Ein Hinweis auf eine bestimmte Patentnummer o.ä. fehlt. Ein Wettbewerber des Werbenden möchte Auskunft darüber, auf welches Patent sich der Hinweis bezieht.

b) Hinweise zur Benutzung des Musters

§ 146 PatG statuiert eine Auskunftspflicht für jeden öffentlich kundgemachten Hinweis auf ein Patent oder eine Patentanmeldung, unabhängig davon, ob der Hinweis auf der Ware selbst angebracht ist oder nicht. Als »Patentvermerk« gelten auch die gebräuchlichen Abkürzungen, wie z. B. DBP, DP, DBPA, Pat, ges. gesch. usw. Jede derartige Bezeichnung löst den Auskunftsanspruch aus, unabhängig davon, ob die gewählte Bezeichnung oder Abkürzung wettbewerbsrechtlich zulässig ist, vgl. dazu unter Anmerkung 3.

c) Zur besonderen Beachtung

Wird der Auskunftsanspruch von einem Anwalt geltend gemacht, so muß der Auftraggeber angegeben werden, vgl. dazu Anmerkung 1.

Muster 13
Auskunftsersuchen wegen Patentberühmung

1. Juli 1985

Firma
A. GmbH
8000 München 80

Auskunftsanspruch wegen Patentberühmung[1]

Sehr geehrte Damen und Herren,

in der Sportartikelzeitung vom 6. Juni 1985 haben Sie eine Anzeige veröffentlicht, in der Sie die von Ihnen angebotenen Tennisschläger mit dem Zusatz versehen haben »patent pending«.

Wir bitten höflichst um Auskunft gem. § 146 PatG, um welches Patent[2] es sich hierbei handelt.[3]

Wir merken uns zur Erledigung eine Frist bis zum

20. Juli 1985

vor.

Mit freundlichen Grüßen

Firma B. GmbH

Anmerkungen

1. Auskunftsberechtigung

Eine Auskunftsberechtigung wird von der Rechtsprechung nur für Wettbewerber oder Wettbewerbsvereine angenommen, ein privates Interesse reicht nicht aus. Dies wird dahin ausgelegt, daß auch Anwälte keinen eigenen Auskunftsanspruch besitzen und daher bei einem Auskunftsersuchen ihren Auftraggeber nennen müssen (vgl. die Nachweise bei *Benkard/Ullmann*, zu § 146 PatG RdNr. 5 a.E.).

2. Umfang des Auskunftsanspruchs

Der Auskunftsanspruch geht auf Nennung der Nummer der Offenlegungs- bzw. Patentschrift, eine Übersendung von Zeichnungen und Ansprüchen ist in der Praxis üblich. Es besteht kein Anspruch auf die Nennung noch nicht offengelegter Patentanmeldungen, deren Bezugnahme in der Werbung ist allerdings auch wettbewerbsrechtlich unzulässig, vgl. dazu unten Anmerkung 3. (A.A. *Benkard/Ullmann* zu § 146 PatG RdNr. 8 m.w.N.). Eine unvollständige Angabe aller unter die Berührung fallenden

Schutzrechte kann zu Kostennachteilen in einem späteren Verfahren führen (vgl. BGH GRUR 1954, 391 – Prallmühle I; LG München I, GRUR 1964, 258).

3. Zulässigkeit von Patentvermerken

Nach dem Wortlaut des § 146 besteht ein Auskunftsanspruch nur bei einer Berührung eines bestehenden Patentschutzes »nach diesem Gesetz«. Daraus wird gefolgert, daß ein Hinweis auf ausländische Patente den Auskunftsanspruch nicht auslöst (*Schulte*, 3. Auflage, zu § 146 PatG RdNr. 3). Voraussetzung ist aber, daß eindeutig erkennbar ist, daß sich der Hinweis auf ausländische Patente bezieht, da andernfalls § 146 eingreift (vgl. die Nachweise bei *Benkard/Ullmann*, zu § 146 PatG RdNr. 17).

Jeder Hinweis auf die Patentierung oder auch eine unklare Bezeichnung wie z. B. »im Inland geschützt« oder »ges. gesch.« ist unzulässig, falls lediglich Gebrauchsmusterschutz besteht. Dasselbe gilt für bloß angemeldete oder offengelegte Patentanmeldungen. Dagegen kann auf eine Auslegeschrift nach altem Rechte, die sich eventuell noch im Einspruchsverfahren befindet, als »Patentanmeldung« oder auch »gesch.« hingewiesen werden (vgl. BGH GRUR 1966, 92, 93 – Bleistiftabsätze; OLG Düsseldorf GRUR 1958, 93).

Für offengelegte Anmeldungen wird neuerdings die Bezeichnung »Patent angemeldet« für zulässig gehalten (*Benkard/Ullmann* zu § 146 RdNr. 21 m.w.N.) ebenso wie D.B.P. angemeldet; dagegen nicht: Patentanmeldung offengelegt, oder irgendwelche Abkürzungen, die nur Eingeweihten verständlich sind. Eine Werbung mit einer Patentanmeldung vor der Offenlegung oder mit einem Gebrauchsmuster vor dessen Eintragung ist in jedem Falle unzulässig. Unzulässig nach § 3 UWG ist der Hinweis auf Gebrauchsmusterschutz (»ges. gesch.« oder »DEGM«), wenn das Gebrauchsmuster angesichts des Standes der Technik offensichtlich schutzunfähig ist (OLG Düsseldorf WRP 1984, 609).

Für die Werbung mit europäischen Patentanmeldungen dürfte entsprechendes gelten, auch hier sind nicht eindeutige Abkürzungen irreführend, und eine Werbung mit europäischen Anmeldungen oder europäischen Patenten ist nur dann zulässig, wenn auch Deutschland als Schutzland benannt ist. Ähnlich ist der Hinweis »patent pending« oder »patented« ohne Bezeichnung des Landes für nicht Eingeweihte irreführend, so daß er sowohl den Auskunftsanspruch auslöst als auch den Tatbestand der unzulässigen Patentberühmung erfüllt (BGH GRUR 1984, 74 – Patented).

14 Erklärung der Lizenzbereitschaft

Vorbemerkungen

a) Sachverhalt

Der Antragsteller ist ein Privatmann, der Inhaber eines deutschen Patents ist. Er hat in der Vergangenheit vergeblich versucht, Lizenznehmer für die Auswertung des Patents zu finden. Eine eigene Produktion ist ihm aus finanziellen Gründen in der nächsten Zukunft nicht möglich. Andererseits möchte er das Patent zu den geringstmöglichen Kosten aufrechterhalten.

b) Hinweise zur Benutzung des Musters

Die Lizenzbereitschaftserklärung wird gegenüber dem Deutschen Patentamt abgegeben, sie bewirkt eine Gebührenermäßigung auf die Hälfte der fällig werdenden Jahresgebühren (nicht der Anmelde- und Erteilungsgebühr). Die Erklärung wird als unzulässig zurückgewiesen, falls in der Patentrolle eine ausschließliche Lizenz vermerkt ist, § 23 Abs. 2 PatG.

c) Zur besonderen Beachtung

Die Erklärung muß vor Beginn des neuen Patentjahres (Stichtag ist das Anmeldedatum) beim DPA eingegangen sein, also nicht erst während der Laufzeit der Nachfrist des § 17 Abs. 3 PatG. Die Erklärung gilt im Falle eines Hauptpatents auch für Zusatzpatente, § 23 Abs. 1 Ziff. 2 PatG.

Muster 14

Erklärung der Lizenzbereitschaft

An das
Deutsche Patentamt
Zweibrückenstraße 12
8000 München 2

Betr.: DPS 24 03 652
Lizenzbereitschaftserklärung[1]

Wir sind bereit, jedermann, (d. h. jedem, der uns seine Benutzungsabsicht anzeigt, also ggf. mehreren für die gleiche Zeit und für das gleiche Gebiet) die Benutzung der Erfindung gegen angemessene Vergütung[2] zu gestatten. Es ist uns bekannt, daß diese Erklärung unwiderruflich ist.[3]

Firma A. GmbH

Anmerkungen

1. Formulierung der Erklärung

Der hier gewählte Text der Erklärung wiederholt die Bedingung des § 23 Abs.1 PatG und entspricht der vom Deutschen Patentamt vorgeschlagenen Formulierung.

Eine wörtliche Wiederholung ist nicht Wirksamkeitsvoraussetzung der Erklärung (vgl. BPatG GRUR 1977, 662). Einschränkungen in sachlicher, räumlicher oder zeitlicher Hinsicht oder in bezug auf den Kreis der Lizenzgeber sind allerdings unzulässig (vgl. *Benkard/Rogge* RdNr. 6 zu § 23 PatG m.w.N.).

Im Zweifel ist auch die Formulierung »es wird hiermit die Lizenzbereitschaft erklärt« als wirksame Erklärung gem. § 23 PatG anzusehen sein (vgl. BPatG GRUR 1977, 662). Eine Lizenzbereitschaftserklärung mit dem Text, daß dem Erklärenden die Unwiderruflichkeit »vor Eintragung in die Rolle« bekannt sei, ist vom Bundespatentgericht als bedingte, d.h. unzulässige Erklärung angesehen worden (BPatGE 18, 7 = GRUR 1976, 418).

2. Benutzungsvoraussetzungen durch Dritte

Durch formlose Anzeige beim Deutschen Patentamt kann aufgrund der Lizenzbereitschaftserklärung jeder Dritte mit der Benutzung der Erfindung beginnen. In der Anzeige hat der Interessierte lediglich anzugeben, wie er die Erfindung benutzen will, darüberhinaus ist er zur Rechnungslegung nach Ablauf eines jeden Kalendervierteljahres sowie zur Zahlung einer Vergütung verpflichtet, § 23 Abs. 3 Satz 4 und 5. Die Vergütung kann, falls es nicht zu einer Einigung zwischen dem Patentinhaber und dem interessierten Lizenznehmer kommt, auf Antrag durch die Patentabteilung festgesetzt werden, § 23 Abs. 4 Satz 1. Die Festsetzung der Vergütung erfolgt nach Billigkeit und unter Berücksichtigung der Umstände des Einzelfalles, wobei auf Lizenzsätze des einschlägigen Industriezweiges abgestellt werden kann (vgl. dazu *Benkard/Rogge* RdNr. 16 zu § 23 PatG; ferner *Vorwerk* GRUR 1973, 63; BGH GRUR 1967, 655, 657 – Altix).

3. Kosten

Der Antrag auf Festsetzung der Vergütung kann vom Patentinhaber oder vom Lizenznehmer gestellt werden, er ist gebührenpflichtig (derzeit DM 100,-). Nach einem Jahr kann jede der Parteien eine Änderung der Festsetzung beantragen, § 23 V PatG; die Gebühr hierfür beträgt DM 200,-.

15 Antrag auf Eintragung einer ausschließlichen Lizenz

Vorbemerkungen

a) Sachverhalt

Die Parteien haben einen ausschließlichen Lizenzvertrag geschlossen, und der Lizenzgeber hat sich vertraglich verpflichtet, die ausschließliche Lizenz in der Patentrolle eintragen zu lassen. Das vorliegende Muster geht davon aus, daß der Antrag auf Eintragung durch den Patentanwalt des Lizenzgebers gestellt wird.

b) Hinweise zur Benutzung des Musters

Eine Eintragung in der Rolle ist nur für ausschließliche Lizenzen möglich, wie sich aus § 34 Abs. 1 PatG ergibt. Die Eintragung ist nicht Gültigkeitsvoraussetzung für den abgeschlossenen Lizenzvertrag oder die daraus resultierende Benutzungserlaubnis, vgl. dazu Näheres in den Anmerkungen.

c) Zur besonderen Beachtung

Wird der Eintragungsantrag vom Patentinhaber gestellt, bedarf es lediglich der (formlosen) Einverständniserklärung des Lizenznehmers. Stellt der Lizenznehmer den Antrag, ist entsprechend eine Einwilligung des Patentinhabers erforderlich, wobei dessen Unterschrift beglaubigt werden muß, vgl. Näheres in den Anmerkungen.

Muster 15
Antrag auf Eintragung einer ausschließlichen Lizenz

An das
Deutsche Patentamt
Zweibrückenstraße 12

8000 München 2

Betr.: DPS 24 03 652
Antrag auf Eintragung einer ausschließlichen Lizenz[1])

In obiger Sache wird gem. § 34 PatG beantragt, in der Rolle die Erteilung einer ausschließlichen Lizenz einzutragen.[2])

Lizenznehmerin ist die Firma B. GmbH in 4800 Bielefeld 1, deren Einverständniserklärung beiliegt.

Patentanwalt (Vertreter des Patentinhabers)[3])

Anlagen

— V-Scheck über DM 40,—[4])

— Einverständniserklärung der Lizenznehmerin

Anmerkungen

1. Zulässigkeit des Antrags

Die Zulässigkeit ergibt sich aus § 34 Abs. 1 PatG. Eingetragen werden nur ausschließliche, nicht einfache Lizenzen. Die Eintragung in die Rolle ist nicht Gültigkeitsvoraussetzung für die ausschließliche Lizenz (vgl. *Benkard/Ullmann* zu § 34 PatG. RdNr. 47). Eine Eintragung erfolgt auch dann, wenn die ausschließliche Lizenz mit Einschränkungen erteilt ist, da Hauptzweck die Verhinderung der Eintragung einer Lizenzbereitschaft gem. § 23 PatG ist. Selbst wenn daher Teile der Erfindung nicht lizenziert sind, wird durch die Eintragung der ausschließlichen Lizenzerteilung bereits eine Lizenzbereitschaftserklärung unzulässig (vgl. *Benkard/Rogge*, zu § 23 PatG RdNr. 6). Umgekehrt ist die Eintragung eines Lizenzvermerks unzulässig, falls bereits vorher eine Lizenzbereitschaftserklärung eingetragen ist, § 23 Abs. 2 PatG. Vgl. für das zukünftige europäische Recht Art. 39 (IV), 40 (III), 43 (II), 50 (III) GPÜ.

Eine Eintragung einer ausschließlichen Lizenz ist auch dann zulässig, falls die Lizenz räumlich, zeitlich, persönlich, hinsichtlich einer bestimmten Benutzungsart oder hinsichtlich eines einzelnen Anspruchs des Patents beschränkt ist. Eingetragen wird lediglich die Tatsache, daß ein Recht zur ausschließlichen Benutzung eingeräumt worden ist, ohne daß die Beschränkung erwähnt wird.

2. Wirkungen der Eintragung

Hauptzweck der Eintragung einer ausschließlichen Lizenz ist die Verhinderung einer Lizenzbereitschaftserklärung durch den Patentinhaber (vgl. *Benkard/Ballhaus* zu § 30 PatG RdNr. 10 sowie zu § 34 RdNr. 4). Bei einem Zusammentreffen von Lizenzbereitschaftserklärung und einem Antrag auf Eintragung einer ausschließlichen Lizenz entscheidet die Reihenfolge der Anträge beim Patentamt (vgl. *Schulte* zu § 34 PatG RdNr. 6).

Aufgrund der mangelnden Publizität der Eintragung kommt dieser weder rechtsbegründender Charakter noch öffentliche Glaubensfunktion zu. Ein Schutz des guten Glaubens ist bei Bestehen einer ausschließlichen Lizenz im übrigen auch nicht erforderlich, da im Falle der Veräußerung des Schutzrechts aufgrund der dinglichen Wirkung der ausschließlichen Lizenz diese auch gegenüber dem Erwerber wirkt.

In der Rolle vermerkt wird lediglich die Tatsache, daß eine ausschließliche Lizenz erteilt worden ist, nicht wer der Lizenzberechtigte ist.

Weder der Antrag auf Eintragung noch die Eintragung selbst werden im Patentblatt veröffentlicht, und sie unterliegen auch nicht der Akteneinsicht (vgl. *Benkard/Ballhaus* zu § 34 RdNr. 3, 5 sowie zu § 31 RdNr. 13). Der Grund für die weitverbreitete Zurückhaltung hinsichtlich derartiger Eintragungen kann daher nicht in der Furcht vor unerwünschter Publizität liegen. Allerdings ist die Notwendigkeit für eine Eintragung, etwa zur Verhinderung einer anderweitigen Verfügung des Patentinhabers, gerade bei der ausschließlichen Lizenz nicht gegeben (außer zur Verhinderung der Lizenzbereitschaftserklärung).

3. Antragsberechtigung

Antragsberechtigt ist grundsätzlich der Patentinhaber, dessen Antrag gewöhnlich die Einverständniserklärung des Lizenznehmers beigefügt ist. Der Antrag ist formlos gültig, weder die Unterschrift des Lizenznehmers noch diejenige des Lizenzgebers bedürfen der Beglaubigung. Stellt allerdings der Lizenznehmer den Eintragungsantrag, dann bedarf die Einwilligung des Patentinhabers einer Beglaubigung seiner Unterschrift durch Notar oder Gericht (vgl. *Schulte* zu § 34 PatG RdNr. 3; *Benkard/Ballhaus* zu § 34 RdNr. 2). Im Falle der Löschung der Eintragung bedarf die Einwilligung des Lizenznehmers bei Antragstellung durch den Patentinhaber der Beglaubigung. Wird der Antrag auf Löschung durch den Lizenznehmer gestellt, so bedarf es lediglich der (einfachen) Einwilligung des Patentinhabers.

Das Patentamt prüft lediglich die formellen Voraussetzungen der Eintragung gemäß § 34 PatG, nicht die materielle Rechtslage (vgl. *Schulte*, 3. Aufl. RdNr. 7 zu § 34 PatG; *Benkard/Ballhaus* zu § 34 PatG RdNr. 2).

4. Kosten

Die Amtsgebühr für die Eintragung einer ausschließlichen Lizenz beträgt derzeit DM 40,— Pat Geb G 113400; dieselbe Gebühr ist für einen Antrag auf Löschung zu bezahlen.

16 Umschreibungsantrag für Patent- oder Gebrauchsmuster

Vorbemerkungen

a) Sachverhalt

Der Käufer K hat durch rechtsgeschäftlichen Vertrag gem. Muster 12 von Verkäufer V das dort beschriebene deutsche Patent erworben. Er möchte den Rechtsübergang nunmehr in die Rolle beim Deutschen Patentamt eintragen lassen.

b) Hinweise zur Benutzung des Musters

Das nachstehend abgedruckte Muster kann sowohl zur Umschreibung von Patenten als auch von Gebrauchsmustern verwendet werden, und zwar unabhängig vom Stand des Erteilungs- bzw. Eintragungsverfahren; vgl. dazu Näheres in den Anmerkungen.

Das abgedruckte Muster entspricht der vom Deutschen Patentamt empfohlenen Form und ist als Vordruck beim Carl Heymanns Verlag unter der Best.-Nr. 02447 zu beziehen. Das Muster ist nur für eine Umschreibung gegenüber dem Deutschen Patentamt verwendbar, vgl. Näheres dazu in Anm. 1.

c) Zur besonderen Beachtung

Während für die Unterschrift des Käufers K kein Formerfordernis besteht, ist die Unterschrift des Verkäufers unter der Umschreibungsbewilligung notariell oder gerichtlich zu beglaubigen. Für weitere Einzelheiten vgl. Anm. 1.

Muster 16

Umschreibungsantrag

An das
Deutsche Patentamt
Zweibrückenstraße 12
8000 München 2

Die unterzeichnete Inhaberin des Patents Nr. ...
betreffend ... überträgt hiermit alle Rechte und Pflichten aus diesem Schutzrecht
auf die Firma ...
und erklärt sich mit der Umschreibung einverstanden.[1]

München, den

(Notariell beglaubigte Unterschrift des bisherigen Patentinhabers – Übertragender)

Mit vorstehender Übertragung erklären wir uns einverstanden und beantragen die Umschreibung in der Rolle.[2]
Die Umschreibungsgebühr in Höhe von DM 60,– wird auf das Postscheckkonto des Patentamts überwiesen.

München, den

(Einfache, ggf. firmenmäßige Unterschrift des neuen Inhabers)

Anmerkungen

1. **Voraussetzungen der Umschreibung**

Eine Umschreibung, im Gegensatz zu einer bloßen Berichtigung des Inhabers, findet statt im Falle eines materiellen Rechtsübergangs auf einen anderen Inhaber (Rechtsänderung). Die häufigsten Fälle in der Praxis sind eine rechtsgeschäftliche Übertragung, ein Erbfall, die Umwandlung einer juristischen Person in eine Gesellschaft mit persönlicher Haftung des Inhabers sowie einer Umwandlung einer Einzelfirma in eine OHG. Dagegen liegt kein Inhaberwechsel vor bei Umwandlungen von einer AG in eine GmbH oder bei Verschmelzungen von zwei juristischen Personen (bloße Berichtigung). Dasselbe gilt für eine Firmenänderung, wenn der Inhaber des Patents die gleiche Rechtsperson bleibt. (Vgl. dazu *Benkard/Ballhaus* zu § 30 PatG RdNr. 11 ff., *Schulte*, zu § 30 PatG RdNr. 13; zur Zuständigkeit innerhalb des Patentamts vgl. BPatG GRUR 1984, 428 – Umschreibungsantrag einer Anmeldung).

Der Nachweis des Rechtsübergangs ist in jeder von der ZPO zugelassenen Form möglich, in der Praxis geschieht dies meist durch Urkunden, z. B. durch Handelsregisterauszüge, Erbschein usw. Im Falle einer rechtsgeschäftlichen Übertragung (vgl. dazu oben Muster 12) ist es nicht erforderlich, den Kaufvertrag vorzulegen, es genügt vielmehr ein Umschreibungsantrag in der Form des abgedruckten Musters, das lediglich eine notarielle Beglaubigung der Unterschrift des Verkäufers für dessen Umschreibungsbewilligung erfordert. Nur beim Vorliegen begründeter Zweifel hinsichtlich der Berechtigung des Bewilligenden wird das Patentamt zur Prüfung der materiellen Wirksamkeit des Übertragungsgeschäfts berechtigt und verpflichtet sein. Hat der Rechtsübergang nach ausländischem Recht stattgefunden, so sind die nach dem ausländischen nationalen Recht üblichen formellen Nachweise vorzulegen. In jedem Fall gilt das Muster nur für die Umschreibung *deutscher* Patente und Gebrauchsmuster, für die Umschreibungen ausländischer Patente sind die im Belegenheitsstaat geltenden Formerfordernisse des nationalen Rechts zu beachten. (Vgl. dazu im einzelnen *Zschucke*, GRUR 1953, 71).

2. Wirkung der Umschreibung

Der Rolle kommt weder positive noch negative Publizitätswirkung zu (vgl. *Schulte* zu § 30 RdNr. 7), d.h. die Rechtsinhaberschaft richtet sich nach materiellem Recht. Verlautbarungen in der Rolle über den Inhaber eines Schutzrechts haben Legitimationswirkung gegenüber dem Patentamt und Gerichten, da allein der eingetragene Inhaber im Verfahren vor den Patentbehörden und vor ordentlichen Gerichten als berechtigt gilt. Insbesondere steht die Klagebefugnis im Patentverletzungsverfahren nur dem eingetragenen Inhaber zu. (Vgl. *Benkard/Ballhaus* zu § 30 PatG RdNr. 13 ff., 17). Gem. § 265 ZPO ist die Eintragung einer Rechtsänderung nach Rechtshängigkeit allerdings ohne Einfluß auf das bestehende Prozeßrechtsverhältnis, es findet daher z.B. im Verletzungsverfahren kein Parteiwechsel statt. Dies ist für die Parteien bei einer Veräußerung von Schutzrechten von Bedeutung, weil keineswegs automatisch die Pflichten aus dem Prozeßrechtsverhältnis, insbesondere das Kostenrisiko, auf den Erwerber des Schutzrechts übergehen. (Vgl. dazu auch Muster 12, Anm. 1.)

3. Kosten

Die Kosten für die Umschreibung betragen gem. PatGebG. Nr. 113300 derzeit DM 60,–; dieser Betrag ist mit dem Antrag zu entrichten. Im Falle von mehreren Rechtsübergängen kann der Antrag auf Umschreibung direkt vom eingetragenen Inhaber auf den letzten Erwerber erfolgen, so daß die Umschreibegebühr nur einmal erhoben wird (vgl. *Benkard/Ballhaus* zu § 30 PatG RdNr. 16). Die bloße Anzeige einer Firmenänderung ohne Inhaberwechsel (auch Umwandlung einer AG, Verschmelzung von GmbH mit AG usw.) ist nicht gebührenpflichtig (Rollenberichtigung), vgl. BPatGE 7, 91.

Anhang 1

Verordnung (EWG) Nr. 2349/84 der Kommission
vom 23. Juli 1984
über die Anwendung von Artikel 85 Absatz 3 des Vertrages
auf Gruppen von Patentlizenzvereinbarungen

DIE KOMMISSION DER EUROPÄISCHEN GEMEINSCHAFTEN –

gestützt auf den Vertrag zur Gründung der Europäischen Wirtschaftsgemeinschaft,

gestützt auf die Verordnung Nr. 19/65/EWG des Rates vom 2. März 1965 über die Anwendung von Artikel 85 Absatz 3 des Vertrages auf Gruppen von Vereinbarungen und aufeinander abgestimmten Verhaltensweisen[1], zuletzt geändert durch die Akte über den Beitritt Griechenlands, insbesondere auf Artikel 1,

nach Veröffentlichung des Verordnungsentwurfes[2],

nach Anhörung des Beratenden Ausschusses für Kartell- und Monopolfragen,

in Erwägung nachstehender Gründe:

(1) Die Kommission ist nach Verordnung Nr. 19/65/EWG ermächtigt, durch Verordnung Artikel 85 Absatz 3 des Vertrages auf bestimmte unter Artikel 85 Absatz 1 fallende Gruppen von Vereinbarungen anzuwenden, an denen nur zwei Unternehmen beteiligt sind und die Beschränkungen enthalten, die im Zusammenhang mit dem Erwerb oder der Nutzung von gewerblichen Schutzrechten – insbesondere von Patenten, Gebrauchsmustern, Geschmacksmustern oder Warenzeichen – oder im Zusammenhang mit den Rechten aus einem Vertrag zur Übertragung oder Gebrauchsüberlassung von Herstellungsverfahren oder von zum Gebrauch und zur Anwendung von Betriebstechniken dienenden Kenntnissen auferlegt sind.

(2) Patentlizenzvereinbarungen sind Vereinbarungen, in denen ein Unternehmen, das Inhaber eines Patentes ist (Lizenzgeber), einem anderen Unternehmen (Lizenznehmer) die Benutzung der patentierten Erfindung in einer oder mehreren Benutzungsarten gestattet, insbesondere in denen der Herstellung, des Gebrauchs und des Inverkehrbringens.

(3) Die bisher gewonnenen Erfahrungen erlauben es, eine Gruppe von Patentlizenzvereinbarungen zu bestimmen, die geeignet sind, unter das Verbot des Artikels 85 Absatz 1 zu fallen, für die jedoch die Voraussetzungen des Artikels 85 Absatz 3

---

1 ABl. Nr. 36 vom 6. 3. 1965, S. 533/65.
2 ABl. Nr. C 58 vom 3. 3. 1979, S. 12

regelmäßig als erfüllt angesehen werden können. Soweit Patentlizenzvereinbarungen, an denen zwar nur Unternehmen aus einem Mitgliedstaat beteiligt sind und die auch nur ein oder mehrere Patente dieses Mitgliedstaats betreffen, gleichwohl geeignet sind, den Handel zwischen Mitgliedstaaten zu beeinträchtigen, ist es sinnvoll, sie in die Gruppenfreistellung einzubeziehen.

(4) Diese Verordnung gilt für Lizenzen über nationale Patente der Mitgliedstaaten, über Gemeinschaftspatente[3] und über europäische Patente[4], soweit letztere für Mitgliedstaaten erteilt sind, und über von den Mitgliedstaaten erteilte Gebrauchsmuster und „certificats d'utilité" sowie über Lizenzen über Erfindungen, für die innerhalb eines Jahres eine entsprechende Patentanmeldung erfolgt. Wenn derartige Vereinbarungen über solche Lizenzen Verpflichtungen nicht nur hinsichtlich von Gebieten innerhalb des Gemeinsamen Marktes, sondern auch hinsichtlich von Drittstaaten enthalten, so steht das Vorliegen der letzteren Verpflichtungen der Anwendung dieser Verordnung auf die Verpflichtungen, die sich auf Gebiete innerhalb des Gemeinsamen Marktes beziehen, nicht entgegen.

(5) Soweit im übrigen Lizenzvereinbarungen mit Bezug auf Drittstaaten oder mit Bezug auf Gebiete geschlossen werden, die sich über die Grenzen der Gemeinschaft hinaus erstrecken, und solche Vereinbarungen Auswirkungen im Gemeinsamen Markt haben, bei denen Artikel 85 Absatz 1 Platz greifen könnte, müssen sie in demselben Maße wie Vereinbarungen für Gebiete innerhalb des Gemeinsamen Marktes in den Geltungsbereich dieser Verordnung einbezogen werden.

(6) Diese Verordnung sollte auch auf die Veräußerung und den Erwerb der unter 4 genannten Rechte Anwendung finden, soweit das Risiko der wirtschaftlichen Verwertung beim Veräußerer verbleibt; desgleichen muß sie auch dann gelten, wenn der Lizenzgeber nicht Inhaber des Patents, aber vom Inhaber des Patentes zur Erteilung der Lizenz ermächtigt ist, insbesondere im Falle der Erteilung von Unterlizenzen; sie muß ferner für solche Patentlizenzvereinbarungen gelten, in denen Rechte oder Verpflichtungen der Vertragspartner durch mit ihnen verbundene Unternehmen übernommen werden.

(7) Die Verordnung findet keine Anwendung auf reine Vertriebsvereinbarungen; diese fallen unter die Vorschriften der Verordnung (EWG) Nr. 1983/83 der Kommission vom 22. Juni 1983 über die Anwendung von Artikel 85 Absatz 3 des Vertrages auf Gruppen von Alleinvertriebsvereinbarungen[5].

(8) Mangels ausreichender Erfahrungen ist es nicht angezeigt, in den Anwendungsbereich dieser Verordnung Patentgemeinschaften, Lizenzvereinbarungen im Zusammenhang mit einem Gemeinschaftsunternehmen, wechselseitige Lizenz- oder Vertriebsvereinbarungen, oder Lizenzvereinbarungen über Pflanzenzüchtungen einzubeziehen. Wechselseitige Vereinbarungen sollten jedoch einbezogen werden, sofern sie keine Gebietsbeschränkungen innerhalb des Gemeinsamen Marktes bewirken.

---

3 Übereinkommen über das europäische Patent für den Gemeinsamen Markt (Gemeinschaftsübereinkommen) vom 15. 12. 1975, ABl. Nr. L 17 vom 26. 1. 1976, S. 1.
4 Übereinkommen über die Erteilung europäischer Patente vom 5. 10. 1973.
5 ABl. Nr. L 173 vom 30. 6. 1983, S. 1.

(9) Es ist dagegen zweckmäßig, den Geltungsbereich dieser Verordnung auf solche Patentlizenzvereinbarungen zu erstrecken, die auch Abreden über die Übertragung oder die Gebrauchsüberlassung nichtpatentierter technischer Kenntnisse enthalten; solche gemischten Vereinbarungen werden häufig getroffen, um die Übertragung einer komplexen Technologie mit patentierten und nichtpatentierten Elementen zu gewährleisten. Für die Zwecke dieser Verordnung können indessen die Voraussetzungen des Artikels 85 Absatz 3 nur als erfüllt angesehen werden, wenn die betreffenden Kenntnisse nicht offenkundig sind und zu einer besseren Nutzung der lizenzierten Patente beitragen (technisches Wissen). Die Verordnung erfaßt jedoch Vereinbarungen über solches technisches Wissen nur, wenn die lizenzierten Patente für die Verwirklichung des Zwecks der lizenzierten Technologie notwendig sind und solange wenigstens ein lizenziertes Patent noch in Kraft ist.

(10) Es ist ferner zweckmäßig, diese Verordnung auch auf solche Patentlizenzvereinbarungen zu erstrecken, die Nebenabreden über Warenzeichen enthalten. Dabei ist sicherzustellen, daß Warenzeichenlizenzen nicht dazu benutzt werden, die Wirkungen der Patentlizenzvereinbarungen über den Ablauf der Patente hinaus zu verlängern. Daher muß es dem Lizenznehmer gestattet bleiben, sich im „Lizenzgebiet", - d. h. in dem den gesamten Gemeinsamen Markt oder einen Teil desselben umfassenden Gebiet, wo der Lizenzgeber Schutz für Patente genießt, deren Benutzung dem Lizenznehmer überlassen wurde -, als Hersteller des „Lizenzerzeugnisses" - d. h. des Erzeugnisses, das Gegenstand des lizenzierten Patentes ist oder das unmittelbar aus dem lizenzierten Verfahren hervorgeht -, bekannt zu machen, um zu vermeiden, daß er sich nach Ablauf der lizenzierten Patente gezwungen sieht, mit dem Lizenzgeber eine erneute Warenzeichenlizenzvereinbarung zu schließen, um seinen an das Lizenzerzeugnis gewöhnten Kundenstamm nicht zu verlieren.

(11) Vereinbarungen über ausschließliche Lizenzen, d. s. Vereinbarungen, in denen sich der Lizenzgeber verpflichtet, die „lizenzierte Erfindung" - d. h. die patentierte lizenzierte Erfindung und gegebenenfalls dazugehöriges technisches Wissen, das dem Lizenznehmer mitgeteilt wurde, - in dem dem Lizenznehmer überlassenen Gebiet nicht selbst auszuwerten und dort keine weitere Lizenz zu vergeben, sind als solche nicht unvereinbar mit Artikel 85 Absatz 1, wenn es darum geht, eine neue Technologie im Lizenzgebiet einzuführen und sie im Hinblick auf den Umfang der unternommenen Forschungsanstrengungen und das Risiko der Herstellung und des Absatzes eines den Verbrauchern im Lizenzgebiet zum Zeitpunkt des Abschlusses der Vereinbarung unbekannten Erzeugnisses zu schützen. Dasselbe könnte auf Vereinbarungen zutreffen, welche die Einführung und den Schutz eines neuen Herstellungsverfahrens für ein an sich bekanntes Erzeugnis zum Gegenstand haben. Soweit in anderen Fällen derartige Vereinbarungen unter Artikel 85 Absatz 1 fallen können, ist es aus Gründen der Rechtssicherheit angebracht, sie in Artikel 1 zu erfassen, um sie in den Genuß der Freistellung kommen zu lassen. Im übrigen stellt die Freistellung ausschließlicher Lizenzen und bestimmter, dem Lizenzgeber und seinen Lizenznehmern auferlegter Exportverbote keinen Vorgriff auf die mögliche Entwicklung der Rechtsprechung des Gerichtshofes zu derartigen Vereinbarungen im Hinblick auf Artikel 85 Absatz 1 dar.

(12) Die in Artikel 1 umschriebenen Verpflichtungen tragen regelmäßig zur Verbesserung der Warenerzeugung und zur Förderung des technischen Fortschritts bei. Sie

erhöhen nämlich die Bereitschaft der Patentinhaber zur Erteilung von Lizenzen und geben den Lizenznehmern einen Anreiz, in die Herstellung, die Benutzung und den Vertrieb eines neuen Produktes oder die Benutzung eines neuen Verfahrens zu investieren. Damit erhalten andere Unternehmen als der Patentinhaber selbst die Möglichkeit, ihre Erzeugnisse nach dem neuesten Stand der Technik herzustellen und diese Technik weiterzuentwickeln. Auf diese Weise erhöht sich die Zahl der Produktionsstätten, und der Ausstoß verbesserter Erzeugnisse in der Gemeinschaft nimmt zu. Dies gilt insbesondere für die Verpflichtungen des Lizenzgebers, die lizenzierte Erfindung nicht selbst im Lizenzgebiet des Lizenznehmers zu benutzen und insbesondere das Lizenzerzeugnis nicht nach dorthin auszuführen, sowie für die entsprechenden Verpflichtungen des Lizenznehmers bezüglich der „dem Lizenzgeber vorbehaltenen Gebiete" – d. h. derjenigen Gebiete innerhalb des Gemeinsamen Marktes, in denen der Lizenzgeber Patente besitzt und für die er keine Lizenzen erteilt hat –. Dasselbe gilt sowohl für die Verpflichtung des Lizenznehmers, während eines bestimmten, die Dauer der Lizenz nicht überschreitenden Zeitraums in Gebieten anderer Lizenznehmer keine aktive Vertriebspolitik für das Lizenzerzeugnis zu betreiben (Verbot des aktiven Wettbewerbs, wie in Artikel 1 Absatz 1 Ziffer 5 umschrieben) als auch für die Verpflichtung des Lizenznehmers, das Lizenzerzeugnis während eines auf einige Jahre begrenzten Zeitraums in diesen Gebieten nicht in Verkehr zu bringen (Verbot nicht nur des aktiven Wettbewerbs, sondern auch des passiven Wettbewerbs, welcher darin besteht, daß der Lizenznehmer eines Gebietes auf eine durch ihn nicht veranlaßte Nachfrage von Verbrauchern oder Wiederverkäufern aus den Gebieten anderer Lizenznehmer eingeht; Artikel 1 Absatz 1 Ziffer 6). Indessen können derartige Verpflichtungen im Rahmen dieser Verordnung nur mit Bezug auf Gebiete zugelassen werden, wo das Lizenzerzeugnis durch „parallele Patente" geschützt ist – d. h. Patente, die dieselbe Erfindung im Sinne der Rechtsprechung des Gerichtshofes erfassen –, und nur solange, wie diese Patente in Kraft sind.

(13) An dem sich aus dieser Verbesserung des Angebots ergebenden Gewinn werden die Verbraucher regelmäßig angemessen beteiligt. Um jedoch diese Wirkung sicherzustellen, ist es angebracht, die Anwendung von Artikel 1 auszuschließen, wenn die Vertragspartner vereinbaren, die Nachfrage von Verbrauchern oder Zwischenhändlern aus ihrem jeweiligen Gebiet, welche die Lizenzerzeugnisse an ausländische Abnehmer weiterverkaufen wollen, nicht zu befriedigen, oder andere Maßnahmen treffen, um Paralleleinfuhren zu verhindern, oder wenn der Lizenznehmer verpflichtet wird, auf eine solche Nachfrage aus dem Gebiet anderer Lizenznehmer, um die er sich nicht bemüht hat (passive Verkäufe), nicht einzugehen. Dies gilt auch, wenn solche Handlungen auf eine Abstimmung zwischen Lizenzgeber und -nehmer zurückzuführen sind.

(14) Die vorstehend aufgeführten Verpflichtungen enthalten bei Beachtung der genannten Vorbehalte keine Beschränkungen, die für die Verwirklichung der oben beschriebenen Ziele nicht unerläßlich wären.

(15) Der Wettbewerb auf der Vertriebsstufe ist durch die Möglichkeit zu Paralleleinfuhren und zu passiven Verkäufen sichergestellt. Die in dieser Verordnung genannten Ausschließlichkeitsverpflichtungen führen somit in der Regel nicht zum Ausschluß des Wettbewerbs für einen wesentlichen Teil der betreffenden Waren. Das gilt selbst für Vereinbarungen, in denen ausschließlichen Lizenznehmern der gesamte Gemeinsame Markt als Lizenzgebiet überlassen wird.

(16) Sofern die Vertragspartner Verpflichtungen im Sinne der Artikel 1 und 2 vereinbaren, deren Anwendungsbereich aber dergestalt begrenzen, daß der Wettbewerb weniger stark eingeschränkt wird, als es nach diesen Artikeln zulässig wäre, muß für diese Verpflichtungen ebenfalls der Rechtsvorteil dieser Verordnung gewährt werden.

(17) Sollten im Einzelfall Vereinbarungen, die unter diese Verordnung fallen, gleichwohl Wirkungen haben, die mit den in Artikel 85 Absatz 3 des Vertrages vorgesehenen Voraussetzungen unvereinbar sind, so kann die Kommission nach Artikel 7 der Verordnung Nr. 19/65/EWG den beteiligten Unternehmen den Rechtsvorteil der Gruppenfreistellung entziehen.

(18) Es ist nicht erforderlich, diejenigen Vereinbarungen, welche den Tatbestand des Artikels 85 Absatz 1 des Vertrages nicht erfüllen, ausdrücklich von der umschriebenen Gruppe auszunehmen; gleichwohl dient es der Rechtssicherheit und den Interessen der betroffenen Unternehmen, in Artikel 2 eine Reihe von Verpflichtungen aufzunehmen, die in der Regel nicht wettbewerbsbeschränkend sind, um auch diesen den Rechtsvorteil der Freistellung zukommen zu lassen, falls sie aufgrund des wirtschaftlichen oder rechtlichen Zusammenhanges ausnahmsweise unter Artikel 85 Absatz 1 fallen; diese Aufzählung ist nicht erschöpfend.

(19) In der Verordnung muß außerdem angegeben werden, welche Beschränkungen oder Bestimmungen nicht in von dieser Verordnung erfaßten Patentlizenzvereinbarungen enthalten sein dürfen, damit diesen der Rechtsvorteil dieser Gruppenfreistellung zukommt. Die in Artikel 3 dieser Verordnung aufgezählten Beschränkungen können unter das Verbot des Artikels 85 Absatz 1 fallen; für sie besteht indessen keine allgemeine Vermutung derart, daß sie zu den von Artikel 85 Absatz 3 geforderten positiven Wirkungen führen, wie dies für eine Freistellung durch eine Verordnung notwendig wäre.

(20) Dies gilt für Beschränkungen, die dem Lizenznehmer die jedem Dritten gegebene Möglichkeit nehmen, die Gültigkeit des Patents anzugreifen, ebenso wie für Bestimmungen, welche die Vertragsdauer jeweils von selbst um die Laufzeit eines neuen Patents verlängern, das der Lizenzgeber während der Laufzeit der lizenzierten, bei Abschluß der Vereinbarung bereits bestehenden Patente erwirkt. Jedoch bleiben die Vertragspartner frei, durch spätere Vereinbarungen über diese neuen Patente die Laufzeit des Vertrages zu verlängern, ebenso wie sie unabhängig von der Dauer der ursprünglichen Patente oder etwaiger neuer Patente die Zahlung von Lizenzgebühren für den gesamten Zeitraum vorsehen können, während dessen der Lizenznehmer ihm mitgeteiltes und noch nicht offenkundiges technisches Wissen weiterbenutzt.

(21) Dies gilt ebenso für Beschränkungen der Freiheit eines Vertragspartners, mit dem anderen in Wettbewerb zu treten, insbesondere sich für andere als die lizenzierten Techniken zu interessieren, da derartige Beschränkungen ein Hindernis für den technischen und wirtschaftlichen Fortschritt darstellen; doch muß das Verbot solcher Beschränkungen im Einklang mit dem legitimen Interesse des Lizenzgebers an einer bestmöglichen Verwertung seiner patentierten Erfindung gesehen werden; dieser kann deshalb verlangen, daß der Lizenznehmer die bestmöglichen Anstrengungen bei der Herstellung und Vermarktung des Lizenzerzeugnisses unternimmt.

(22) Dies gilt gleichermaßen für die Verpflichtung des Lizenznehmers, weiterhin Lizenzgebühren zu zahlen, auch wenn keines der lizenzierten Patente mehr in Kraft ist und das mitgeteilte technische Wissen offenkundig geworden ist, da eine solche Verpflichtung ihn gegenüber seinen Wettbewerbern benachteiligt, es sei denn, es steht fest, daß sich diese Verpflichtung aus einer zeitlichen Erstreckung der für die vorherige Benutzung der lizenzierten Erfindung geschuldeten Zahlungen ergibt.

(23) Dies gilt auch für Beschränkungen, die den Vertragspartnern hinsichtlich der Preise, der Abnehmer oder der Art und Weise des Vertriebs der Lizenzerzeugnisse und der herzustellenden oder zu vertreibenden Mengen auferlegt werden, zumal Beschränkungen der letzteren Art Ausfuhrverboten gleichkommen können.

(24) Dies gilt schließlich für Beschränkungen, denen sich der Lizenznehmer bei Vertragsabschluß wegen seines Interesses an einer von ihm gewünschten Lizenz unterwirft und die dem Lizenzgeber einen ungerechtfertigten Wettbewerbsvorsprung verschaffen, sei es, weil der Lizenznehmer zur Übertragung von Verbesserungserfindungen auf den Lizenzgeber verpflichtet wird, sei es, weil der Lizenznehmer weitere Lizenzen oder die Lieferung von Waren oder Dienstleistungen annimmt, obwohl er sie vom Lizenzgeber nicht zu erhalten wünscht.

(25) Es ist angebracht, den Vertragspartnern von Patentlizenzvereinbarungen mit Verpflichtungen, die einerseits nicht unter Artikel 1 oder 2 fallen und andererseits keine der in Artikel 3 aufgeführten Wettbewerbsbeschränkungen bewirken, die Möglichkeit zu bieten, auf vereinfachtem Weg mit einer Anmeldung in den Genuß der Rechtssicherheit zu gelangen, die eine Gruppenfreistellungsverordnung bietet (Artikel 4). Dies soll es der Kommission gleichzeitig ermöglichen, eine wirksame Überwachung auszuüben und die verwaltungsmäßige Kontrolle von Kartellen zu vereinfachen.

(26) Es ist weiterhin eine Regelung angezeigt, wonach diese Verordnung für die bei ihrem Inkrafttreten bereits bestehenden Patentlizenzvereinbarungen mit rückwirkender Kraft gilt, soweit diese die Voraussetzungen dieser Verordnung schon erfüllten oder daran angepaßt werden (Artikel 6 bis 8). Eine Berufung auf die Rückwirkung ist in Rechtsstreitigkeiten, die bei Inkrafttreten dieser Verordnung anhängig sind, und zur Begründung von Schadenersatzansprüchen gegen Dritte gemäß Artikel 4 Absatz 3 der Verordnung Nr. 19/65/EWG nicht möglich.

(27) Vereinbarungen, die die Voraussetzungen der Artikel 1 und 2 dieser Verordnung erfüllen und keine weiteren Wettbewerbsbeschränkungen bezwecken oder bewirken, brauchen nicht mehr angemeldet zu werden; doch bleibt das Recht der Unternehmen unberührt, im Einzelfall ein Negativattest nach Artikel 2 der Verordnung Nr. 17 des Rates[1] oder eine Freistellung der Kommission nach Artikel 85 Absatz 3 zu verlangen –
HAT FOLGENDE VERORDNUNG ERLASSEN:

Artikel 1

(1) Artikel 85 Absatz 1 des Vertrages wird gemäß Artikel 85 Absatz 3 unter den in dieser Verordnung genannten Voraussetzungen auf Patentlizenzvereinbarungen und auf gemischte Vereinbarungen über Patentlizenzen und über die Mitteilung von

---

1 ABl. Nr. 13 vom 21. 2. 1962, S. 204/62.

technischem Wissen für nicht anwendbar erklärt, an denen nur zwei Unternehmen beteiligt sind und die eine oder mehrere der folgenden Verpflichtungen enthalten:

1. die Verpflichtung des Lizenzgebers, anderen Unternehmen die Benutzung der lizenzierten Erfindung in einem dem Lizenznehmer vorbehaltenen Gebiet, das den gesamten Gemeinsamen Markt oder einen Teil desselben umfaßt, nicht zu gestatten, soweit und solange eines der lizenzierten Patente noch in Kraft ist;

2. die Verpflichtung des Lizenzgebers, die lizenzierte Erfindung im Lizenzgebiet nicht selbst zu benutzen, soweit und solange eines der lizenzierten Patente noch in Kraft ist;

3. die Verpflichtung des Lizenznehmers, in den dem Lizenzgeber vorbehaltenen Gebieten innerhalb des Gemeinsamen Marktes die lizenzierte Erfindung nicht selbst zu benutzen, soweit und solange das Lizenzerzeugnis in diesen Gebieten durch parallele Patente geschützt ist;

4. die Verpflichtung des Lizenznehmers, in Lizenzgebieten anderer Lizenznehmer im Gemeinsamen Markt die Herstellung oder den Gebrauch des Lizenzerzeugnisses oder den Gebrauch des patentierten Verfahrens oder des mitgeteilten technischen Wissens zu unterlassen, soweit und solange das Lizenzerzeugnis in diesen Gebieten durch parallele Patente geschützt ist;

5. die Verpflichtung des Lizenznehmers, in Lizenzgebieten anderer Lizenznehmer im Gemeinsamen Markt für das Lizenzerzeugnis keine aktive Vertriebspolitik zu führen, insbesondere keine besonders auf diese Gebiete ausgerichtete Werbung zu betreiben, dort keine Niederlassung einzurichten und dort keine Auslieferungslager zu unterhalten, soweit und solange das Lizenzerzeugnis in diesen Gebieten durch parallele Patente geschützt ist;

6. die Verpflichtung des Lizenznehmers, das Lizenzerzeugnis während einer höchstens fünfjährigen, mit dem ersten Inverkehrbringen innerhalb des Gemeinsamen Marktes durch den Lizenzgeber oder einen der Lizenznehmer beginnenden Frist in Lizenzgebieten anderer Lizenznehmer innerhalb des Gemeinsamen Marktes nicht in Verkehr zu bringen, soweit und solange das Lizenzerzeugnis in diesen Gebieten durch parallele Patente geschützt ist;

7. die Verpflichtung des Lizenznehmers, zur Kennzeichnung der Lizenzerzeugnisse ausschließlich das vom Lizenzgeber bestimmte Warenzeichen oder die von ihm bestimmte Aufmachung zu verwenden, sofern der Lizenznehmer nicht daran gehindert wird, auf seine Eigenschaft als Hersteller des Lizenzerzeugnisses hinzuweisen.

(2) Die Freistellung der Vertriebsbeschränkungen, die sich aus den in Absatz 1 Ziffern 2, 3, 5 und 6 genannten Verpflichtungen ergeben, ergeht unter der Voraussetzung, daß der Lizenznehmer die Lizenzerzeugnisse entweder selbst herstellt oder durch ein verbundenes Unternehmen oder durch einen Zulieferer herstellen läßt.

(3) Die Freistellung nach Absatz 1 gilt auch, wenn Vertragspartner in einer Vereinbarung Verpflichtungen im Sinne dieses Absatzes vorsehen, ihnen jedoch einen weniger weiten Umfang geben, als es nach diesem Absatz zulässig wäre.

Anh. 1 *Gruppenfreistellungsverordnung*

Artikel 2

(1) Der Anwendbarkeit des Artikels 1 stehen insbesondere folgende Verpflichtungen, die in der Regel nicht wettbewerbsbeschränkend sind, nicht entgegen:

1. die Verpflichtung des Lizenznehmers, vom Lizenzgeber oder von einem von diesem bezeichneten Unternehmen Erzeugnisse zu beziehen oder Dienstleistungen in Anspruch zu nehmen, soweit diese Erzeugnisse oder Dienstleistungen für eine technisch einwandfreie Benutzung der Erfindung notwendig sind;

2. die Verpflichtung des Lizenznehmers, eine Mindestlizenzgebühr zu zahlen oder eine Mindestmenge der Lizenzerzeugnisse herzustellen oder eine Mindestzahl von Benutzungshandlungen vorzunehmen;

3. die Verpflichtung des Lizenznehmers, die Benutzung der lizenzierten Erfindung auf einen oder mehrere von verschiedenen technischen Anwendungsbereichen zu beschränken, die vom lizenzierten Patent erfaßt werden;

4. die Verpflichtung des Lizenznehmers, nach Ablauf der Vereinbarung das Patent nicht mehr zu benutzen, soweit es noch in Kraft ist;

5. die Verpflichtung des Lizenznehmers, keine Unterlizenzen zu erteilen oder die Lizenz nicht weiter zu übertragen;

6. die Verpflichtung des Lizenznehmers, auf dem Lizenzerzeugnis einen Vermerk über den Patentinhaber, das lizenzierte Patent oder die Patentlizenzvereinbarung anzubringen;

7. die Verpflichtung des Lizenznehmers, vom Lizenzgeber mitgeteiltes technisches Wissen geheimzuhalten; diese Verpflichtung darf dem Lizenznehmer auch über das Ende der Vereinbarung hinaus auferlegt werden;

8. die Verpflichtung,

    a) Patentverletzungen dem Lizenzgeber anzuzeigen,

    b) gegen einen Patentverletzer gerichtlich vorzugehen,

    c) dem Vertragspartner gegen einen Patentverletzer in einem Patentverletzungsverfahren Beistand zu leisten,

    soweit solche Verpflichtungen das Recht des Lizenznehmers, das lizenzierte Patent anzugreifen, nicht berühren.

9. die Verpflichtung des Lizenznehmers, Vorschriften über die Mindestbeschaffenheit des Lizenzerzeugnisses, soweit sie im Interesse einer technisch einwandfreien Benutzung der Erfindung notwendig sind, einzuhalten und entsprechende Kontrollen zu dulden;

10. die Verpflichtung der Vertragspartner, sich gegenseitig ihre Erfahrungen, die die Benutzung der lizenzierten Erfindung betreffen, mitzuteilen und sich eine Lizenz an Verbesserungs- und Anwendungserfindungen zu gewähren, soweit diese Mitteilung oder Lizenz nicht ausschließlich ist;

11. die Verpflichtung des Lizenzgebers, dem Lizenznehmer günstigere Lizenzbedingungen zugute kommen zu lassen, die der Lizenzgeber einem anderen Unternehmen nach Abschluß der Vereinbarung gewährt.

(2) Für den Fall, daß die in Absatz 1 aufgeführten Verpflichtungen aufgrund besonderer Umstände von dem Verbot des Artikels 85 Absatz 1 des Vertrages erfaßt werden, sind sie ebenfalls freigestellt, auch wenn sie nicht im Zusammenhang mit den in Artikel 1 freigestellten Verpflichtungen vereinbart werden.

Die in diesem Absatz gewährte Freistellung gilt auch, wenn Vertragspartner in einer Vereinbarung Verpflichtungen im Sinne des Absatzes 1 vorsehen, ihnen jedoch einen weniger weiten Umfang geben, als es nach Absatz 1 zulässig wäre.

Artikel 3

Artikel 1 und Artikel 2 Absatz 2 gelten nicht, wenn

1. dem Lizenznehmer verboten wird, die lizenzierten Patente oder anderes im Gemeinsamen Markt belegenes gewerbliches und kommerzielles Eigentum des Lizenzgebers oder mit ihm verbundener Unternehmen anzugreifen; das Recht des Lizenzgebers, im Falle des Angriffs die Lizenzvereinbarung zu kündigen, bleibt unberührt;

2. die Dauer der Lizenzvereinbarung sich durch die Einbeziehung eines neuen Patentes des Lizenzgebers jeweils von selbst über die Laufzeit der bei Abschluß der Vereinbarung bestehenden lizenzierten Patente hinaus verlängert, es sei denn, daß die Vereinbarung für beide Vertragspartner nach Ablauf der lizenzierten Patente, die bei Abschluß der Vereinbarung bestanden, eine mindestens jährliche Kündigungsmöglichkeit vorsieht; die vorliegende Bestimmung steht dem Recht des Lizenzgebers nicht entgegen, eine Lizenzgebühr für den gesamten Zeitraum zu erheben, während dessen der Lizenznehmer das mitgeteilte und noch nicht offenkundig gewordene technische Wissen weiterbenutzt, auch wenn dieser Zeitraum über die Dauer der Patente hinausgeht;

3. ein Vertragspartner in seiner Freiheit beschränkt wird, in den Bereichen Forschung und Entwicklung, Herstellung, Gebrauch oder Vertrieb mit dem anderen Vertragspartner, mit diesem verbundenen oder mit anderen Unternehmen in Wettbewerb zu treten; die Bestimmungen des Artikels 1 und die Verpflichtung des Lizenznehmers, die lizenzierte Erfindung nach besten Kräften auszuwerten, bleiben unberührt;

4. der Lizenznehmer für Produkte, die nicht ganz oder teilweise vom Patent gedeckt sind oder nach dem patentierten Verfahren hergestellt werden, oder für die Benutzung von technischem Wissen, das offenkundig geworden ist, zur Zahlung einer Lizenzgebühr verpflichtet wird, es sei denn, daß das Offenkundigwerden auf das Verschulden des Lizenznehmers oder eines ihm verbundenen Unternehmens zurückzuführen ist; die vorliegende Bestimmung schließt nicht aus, daß die Lizenzzahlungen für die lizenzierte Erfindung aus Gründen der Zahlungserleichterung über einen Zeitraum erstreckt werden, der über die Dauer der lizenzierten Patente oder das Offenkundigwerden des technischen Wissens hinausreicht;

5. ein Vertragspartner Beschränkungen hinsichtlich der Menge der herzustellenden oder zu vertreibenden Lizenzerzeugnisse oder hinsichtlich der Zahl der Benutzungshandlungen unterworfen wird;

6. ein Vertragspartner Beschränkungen bei der Festsetzung der Preise, Preisbestandteile oder Rabatte für die Lizenzerzeugnisse unterworfen wird;

7. ein Vertragspartner Beschränkungen hinsichtlich seiner möglichen Abnehmer unterworfen wird, insbesondere durch ein Verbot, bestimmte Abnehmergruppen zu beliefern, sich bestimmter Vertriebswege zu bedienen oder bestimmte Arten der Verpackung des Erzeugnisses zu benutzen, um damit eine Aufteilung der Abnehmer zu erreichen; die Bestimmungen des Artikels 1 Absatz 1 Ziffer 7 und des Artikels 2 Absatz 1 Ziffer 3 bleiben unberührt;

8. der Lizenznehmer verpflichtet ist, dem Lizenzgeber seine Rechte aus Patenten für Anwendungs- oder Verbesserungserfindungen zu den lizenzierten Patenten oder das Recht auf solche Patente ganz oder teilweise zu übertragen;

9. ein Vertragspartner bei Abschluß der Lizenzvereinbarung zur Annahme weiterer von ihm nicht gewünschter Lizenzen, zu einer von ihm nicht gewünschten Benutzung von Patenten oder zum Bezug von ihm nicht gewünschter Erzeugnisse oder Dienstleistungen veranlaßt wird, es sei denn, daß diese Patente, Erzeugnisse oder Dienstleistungen für eine technisch einwandfreie Benutzung der lizenzierten Erfindung unerläßlich sind;

10. der Lizenznehmer für einen längeren als den in Artikel 1 Absatz 1 Ziffer 6 genannten Zeitraum verpflichtet wird, das Lizenzerzeugnis in Lizenzgebieten anderer Lizenznehmer innerhalb des Gemeinsamen Marktes nicht in Verkehr zu bringen, oder wenn ein derartiges Verhalten Folge einer Abstimmung zwischen den Vertragspartnern ist; die Bestimmung des Artikels 1 Absatz 1 Ziffer 5 bleibt unberührt;

11. die Vertragspartner oder einer von ihnen verpflichtet sind:

    a) ohne objektiv gerechtfertigten Grund auf Bestellungen von Verbrauchern oder Wiederverkäufern aus ihren jeweiligen Gebieten, welche Erzeugnisse in anderen Gebieten innerhalb des Gemeinsamen Marktes absetzen wollen, nicht einzugehen; oder

    b) die Möglichkeit für Verbraucher oder Wiederverkäufer zum Bezug der Lizenzerzeugnisse bei anderen Wiederverkäufern innerhalb des Gemeinsamen Marktes zu erschweren, und insoweit insbesondere verpflichtet sind, gewerbliches und kommerzielles Eigentum geltend zu machen oder Maßnahmen zu treffen, um den Bezug außerhalb des Lizenzgebietes durch Verbraucher oder Wiederverkäufer von Erzeugnissen, die vom Patentinhaber selbst oder mit seiner Zustimmung innerhalb des Gemeinsamen Marktes in Verkehr gebracht worden sind, oder um das Inverkehrbringen solcher Erzeugnisse innerhalb des Lizenzgebietes durch diese Verbraucher oder Wiederverkäufer zu verhindern, oder wenn derartige Verhaltensweisen Folge einer Abstimmung zwischen ihnen sind.

Artikel 4

(1) Der Rechtsvorteil der Freistellung nach den Artikeln 1 und 2 kommt auch Vereinbarungen mit solchen wettbewerbsbeschränkenden Verpflichtungen zugute, die in diesen Artikeln nicht genannt sind, jedoch nicht unter Artikel 3 fallen, unter der Bedingung, daß diese Vereinbarungen gemäß den Bestimmungen der Verordnung Nr. 27 der Kommission[1], zuletzt geändert durch die Verordnung (EWG) Nr. 1699/75[2], bei der Kommission angemeldet werden und die Kommission binnen sechs Monaten keinen Widerspruch gegen die Freistellung erhebt.

(2) Die Sechsmonatsfrist beginnt mit dem Tag des Eingangs der Anmeldung bei der Kommission. Im Falle der Aufgabe zur Post als eingeschriebener Brief beginnt diese Frist mit dem Datum des Poststempels des Aufgabeortes.

(3) Absatz 1 gilt nur, wenn

a) in der Anmeldung oder in einer sie begleitenden Mitteilung auf diesen Artikel ausdrücklich Bezug genommen wird und

b) die bei der Anmeldung zu machenden Angaben vollständig sind und den Tatsachen entsprechen.

(4) Für bei Inkrafttreten dieser Verordnung bereits angemeldete Vereinbarungen können die Bestimmungen des Absatzes 1 durch eine sich ausdrücklich auf die Anmeldung und auf diesen Artikel beziehende Mitteilung an die Kommission in Anspruch genommen werden. Die Bestimmungen des Absatzes 2 und des Absatzes 3 Buchstabe b) gelten entsprechend.

(5) Die Kommission kann Widerspruch gegen die Freistellung erheben. Sie erhebt Widerspruch, wenn sie von einem Mitgliedstaat binnen drei Monaten nach der Übermittlung einer Anmeldung im Sinne von Absatz 1 oder einer Mitteilung im Sinne von Absatz 4 an diesen Mitgliedstaat einen entsprechenden Antrag erhält. Dieser Antrag muß auf Erwägungen zu den Wettbewerbsregeln des Vertrages gestützt sein.

(6) Die Kommission kann den Widerspruch gegen die Freistellung jederzeit zurücknehmen. Ist jedoch der Widerspruch auf Antrag eines Mitgliedstaats erhoben worden und hält dieser seinen Antrag aufrecht, kann der Widerspruch erst nach Anhörung des Beratenden Ausschusses für Kartell- und Monopolfragen zurückgenommen werden.

(7) Wird der Widerspruch zurückgenommen, weil die betroffenen Unternehmen dargelegt haben, daß die Voraussetzungen von Artikel 85 Absatz 3 erfüllt sind, so gilt die Freistellung vom Zeitpunkt der Anmeldung an.

(8) Wird der Widerspruch zurückgenommen, weil die betroffenen Unternehmen die Vereinbarung derart geändert haben, daß sie die Voraussetzungen von Artikel 85 Absatz 3 erfüllt, so gilt die Freistellung von dem Zeitpunkt an, zu dem die Änderung der Vereinbarung wirksam geworden ist.

---

1 ABl. Nr. 35 vom 10. 5. 1962, S. 1118/62.
2 ABl. Nr. L 172 vom 3. 7. 1975, S. 11.

(9) Erhebt die Kommission Widerspruch und wird dieser nicht zurückgenommen, so richten sich die Wirkungen der Anmeldung nach den Vorschriften der Verordnung Nr. 17.

Artikel 5

(1) Diese Verordnung gilt nicht für

1. Vereinbarungen zwischen Mitgliedern einer Patentgemeinschaft über die gemeinsamen Patente;

2. Patentlizenzvereinbarungen zwischen Wettbewerbern, die an einem Gemeinschaftsunternehmen beteiligt sind, oder zwischen einem von ihnen und dem Gemeinschaftsunternehmen, wenn sich die Lizenzvereinbarungen auf die Tätigkeit des Gemeinschaftsunternehmens beziehen;

3. Vereinbarungen, nach denen sich die Vertragspartner, auch wenn dies in getrennten Vereinbarungen oder über verbundene Unternehmen geschieht, wechselseitig Lizenzen an Patenten oder Marken oder Verkaufsrechte für nicht patentgeschützte Erzeugnisse einräumen oder sich technisches Wissen mitteilen, soweit die Vertragspartner Wettbewerber für die Vertragserzeugnisse sind;

4. Lizenzvereinbarungen über Pflanzenzüchtungen.

(2) Diese Verordnung findet gleichwohl Anwendung auf wechselseitige Lizenzen im Sinne von Absatz 1 Ziffer 3, falls die Vertragspartner innerhalb des Gemeinsamen Marktes keinen Gebietsbeschränkungen hinsichtlich der Herstellung, des Gebrauchs und des Inverkehrbringens der Vertragserzeugnisse oder hinsichtlich des Gebrauchs der lizenzierten Verfahren unterworfen sind.

Artikel 6

(1) Für Vereinbarungen, die am 13. März 1962 bestanden und die vor dem 1. Februar 1963 angemeldet worden sind, sowie für Vereinbarungen im Sinne von Artikel 4 Absatz 2 Ziffer 2 Buchstabe b) der Verordnung Nr. 17 – ob angemeldet oder nicht – gilt die in dieser Verordnung erklärte Nichtanwendbarkeit des Artikels 85 Absatz 1 des Vertrages rückwirkend von dem Zeitpunkt an, in dem die Voraussetzungen für die Anwendung dieser Verordnung erfüllt waren.

(2) Für alle übrigen vor dem Inkrafttreten dieser Verordnung angemeldeten Vereinbarungen gilt die in dieser Verordnung erklärte Nichtanwendbarkeit des Artikels 85 Absatz 1 des Vertrages rückwirkend von dem Zeitpunkt an, in dem die Voraussetzungen der Anwendung dieser Verordnung erfüllt waren, jedoch frühestens vom Tage der Anmeldung an.

Artikel 7

Werden Vereinbarungen, die am 13. März 1962 bestanden und vor dem 1. Februar 1963 angemeldet wurden, oder Vereinbarungen im Sinne von Artikel 4 Absatz 2 Ziffer 2 Buchstabe b) der Verordnung Nr. 17, die vor dem 1. Januar 1967 angemeldet wurden, vor dem 1. April 1985 derart abgeändert, daß sie die in dieser Verordnung genannten

Voraussetzungen erfüllen, und wird die Änderung der Kommission vor dem 1. Juli 1985 mitgeteilt, so gilt das Verbot des Artikels 85 Absatz 1 des Vertrages für den Zeitraum vor der Änderung nicht. Die Mitteilung ist im Zeitpunkt des Eingangs bei der Kommission bewirkt. Im Falle der Aufgabe zur Post als eingeschriebener Brief gilt das Datum des Poststempels des Aufgabeortes als Tag des Eingangs.

Artikel 8

(1) Für Vereinbarungen, die infolge des Beitritts des Vereinigten Königreichs, Irlands und Dänemarks in den Anwendungsbereich von Artikel 85 des Vertrages fallen, gelten die Artikel 6 und 7 mit der Maßgabe, daß an die Stelle des 13. März 1962 der 1. Januar 1973 und an die Stelle des 1. Februar 1963 und des 1. Januar 1967 der 1. Juli 1973 tritt.

(2) Für Vereinbarungen, die infolge des Beitritts Griechenlands in den Anwendungsbereich von Artikel 85 des Vertrages fallen, gelten die Artikel 6 und 7 mit der Maßgabe, daß an die Stelle des 13. März 1962 der 1. Januar 1981 und an die Stelle des 1. Februar 1963 und des 1. Januar 1967 der 1. Juli 1981 tritt.

Artikel 9

Die Kommission kann den Rechtsvorteil der Anwendung dieser Verordnung gemäß Artikel 7 der Verordnung Nr. 19/65/EWG entziehen, wenn sie in einem Einzelfall feststellt, daß eine nach dieser Verordnung freigestellte Vereinbarung gleichwohl Wirkungen hat, die mit den in Artikel 85 Absatz 3 des Vertrages vorgesehenen Voraussetzungen unvereinbar sind, insbesondere dann, wenn:

1. sich diese Wirkungen aus einem Schiedsspruch ergeben;

2. Lizenzerzeugnisse oder die nach einem patentierten Verfahren erbrachten Dienstleistungen im Lizenzgebiet nicht mit gleichen Waren oder Dienstleistungen oder solchen, die vom Verbraucher aufgrund ihrer Eigenschaften, ihrer Preislage und ihres Verwendungszwecks als gleichartig angesehen werden, in wirksamem Wettbewerb stehen;

3. der Lizenzgeber die Ausschließlichkeit nicht spätestens fünf Jahre nach Vertragsabschluß und von dann ab mindestens jährlich kündigen kann, weil der Lizenznehmer ohne berechtigte Gründe ein Patent nicht oder nicht hinreichend ausnutzt;

4. der Lizenznehmer sich ohne objektiv gerechtfertigten Grund weigert, auf eine von ihm nicht veranlaßte Nachfrage durch Verbraucher oder Wiederverkäufer aus Gebieten anderer Lizenznehmer einzugehen; die Bestimmungen von Artikel 1 Absatz 1 Ziffer 6 bleiben unberührt.

5. die Vertragspartner oder einer von ihnen

   a) ohne objektiv gerechtfertigten Grund sich weigern, auf die Nachfrage von Verbrauchern oder Wiederverkäufern aus ihren jeweiligen Gebieten einzugehen, die die Erzeugnisse in anderen Gebieten innerhalb des Gemeinsamen Marktes absetzen wollen, oder

   b) die Möglichkeit für Verbraucher oder Wiederverkäufer zum Bezug der Erzeugnisse bei anderen Wiederverkäufern innerhalb des Gemeinsamen Marktes erschweren, und insbesondere wenn sie gewerbliches oder kommerzielles Eigentum geltend machen oder Maßnahmen treffen, um den Bezug außerhalb des Lizenzgebietes durch Verbraucher oder Wiederverkäufer von Erzeugnissen, die vom Patentinhaber selbst oder mit seiner Zustimmung innerhalb des Gemeinsamen Marktes rechtmäßig in Verkehr gebracht worden sind, oder um das Inverkehrbringen solcher Erzeugnisse innerhalb des Lizenzgebietes durch diese Verbraucher oder Wiederverkäufer zu verhindern.

Artikel 10

(1) Für die Anwendung dieser Verordnung stehen

a) Patentanmeldungen,

b) Gebrauchsmuster,

c) Gebrauchsmusteranmeldungen,

d) certificats d'utilité und certificats d'addition nach französischem Recht,

e) Anmeldungen für certificats d'utilité und certificats d'addition nach französischem Recht

Patenten gleich.

(2) Diese Verordnung gilt auch für Vereinbarungen über die Auswertung einer Erfindung, wenn für diese eine Anmeldung nach Absatz 1 für das Lizenzgebiet innerhalb eines Jahres ab Abschluß der Vereinbarung eingereicht wird.

Artikel 11

Diese Verordnung gilt auch

1. wenn der Lizenzgeber nicht Inhaber des Patentes, sondern vom Inhaber des Patentes zur Erteilung einer Lizenz oder einer Unterlizenz ermächtigt ist;

2. für das Verhältnis zwischen dem Veräußerer und dem Erwerber eines Patentes oder eines Rechts auf ein Patent, wenn die Gegenleistung aus Beträgen besteht, deren Höhe vom Umsatz des Erwerbers mit den patentierten Erzeugnissen oder ihrer hergestellten Menge oder der Zahl der Benutzungshandlungen abhängt;

3. für Patentlizenzvereinbarungen, in denen Rechte oder Verpflichtungen des Lizenzgebers oder Lizenznehmers von mit ihnen verbundenen Unternehmen übernommen werden.

Artikel 12

(1) Verbundene Unternehmen im Sinne dieser Verordnung sind

a) die Unternehmen, bei denen ein vertragschließendes Unternehmen unmittelbar oder mittelbar

— mehr als die Hälfte des Kapitals oder des Betriebsvermögens besitzt oder

— über mehr als die Hälfte der Stimmrechte verfügt oder

— mehr als die Hälfte der Mitglieder des Aufsichtsrats oder der zur gesetzlichen Vertretung berufenen Organe bestellen kann oder

— das Recht hat, die Geschäfte des Unternehmens zu führen;

b) die Unternehmen, die bei einem vertragschließenden Unternehmen unmittelbar oder mittelbar die unter Buchstabe a) bezeichneten Rechte oder Einflußmöglichkeiten haben;

c) die Unternehmen, bei denen ein unter Buchstabe b) genanntes Unternehmen unmittelbar oder mittelbar die unter Buchstabe a) bezeichneten Rechte oder Einflußmöglichkeiten hat.

(2) Unternehmen, bei denen die vertragschließenden Unternehmen gemeinsam unmittelbar oder mittelbar die in Absatz 1 unter Buchstabe a) bezeichneten Rechte oder Einflußmöglichkeiten haben, gelten als mit jedem der vertragschließenden Unternehmen verbunden.

Artikel 13

(1) Die bei Anwendung des Artikels 4 erlangten Kenntnisse dürfen nur zu dem mit dieser Verordnung erfolgten Zweck verwertet werden.

(2) Die Kommission und die Behörden der Mitgliedstaaten sowie ihre Beamten und sonstigen Bediensteten sind verpflichtet, Kenntnisse nicht preiszugeben, die sie bei Anwendung dieser Verordnung erlangt haben und die ihrem Wesen nach unter das Berufsgeheimnis fallen.

(3) Die Vorschriften der Absätze 1 und 2 stehen der Veröffentlichung von Übersichten oder Zusammenfassungen, die keine Angaben über einzelne Unternehmen oder Unternehmensvereinigungen enthalten, nicht entgegen.

Artikel 14

Diese Verordnung tritt am 1. Januar 1985 in Kraft; sie gilt bis zum 31. Dezember 1994.

Diese Verordnung ist in allen ihren Teilen verbindlich und gilt unmittelbar in jedem Mitgliedstaat.

Brüssel, den 23. Juli 1984

Für die Kommission
Frans ANDRIESSEN
Mitglied der Kommission

Anhang 2

Verordnung (EWG) Nr. 418/85 der Kommission vom 19. Dezember 1984 über die Anwendung von Artikel 85 Absatz 3 des Vertrages auf Gruppen von Vereinbarungen über Forschung und Entwicklung

DIE KOMMISSION DER EUROPÄISCHEN GEMEINSCHAFTEN –

gestützt auf den Vertrag zur Gründung der Europäischen Wirtschaftsgemeinschaft,

gestützt auf die Verordnung (EWG) Nr. 2821/71 des Rates vom 20. Dezember 1971 über die Anwendung von Artikel 85 Absatz 3 des Vertrages auf Gruppen von Vereinbarungen, Beschlüssen und aufeinander abgestimmten Verhaltensweisen[1], zuletzt geändert durch die Akte über den Beitritt Griechenlands, insbesondere auf Artikel 1,

nach Veröffentlichung des Verordnungsentwurfs[2],

nach Anhörung des Beratenden Ausschusses für Kartell- und Monopolfragen,

in Erwägung nachstehender Gründe:

(1) Die Kommission ist nach der Verordnung (EWG) Nr. 2821/71 ermächtigt, durch Verordnung Artikel 85 Absatz 3 des Vertrages auf bestimmte, unter Artikel 85 Absatz 1 fallende Gruppen von Vereinbarungen, Beschlüssen und aufeinander abgestimmten Verhaltensweisen anzuwenden, welche die Forschung und Entwicklung von Erzeugnissen oder Verfahren bis zur Produktionsreife sowie die Verwertung der Ergebnisse einschließlich der Bestimmungen über gewerbliche Schutzrechte und geheimes technisches Wissen zum Gegenstand haben.

(2) Wie die Kommission bereits in ihrer Bekanntmachung von 1968 über Vereinbarungen, Beschlüsse und aufeinander abgestimmte Verhaltensweisen, die eine zwischenbetriebliche Zusammenarbeit betreffen[3], dargelegt hat, werden Vereinbarungen über gemeinsame Forschung oder die gemeinsame Entwicklung der Forschungsergebnisse bis zur Produktionsreife im allgemeinen nicht von dem Verbot des Artikels 85 Absatz 1 des Vertrages erfaßt. Derartige Vereinbarungen können jedoch insbesondere dann unter das Verbot fallen, wenn die Beteiligten sich verpflichten, in demselben Bereich keine selbständigen Forschungs- und Entwicklungstätigkeiten mehr vorzunehmen. Sie sollten deshalb von dieser Verordnung nicht ausgeschlossen werden.

---

1 ABl. Nr. L 285 vom 29. 12. 1971, S. 46.
2 ABl. Nr. C 16 vom 21. 1. 1984, S. 3.
3 Abl. Nr. C 75 vom 29. 7. 1968, S. 3, berichtigt in ABl. Nr. C 84 vom 28. 8. 1968, S. 14.

(3) Vereinbarungen über gemeinsame Forschung und Entwicklung und die gemeinsame Verwertung der dabei erzielten Ergebnisse können unter das Verbot des Artikels 85 Absatz 1 fallen, weil die Vertragspartner im gegenseitigen Einvernehmen die Einzelheiten der Herstellung von Erzeugnissen oder der Benutzung von Verfahren oder die Bedingungen für die Verwertung gewerblicher Schutzrechte oder von Knowhow festlegen.

(4) Die Zusammenarbeit auf dem Gebiet der Forschung und Entwicklung und der Verwertung der Ergebnisse trägt in aller Regel zur Förderung des technischen und wirtschaftlichen Fortschritts bei, weil sie zu einem vermehrten Austausch technischer Kenntnisse zwischen den Vertragspartnern führt, doppelte Forschungs- und Entwicklungsarbeiten vermeiden hilft, weil sie den Austausch komplementärer technischer Kenntnisse begünstigt und damit weitere Vorteile mit sich bringt, und weil sie schließlich eine rationellere Herstellung oder Nutzung der aus der Forschung hervorgegangenen Erzeugnisse und Verfahren gewährleistet. Diese günstigen Wirkungen treten nur dann ein, wenn das Forschungs- und Entwicklungsvorhaben gegenständlich begrenzt und eine Zielsetzung klar bestimmt wird, und wenn jeder Vertragspartner in der Lage ist, alle ihn interessierenden Ergebnisse des Forschungs- und Entwicklungsprogramms zu verwerten. Sofern sich an dem Programm Universitäten oder Forschungsinstitute beteiligen, die an einer Verwertung der Ergebnisse nicht interessiert sind, kann vereinbart werden, daß diese Ergebnisse ihnen nur zum Zwecke der Durchführung weiterer Forschungen zur Verfügung stehen.

(5) Den Verbrauchern kommen die Vorteile vermehrter und erfolgreicher Forschungsbemühungen regelmäßig dadurch zugute, daß ihnen neue oder verbesserte Erzeugnisse oder Dienstleistungen angeboten werden oder daß sie durch die Benutzung neuer oder verbesserter Verfahren Kosten einsparen können.

(6) Die Verordnung muß die Wettbewerbsbeschränkungen bestimmen, die in den freigestellten Vereinbarungen enthalten sein dürfen. Die in dieser Verordnung zugelassenen Wettbewerbsbeschränkungen zielen darauf ab, die Forschungstätigkeiten des Vertragspartners zu konzentrieren, um so deren Erfolgsaussichten zu erhöhen, und die Einführung neuer Erzeugnisse und Dienstleistungen auf den verschiedenen Märkten zu erleichtern. Diese Wettbewerbsbeschränkungen sind daher in aller Regel erforderlich, um den Vertragspartnern und den Verbrauchern die angestrebten Vorteile zu sichern.

(7) Die gemeinsame Verwertung der Ergebnisse kann als Ergänzung gemeinsam betriebener Forschung und Entwicklung angesehen werden. Sie umfaßt verschiedene Möglichkeiten der Herstellung von Erzeugnissen sowie der Benutzung gewerblicher Schutzrechte oder von Know-how, das wesentlich zum technischen oder wirtschaftlichen Fortschritt beiträgt. Um die vorstehend erwähnten Ziele und Vorteile zu erreichen und um die freigestellten Wettbewerbsbeschränkungen zu rechtfertigen, dürfen sich die einzelnen Formen der gemeinsamen Verwertung nur auf Erzeugnisse oder Verfahren beziehen, für welche die Benutzung der Forschungs- und Entwicklungsergebnisse entscheidend ist. Eine gemeinsame Verwertung ist daher nicht zulässig, wenn sie Verbesserungen betrifft, die nicht im Rahmen eines gemeinsamen Forschungs- und Entwicklungsprogramms, sondern bei der Anwendung einer Vereinbarung erreicht werden, die vorwiegend auf andere Ziele wie etwa die Vergabe von Lizenzen auf gewerbliche Schutzrechte, die gemeinsame Herstellung von Erzeugnissen oder die

Spezialisierung gerichtet ist und nur nebenbei Bestimmungen über gemeinsame Forschung und Entwicklung vorsieht.

(8) Die in dieser Verordnung vorgesehene Freistellung ist auf Vereinbarungen zu beschränken, die den beteiligten Unternehmen nicht die Möglichkeit geben, den Wettbewerb für einen wesentlichen Teil der betreffenden Erzeugnisse auszuschalten. Um sicherzustellen, daß innerhalb des Gemeinsamen Marktes in jedem Wirtschaftszweig mehrere Forschungszentren nebeneinander bestehen können, ist es angebracht, Vereinbarungen zwischen den konkurrierenden Unternehmen von der Gruppenfreistellung auszuschließen, sofern ihre Anteile am Markt der Erzeugnisse, die durch die Forschungsergebnisse verbessert oder ersetzt werden können, bei Abschluß der Vereinbarung eine bestimmte Größenordnung überschreiten.

(9) Um auch in den Fällen gemeinsamer Verwertung der Ergebnisse einen wirksamen Wettbewerb aufrechtzuerhalten, muß eine Regelung vorgesehen werden, wonach die Gruppenfreistellung keine Anwendung mehr findet, wenn die Anteile der Vertragspartner am Markt der aus der gemeinsamen Forschung und Entwicklung hervorgegangenen Erzeugnisse zu groß werden. Die Freistellung sollte jedoch ohne Rücksicht auf die Marktstellung der Beteiligten bei den genannten Erzeugnissen während eines bestimmten Zeitraums nach dem Beginn der gemeinsamen Verwertung fortgelten, damit insbesondere im Falle der Einführung eines völlig neuen Erzeugnisses eine Stabilisierung der von den Vertragspartnern gehaltenen Marktanteile abgewartet werden kann und zugleich eine Mindestdauer für die Abschreibung der regelmäßig bedeutenden Investitionen gewährleistet wird.

(10) Vereinbarungen zwischen Unternehmen, die den in dieser Verordnung vorgeschriebenen Marktanteilskriterien nicht genügen, können gegebenenfalls durch Einzelfallentscheidung freigestellt werden, wobei vor allem der Wettbewerb auf dem Weltmarkt und die besonderen Bedingungen der Herstellung von Erzeugnissen der Spitzentechnologie zu berücksichtigen sind.

(11) Es erscheint zweckmäßig, in der Verordnung bestimmte, in Forschungsverträgen vorkommende Verpflichtungen aufzuzählen, die in der Regel nicht wettbewerbsbeschränkend sind, um auch diesen den Rechtsvorteil zukommen zu lassen, falls sie aufgrund des wirtschaftlichen oder rechtlichen Zusammenhangs ausnahmsweise unter Artikel 85 Absatz 1 fallen; diese Aufzählung ist nicht erschöpfend.

(12) In der Verordnung muß außerdem angegeben werden, welche Bestimmungen nicht in den von dieser Verordnung erfaßten Vereinbarungen enthalten sein dürfen, damit diesen der Rechtsvorteil der Gruppenfreistellung zukommt, weil sie unter das Verbot des Artikels 85 Absatz 1 fallen und keine allgemeine Vermutung dafür besteht, daß sie die von Artikel 85 Absatz 3 geforderten günstigen Wirkungen haben.

(13) Auf diejenigen Vereinbarungen, welche nicht ohne weiteres unter die Freistellung fallen, weil sie Klauseln enthalten, die in der Verordnung nicht ausdrücklich zugelassen werden, ohne jedoch Wettbewerbsbeschränkungen vorzusehen, die ausdrücklich ausgeschlossen sind, kann gleichwohl die allgemeine Vermutung der Vereinbarkeit mit Artikel 85 Absatz 3 zutreffen, auf die sich die Gruppenfreistellung stützt. Die Kommission kann schnell feststellen, ob dies der Fall ist. Eine solche Vereinbarung kann deshalb als durch die in dieser Verordnung vorgesehene Freistellung erfaßt betrachtet

werden, falls sie bei der Kommission angemeldet wird und diese der Freistellung innerhalb eines bestimmten Zeitraums nicht widerspricht.

(14) Den in dieser Verordnung geregelten Vereinbarungen kommen außerdem die rechtlichen Vorteile der übrigen Gruppenfreistellungsverordnungen der Kommission – nämlich der Verordnung (EWG) Nr. 417/85[1] über Spezialisierungsvereinbarungen, der Verordnung (EWG) Nr. 1983/83[2] über Alleinvertriebsvereinbarungen, der Verordnung (EWG) Nr. 1984/83[3] über Alleinbezugsvereinbarungen sowie der Verordnung (EWG) Nr. 2349/84[4] über Patentlizenzvereinbarungen – zugute, falls sie die Voraussetzungen für die Anwendung der vorgenannten Verordnungen erfüllen; die vorstehend genannten Verordnungen sind jedoch nicht anwendbar, soweit diese Verordnung besondere Bestimmungen vorsieht.

(15) Sollten im Einzelfall Vereinbarungen, die unter diese Verordnung fallen, gleichwohl Wirkungen haben, die mit den in Artikel 85 Absatz 3 des Vertrages vorgesehenen Voraussetzungen unvereinbar sind, so kann die Kommission den beteiligten Unternehmen den Rechtsvorteil der Gruppenfreistellung entziehen.

(16) Es ist angezeigt, eine Regelung zu treffen, wonach diese Verordnung für die bei ihrem Inkrafttreten bereits bestehenden Vereinbarungen mit rückwirkender Kraft gilt, soweit sie die Voraussetzungen dieser Verordnung schon erfüllen oder daran angepaßt werden. Eine Berufung auf diese Regelung ist in Rechtsstreitigkeiten, die bei Inkrafttreten dieser Verordnung anhängig sind, oder zur Begründung von Schadenersatzansprüchen gegen Dritte nicht möglich.

(17) Da Vereinbarungen über die Zusammenarbeit auf dem Gebiet der Forschung und Entwicklung und insbesondere solche, welche sich auf die Herstellung erstrecken, regelmäßig langfristig abgeschlossen werden, ist es zweckdienlich, die Geltungsdauer dieser Verordnung auf dreizehn Jahre festzusetzen. Sollten sich die für den Erlaß dieser Verordnung maßgeblichen Umstände innerhalb des genannten Zeitraums wesentlich ändern, so wird die Kommission an der Verordnung die erforderlichen Anpassungen vornehmen.

(18) Vereinbarungen, die nach dieser Verordnung ohne weiteres freigestellt sind, brauchen nicht angemeldet zu werden. Es bleibt dem Unternehmen jedoch unbenommen, im Einzelfall eine Entscheidung nach der Verordnung Nr. 17 des Rates[5], zuletzt geändert durch die Akte über den Beitritt Griechenlands, zu verlangen —

HAT FOLGENDE VERORDNUNG ERLASSEN:

Artikel 1

(1) Artikel 85 Absatz 1 des Vertrages wird gemäß Artikel 85 Absatz 3 unter den in dieser Verordnung genannten Voraussetzungen auf Vereinbarungen für nicht anwendbar erklärt, die zum Gegenstand haben:

1   Siehe Seite 1 dieses Amtsblatts.
2   ABl. Nr. L 173 vom 30. 6. 1983, S. 1.
3   ABl. Nr. L 173 vom 30. 6. 1983, S. 5.
4   ABl. Nr. L 219 vom 16. 8. 1984, S. 15.
5   ABl. Nr. 13 vom 21. 2. 1962, S. 204/62.

a) die gemeinsame Forschung und Entwicklung von Erzeugnissen oder Verfahren sowie die gemeinsame Verwertung der dabei erzielten Ergebnisse oder

b) die gemeinsame Verwertung der Ergebnisse gemeinsamer Forschung und Entwicklung von Erzeugnissen oder Verfahren, die von denselben Unternehmen aufgrund einer vorher von ihnen geschlossenen Vereinbarung durchgeführt worden ist, oder

c) die gemeinsame Forschung und Entwicklung von Erzeugnissen oder Verfahren unter Ausschluß der gemeinsamen Verwertung der Ergebnisse, soweit diese Vereinbarungen unter das Verbot des Artikels 85 Absatz 1 fallen.

(2) Für die Anwendung dieser Verordnung sind die nachstehend aufgeführten Begriffe wie folgt zu verstehen:

a) *Forschung und Entwicklung von Erzeugnissen oder Verfahren:*

der Erwerb technischer Kenntnisse, die Durchführung theoretischer Analysen, von Beobachtungen und Versuchen einschließlich der versuchsweisen Herstellung und der technischen Prüfung von Erzeugnissen und Verfahren, die Errichtung der dazu erforderlichen Installationen sowie das Erwirken der zugehörigen gewerblichen Schutzrechte;

b) *Vertragsverfahren:*

diejenigen Verfahren, welche aus der Forschungs- und Entwicklungstätigkeit hervorgehen;

c) *Vertragserzeugnisse:*

diejenigen Erzeugnisse oder Dienstleistungen, welche aus der vorgenannten Tätigkeit hervorgehen oder unter Benutzung von Vertragsverfahren hergestellt oder erbracht werden;

d) *Verwertung der Ergebnisse:*

die Herstellung von Vertragserzeugnissen und die Benutzung von Vertragsverfahren und/oder die Abtretung gewerblicher Schutzrechte, die Vergabe von Lizenzen auf derartige Rechte und die Mitteilung von Know-how mit dem Ziel, diese Herstellung oder Benutzung zu ermöglichen;

e) *technische Kenntnisse:*

solche, für die ein gewerbliches Schutzrecht besteht und solche, die nicht offenkundig sind (Know-how).

(3) Forschung und Entwicklung oder die *gemeinsame* Verwertung der Ergebnisse werden gemeinsam vorgenommen,

a) wenn die zugehörigen Aufgaben

— durch gemeinsame Arbeitsgruppen, Einrichtungen oder Unternehmen durchgeführt oder

— für Rechnung der Vertragspartner Dritten übertragen oder

— aufgrund einer Spezialisierung in der Forschung, Entwicklung oder Produktion zwischen den Vertragspartnern aufgeteilt werden;

b) wenn die Vertragspartner über die Abtretung gewerblicher Schutzrechte, die Vergabe von Lizenzen auf derartige Rechte oder die Mitteilung von Know-how im Sinne von Absatz 2 Buchstabe d) an Dritte Absprachen treffen.

Artikel 2

Die in Artikel 1 vorgesehene Freistellung gilt unter der Bedingung, daß

a) die Arbeiten der gemeinsamen Forschung und Entwicklung im Rahmen eines Programms durchgeführt werden, das die Art dieser Arbeiten sowie das Gebiet umschreibt, auf dem sie vorgenommen werden sollen;

b) sämtliche Ergebnisse dieser Arbeiten allen Vertragspartnern zugänglich sind;

c) in Fällen, in denen die Vereinbarung lediglich eine gemeinsame Forschung und Entwicklung vorsieht, jeder Vertragspartner die Ergebnisse der gemeinsamen Forschung und Entwicklung und, soweit erforderlich, die vorher bestehenden technischen Kenntnisse selbständig verwerten kann;

d) die gemeinsame Verwertung Ergebnisse betrifft, für die gewerbliche Schutzrechte bestehen oder die ein Know-how darstellen, das wesentlich zum technischen oder wirtschaftlichen Fortschritt beiträgt, und daß diese Ergebnisse für die Herstellung der Vertragserzeugnisse oder für die Benutzung der Vertragsverfahren entscheidend sind;

e) das gemeinsame oder dritte Unternehmen, das mit der Herstellung von Vertragserzeugnissen betraut ist, diese nur an Vertragspartner liefert;

f) die aufgrund einer Spezialisierung der Produktion mit der Herstellung betrauten Unternehmen Lieferaufträge aller Vertragspartner erfüllen.

Artikel 3

(1) Stehen die Vertragspartner bei den Erzeugnissen, die durch die Vertragserzeugnisse verbessert oder ersetzt werden können, nicht als Hersteller miteinander in Wettbewerb, so gilt die in Artikel 1 vorgesehene Freistellung für die Dauer der Durchführung des Forschungs- und Entwicklungsprogramms und, falls eine gemeinsame Verwertung der Ergebnisse stattfindet, für einen weiteren Zeitraum von fünf Jahren, beginnend mit dem Tage des ersten Inverkehrbringens der Vertragserzeugnisse im Gemeinsamen Markt.

(2) Sind mindestens zwei der Vertragspartner miteinander in Wettbewerb stehende Hersteller im Sinne von Absatz 1, so gilt die in Artikel 1 vorgesehene Freistellung für den in Absatz 1 bezeichneten Zeitraum nur unter der Voraussetzung, daß bei Abschluß der Vereinbarung die von den Vertragspartnern hergestellten Erzeugnisse, die durch die Vertragserzeugnisse verbessert oder ersetzt werden können, im Gemeinsamen Markt oder in einem wesentlichen Teil desselben nicht mehr als 20 % der Gesamtheit dieser Erzeugnisse auf den betreffenden Märkten ausmachen.

(3) Nach Ablauf des in Absatz 1 genannten Fünfjahreszeitraums gilt die in Artikel 1 vorgesehene Freistellung unter der Voraussetzung weiter, daß die Vertragserzeugnisse

und die übrigen von den Vertragspartnern hergestellten Erzeugnisse, die aufgrund ihrer Eigenschaften, ihres Preises und ihres Verwendungszwecks vom Verbraucher als gleichartig angesehen werden, im Gemeinsamen Markt oder in einem wesentlichen Teil desselben nicht mehr als 20 % des Marktes aller dieser Erzeugnisse ausmachen. Soweit die Vertragserzeugnisse Komponenten darstellen, die von den Vertragspartnern in andere Erzeugnisse eingefügt werden, ist der Markt der letztgenannten Erzeugnisse zu berücksichtigen, falls die Komponenten einen wesentlichen Teil dieser Erzeugnisse bilden.

(4) Die in Artikel 1 vorgesehene Freistellung bleibt in Geltung, wenn der in Absatz 3 genannte Marktanteil innerhalb von zwei aufeinanderfolgenden Geschäftsjahren um nicht mehr als ein Zehntel überschritten wird.

(5) Werden die in den Absätzen 3 und 4 genannten Marktanteile überschritten, so bleibt die in Artikel 1 vorgesehene Freistellung noch während eines Zeitraums von sechs Monaten, beginnend mit dem Ende des Geschäftsjahres, in welchem die Überschreitung stattgefunden hat, anwendbar.

Artikel 4

(1) Die in Artikel 1 vorgesehene Freistellung gilt auch für folgende Vertragspartnern auferlegte Wettbewerbsbeschränkungen:

a) die Verpflichtung, während der Durchführung des Programms im Programmbereich oder in einem diesem eng verwandten Bereich keine selbständige Forschung und Entwicklung zu betreiben;

b) die Verpflichtung, während der Durchführung des Programms im Programmbereich oder in einem diesem eng verwandten Bereich keine Vereinbarungen über Forschung und Entwicklung mit Dritten zu schließen;

c) die Verpflichtung, Vertragserzeugnisse ausschließlich von Vertragspartnern, gemeinsamen Einrichtungen oder Unternehmen oder von dritten Einrichtungen oder Unternehmen zu beziehen, die gemeinsam mit der Herstellung betraut worden sind;

d) die Verpflichtung, in Gebieten, die anderen Vertragspartnern vorbehalten sind, Vertragserzeugnisse nicht herzustellen und Vertragsverfahren nicht zu benutzen;

e) die Verpflichtungen, die Herstellung von Vertragserzeugnissen oder die Benutzung von Vertragsverfahren auf eine oder mehrere technische Anwendungsbereiche zu beschränken, es sei denn, daß bei Abschluß der Vereinbarung mehrere Vertragspartner miteinander im Wettbewerb stehende Hersteller im Sinne von Artikel 3 sind;

f) die Verpflichtung, während eines Zeitraums von fünf Jahren, beginnend mit dem Tag des ersten Inverkehrbringens der Vertragserzeugnisse im Gemeinsamen Markt, keine aktive Vertriebspolitik in Gebieten zu führen, die anderen Vertragspartnern vorbehalten sind, insbesondere die Verpflichtung, keine auf diese Gebiete besonders ausgerichtete Werbung zu betreiben, dort keine Niederlassungen einzurichten und dort keine Auslieferungslager zu unterhalten, sofern Zwischenhändler und Verbraucher sich die betreffenden Erzeugnisse auch bei anderen Lieferanten beschaffen können und die Vertragspartner ihnen diese Bezüge nicht erschweren;

g) die Verpflichtung der Vertragspartner, sich gegenseitig ihre Erfahrungen bei der Verwertung der Ergebnisse mitzuteilen und sich nicht ausschließliche Lizenzen an Verbesserungs- und Anwendungserfindungen zu gewähren.

(2) Die in Artikel 1 vorgesehene Freistellung gilt auch dann, wenn Vertragspartner Verpflichtungen im Sinne von Absatz 1 vereinbaren, ihnen jedoch einen weniger weiten Umfang geben, als es nach diesem Absatz 1 zulässig wäre.

Artikel 5

(1) Der Anwendbarkeit von Artikel 1 stehen insbesondere folgende Vertragspartnern für die Dauer der Vereinbarung auferlegte Verpflichtungen nicht entgegen:

a) die Verpflichtung, geschützte oder technische Kenntnisse zu übermitteln, die zur Durchführung des Forschungs- und Entwicklungsprogramms oder zur Verwertung der Ergebnisse erforderlich sind;

b) die Verpflichtung, von anderen Vertragspartnern übermitteltes Know-how nicht zu anderen Zwecken als zur Durchführung des Forschungs- und Entwicklungsprogramms und zur Verwertung der Ergebnisse zu benutzen;

c) die Verpflichtung, für die Vertragserzeugnisse oder -verfahren gewerbliche Schutzrechte zu erwirken und aufrechtzuerhalten;

d) die Verpflichtung, den vertraulichen Charakter von Know-how zu wahren, das ihnen übermittelt oder bei der Durchführung des Forschungs- und Entwicklungsprogramms gemeinsam entwickelt wird; diese Verpflichtung kann auch für die Zeit nach Ablauf der Vereinbarung auferlegt werden;

e) die Verpflichtung,

　　i) anderen Vertragspartnern Verletzungen ihrer gewerblichen Schutzrechte mitzuteilen;

　　ii) gegen den Verletzer Klage zu erheben und

　　iii) andere Vertragspartner in einem solchen Rechtsstreit zu unterstützen oder sich an diesbezüglichen Kosten zu beteiligen;

f) die Verpflichtung, an andere Vertragspartner Entgelte oder Leistungen zu entrichten, um ungleiche Beiträge zur gemeinsamen Forschung und Entwicklung oder eine ungleiche Verwertung der aus ihr hervorgegangenen Ergebnisse auszugleichen;

g) die Verpflichtung, von dritten Unternehmen erhaltene Entgelte mit anderen Vertragspartnern zu teilen;

h) die Verpflichtung, Vertragspartner mit Mindestmengen von Vertragserzeugnissen zu beliefern und dabei Mindestqualitäten einzuhalten.

(2) Für den Fall, daß die in Absatz 1 aufgeführten Verpflichtungen aufgrund besonderer Umstände von dem Verbot des Artikels 85 Absatz 1 des Vertrages erfaßt werden, sind sie ebenfalls freigestellt. Die in diesem Absatz gewährte Freistellung gilt auch,

wenn Vertragspartner in einer Vereinbarung Verpflichtungen im Sinne des Absatzes 1 vorsehen, ihnen jedoch einen weniger weiten Umfang geben, als es nach Absatz 1 zulässig wäre.

Artikel 6

Die Freistellung nach Artikel 1 gilt nicht, wenn Vertragspartner im Wege der Vereinbarung eines Beschlusses oder der Abstimmung von Verhaltensweisen

a) ihre Freiheit beschränken, selbständig oder gemeinsam mit Dritten Forschung und Entwicklung in Bereichen zu betreiben, die mit dem Programmbereich nicht verwandt sind, oder nach Durchführung des Programms Forschung und Entwicklung im Programmbereich oder in einem diesem verwandten Bereich zu betreiben;

b) veranlaßt werden, nach Durchführung des Forschungs- und Entwicklungsprogramms gewerbliche Schutzrechte, welche Vertragspartner im Gemeinsamen Markt halten und die zur Durchführung des Programms benutzt werden, oder nach Beendigung der Vereinbarung gewerbliche Schutzrechte, welche Vertragspartner im Gemeinsamen Markt halten und welche die Ergebnisse der Forschung und Entwicklung schützen, nicht anzugreifen;

c) ihre Freiheit beschränken, die Mengen der herzustellenden oder zu verkaufenden Vertragserzeugnisse oder die Zahl der Benutzungshandlungen für die Vertragsverfahren festzusetzen;

d) ihre Freiheit beschränken, Preise, Preisbestandteile oder Rabatte für den Verkauf von Vertragserzeugnissen an Dritte festzusetzen;

e) ihre Freiheit hinsichtlich der Wahl der zu beliefernden Kunden beschränken; Artikel 4 Absatz 1 Buchstabe e) bleibt unberührt;

f) veranlaßt werden, auch nach Ablauf des in Artikel 4 Absatz 1 Buchstabe f) vorgesehenen Zeitraums die betreffenden Erzeugnisse innerhalb von Gebieten im Gemeinsamen Markt, die anderen Vertragspartnern vorbehalten sind, nicht in Verkehr zu bringen oder dort keine aktive Vertriebspolitik für sie zu führen;

g) in Fällen, in denen eine gemeinsame Herstellung nicht vorgesehen ist, veranlaßt werden, Dritten die Herstellung von Vertragserzeugnissen oder die Benutzung von Vertragsverfahren nicht zu gestatten;

h) gehalten sind,

— ohne objektiv gerechtfertigten Grund auf Bestellungen von Verbrauchern oder Wiederverkäufern, die in ihrem jeweiligen Gebiet niedergelassen sind und die Vertragserzeugnisse in anderen Gebieten innerhalb des Gemeinsamen Marktes absetzen wollen, nicht einzugehen; oder

— die Möglichkeit für Verbraucher oder Wiederverkäufer zum Bezug von Vertragserzeugnissen bei anderen Wiederverkäufern innerhalb des Gemeinsamen Marktes zu erschweren, und insoweit insbesondere gehalten sind, gewerbliches und kommerzielles Eigentum geltend zu machen oder Maßnahmen zu treffen, um den Bezug durch Verbraucher oder Wiederverkäufer von Erzeugnissen, die vom Vertragspartner selbst oder mit seiner Zustimmung innerhalb des Gemeinsamen Marktes in Verkehr gebracht worden sind, oder um das Inverkehrbringen solcher Erzeugnisse innerhalb des gemeinsamen Marktes durch diese Verbraucher oder Wiederverkäufer zu verhindern.

Artikel 7

(1) Der Rechtsvorteil der Freistellung nach dieser Verordnung kommt auch Vereinbarungen im Sinne von Artikel 1 zugute, welche die in den Artikeln 2 und 3 bezeichneten Bedingungen erfüllen, aber wettbewerbsbeschränkende Verpflichtungen enthalten, welche nicht durch die Artikel 4 und 5 gedeckt sind und auf die Artikel 6 keine Anwendung findet, unter der Bedingung, daß die betreffenden Vereinbarungen gemäß den Bestimmungen der Verordnung Nr. 27 der Kommission[1] bei der Kommission angemeldet werden und die Kommission binnen sechs Monaten keinen Widerspruch gegen die Freistellung erhebt.

(2) Die Sechsmonatsfrist beginnt mit dem Tage des Eingangs der Anmeldung bei der Kommission. Im Falle der Aufgabe zur Post als eingeschriebener Brief beginnt diese Frist mit dem Datum des Poststempels des Aufgabeorts.

(3) Absatz 1 gilt nur, wenn

a) in der Anmeldung oder in einer sie begleitenden Mitteilung auf diesen Artikel ausdrücklich Bezug genommen wird und

b) die bei der Anmeldung zu machenden Angaben vollständig sind und den Tatsachen entsprechen.

(4) Für bei Inkrafttreten dieser Verordnung bereits angemeldete Vereinbarungen können die Bestimmungen des Absatzes 1 durch eine sich ausdrücklich auf die Anmeldung und auf diesen Artikel beziehende Mitteilung an die Kommission in Anspruch genommen werden. Die Bestimmungen des Absatzes 2 und des Absatzes 3 Buchstabe b) gelten entsprechend.

(5) Die Kommission kann Widerspruch gegen die Freistellung erheben. Sie erhebt Widerspruch, wenn sie von einem Mitgliedstaat binnen drei Monaten nach der Übermittlung einer Anmeldung im Sinne von Absatz 1 oder einer Mitteilung im Sinne von Absatz 4 an diesen Mitgliedstaat einen entsprechenden Antrag erhält. Dieser Antrag muß auf Erwägungen zu den Wettbewerbsregeln des Vertrages gestützt sein.

(6) Die Kommission kann den Widerspruch gegen die Freistellung jederzeit zurücknehmen. Ist jedoch der Widerspruch auf Antrag eines Mitgliedstaats erhoben worden und hält dieser seinen Antrag aufrecht, so kann der Widerspruch erst nach Anhörung des Beratenden Ausschusses für Kartell- und Monopolfragen zurückgenommen werden.

(7) Wird der Widerspruch zurückgenommen, weil die betroffenen Unternehmen dargelegt haben, daß die Voraussetzungen von Artikel 85 Absatz 3 erfüllt sind, so gilt die Freistellung vom Zeitpunkt der Anmeldung an.

---

1 ABl. Nr. 35 vom 10. 5. 1962, S. 1118/62.

(8) Wird der Widerspruch zurückgenommen, weil die betreffenden Unternehmen die Vereinbarung derart geändert haben, daß sie die Voraussetzungen von Artikel 85 Absatz 3 erfüllt, so gilt die Freistellung von dem Zeitpunkt an, zu dem die Änderung der Vereinbarung wirksam geworden ist.

(9) Erhebt die Kommission Widerspruch und wird dieser nicht zurückgenommen, so richten sich die Wirkungen der Anmeldung nach den Vorschriften der Verordnung Nr. 17.

Artikel 8

(1) Die bei Anwendung des Artikels 7 erlangten Kenntnisse dürfen nur zu dem mit dieser Verordnung verfolgten Zweck verwertet werden.

(2) Die Kommission und die Behörden der Mitgliedstaaten sowie ihre Beamten und sonstigen Bediensteten sind verpflichtet, Kenntnisse nicht preiszugeben, die sie bei Anwendung dieser Verordnung erlangt haben und die ihrem Wesen nach unter das Berufsgeheimnis fallen.

(3) Die Absätze 1 und 2 stehen der Veröffentlichung von Übersichten oder Zusammenfassungen, die keine Angaben über einzelne Unternehmen oder Unternehmensvereinigungen enthalten, nicht entgegen.

Artikel 9

(1) Die Vorschriften dieser Verordnung gelten auch dann, wenn Vertragspartner Rechte und Pflichten für die mit ihnen verbundenen Unternehmen begründen. Marktanteile, Rechtshandlungen und Verhaltensweisen der verbundenen Unternehmen sind den Vertragspartnern zuzurechnen.

(2) Verbundene Unternehmen im Sinne dieser Verordnung sind:

a) die Unternehmen, bei denen ein Vertragspartner unmittelbar oder mittelbar

— mehr als die Hälfte des Kapitals oder des Betriebsvermögens besitzt oder

— über mehr als die Hälfte der Stimmrechte verfügt oder

— mehr als die Hälfte der Mitglieder des Aufsichtsrats oder der zur gesetzlichen Vertretung berufenen Organe bestellen kann oder

— das Recht hat, die Geschäfte des Unternehmens zu führen;

b) die Unternehmen, die bei einem Vertragspartner unmittelbar oder mittelbar die unter Buchstabe a) bezeichneten Rechte oder Einflußmöglichkeiten haben;

c) die Unternehmen, bei denen ein oben unter Buchstabe b) genanntes Unternehmen unmittelbar oder mittelbar die unter Buchstabe a) bezeichneten Rechte oder Einflußmöglichkeiten hat.

(3) Unternehmen, bei denen mehrere Vertragspartner oder mit ihnen verbundene Unternehmen jeweils gemeinsam, unmittelbar oder mittelbar, die in Absatz 2 Buchstabe a) genannten Rechte oder Einflußmöglichkeiten haben, gelten als mit jedem dieser Vertragspartner verbunden.

Anh. 2 *Gruppenfreistellungsverordnung (Forschung)*

Artikel 10

Die Kommission kann gemäß Artikel 7 der Verordnung (EWG) Nr. 2821/71 den Vorteil der Anwendung dieser Verordnung entziehen, wenn sie in einem Einzelfall feststellt, daß eine nach dieser Verordnung freigestellte Vereinbarung gleichwohl Wirkungen hat, die mit den in Artikel 85 Absatz 3 des Vertrages genannten Voraussetzungen unvereinbar sind, insbesondere dann, wenn

a) die Vereinbarung im Hinblick auf die verbleibenden Forschungskapazitäten Dritter den Zugang zu Forschungs- und Entwicklungstätigkeiten in dem betreffenden Bereich wesentlich erschwert;

b) durch die besondere Struktur des Angebots dritten Unternehmen den Zugang zum Markt der aus der gemeinsamen Forschung und Entwicklung hervorgegangenen Erzeugnisse wesentlich erschwert wird;

c) die Vertragspartner ohne sachlich gerechtfertigten Grund die Ergebnisse der gemeinsamen Forschung und Entwicklung nicht verwerten;

d) die Vertragserzeugnisse im Gesamtgebiet oder in einem wesentlichen Teil des Gemeinsamen Marktes nicht mit gleichen Erzeugnissen oder solchen, die von den Verbrauchern aufgrund ihrer Eigenschaften, ihrer Preislage und ihres Verwendungszwecks als gleichartig angesehen werden, in wirksamem Wettbewerb stehen.

Artikel 11

(1) Für Vereinbarungen, die vor dem 1. März 1985 bei der Kommission angemeldet worden sind, gilt die in Artikel 1 vorgesehene Freistellung mit Rückwirkung auf den Zeitpunkt, in dem die Voraussetzungen für die Anwendung dieser Verordnung erfüllt waren, jedoch für Vereinbarungen, die nicht unter Artikel 4 Absatz 2 Ziffer 3 Buchstabe b) der Verordnung Nr. 17 fallen, frühestens vom Tage der Anmeldung an.

(2) Für Vereinbarungen, die am 13. März 1962 bestanden und vor dem 1. Februar 1963 bei der Kommission angemeldet worden sind, gilt die Freistellung rückwirkend von dem Zeitpunkt, in dem die Voraussetzungen dieser Verordnung erfüllt waren.

(3) Werden Vereinbarungen, die am 13. März 1962 bestanden und vor dem 1. Februar 1963 bei der Kommission angemeldet worden sind, oder Vereinbarungen, die unter Artikel 4 Absatz 2 Nr. 3 Buchstabe b) der Verordnung Nr. 17 fallen und vor dem 1. Januar 1967 bei der Kommission angemeldet worden sind, vor dem 1. September 1985 derart abgeändert, daß sie die Voraussetzungen für die Anwendung dieser Verordnung erfüllen, und wird die Änderung der Kommission vor dem 1. Oktober 1985 mitgeteilt, so gilt das Verbot des Artikels 85 Absatz 1 des Vertrages für den Zeitraum vor der Änderung nicht. Die Mitteilung ist im Zeitpunkt des Eingangs bei der Kommission bewirkt. Im Falle der Aufgabe zur Post als eingeschriebener Brief gilt das Datum des Poststempels des Aufgabeorts als Tag des Eingangs.

(4) Für Vereinbarungen, die infolge des Beitritts des Vereinigten Königreichs, Irlands und Dänemarks in den Anwendungsbereich des Artikels 85 des Vertrages fallen, gelten die Absätze 1 bis 3 mit der Maßgabe, daß an die Stelle des 13. März 1962 der 1. Januar 1973 und an die Stelle des 1. Februar 1963 und des 1. Januar 1967 der 1. Juli 1973 tritt.

(5) Für Vereinbarungen, die infolge des Beitritts Griechenlands in den Anwendungsbereich des Artikels 85 des Vertrages fallen, gelten die Absätze 1 bis 3 mit der Maßgabe, daß an die Stelle des 13. März 1962 der 1. Januar 1981, an die Stelle des 1. Februar 1963 und des 1. Januar 1967 der 1. Juli 1981 tritt.

Artikel 12

Die Vorschriften dieser Verordnung finden entsprechende Anwendung auf Beschlüsse von Unternehmensvereinigungen.

Artikel 13

Diese Verordnung tritt am 1. März 1985 in Kraft.

Sie gilt bis zum 31. Dezember 1997.

Diese Verordnung ist in allen Teilen verbindlich und gilt unmittelbar in jedem Mitgliedstaat.

Brüssel, den 19. Dezember 1984

Für die Kommission
Frans ANDRIESSEN
Mitglied der Kommission

Anhang 3

Auszug aus EWG-Vertrag

Artikel 85

1. Mit dem Gemeinsamen Markt unvereinbar und verboten sind alle Vereinbarungen zwischen Unternehmen, Beschlüsse von Unternehmensvereinigungen und aufeinander abgestimmte Verhaltensweisen, welche den Handel zwischen Mitgliedstaaten zu beeinträchtigen geeignet sind und eine Verhinderung, Einschränkung oder Verfälschung des Wettbewerbs innerhalb des Gemeinsamen Marktes bezwecken oder bewirken, insbesondere

   a) die unmittelbare oder mittelbare Festsetzung der An- oder Verkaufspreise oder sonstiger Geschäftsbedingungen;

   b) die Einschränkung oder Kontrolle der Erzeugung, des Absatzes, der technischen Entwicklung oder der Investitionen;

   c) die Aufteilung der Märkte oder Versorgungsquellen;

   d) die Anwendung unterschiedlicher Bedingungen bei gleichwertigen Leistungen gegenüber Handelspartnern, wodurch diese im Wettbewerb benachteiligt werden;

   e) die an den Abschluß von Verträgen geknüpfte Bedingung, daß die Vertragspartner zusätzliche Leistungen annehmen, die weder sachlich noch nach Handelsbrauch in Beziehung zum Vertragsgegenstand stehen.

2. Die nach diesem Artikel verbotenen Vereinbarungen oder Beschlüsse sind nichtig.

3. Die Bestimmungen des Absatzes 1 können für nicht anwendbar erklärt werden auf

   — Vereinbarungen oder Gruppen von Vereinbarungen zwischen Unternehmen,

   — Beschlüsse oder Gruppen von Beschlüssen von Unternehmensvereinigungen,

   — aufeinander abgestimmte Verhaltensweisen oder Gruppen von solchen,

die unter angemessener Beteiligung der Verbraucher an dem entstehenden Gewinn zur Verbesserung der Warenerzeugung oder -verteilung oder zur Förderung des technischen oder wirtschaftlichen Fortschritts beitragen, ohne daß den beteiligten Unternehmen

   a) Beschränkungen auferlegt werden, die für die Verwirklichung dieser Ziele nicht unerläßlich sind, oder

   b) Möglichkeiten eröffnet werden, für einen wesentlichen Teil der betreffenden Waren den Wettbewerb auszuschalten.

Anh. 3 Auszug aus EWG-Vertrag

Artikel 86

Mit dem Gemeinsamen Markt unvereinbar und verboten ist die mißbräuchliche Ausnutzung einer beherrschenden Stellung auf dem Gemeinsamen Markt oder auf einem wesentlichen Teil desselben durch ein oder mehrere Unternehmen, soweit dies dazu führen kann, den Handel zwischen Mitgliedstaaten zu beeinträchtigen.

Dieser Mißbrauch kann insbesondere in folgendem bestehen:

a) der unmittelbaren oder mittelbaren Erzwingung von unangemessenen Einkaufs- oder Verkaufspreisen oder sonstigen Geschäftsbedingungen;

b) der Einschränkung der Erzeugung, des Absatzes oder der technischen Entwicklung zum Schaden der Verbraucher;

c) der Anwendung unterschiedlicher Bedingungen bei gleichwertigen Leistungen gegenüber Handelspartnern, wodurch diese im Wettbewerb benachteiligt werden;

d) der an den Abschluß von Verträgen geknüpften Bedingung, daß die Vertragspartner zusätzliche Leistungen annehmen, die weder sachlich noch nach Handelsbrauch in Beziehung zum Vertragsgegenstand stehen.

Anhang 4

Auszug aus GWB

§ 1 GWB (Unwirksamkeit wettbewerbsbeschränkender Vereinbarungen)

(1) Verträge, die Unternehmen oder Vereinigungen von Unternehmen zu einem gemeinsamen Zweck schließen und Beschlüsse von Vereinigungen von Unternehmen sind unwirksam, soweit sie geeignet sind, die Erzeugung oder die Marktverhältnisse für den Verkehr mit Waren oder gewerblichen Leistungen durch Beschränkung des Wettbewerbs zu beeinflussen. Dies gilt nicht, soweit in diesem Gesetz etwas anderes bestimmt ist.

(2) Als Beschluß einer Vereinigung von Unternehmen gilt auch der der Mitgliederversammlung einer juristischen Person, soweit ihre Mitglieder Unternehmen sind.

§ 15 GWB (Unwirksamkeit von sonstigen Verträgen)

Verträge zwischen Unternehmen über Waren oder gewerbliche Leistungen, die sich auf Märkte innerhalb des Geltungsbereichs dieses Gesetzes beziehen, sind nichtig, soweit sie einen Vertragsbeteiligten in der Freiheit der Gestaltung von Preisen oder Geschäftsbedingungen bei solchen Verträgen beschränken, die er mit Dritten über die gelieferten Waren oder über gewerbliche Leistungen schließt.

§ 18 GWB (Ausschließlichkeitsbindungen)

(1) Die Kartellbehörde kann Verträge zwischen Unternehmen über Waren oder gewerbliche Leistungen mit sofortiger Wirkung oder zu einem von ihr zu bestimmenden künftigen Zeitpunkt für unwirksam erklären und die Anwendung neuer, gleichartiger Bindungen verbieten, soweit sie einen Vertragsbeteiligten

1. in der Freiheit der Verwendung der gelieferten Waren, anderer Waren oder gewerblicher Leistungen beschränken oder

2. darin beschränken, andere Waren oder gewerbliche Leistungen von Dritten zu beziehen oder an Dritte abzugeben, oder

3. darin beschränken, die gelieferten Waren an Dritte abzugeben, oder

4. verpflichten, sachlich oder handelsüblich nicht zugehörige Waren oder gewerbliche Leistungen abzunehmen,

   und soweit

   a) dadurch eine für den Wettbewerb auf dem Markt erhebliche Zahl von Unternehmen gleichartig gebunden und in ihrer Wettbewerbsfreiheit unbillig eingeschränkt ist oder

   b) dadurch für andere Unternehmen der Marktzutritt unbillig beschränkt oder

c) durch das Ausmaß solcher Beschränkungen der Wettbewerb auf dem Markt für diese oder andere Waren oder gewerbliche Leistungen wesentlich beeinträchtigt wird.

(2) Als unbillig im Sinne des Absatzes 1 Buchstabe b ist nicht eine Beschränkung anzusehen, die im Verhältnis zu den Angebots- oder Nachfragemöglichkeiten, die den anderen Unternehmen verbleiben, unwesentlich ist.

§ 20 (Verträge über Patente, Gebrauchsmuster und Sortenschutzrechte)

(1) Verträge über Erwerb oder Benutzung von Patenten, Gebrauchsmustern oder Sortenschutzrechten sind unwirksam, soweit sie dem Erwerber oder Lizenznehmer Beschränkungen im Geschäftsverkehr auferlegen, die über den Inhalt des Schutzrechts hinausgehen; Beschränkungen hinsichtlich Art, Umfang, Menge, Gebiet oder Zeit der Ausübung des Schutzrechts gehen nicht über den Inhalt des Schutzrechts hinaus.

(2) Absatz 1 gilt nicht

1. für Beschränkungen des Erwerbers oder Lizenznehmers, soweit und solange sie durch ein Interesse des Veräußerers oder Lizenzgebers an einer technisch einwandfreien Ausnutzung des Gegenstandes des Schutzrechtes gerechtfertigt sind,

2. für Bindungen des Erwerbers oder Lizenznehmers hinsichtlich der Preisstellung für den geschützten Gegenstand,

3. für Verpflichtungen des Erwerbers oder Lizenznehmers zum Erfahrungsaustausch oder zur Gewährung von Lizenzen auf Verbesserungs- und Anwendungserfindungen, sofern diesen gleichartige Verpflichtungen des Patentinhabers oder Lizenzgebers entsprechen,

4. für Verpflichtungen des Erwerbers oder Lizenznehmers zum Nichtangriff auf das Schutzrecht,

5. für Verpflichtungen des Erwerbers oder Lizenznehmers, soweit sie sich auf die Regelung des Wettbewerbs auf Märkten außerhalb des Geltungsbereichs dieses Gesetzes beziehen,

soweit diese Beschränkungen die Laufzeit des erworbenen oder in Lizenz genommenen Schutzrechts nicht überschreiten.

(3) Die Kartellbehörde kann auf Antrag die Erlaubnis zu einem Vertrag der in Abs. 1 bezeichneten Art erteilen, wenn die wirtschaftliche Bewegungsfreiheit des Erwerbers oder Lizenznehmers oder anderer Unternehmen nicht unbillig eingeschränkt und durch das Ausmaß der Beschränkungen der Wettbewerb auf dem Markt nicht wesentlich beeinträchtigt wird. § 11 Abs. 3 bis 5 gilt entsprechend.

(4) Die §§ 1 bis 14 bleiben unberührt.

§ 21 (Verträge über Betriebsgeheimnisse)

(1) § 20 ist bei Verträgen über Überlassung oder Benutzung gesetzlich nicht geschützter Erfindungsleistungen, Fabrikationsverfahren, Konstruktionen, sonstiger die Technik bereichernder Leistungen sowie nicht geschützter, den Pflanzenbau bereichernder

Leistungen auf dem Gebiet der Pflanzenzüchtung, soweit sie Betriebsgeheimnisse darstellen, entsprechend anzuwenden.

(2) § 20 ist auf Verträge über Saatgut einer in der Sortenliste (§§ 44 und 68 des Saatgutverkehrsgesetzes vom 20. Mai 1968, BGBl. I S. 444) eingetragene Sorte zwischen einem Züchter und einem Vermehrer oder einem Unternehmen auf der Vermehrungsstufe entsprechend anzuwenden.

Anhang 5

Auszug aus dem Patentgesetz – PatG

§ 15 Übertragung, Lizenzen

(1) Das Recht auf das Patent, der Anspruch auf Erteilung des Patents und das Recht aus dem Patent gehen auf die Erben über. Sie können beschränkt oder unbeschränkt auf andere übertragen werden.

(2) Die Rechte nach Abs. 1 können ganz oder teilweise Gegenstand von ausschließlichen oder nicht ausschließlichen Lizenzen für den Geltungsbereich dieses Gesetzes oder einen Teil desselben sein. Soweit ein Lizenznehmer gegen eine Beschränkung seiner Lizenz nach Satz 1 verstößt, kann das Recht aus dem Patent gegen ihn geltend gemacht werden.

Stichwortverzeichnis

Normaldruck: Stichwort findet sich in den Erläuterungen
Kursiv: Stichwort verweist auf eine Regelung in einem Vertragsmuster

A

Abhängigkeit einer Erfindung 19, 21
Abrechnung *15*
absoluter Gebietsschutz 28 f.
Akteneinsicht 189
Alleinbenutzungsklausel 25, 28, 93
Alleinlizenzklausel 25, 28
Altschutzrecht *142*, 149
Anmeldeverfahren (Patent) 20, *118*, 122, *131*, 135, *142*, 153 f.
Anmeldeverfahren (EG) 7
Anwendungserfindung 47, 53
anzuwendendes Recht *18*, 55 f., *120*, 126, *132*
Arbeitnehmererfindung 86, 149 f.
Auftragsforschung s. Forschung
Ausführbarkeit 23, 85, 95, 176
Auskunftsanspruch *160*, 179
ausschließliche Lizenz *5 ff.*, 11, 25, 77, 82, 93, 134, 170, 175 f., 187 f.
Ausübungspflicht *14*, 42, 82
Auswertung des Schutzrechts *119*, 123, *143*, 155

B

Benutzungsarten 27
Benutzungsverbot 36, *61*, 63, 111
Berechnungsgrundlage für Lizenzgebühr 40, 81
Beschränkung des Schutzrechts 17
Betriebsgeheimnis *34 f.*, 38, 49, 111
Betriebslizenz 31, 78
Bezugspflicht *16*, 48, *68*, 79, 110, *119*, 124
BKartA 7

Brauchbarkeit 23, 95, *172*, 176
Bucheinsicht 44
Buchführungspflicht *14*, 44, *70*, *90*, 94, *161*, 165
Bußgeld 7

D

dingliche Wirkung der ausschließlichen Lizenz 25 f., 66, 88, 175, 189
Drittschutzrecht 131, 135, *144*, 149, 156

E

EG-Kommission 1, 116
EG-Verordnung (Forschung) 3, 116, 121
EG-Verordnung (Patentlizenzverträge)
s. Freistellung
s. Gruppenfreistellungsverordnung
einfache Lizenz *65 ff.*, 163, 175
Einspruchsverfahren 19
Eintragung der Lizenz 12, 30, *187 ff.*, 193
entgangener Gewinn 163
Entwicklungsergebnis 130
Entwicklungsvertrag *127 ff.*, 133
Erfahrungsaustausch *119*, 124
Erfindungshöhe 150, 176
Erlöschen
s. Nichtigerklärung des Schutzrechts
Erschöpfung des Patentrechts 29 f, 33
Europäischer Gerichtshof (EuGH) 1, 28 ff.
europäisches Parlament 2, 5, 6, 169
Exklusivlizenz s. ausschließliche Lizenz
Exportverbot 26, 28

233

F

Firmenänderung 192 f.
Forschung 9, 116 f., 121, 127, 147
Forschungsauftrag *137 ff.*
Freistellung (EG) 7 f., 29, 35, 52, 125, 177

G

Garantie des Lizenzgebers 13, 21, 23, 71, 84, 95, *120, 144, 161, 172,* 175
Gebrauchsmuster 5, *89 ff.*
Geheimhaltungsverpflichtung 35, *57 ff.,* 60, 62, 74, 100, 103, *108,* 111, *118,* 122, *129,* 133, *140,* 148, *172*
Geheimnisverrat 36
Gemeinschaftserfindung 2, 122, *145,* 149 f., 152, 156
Gemeinschaftspatent 2, 169
Gerichtsstand 18, 55, *61,* 73, 92, 97, 109, 114, 126, *132,* 136, *162, 172,* 178
Geschäftswert 10
Gewährleistung 23, *120*
Gewinnlizenz 38
Gratislizenz 164
Grundlizenzgebühr 43, 104
auch Pauschallizenz
Gruppenfreistellungsverordnung s. auch EG-Verordnung (Forschung) 1, 7, 9, 28

H

Haftung s. Garantie
Herstellungslizenz 110

I

Inanspruchnahme 150
Inhaberwechsel 192

K

Kaufpreis *172,* 174
Kennzeichnungspflicht *15,* 45, *71,* 85, *108,* 111

Know-how
— Definition 32, 170
— geheimes 33, 57, 59, *108, 140*
— Lizenz 4, 5, *12,* 32, 52, 54, 59, 74, 78, 170
Konkurs 55
Kontrollrecht (Abrechnung) s. auch Qualitätskontrolle 44, 94
Kündigung des Lizenzvertrages *18,* 21, 24, 43, 52 ff., 73, 88, 92, 97, *108 f.,* 114, *132,* 136, *145, 162,* 166, 175

L

Leistungsstörungen 21
Liefervertrag *105 ff.,* 110
Lizenzabrechnung 44, 161
Lizenzanalogie 163
Lizenzbereitschaft 19, 169, *183 ff.,* 188 f.
Lizenzgebühr *14,* 37 f., 40, *70,* 81, *90,* 93, 163 f.
Lizenzvermerk
s. Eintragung einer ausschließlichen Lizenz
s. Kennzeichnungspflicht
Löschungsverfahren 93
lump sum
s. Pauschallizenz

M

Maissaatgut-Entscheidung 3, 28 f.
Mängelhaftung
s. Garantie des Lizenzgebers
Marktaufteilung 28, 125
Meistbegünstigungsklausel *71,* 83 f.
Mindestlizenzgebühr 42, 82, *92,* 94
Miterfinderschaft 46, 151
Mitteilungspflicht des Lizenznehmers 48

N

Nebenintervention 20
Negativattest 8, 177

Neuheit 176
Neuheitsschonfrist 34
Nichtangriffspflicht 7, *17*, 42, 50 ff., *61*, 72, *92*, 96, *109*, 113 f., *120*, 126, *132*, 135, *145*, 157, *162*, 167, *172*, 177
nicht – ausschließliche Lizenz
  s. einfache Lizenz
Nichtigerklärung des Schutzrechts *17*, 38 f., *72*, 86, 93, 164

O

offene Lizenz 28
öffentliche Forschung 138
Optionsvertrag 59, *99 ff.*, 119, 125, 156

P

Parallelimporte 28 f.
Patentberühmung 179
Patentfähigkeit 23
Patentkaufvertrag *169 ff.*
„patent pending" 179
Patentrolle
  s. Eintragung der Lizenz
Patentverletzung
  s. Verletzung des Schutzrechts
Produktionsvertrag *105 ff.*
Pauschallizenz 38, 44, 81
persönliche Lizenz 31
Pfändung der Lizenz 82
Preisbindung 41, 86
Priorität 19 f.
Produkthaftpflicht *15*, 46, *91*, 95, *120*, 166
Prozeßvergleich
  s. Vergleichsvertrag
Publizitätswirkung der Rolle 193

Q

Qualitätskontrolle *15*, 46, *71*, 84, *91*, 95, *108*, 113, *145*, 157

R

räumlicher Lizenzbereich *11*, 25, 76, 124

Rechtsbeständigkeit 22, 89
Rechtsmängel des Patents *13*, 21, 34, 85, 175
Rechtsübertragung 192
Rechtswahl
  s. anzuwendendes Recht
Rechnungslegung 184
Rechnungsstellung *70*, 83
Rücklizenz 156
Rücktritt 21, 175

S

Sachlicher Lizenzbereich *12*, 31, *68*, 77, *90*
Sachmängel 21
Schadenersatz 22, 163
Schiedsgerichtsklausel 55 f., *120*, 126
Schriftform 6, *19*, 27, 34, 56, 99, 102
schuldrechtliche Wirkung der einfachen Lizenz 66, 77, 88, 175
Schutzrechtslage 19
Schutzumfang 24
Staffelung der Lizenzgebühr 38, 93
Steuern *15*, 45, 82, 170
Stücklizenz 38, 81, 93, 163, 165

T

technische Ausführbarkeit
  s. Ausführbarkeit
technische Brauchbarkeit
  s. Brauchbarkeit
technische Hilfe *13*, 37, *69*, 75, 79, *101*, *171*, 174
territorialer Bereich der Lizenz
  s. räumlicher Lizenzbereich

U

Übertragung der Lizenz *12*, 31, *68*, 73, 78, 88, *91*, 94, 101, 103, *119*, 124, *162*, 166
Übertragung eines Schutzrechts
  s. Patentkauf
Umsatzlizenz 37

Umschreibung von Schutzrechten 173 f., *191 ff.*
Unterlizenz *12*, 31 f., *68*, *78*, *91*, 94, *119*, 124, *162*, 166

V

Verbesserung der Erfindung *16*, 46 f., 53, *67*, *69 f.*, 76, 80, *109*, 149, 165
Vergleichsvertrag *159 ff.*
Vergütung 131, 134, 141
Verjährung von Lizenzgebühren 41 f.
Verletzergewinn 103
Verletzung des Schutzrechts 24, 27, 31, 94, 156, 159, *162*, 177, 193
Verteidigungspflicht *16*, 50, *72*, 87, *91*, 96, *120*, 125, *145*, *162*
Vertragsgebiet
  s. räumlicher Bereich der Lizenz
Vertragslaufzeit *18*, 52, *92*, 96, *109*, 114, *118*, 122, *162*, 166
Vertragsstrafe 131, 134
Vertriebslizenz
  s. Liefervertrag
Verwertbarkeit 24
Verwirkung 41
Vorabvertrag 34, *59 ff.*

Vorbenutzungsrecht 19
Vorkaufsrecht 20
Vorvertrag 59, 101

W

Warenzeichen 46 f., 65, 112, 157
Wegfall des Schutzrechts
  s. Nichtigerklärung
Weiterentwicklung 67, 76
Wettbewerbsbeschränkungen 26, 33, 110
Wettbewerbsverbot *16*, 48, 111, *172*, 176
Widerrechtliche Entnahme 154
Widerspruchsverfahren (EG) 7, 9

Z

Zulieferer 57, 105
Zusicherung
  s. Garantie des Lizenzgebers
Zusammenarbeitsvertrag 3, 9, 115 ff.
Zusatzpatent 67, 149, 183
Zuständigkeit
  s. Gerichtsstand

Als wichtige Neuauflage liegt vor:

Althammer
Warenzeichengesetz

**Von Werner Althammer,
Richter am Bundespatentgericht**

3., neubearbeitete und erweiterte Auflage
1985. XV, 440 Seiten. Plastik DM 115,–
ISBN 3-452-20236-4

(= Heymanns Taschenkommentare zum gewerblichen Rechtsschutz)

Seit Erscheinen der – vergriffenen – 2. Auflage dieses Kommentars sind sechs Jahre vergangen. In dieser Zeit hat sich die Rechtsprechung in einigen Bereichen des Warenzeichenrechts entscheidend fortentwickelt. Dies gilt vor allem für den Benutzungszwang, für Fragen der absoluten Schutzfähigkeit und der Zeichenübereinstimmung. Auch zum Schutz von Dienstleistungsmarken liegen inzwischen wichtige Entscheidungen des Bundespatentgerichts vor.

Diese Rechtsprechung ist in die Neuauflage bis zum Stand 1. 1. 1985 aufgenommen worden. Besondere Aufmerksamkeit ist dabei dem Benutzungszwang und dem Schutz von Dienstleistungen gewidmet worden. Diese Teile des Kommentars hat der Verfasser völlig neu bearbeitet und gegenüber der Vorauflage wesentlich erweitert. Trotzdem ist es bei einem Umfangzuwachs von 27 Seiten, also beim wirklich handlichen Taschenkommentar geblieben.

Dem Verfasser ist aus seiner mehr als fünfzehnjährigen Praxis als Mitglied eines Warenzeichensenats des Bundespatentgerichts bekannt, daß auch heute noch, also mehr als zehn Jahre nach dem Wirksamwerden des Benutzungszwangs, sowohl Anmelder als auch Widersprechende häufig Fehler begehen, die zu einem vermeidbaren Rechtsverlust führen können. Die Neuauflage enthält ausführliche Hinweise für die Beteiligten, die helfen sollen, solche Fehler zu vermeiden.

Carl Heymanns Verlag
Köln Berlin Bonn München

Die Warenzeichenlizenz

Rechtsvergleichende Untersuchungen über die gemeinschaftliche Benutzung von Warenzeichen

Professor Dr. Eugen Ulmer zum 60. Geburtstag gewidmet von Schülern und Assistenten

Herausgegeben von Prof. Dr. Friedrich-Karl Beier, Prof. Dr. Erwin Deutsch, Prof. Dr. Wolfgang Fikentscher

2., unveränderte Auflage
1966. XV, 655 Seiten. Leinen DM 83,–
ISBN 3-452-16567-1

Die Erteilung von Warenzeichenlizenzen und die Benutzung der gleichen Marke durch Konzernunternehmen sind typische Erscheinungsformen unseres durch Zusammenarbeit und Arbeitsteilung gekennzeichneten Wirtschaftslebens. Sie sind zu einem für die Wirtschaft unentbehrlichen Mittel zur rationalen Gestaltung von Produktion und Absatz ihrer Erzeugnisse im In- und Ausland geworden. Ebenso unentbehrlich ist ihre erste zusammenfassende Darstellung geworden. Sie hat in allen wesentlichen Fragen nach wie vor Gültigkeit.

Aus dem Inhalt

1. Teil Länderberichte

Ulrich Krieger	Deutschland	*Helmut Wirner*	Österreich
Rudolf Kraßer	Frankreich	*Detlef Wunderlich*	Schweiz
Ludwig Baeumer	Belgien	*Heinrich von Moltke*	Skandinavien
Rikarda von Schleußner	Niederlande	*Dietrich Reimer*	Großbritannien
Gerhard Schricker	Italien	*Manfred Bohlig*	USA

2. Teil Sonderfragen

Wolfgang Fikentscher Die Warenzeichenlizenz im Recht der Wettbewerbsbeschränkungen

Erwin Deutsch Die Warenzeichenlizenz im Kollisionsrecht

Hans Hugo von Rauscher auf Weeg Bindung an den Geschäftsbetrieb, Eintragbarkeit und Übertragbarkeit von Warenzeichen bei wirtschaftlich verbundenen Unternehmen

Helmut Schippel Zur Gestaltung des Warenzeichenlizenzvertrages

Friedrich-Karl Beier Die gemeinschaftliche Benutzung von Warenzeichen in konventionsrechtlicher Sicht

40 1 85

Carl Heymanns Verlag
Köln Berlin Bonn München